MARK L. PROPHET
ELIZABETH CLARE PROPHET

LICHT
über
DUNKEL

Der kosmische Kampf
zwischen Christ und Antichrist

Die Darstellung des Göttlichen Selbst

MARK L. PROPHET
ELIZABETH CLARE PROPHET

LICHT
über
DUNKEL

Der kosmische Kampf
zwischen Christ und Antichrist

Aus dem Englischen übersetzt
von Manfred Miethe

Ansata

Die amerikanische Originalausgabe erschien unter dem Titel
The Path of Christ or Antichrist
im Verlag Summit University Press, Gardiner, Montana.

FSC
Mix
Produktgruppe aus vorbildlich
bewirtschafteten Wäldern und
anderen kontrollierten Herkünften

Zert.-Nr. SGS-COC-1940
www.fsc.org
© 1996 Forest Stewardship Council

Verlagsgruppe Random House FSC-DEU-0100
Das für dieses Buch verwendete
FSC-zertifizierte Papier *Munken Premium*
liefert Arctic Paper Mochenwangen GmbH.

Ansata Verlag
Ansata ist ein Verlag der Verlagsgruppe Random House GmbH.

ISBN 978-3-7787-7369-7

Und ich sah einen Engel fliegen mitten durch den Himmel, der hatte ein ewiges Evangelium zu verkündigen denen, die auf Erden wohnen, und allen Heiden und Geschlechtern und Sprachen und Völkern, und sprach mit großer Stimme: Fürchtet Gott und gebet ihm die Ehre; denn die Zeit seines Gerichts ist gekommen! Und betet an den, der gemacht hat Himmel und Erde und Meer und Wasserbrunnen.

Offenbarung 14,6*

Wichtiger Hinweis

Weder von Elizabeth Clare Prophet noch von irgendjemand sonst bei *Summit University Press* werden irgendwelche Garantien gegeben, dass das spirituelle System der Wissenschaft des gesprochenen Wortes mit seinen Meditationen, Visualisierungen, dynamischen Dekreten und spiritueller Heilung, das in diesem Buch dargestellt wird, für irgendjemanden jederzeit Erfolge zeitigen wird. Das Funktionieren des kosmischen Gesetzes ist eine direkte Erfahrung zwischen dem Individuum und seinem eigenen höheren Bewusstsein. Zu den Zeiten Jesu wurden manche geheilt und manche nicht – je nach ihrem Glauben oder dem Mangel daran (siehe dazu Matthäus 8,13; 9,2, 22, 29; 15,28; 17,19–20; Markus 6,6 usw.). Dieselben Gesetze gelten auch heute noch. Karma und die göttliche Vorsehung müssen letztendlich die Lenker der Anwendung des göttlichen Feuers durch das Individuum sein. Wir können nur unsere persönliche Heilung – an Körper, Geist und Seele – durch den Gebrauch der vorgeschlagenen Mantras und spirituellen Disziplinen bezeugen. Möge jeder Mensch die Gültigkeit des Gesetzes für sich selbst beweisen oder sie widerlegen. Die Praxis und der Beweis der Wissenschaft des Seins obliegen dem Individuum. Niemand kann dies für einen anderen tun. Diese spirituellen Techniken sind kein Ersatz für medizinische Behandlungen oder Diagnosen.

INHALT

VORWORT

Dieses Buch ist das achte in der Reihe »Erklimme den höchsten Berg«.[1] Dieser Band untersucht einige der Herausforderungen des spirituellen Weges und stellt Techniken vor, mit denen diese Herausforderungen bewältigt werden können.

Das erste Kapitel »Gebet, Dekrete und Meditation« ist wahrscheinlich das wichtigste der gesamten Buchreihe. In ihm werden die verschiedenen Mittel der Kommunion mit Gott und mit dem Höheren Selbst erklärt. Es befasst sich besonders mit der Macht des gesprochenen Wortes, Veränderungen im Menschen und in der Welt zu bewirken.

Das Johannes-Evangelium lehrt uns: »Im Anfang war das Wort«[2] und »Alle Dinge sind durch dasselbe gemacht, und ohne dasselbe ist nichts gemacht, was gemacht ist.«[3] In den Lehren des Ostens beinhaltet das Wort, die Macht zu erschaffen und das Erschaffene wieder vergehen zu lassen. Daher ist im Wort – in der Wissenschaft des gesprochenen Wortes, welche die Meister lehren – das Mittel enthalten, um den Herausforderungen des Lichtes und der Finsternis in der Welt zu begegnen. Es ist der Schlüssel, um die Verschwörung des Antichrists zunichtezumachen.

In den Kapiteln 2 »Schwarze Magie« und 3 »Der Antichrist« werden die Ursprünge des Bösen offenbart und der Kampf zwischen dem Licht und der Finsternis in der Welt beschrieben. Paulus schrieb über seinen Kampf gegen die Fürsten und Gewalten der spirituellen Bosheit an den höchsten Orten.[4] Und so wie Jesus und alle Avatare ihre Konfrontationen mit den Dunklen bestehen mussten, so müssen wir heute lernen, auf unserem Weg der Überwindung mit diesen Kräften umzugehen. Das Wissen um den

Feind und seine Strategie ist ein wichtiger Schritt zur Reife auf dem Pfad. Es kann der Befreiung der Seele eine neue Tür öffnen.

Wenn dieses Buch Ihre erste Begegnung mit der Reihe »Erklimme den höchsten Berg« sein sollte, heißen wir Sie beim Studium der Lehren der aufgestiegenen Meister willkommen, die man auch das Ewige Evangelium[5] genannt hat – die Schrift für das Wassermann-Zeitalter. Jenen, welche dieses Buch nach den vorangegangen Bänden lesen, rufen wir zu: »Gott sei mit Ihnen auf Ihrem weiteren Weg, den höchsten Berg zu erklimmen!«

Die Herausgeber

EINFÜHRUNG

Die aufgestiegenen Meister sind unsere älteren Brüder und Lehrer. Das war schon immer so. Sie, die Wegbereiter der feurigen Bestimmung unserer Seelen, haben von Anfang an die Vision jener Epochen der Vollkommenheit aufrechterhalten, um die wir einmal wussten.

Denn auch wir haben uns im alten Lemuria verkörpert, in einer Zivilisation und einem Mutterland, das die höchste Entwicklungsstufe von Kultur, Wissenschaft und Technologie hervorgebracht hat, die es auf diesem Planeten jemals gegeben hat. Die goldenen Zeiten Lemurias übertrafen die größten Errungenschaften der modernen Menschheit auf allen Gebieten um ein Vielfaches. Unauslöschlich ist die Erinnerung an eine Zeit in unser Unterbewusstsein eingeprägt, in der die Lebensspanne der Menschen nach Jahrhunderten statt nach Jahrzehnten gemessen wurde, an eine Zeit, in der auch wir mit den Unsterblichen wandelten und mit ihnen sprachen, in der wir niemals von unserer Zwillingsflamme getrennt waren und unsere Lehrer von Angesicht zu Angesicht sahen.

Als das Leben auf dem Kontinent Mu durch Außerirdische und gefallene Engel mit ihren grotesken genetischen Missschöpfungen korrumpiert wurde, welche die Gottheit verhöhnten und die heilige Wissenschaft der Mutter vergewaltigten, indem die Menschen an den Kriegen der Götter teilnahmen, zogen sich die Meister von den Massen zurück und versammelten ihre Eingeweihten in Mysterienschulen um sich, um das Licht der Mutterflamme und ihre Weisheit zu beschützen.

Kurz vor dem Ende, als die Entweihung der heiligen Schreine

und die Perversionen des menschlichen wie des tierischen Leibes den göttlichen Funken in den Menschen fast zum Erlöschen gebracht hatte, erging von den Hierarchen des Kosmischen Konzils eine Warnung, nach der das Große Gesetz in vollem Umfang und mit voller Kraft auf die bösen Taten der Menschen angewandt werden würde. Die Kinder von Mu – die wenigen, die auf ihre Propheten gehört und sich rechtzeitig in Sicherheit gebracht hatten – sahen von Weitem zu, wie ihr geliebtes Mutterland in einem gewaltigen Kataklysmus, wie ihn die Welt weder vorher jemals gesehen hatte noch nachher jemals wieder sehen sollte, in Rauch und Feuer unterging.

In einem jüngeren Zeitalter, vor der ägyptischen Zivilisation, existierte das Land des Poseidon, das auch als Poseidonis, Atla oder Atlantis bekannt ist und von dem Teile als Inselkette der Azoren bis auf den heutigen Tag überleben sollten. Wir erinnern uns an die Hauptstadt Kaiphul, die von Phylos dem Tibeter in seinem Buch »Hier teilt sich der Weg« (»A Dweller on Two Planets«)[1] so beschrieben wurde: »die Königsstadt, die größte der damaligen Zeit, in deren Stadtgrenzen eine Bevölkerung von zwei Millionen Seelen lebte.« Dem Autor zufolge lagen ihre breiten Alleen »im Schatten großer Bäume. Ihre künstlichen Hügel, auf deren größten die Regierungspaläste standen, wurden von Alleen durchschnitten, die vom Stadtzentrum wie die Speichen eines Rades ausgingen. Sie verliefen 80 Kilometer in eine Richtung und die kürzeren Alleen trafen sie im rechten Winkel. Diejenigen, die sich über die gesamte Breite der Halbinsel erstreckten, maßen nicht weniger als 65 Kilometer. So lag wie in einem schönen Traum die stolzeste Stadt dieser uralten Welt da.«

Einige von uns erinnern sich an diese frühen Erfahrungen, als ob sie erst gestern stattgefunden hätten. Vor 12 000 Jahren war Atlantis ein Teil unserer Welt. Im 1. Buch Mose ist aufgezeichnet, dass vor der Sintflut, durch die der mächtige Kontinent Atla unterging, »die Erde verderbt [war] vor Gottes Augen und voll Frevel. Da sah Gott auf die Erde, und siehe, sie war verderbt; denn alles Fleisch hatte seinen Weg verderbt auf Erden. Da sprach Gott zu Noah: Alles Fleisches Ende ist vor mich gekommen; denn die Erde ist voll Frevels von ihnen; und siehe da, ich will sie verderben mit der Erde.«[2]

Dieselben Zyklen aus Schändlichkeit und Bösartigkeit, die bereits Lemuria zerstört hatten, brachen nun über das titanische Atla hinein, über jenen Kontinent, von dem es hieß, dass selbst Gott ihn nicht versenken könnte, und kristallisierten sich später im Gericht über Sodom und Gomorra, Pompeji und andere Kulturen, die durch die Lust am Vergnügen vor dem Angesicht Gottes korrumpiert wurden.

Als die Liebe des Menschen zu Gott und die fromme Hingabe seines Herzens an das lebende Wort abnahmen, erlosch die Flamme in den Tempeln, und die Herzensflamme der Menschen flackerte und wurde schwächer. Dann kam der Tag, an dem alles im Schlamm versank. So verging die Herrlichkeit jener Götter, die aus Erde erschaffen waren, und mit ihnen ihr mechanisierter Mensch. Staub zu Staub, Erde zu Erde.

Die Menschen jenes Kontinents haben sich im Verlauf der Geschichte immer wieder inkarniert. Manche von ihnen sanken auf dieselbe Stufe der Finsternis hinab, andere erhoben sich, um ihren Aufstieg zu erringen. Der freie Wille ist der einzige Überlebende der Kataklysmen aller Menschen, der freie Wille, die Dinge zu richten und in der nächsten Runde wieder aufzubauen. Was sonst könnte man tun, wenn die gesamte Vergangenheit in Trümmern liegt und sich die Asche zu unseren Füßen häuft?

So entstanden unter der Leitung der Bruderschaft hier und dort Mysterienschulen: im alten China und in Indien und später bei den Hebräern und ihren Propheten, in der Sangha des Buddha, in der Akademie des Pythagoras in Kroton, bei den Druiden, den Essenern, in der Gemeinschaft der Berufenen des Christus und in der Schule des Sangreal am Hofe König Artus'.

Und so sehen wir, dass in Luxor und in verschiedenen, über den Planeten verstreuten Mysterienschulen die Fackel der Mutter und des Mutterlandes weitergegeben wurde. Aber sie wurde nicht von der Mehrheit aufgenommen, obwohl viele von den verschiedenen Flammen profitiert haben, die immer noch auf den ätherischen Oktaven in den Refugien der Meister überall auf der Welt brennen.

In diesen Flammen entdecken wir, dass wir gar nicht so weit voneinander entfernt sind: Christen und Juden, Schwarze und Weiße, Chinesen und Inder. Denn auch sie waren auf Atlantis dabei – und auch einige, die kein Leben in sich hatten. Dennoch sind alle Rassen und alle Völker auf dem Angesicht der Erde, in denen der göttliche Funke lodert, von einem Gott für eine gemeinsame Bestimmung erschaffen worden. Diese Bestimmung muss großartig sein. Sie muss edel sein. Sie muss würdig sein. Und wenn wir es wollen, können wir Teil dieser Bestimmung sein. Oder wir können uns diese Bestimmung vorenthalten, indem wir uns den verführerischen Konzepten des Hasses anheimgeben (der immer Selbsthass in der einen oder anderen Form ist), die gegen uns selbst und gegen andere gerichtet sind und darüber hinaus gegen das Große Schöpferische Selbst – wahrlich, das einzige Objekt der Verachtung vieler Menschen. Denn viele haben sich mit dem »Hüter der Schwelle« eingelassen, mit dem brodelnden, empfindlichen, synthetischen Selbst.

Die Refugien der Bruderschaft befanden sich inmitten der marmornen geometrischen Städte in den Mysterienschulen. Dort war aber auch das vorherrschende Denken angesiedelt, das schließlich zum Untergang des Kontinents führte. All dieses ist bis zur heutigen Stunde herangereift. Der Kontinent wurde zerstört, und etwa 12 000 Jahre später stehen wir vor denselben Einweihungen. Alle Traditionen von Atlantis sind zurückgekehrt und voll ausgereift. Sie stehen als Entscheidungen vor uns, die wir treffen müssen.

Die große Mehrheit der Menschen auf dem Planeten trifft keine Entscheidungen. Diese Menschen sind die Opfer intellektueller und philosophischer Systeme, die bis nach Atlantis zurückverfolgt werden können. Die wenigen, die intellektuelle Elite, die

Machtelite, die von den Gefallenen von Atlantis abstammen, treffen hingegen ganz klare Entscheidungen. Die wenigen, die mit den Mysterienschulen in Kontakt stehen, die Chelas der aufgestiegenen Meister, treffen ebenfalls Entscheidungen. Dazwischen befinden sich jene Menschen, die engagiert, religiös und patriotisch sind und ebenfalls Entscheidungen treffen möchten und für all die richtigen Dinge sind, die aber in jeder Hinsicht und in allen Belangen nicht effizient sind. Ihre Überzeugungen sind richtig, aber sie besitzen nicht die Dynamik des Geistes, sie haben kein Schwert der Wahrheit und keinen Umgang mit den Heerscharen des Herrn, um den Verlauf der Geschichte zu verändern, die Zivilisation zu verändern.

Alles, was die Gefallenen ohne Zugang zum lebenden Wort erschaffen haben, ist Maya, also Illusion. Es sieht aus wie ein gewaltiger Monolith der Zivilisation und wie ein Aufmarsch atomarer Waffen, und wir fürchten uns und zittern im Angesicht der Kriegsmaschinerie der Nephilim, der gefallenen Engel. Und wir fragen uns, was wohl über uns hereinbrechen wird.

Aber im Angesicht all dessen haben wir doch keinen Grund, uns zu fürchten, denn Gott ist in uns und »ihr seid von Gott und habt jene überwunden; denn der in euch ist, ist größer, als der in der Welt ist«[3] – das dem Irdischen verhaftete Bewusstsein. Wir müssen den Feind besiegen, der Angst heißt, den Mangel an Selbstwertgefühl und eine orthodoxe Tradition, die behauptet, dass Gott nicht in uns ist und dass er nur einmal in einem Sohn Gottes namens Jesus Christus war.

Seit die Nephilim herabgestoßen wurden, ist die Erde Schauplatz einer epischen Schlacht gewesen, die in den Schriften aufgezeichnet wurde und die wir bis heute selbst miterleben können. Die Macht des Wortes ist größer als die Macht aller Armeen. Aber wenn wir uns nicht an unser altes Erbe als Söhne und Töchter des Allerhöchsten erinnern und an die Allmacht von Himmel und Erde, die er uns im Anfang gab, wenn wir die Bosheit der Bösen vergessen, die so eindeutig auf den Tontafeln von Sumer und in der Akascha-Chronik aufgezeichnet wurden, wenn wir uns nicht an die unzähligen Avatare erinnern, die kamen, um die Gefallenen zu entlarven, und die von ihnen immer wieder ermordet wurden, wenn wir ihr gegenwärtiges Massaker an den heiligen Scharen nicht sehen, dann werden wir als die Generation der Lichtträger verdammt sein, die ein ganzes Zeitalter, eine ganze Evolution und wahrscheinlich ihre eigenen Seelen verloren haben.

Jene, die den Willen besitzen, etwas gegen die Verfolgung der Menschen und die beabsichtigte Zerstörung eines ganzen Planeten zu unternehmen, müssen sich beeilen, den Namen des Herrn anzurufen, um so eine höhere Wissenschaft und ein höheres Gesetz herbeizurufen. Dies ist das einzige Mittel, durch das die Erde, ihre Evolutionen und ihre Seelen gerettet werden können.

Der Geist des Herrn war über den Propheten Joel gekommen, als er schrieb:

»Und nach diesem will ich meinen Geist ausgießen über alles Fleisch, und eure Söhne und Töchter sollen weissagen; eure Ältesten sollen Träume haben, und eure Jünglinge sollen Gesichte sehen; auch will ich zur selben Zeit über Knechte und Mägde meinen Geist ausgießen. Und ich will Wunderzeichen geben am Himmel und auf Erden: Blut, Feuer und Rauchdampf; die Sonne soll in Finsternis und der Mond in Blut verwandelt werden, ehe denn der große und schreckliche Tag des HERRN kommt. Und es soll geschehen, wer des HERRN Namen anrufen wird, der soll errettet werden. Denn auf dem Berge Zion und zu Jerusalem wird eine Errettung sein, wie der HERR verheißen hat, auch bei den anderen übrigen, die der HERR berufen wird.«[4]

Heute ruft der HERR Sie und mich, die Verbleibenden zu sein, die seinen Namen gebrauchen – den heiligen Namen AUM, den heiligen Namen des ICH BIN DER ICH BIN, den heiligen Namen von Jesus Christus, von Gautama Buddha und von allen Heiligen –, um das Wort ertönen zu lassen und das Licht zur Heilung aller Völker zu entzünden.

Brüder und Schwestern, Gott hat uns die Antwort gegeben. Sie liegt in der befreienden Macht des Wortes. Wir heißen euch willkommen und bitten euch, gemeinsam mit uns damit zu experimentieren und das heilige Feuer der Schöpfung selbst zu erfahren.

Mark L. Prophet

Elizabeth Clare Prophet

Mark und Elizabeth Prophet
Sendboten der Meister

Kapitel 1

GEBET, DEKRETE UND MEDITATION

*Also soll das Wort, so aus meinem
Munde geht, auch sein. Es soll
nicht wieder zu mir leer kommen,
sondern tun, was mir gefällt, und
soll ihm gelingen, dazu ich's sende.[1]
So spricht der HERR, der Heilige
in Israel und ihr Meister: Fragt
mich um das Zukünftige; weist
meine Kinder und das Werk
meiner Hände zu mir![2]*

Jesaja

GEBET, DEKRETE
UND MEDITATION

Viele Aussagen in der Heiligen Schrift bekräftigen die Macht des gesprochenen Wortes. Die, welche uns meist als Erste einfällt, ist diese: »Im Anfang war das Wort, und das Wort war bei Gott, und Gott war das Wort. Dasselbe war im Anfang bei Gott. Alle Dinge sind durch dasselbe gemacht, und ohne dasselbe ist nichts gemacht, was gemacht ist.«[3]

Die Macht des gesprochenen Wortes

Mit diesen unsterblichen Worten erinnert uns der Apostel Johannes, einer der Jünger Jesu, daran, dass es das erste Fiat des Herrn war, das die Entstehung der Welt der Form aus der Leere verursachte. Die Schöpfung entsprang dem Geiste Gottes, als er den Befehl gab: »Es werde Licht.«[4] Und sie wird aus dem Geiste Christi hervorkommen, wenn der Mensch denselben Befehl in Seinem Namen gibt: »Es werde Licht!« Durch das Wort wurden die Elohim herbeigerufen und sehet, die Schöpfung wurde geboren.

Das Wort, der Logos, ist das Prinzip eines jeden Energieflusses. Dekrete, Fiate, Gebete, Meditationen, Gesänge und Mantras verbinden den Menschen mit diesem Prinzip, mit diesem Quell. Sie stellen Worte in einer bestimmten Abfolge dar, Worte in einem Rhythmus, Worte in einer Kadenz. Manche werden gesungen, manche als Sprechgesang dargebracht. Manche werden so leise gesprochen wie ein leichter Sommerregen herniederfällt, manche werden wie Blitz und Donner ausgerufen, welche die Atmosphäre klären und den Geist erfrischen. Alle beschwören das Wort, ohne das nichts wurde, was geworden ist. Zu sein – ICH BIN – heißt zu erschaffen – ICH BIN DER ICH BIN. Um zu erschaffen, rufen wir das Wort an. Wir alle spüren die Kraft, die sich innerhalb des Kerns des transzendenten Wesens befindet. Viele haben danach gestrebt, sie freizusetzen. Viele haben Methoden dazu vorgeschlagen. Aber nur das Wort kann erschaffen. Durch das Wort wurden alle Dinge gemacht.

Die Wissenschaft des Energieflusses

Die aufgestiegenen Meister lehren die Wissenschaft des Energieflusses als das Wissen von der Freisetzung des Wortes durch alle Chakras. Aber um der Kreativität im Hier und Jetzt einen Schub zu verleihen, um die Finsternis herauszufordern und das Licht zu intonieren, um Ziele zu erreichen und das Karma auszugleichen, um ein Selbst und einen Kosmos zu meistern, bilden sie ihre Chelas in der Wissenschaft des gesprochenen Wortes aus.

Gesprochene Gebete sind das Herzstück einer jeden wahren Religion. Christen, Juden, Muslime, Hindus, Buddhisten und andere zeigen ihre Hingabe durch tägliche Gebete, Rezitationen heiliger Schriften und an die Gottheit gerichtete Mantras. Dazu gehören das christliche Vaterunser und das Ave Maria, die jüdischen Schma-Israel- und Amida-Gebete, das muslimische Schahada-Gebet, das hinduistische Gayatri-Mantra und das buddhistische Herz-Sutra.

Seit Tausenden von Jahren sind bestimmte Formulierungen des Wortes – als Ritual, als Wissenschaft, als Mathematik – der Schlüssel zur Erhebung des Bewusstseins und der Materialisierung der

Gottesflamme gewesen. Wortformeln sind die Brücke zwischen dem Endlichen und dem Unendlichen gewesen. Der Mensch hat sich seinem Gott durch Gebete und Lieder der Lobpreisung genäht. Er hat über das Bild, den Namen und die Essenz seines Wesens meditiert und dabei das Mantra, die »Gedankenform«, des Objektes seiner Verehrung entdeckt.

Mantra

Das Mantra ist die Übersetzung des ursprünglichen Wortes, ein Geschenk des Gesetzgebers, durch das Seelen, die sich in Zeit und Raum entwickeln, den Fluss des Lebens vom Unbeständigen zum Beständigen zurückverfolgen können – von der äußeren Manifestation zur inneren Struktur.

Das Mantra ist die in Worte gefasste Matrix, welche die Frequenzen des Bewusstseins des Meisters auf die Chelas überträgt, die nach Selbstmeisterung streben. Das Mantra ist von der Schwingung des Meisters nicht zu trennen. Jene, die es voller Hingabe an die flammende Matrix der Schöpfung rezitieren, verschmelzen mit der elektronischen Gegenwart des Meisters.

Das Mantra ist der Nexus der Welten. Es ist die Brücke, über die wir von der natürlichen zur geistigen Ordnung der Dinge gehen. Das Mantra ist der Vermittler, es ist der Christus. Das Mantra ist das Mittel, durch das wir uns selbst transzendieren und uns selbst als in Gott lebend wiederfinden.

Ein Mantra ist eine heilige Formel, welche der Meister seinem Jünger übermittelt. Durch das Mantra gibt der Guru seinem Chela das Geschenk des Selbstseins. Sanskrit-Mantras sind uns von den Manus der frühen Wurzelrassen, die das heilige Wort in Lemuria intonierten, hinterlassen worden. Und vom Mutterland und von der Mutterflamme aus wurde das intonierte Wort zum Ursprung aller Kultur, aller Wissenschaft und aller Religion.

Jesus gab seinen Jüngern ein Mantra aus Mu, als er das Fiat aussprach: »Ich bin die Auferstehung und das Leben.«[5] Dies war eine Formulierung des Wortes, die ihm von seinem Guru Maitreya gegeben worden war, der den Fokus des kosmischen Christus aufrechterhält. Indem Sie es wiederholen, realisieren Sie die Auferstehung und das Leben der Gottesflamme. Durch dieses Mantra und andere heilige Gesetzesformeln bewies Jesus den Sieg des Lebens über den Tod. Er lehrte, dass wir dasselbe tun können – dass wir dasselbe tun müssen.

In diesem Kapitel werden wir Mantras, Gebete, Dekrete und Meditationen erforschen und die Unterschiede zwischen ihnen feststellen. Jede Methode hat ihren Platz in der Einstimmung der Seele auf Gott und im Anrufen seines Segens, auf den alle ein Recht haben.

Die Autorität des göttlichen Ebenbildes

Die Ermahnung des Paulus an die Philipper: »Ein jeglicher sei gesinnt, wie Jesus Christus auch war«[6], wurde erteilt, weil Paulus wusste, dass der Geist Christi die Macht, die reinen Formen, die allwissende Liebe und die Feuer der Vollkommenheit umfasst, die nicht nur nötig sind, um die Schöpfung hervorzubringen, sondern auch, um das Sein und das Bewusstsein jener wiederherzustellen, wieder zu beleben und »aufzuladen«, in denen die Ganzheit des Gottessohnes vorübergehend erloschen ist.

Paulus fährt fort, indem er erklärt, warum Jesus in der Lage war, die Fülle des Geistes Christi zu manifestieren und so sein heilendes Werk zu vollbringen. »… welcher, ob er wohl in göttlicher Gestalt war, hielt er's nicht für einen Raub, Gott gleich sein«[7]. Jesus erkannte sich als ein Sohn Gottes, und er wusste, dass es das vorbestimmte Schicksal eines jeden Sohnes von Gott ist, in der Gestalt seines Schöpfers zu sein, das heißt, gemäß der vollkommenen Struktur des göttlichen Bildes zu leben, nach der er geschaffen worden war.[8]

Jesus wusste, dass es, wenn er seine Einheit mit diesem Bild bewahren und sich nicht vom Bewusstsein Gottes abkehren wollte, kein Raub sein würde, Gott gleich zu sein, denn er würde nur das verkörpern, was Gott wollte, dass er es habe und sei. Der geliebte Sohn wird Mitschöpfer, ein gemeinschaftlicher Erbe, denn er wurde befunden, im Ebenbild seines Schöpfers zu sein.

Jesus erkannte, dass dem Menschen, als ihm der freie Wille gegeben wurde, auch die volle Verantwortung für seine Worte, seine Gedanken und seine Taten übertragen worden war, da diese die Konsequenz des menschlichen Gebrauchs oder des Missbrauchs seines freien Willens sind. Daher sagte er: »Aus deinen Worten wirst du gerechtfertigt werden, und aus deinen Worten wirst du verdammt werden.«[9]

Er wusste, dass der Mensch für die Dinge, für die er keine Verantwortung trägt, weder gerechtfertigt noch verdammt werden kann. Er wusste auch, dass die Verantwortung, die einem übertragen worden ist, nicht auf einen anderen abgewälzt werden kann, obgleich das Christus-Selbst die Bürde des Lichts trägt, die nicht nur seine Last leichter macht, sondern auch seinen Weg. Der Christus, der im Inneren lebt, ermöglicht es ihm, seinen Weg zu vollenden und sein Karma auszugleichen, ohne jemals durch eine falsche Vorstellung von Verantwortlichkeit überfordert zu sein.

Diese falsche Vorstellung sieht den Menschen als Handelnden und Täter und zollt dem niederen Selbst Tribut statt dem Christus. Lasst uns ein tieferes Verständnis dieses Mysteriums gewinnen, damit wir die Autorität des Menschen in Bezug auf Gebete, Dekrete und Meditationen begründen können.

Unser göttliches Erbe

Jene, welche das Mysterium Christi wahrhaft verstehen, haben erkannt, dass es so wie es einen Gott, einen Vater gibt, es auch einen Christus, einen Sohn gibt. Es ist das Wesen des »Ewigen«, das Selbst unendlich oft zu vervielfachen und dennoch eins zu bleiben. (Ein mal eins mal eins ... ad infinitum ergibt immer eins.) Daher kann Gott der Vater und Gott der Sohn im Menschen immer und immer wieder verwirklicht werden und dennoch als der Göttliche Eine davon vollkommen unberührt sein. Alle Menschen haben Teil an dieser Einheit und tragen in sich die Essenz der Göttlichen Natur. Gott individualisiert sich als die ICH-BIN-Gegenwart jedes Menschen, und der Christus individualisiert sich als das Christus-Selbst jedes Menschen. Ohne Gott und ohne das Wort, ohne den Christus, der mit Gott im Anfang war, wäre nichts manifestiert worden. Mit anderen Worten: Kein Mensch wurde jemals erschaffen, ohne dass ein Teil Gottes und ein Teil des Christus in ihn ausgegossen worden wäre.[10]

Die Darstellung des Göttlichen Selbst (Farbillustration auf Seite 2) offenbart, wie diese Manifestationen Gottes im Menschen individualisiert worden sind: als Vater-Mutter-Gott in der ICH-BIN-Gegenwart (obere Figur), als der Sohn im Heiligen Christus-Selbst (mittlere Figur) und als der Heilige Geist, der sich, wenn Sie sich ausreichend vorbereitet haben, in Ihrem Körpertempel, der Ihnen von Gott für die Reise Ihrer Seele auf dem Planeten Erde geschenkt wurde (untere Figur), eine Heimstatt nimmt.

Die Darstellung offenbart die Erfüllung des Vertrauens des Psalmisten, der schrieb: »Wer unter dem Schirm des Höchsten sitzt und unter dem Schatten des Allmächtigen bleibt, der spricht zu dem HERRN: »Meine Zuversicht und meine Burg, mein Gott, auf den ich hoffe.«[11]

Gott trug Moses auf, den Kindern Israels zu sagen, dass sein Name ICH BIN DER ICH BIN sei und dass »Der ICH BIN mich zu euch gesandt [hat].« Außerdem sagte er: »Also sollst du den

Kindern Israels sagen: ICH WERDE SEIN [ICH BIN] hat mich zu euch gesandt. Der HERR, eurer Väter Gott, der Gott Abrahams, der Gott Isaaks, der Gott Jakobs, hat mich zu euch gesandt. Das ist mein Name ewiglich, dabei soll man mein Gedenken für und für.«[12]

Wenn wir den Namen des Herrn anrufen, wie es uns die Propheten aufgetragen haben[13], benutzen wir den Namen ICH BIN DER ICH BIN oder einfach ICH BIN. Wenn wir unseren Gott, der bei uns ist, im Gebet anrufen, sagen wir: »Geliebte mächtige ICH-BIN-Gegenwart ...«

Der Allmächtige, der Schöpfer des Himmels und der Erde, hat sich jedem von uns als der ICH BIN DER ICH BIN manifestiert, der vor uns hergeht so wie der Herr vor den Kindern Israels herging: »Und der HERR zog vor ihnen her, des Tages in einer Wolkensäule, dass er den rechten Weg führte, und des Nachts in einer Feuersäule, dass er ihnen leuchtete, zu reisen Tag und Nacht.«[14]

Die ICH-BIN-Gegenwart und die sieben Lichtsphären, die sie umgeben (die Farbbänder), stellen den Körper der Ersten Ursache oder den Kausalkörper da. Diese Sphären sind die »vielen Wohnungen« im Hause unseres Vaters, wo wir für uns selbst »Schätze im Himmel« sammeln.[15] Unsere Schätze sind unsere Worte und Werke, die unseres Schöpfers würdig sind, unsere positiven Gedanken und Gefühle, unsere Siege im Namen des Rechts und der Tugenden, die wir zum Ruhme Gottes verkörpert haben. Wie Jesus sagte: »Denn wo euer Schatz ist, da ist auch euer Herz«[16] – in dieser, unserer himmlischen Welt.

Wenn wir unseren freien Willen vernünftig ausüben, steigen die Energien Gottes, die wir auf harmonische Weise ausbilden, in unseren Kausalkörper auf. Diese Energien werden in den Lichtsphären eingelagert, die den sieben Chakras und den sieben Farbstrahlen entsprechen, die wir bei unseren schöpferischen Unternehmungen einsetzen. Sie werden in unserem Lebensfluss zu »Talenten«, die wir vergrößern können, indem wir sie Leben um Leben zu guten Zwecken einsetzen.

Der Apostel Johannes sah und beschrieb die ICH-BIN-Gegenwart, die er einen mächtigen Engel nannte: »Und ich sah einen anderen starken Engel vom Himmel herabkommen; der war mit einer Wolke bekleidet, und ein Regenbogen auf seinem Haupt und sein Antlitz wie die Sonne und Füße wie Feuersäulen.«[17]

Das Heilige Christus-Selbst ist der Vermittler zwischen Gott und dem Menschen. Dieser Universelle Christus ist der einzig geborene Sohn des Vaters: die Lichtemanation der ersten Ursache. Er ist der Christus von Jesus und der Christus von Ihnen und mir. Und doch gibt es nur einen Herrn und einen Erlöser.

Ihr Heiliges Christus-Selbst überschattet Sie, wo auch immer Sie sein und wohin Sie auch immer gehen mögen. Es verleiht Ihnen die Fähigkeit, jederzeit »Christus-bewusst« zu sein oder, um es anders auszudrücken, ständig das »Christus-Bewusstsein« zu haben. Dieser geliebte Freund, Lehrer und Trostspender ist in Wahrheit Ihr Wahres Selbst, das Sie eines Tages sein werden, wenn Sie Ihrem Erlöser nachfolgen.

Die untere Figur wird in die violette Flamme innerhalb der Lichtsäule eingehüllt dargestellt, die als Antwort auf Ihren Ruf von der ICH-BIN-Gegenwart herabsinkt. Dieser Zylinder aus stählernem weißem Licht erhält 24 Stunden am Tag ein Schutzkraftfeld aufrecht – solange Sie Ihre Harmonie bewahren.

Ihr niederes Selbst besteht aus Ihrer Seele und Ihrem Geist, die in das Gewand der vier niederen Körper gekleidet sind. Ihre Seele ist der nicht dauerhafte Aspekt des Seins, der sich durch die vier Ebenen der Materie hindurch entwickelt. Die Seele wird durch das Ritual des Aufstiegs permanent gemacht.

Ihr Geist ist die destillierte Essenz Ihres Selbst. Er ist die durchdringende und prädominante Gegenwart, anhand derer man Sie kennt. Er ist das Leben spendende oder vitale Prinzip Ihres Lebens, das Sie durch die Inkarnationen Ihrer Seele hindurch mitnehmen und nach dem Ebenbild des Geistes des lebenden Gottes formen.

Durch den Aufstieg wird die Seele zu dem Unzerstörbaren Einen. Fortan als aufgestiegener Meister bekannt empfängt die Seele die

Krone des ewigen Lebens. Dies ist das höchste und höchstbegehrteste Ziel des Lebens. Der Aufstieg bedeutet Freiheit vom Kreislauf des Karmas und den Runden der Wiedergeburten, er ist ein Eintreten in die Glückseligkeit Gottes.

Die Darstellung Ihres Göttlichen Selbst ist daher ein Diagramm – Vergangenheit, Gegenwart und Zukunft – der Pilgerfahrt Ihrer Seele zur Großen Zentralsonne, während Sie Jahr um Jahr die Wendeltreppe der Initiation erklimmen und sich so Gott nähern wie Gott sich Ihnen nähert.[18]

Das Geschenk des Lebens von unseren göttlichen Eltern

Die dreifältige Flamme ist Ihr göttlicher Funke, das Geschenk des Lebens, der Freiheit und des Bewusstseins, das Sie von Ihren göttlichen Eltern erhalten haben. Auch die heilige Christus-Flamme genannt ist sie die Essenz Ihrer Realität, Ihr Potenzial der Christusschaft. Sie liegt versiegelt in der geheimen Kammer Ihres Herzens.

Die drei Flammen der dreifältigen Flamme sind die blaue (zu Ihrer Linken), die gelbe (in der Mitte) und die rosafarbene (zu Ihrer Rechten), die den Primäreigenschaften von Macht, Weisheit und Liebe zugeordnet sind. Durch die Macht (des Vaters), die Weisheit (des Sohnes) und die Liebe (des Heiligen Geistes), die in der dreifältigen Flamme verankert sind, übt Ihre Seele ihren, ihr von Gott gegebenen freien Willen aus, um den Grund für ihr Sein auf der physischen Ebene und durch alle Zeiten und die Ewigkeit hindurch zu erfüllen.[19]

Die Kristall- oder Silberschnur (der silberne Strick)[20] ist der Strom des Lebens, der aus dem Herzen der ICH-BIN-Gegenwart zum Heiligen Christus-Selbst fließt, um die Seele und ihre Ausdrucksformen in Raum und Zeit zu nähren und zu erhalten. Johannes sah die Kristallschnur und beschrieb sie so: »Und er zeigte mir einen lauteren Strom des lebendigen Wassers, klar wie ein Kristall; der ging aus von dem Stuhl Gottes und des Lammes.«[21] Man kann sich die Kristallschnur als eine »Nabelschnur« vorstellen, durch die das Licht / die Energie / das Bewusstsein Gottes von der großen Zentralsonne zum Kind-Menschen fließt, der sich auf den weit verstreuten Planeten verkörpert hat. Sie tritt in das Wesen des Menschen durch den Scheitelpunkt (die Krone) ein und gibt sowohl den Impuls für das Pulsieren der dreifältigen Flamme als auch für den körperlichen Herzschlag und alle Körperfunktionen.

Direkt über dem Kopf des Heiligen Christus-Selbst sieht man in der Darstellung des Göttlichen Selbst die Taube des Heiligen Geistes, die vom Vater hernieder schwebt. Dies weist darauf hin, dass der Trostspender sich um jeden Lebensfluss kümmert, bis die Seele spirituell so weit ist, die gespaltenen Zungen des Feuers und die Taufe des Heiligen Geistes zu empfangen[22]. Zu diesem Zweck reift der Menschensohn, der den Willen Gottes annimmt, als von Christus erfülltes Wesen Tag für Tag im Christus-Selbstbewusstsein heran. Wenn er größere Liebe und größere Weisheit als Grundlage seiner Selbstmeisterung erlangt hat, tritt er in die wahre Kommunion mit seinem Heiligen Christus-Selbst ein.

Die Göttliche Mutter, das heilige Feuer und die Chakras

Die Göttliche Mutter wird durch das heilige Feuer, das als wahrer Lichtquell von der Wirbelsäulenbasis zum Kronen-Chakra emporsteigt, im Tempel des Menschen fokussiert und verehrt. Die sieben Chakras sind die spirituellen Zentren des Körpers, die das Licht der Mutter, das von der Wirbelsäulenbasis aufsteigt, und das Licht des Vaters, das von der ICH-BIN-Gegenwart herabsinkt, verteilen.

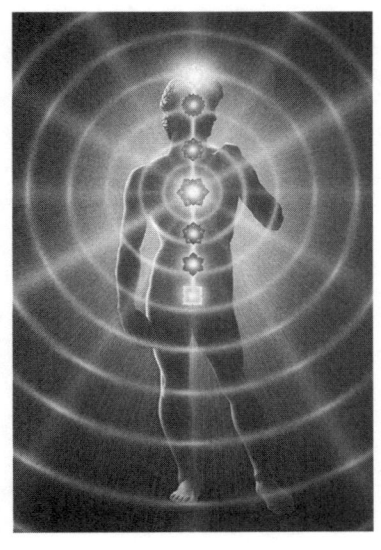

Das Zusammentreffen dieser beiden strahlenden Ströme der Lebenskraft, die von oben und von unten pulsierend einströmen, stellt die Einheit und die Balance der Plus-Minus-Kräfte (Yang und Yin) in den Chakras her. Auf diese Weise wird jedes Chakra ein Zentrum der Freisetzung des Lichtes des Vater-Mutter-Gottes. Jedes ist der Fokus einer der sieben Farbstrahlen und einer der sieben Ebenen des Seins.

In spirituell entwickelten Menschen steigt das heilige Feuer der Mutter (im Osten als Kundalini bekannt) durch die Wirbelsäule auf, um die Seele zu beleben und den inneren Christus und den inneren Buddha zu erwecken. Unsere Göttliche Mutter, die immer in uns gegenwärtig ist, behütet und leitet unsere Schritte und lehrt uns, wie wir die Selbstmeisterung erlangen, indem wir das Kommando über unsere Seele und unseren Geist, unsere vier niederen Körper und das heilige Feuer übernehmen, das wir durch unsere Chakras freisetzen.

Die vier niederen Körper

Die vier niederen Körper sind vier Energiefelder. Sie sind einander durchdringende Bewusstseinshüllen oder -behälter, die jeweils in ihrer eigenen Dimension schwingen. Sie haben als Mensch einen Körper aus Fleisch und Blut, den physischen Körper. Sie haben einen denkenden Verstand, den mentalen Körper. Sie haben Gefühle und Emotionen, die sich durch Ihren astralen Körper oder Körper des Begehrens ausdrücken, der auch als emotionaler Körper bezeichnet wird. Und Sie haben ein Gedächtnis, das sich in Ihrem ätherischen oder Erinnerungskörper befindet, von diesen vier die höchste Schwingung aufweist und als »Hülle der Seele« fungiert.

Diese vier niederen Körper umhüllen die Seele und stellen deren Ausdrucksmittel in der materiellen Welt der Form dar. Auch die Planeten haben vier voneinander abgegrenzte niedere »Körper« mit einer ätherischen, einer mentalen, einer astralen und einer physischen Ebene, auf denen ihre Evolutionsformen leben und sich entwickeln. Diese vier Quadranten des Seins entsprechen Feuer, Luft, Wasser und Erde der alten Alchemisten.

Unsere vier niederen Körper sind so aufgebaut, dass sie als integrale Einheit wie »Räder, die in Räder greifen« oder »ein Rad im anderen«[23] funktionieren sollten. Man könnte sie sich auch als einander durchdringende Siebe vorstellen. Wenn die Löcher der Siebe genau übereinanderliegen, sind die vier niederen Körper synchronisiert. Das bedeutet, sie sind mit der Matrix Ihres Lebensflusses in Harmonie, die von Ihrem Heiligen Christus-Selbst aufrechterhalten wird, wodurch es Ihnen ermöglicht wird, das Licht ungehindert durch alle Chakras zu lenken, um alles Leben zu segnen und zu heilen.

Aber bei den meisten von uns liegen die »Löcher« nicht direkt übereinander. Da wir nicht in Harmonie mit unserem wahren Selbst sind, können wir nicht den vollen Nutzen aus unserem uns zustehenden Teil des Lichtes ziehen, der über die Kristallschnur aus unserer machtvollen ICH-BIN-Gegenwart hinabströmt.

Das Problem, das wir lösen müssen, wenn wir aus der irdischen Schule als integrierte Persönlichkeit in Gott hervorgehen wollen, sieht folgendermaßen aus: Während unseres Aufenthaltes auf diesem Planeten sind unsere spirituellen Poren mit einer Menge menschlichen Karmas und astralen Ausdünstungen verstopft worden (das heißt mit dem Staub und dem Müll der verunstalteten Energie aus Jahrhunderten). Zudem trägt jeder von uns einen Prozentsatz des gesamten planetarischen Karmas in seinen vier niederen Körpern.

Da wir Gottes reinen Lebensfluss, der ständig von unserer ICH-BIN-Gegenwart zum Gebrauch hier unten herabfließt, ständig missbraucht haben, hat sich dieser im Unterbewusstsein als Ringe am Baum des Lebens und im kollektiven Unbewussten der Rasse angesammelt. Ob es uns nun gefällt oder nicht, jeder von uns trägt auch die karmische Bürde aller anderen – einfach deshalb, weil wir alle ein Teil dieser Evolution sind.

Was ist ein Dekret?

Um Jesus und den Meistern des Ostens zu helfen, hat die Hierarchie der aufgestiegenen Meister, welche die Große Weiße Bruderschaft bilden, für die westlichen Chelas auf dem Weg der Christusschaft heilige Formeln entworfen, die man Dekrete nennt.[24]

Wie die Mantras des Ostens so stellen auch diese Gedankenmuster spezifische Formeln zu einem spezifischen Zweck dar. Jedes von ihnen verbindet Sie mit dem Quell allen Lebens und aller Energie: mit Ihrer eigenen ICH-BIN-Gegenwart. Jedes beruht auf dem Gesetz der Liebe und dem Prinzip des Christus. Alle sind nach dem Willen Gottes für jede Seele formuliert: Freiheit, Erleuchtung, Selbstmeisterung, Reinheit, Harmonie und Liebe.

Dekrete, die von aufgestiegenen Meistern formuliert wurden – also von jenen, die wie Jesus und Gautama Zeit und Raum gemeistert haben und in das Zentrum des AUM, in das ICH BIN DER ICH BIN, eingetreten sind –, sind Matrizen des kosmischen Bewusstseins. Die Meister nennen sie Kelche des Lichts. Sie enthalten die Wasser des ewigen Lebens – den Energiefluss vitalen aufsteigenden Seins.

Dies ist das Wasser, von dem Jesus sprach, als er sagte:»Wer aber von dem Wasser trinken wird, das ich ihm gebe, den wird ewiglich nicht dürsten; sondern das Wasser, das ich ihm geben werde, das wird in ihm ein Brunnen des Wassers werden, das in das ewige Leben quillt.«[25]

Zuerst wollen wir aber den Begriff *Dekret* definieren. Das *Oxford English Dictionary* definiert Dekret wie folgt:

»Dekret (Substantiv): Ein von einer zivilen oder anderen Autorität verkündeter Erlass oder Edikt; eine autoritative Entscheidung mit Gesetzeskraft. In der Theologie eine der ewigen Absichten Gottes, durch die Ereignisse vorherbestimmt sind.

Dekretieren (Verb): Etwas durch ein Dekret anordnen; befehlen, ernennen oder autoritativ zuordnen, ordinieren, aufgrund göttlicher Ernennung oder aufgrund des Schicksals ordinieren. Etwas autoritativ entscheiden oder bestimmen, etwas durch ein Dekret verkünden ...«

Das Dekret, wie wir es gebrauchen, ist das mächtigste aller Gesuche an die Gottheit. Es ist ein Befehl eines Sohnes oder einer Tochter Gottes, der im Namen der machtvollen ICH-BIN-Gegenwart und dem Heiligen Christus-Selbst ausgesprochen wird und der dem Licht befiehlt, aus dem Ungeformten in das Geformte herabzusinken, aus der Welt des Geistes in die Welt der Materie. Das Dekret ist ein Mittel, durch welches das Königreich Gottes hier und jetzt durch die Macht des gesprochenen Wortes Realität wird.

Meditationen und Visualisierungen sind wichtige Bestandteile der täglichen Andacht, aber dynamische Dekrete sind die machtvollste Methode, Gottes Licht zum Zwecke einer individuellen oder planetarischen Aktion zu manifestieren. Dekrete werden häufig von Gebeten, Anrufungen, Mantras, Gesängen, Fiaten, Affirmationen und Rufen an den einen Gott, die himmlischen Heerscharen und die Heiligen, die wir als aufgestiegene Meister bezeichnen, begleitet.

Die von uns gelehrten Dekrete wurden uns aus der Geometrisierung der Kausalkörper der aufgestiegenen Meister diktiert. In ihrer Bekräftigung der Wahrheit und ihrer Verneinung des Irrtums stellen sie den höchsten Ausdruck der göttlichen Wissenschaft und aller Zweige der Metaphysik dar, die von ihr ausgehen.

Die Dekrete der Göttlichen Mutter kristallisieren ihr heiliges Feuer zum Zwecke der Transmutation und Vervollkommnung unserer Welten. Sie stellen die Werkzeuge dar, mit denen die Kinder Gottes die Mutterflamme (das heilige Feuer aus dem Chakra an der Wirbelsäulenbasis) wieder »emporziehen« und das Vaterlicht (von der ICH-BIN-Gegenwart) »herabziehen« können. Wenn ihre Praxis von einem liebevollen Dienst am Leben allgemein, dem Studium der Schriften und dem Gehorsam gegenüber Gottes Gesetzen begleitet wird, können die Schüler die Läuterung ihrer Seele, den Ausgleich ihres Karmas und die Einheit mit Gott durch das lebende Wort erlangen.

Wer sollte Dekrete gebrauchen?

Zu dekretieren heißt wörtlich zu entscheiden. Wer in dieser Welt hat die Autorität zu entscheiden, Entscheidungen zu treffen? Nur der, der in seinen Händen die Macht hält, den universellen Willen durchzusetzen, und jene, denen er aufgrund des Geschenkes des freien Willens die Autorität seines Willens übertragen hat.

Der Mensch, der sagen kann: »Mir ist gegeben alle Gewalt im Himmel und auf Erden«[26], besitzt die Autorität, Entscheidungen zu treffen, weil er die Macht besitzt, sie auch umzusetzen. Einer, der dekretiert, ist von Gott berufen zu befehlen, anzuordnen, vorherzubestimmen und die Grenzen Seiner Schöpfung festzulegen. Es gibt nur einen solchen Menschen, und das ist der Christus.

Obwohl er das Geschenk des freien Willens erhalten hat, aber in Zeit und Raum begrenzt ist und nur über ein begrenztes schöpferisches Potenzial verfügt, trifft der Mensch (das niedere Selbst) ebenfalls Entscheidungen, aber diese können nur innerhalb des begrenzten Rahmens seines persönlichen Karmas wirken.

»Was du wirst vornehmen, wird er dir lassen gelingen.«[27] Dieses Versprechen gilt – und zwar unabhängig vom individuellen Bewusstseinsniveau des Menschen. Denn wie El Morya sagte: »In jedem Augenblick erschaffen jeder Mann und jede Frau ihre eigene Zukunft. Das Leben, das ein von Gott gegebenes Geschenk ist, erfüllt ständig die ausgesprochenen oder unausgesprochenen Wünsche des Menschen. Menschliche Gedanken und Gefühle sind selbst Dekrete und bringen mit Sicherheit und Gerechtigkeit ihre Entsprechung hervor, sei dies in Freud oder in Leid.«[28]

Die Dekrete oder Entscheidungen, die von der Ebene des menschlichen Bewusstseins aus ergehen, sind in ihrer Wirkung begrenzt, weil sie dem endlichen Geist entstammen, aber jene, die von der Ebene des Christus aus ergehen – aus dem Heiligen Christus-Selbst eines jeden Menschen – sind unbegrenzt, weil sie erstens dem unendlichen Geist Gottes entstammen, der durch den Christus ausgedrückt wird, und zweitens weil der Christus, der in jedem Menschen lebt, von Gott dazu bestimmt ist, gemeinsam mit Ihm Mitschöpfer zu sein.

Zu dekretieren oder die Lebensenergien zu befehligen, ist das Vorrecht der Christus-Identität – des Höheren Selbst – eines jeden Menschen. Weil das menschliche Selbst unvollkommen und unvollständig ist, ist ihm noch nicht die Autorität verliehen worden, Fiate schöpferischer Richtung auszusprechen. Daher muss er seinen Dekreten immer Folgendes voranstellen: »Im Namen der geliebten, mächtigen, siegreichen Gegenwart des Gottes ICH BIN in mir und meines eigenen geliebten Heiligen Christus-Selbst ...«

Das Dekret oder das göttliche Fiat, derjenige, der dekretiert, und die Antwort auf das Dekret stellen eine dreifache Manifestation Gottes dar. Wer dekretiert, muss erkennen, dass »Gott in mir dieses Dekret gibt. Es ist Gottes Energie, die hervorströmt, um seinem Befehl zu gehorchen. Und er erfüllt das Gesetz durch die Macht des gesprochenen Wortes, das sich in mir manifestiert.«

Der Mensch (das niedere Selbst) ist daher ein Instrument des Lichtes, das aus dem Herzen Gottes hervorströmt, um sich als manifestierte Vollkommenheit zu verfestigen. Er ist nicht die Quelle des Lichts, auch ist er nicht der Herrscher über die Schöpfung und er besitzt keine eigene Macht, aufgrund derer das Licht seinem Befehl gehorchen würde.

Wenn der Schüler daher beschließt, sein Bewusstsein auf die Stufe des Christus-Selbst zu erheben, und weiß, dass er in Wahrheit der geliebte Sohn ist, kann er, da er eins mit Gott ist, sich selbst als lebendes Opfer darbringen – der Reinheit geweiht, damit Gottes Licht, Gottes Wort und Gottes Dekret durch ihn hindurchströmen mögen, um das vollkommene Werk des Schöpfers zu manifestieren.

Wenn der Schüler also in seinem Geist die Erkenntnis realisiert hat, wer der »Tuer« ist (die »Tür«[29]), darf er mit dem heiligen Ritual beginnen, Dekrete im Namen des Vaters (der Gegenwart Gottes oder der ICH-BIN-Gegenwart), des Sohnes (des Universellen Christus, der sich in jedem Menschen als seine geliebte Christus-Identität oder als Heiliges Christus-Selbst manifestiert) und des Heiligen Geistes (der Energien des heiligen Feuers, die der Form und dem Bewusstsein die Essenz Gottes verleihen, die Leben ist) darzubringen.

Das Wort *Dekret* wird im Lexikon als Befehl definiert, welcher die Kraft oder die Autorität des Gesetzes besitzt. Nach unserem

Gebrauch ist »das Gesetz« der Wille Gottes und die Autorität oder Kraft des Gesetzes ist die Macht des gesprochenen Wortes. Ein Dekret setzt einen vorherbestimmenden Willen voraus. Bei unserem Gebrauch der Dekrete sind wir uns gewahr, dass die vorherbestimmende Macht des gesprochenen Wortes der höchste Wille Gottes ist. Vor allem sind Dekrete eine Bekräftigung des Bundes zwischen Gott und den Menschen, der seit dem Anfang wirksam ist.

Gebet und Meditation

Nun wollen wir Gebet und Meditation untersuchen, wobei uns klar wird, dass auch sie Formen des Dekretes sind, da sie Folgen der Entscheidung eines Menschen sind, die Hilfe des Schöpfers zu suchen und seine Energien mit ihrer Quelle zu harmonisieren. Gebet und Meditation mögen die Macht des gesprochenen Wortes aber nutzen oder nicht, während Dekrete ganz und gar auf diesem wissenschaftlichen Prinzip beruhen.

Die aufgestiegenen Meister Jesus und Kuthumi haben eine Reihe von Lehrbüchern über das Thema Gebet und Meditation geschrieben.[30] Diese sollten gemeinsam mit der »Wissenschaft des gesprochenen Wortes«[31] von allen studiert werden, die ein besseres Verständnis der Beziehung von Gebet, Dekret und Meditation erlangen möchten.

Der geliebte El Morya erklärte, dass diese drei Formen der Anbetung eine ausgeglichene Aktivität der dreifältigen Flamme darstellen, wenn sie korrekt angewendet werden. Ein Gebet, das nicht auf der Angst vor Bestrafung oder dem Wunsch beruht, einen persönlichen Gefallen von der Gottheit gewährt zu bekommen, dient dazu, im Herzen des Bittenden die Reinheit von Gottes Liebe für ihn zu fokussieren, so wie er durch die Anbetung eine Leiter der Liebe zu Gott baut.

Wenn Meditation korrekt ausgeführt wird, öffnet sie der Weisheit Gottes die Tür des Geistes, sodass der Mensch in die Lage versetzt wird, Gottes Liebe zu verstehen und sie umzusetzen. Und Dekrete sind Anrufungen der Macht und des Glaubens, welche die Flamme der Weisheit und der Liebe Gottes aktivieren und sie für unser tägliches Leben praktisch erfahrbar machen. Folglich zieht das Gebet den Liebesstrahl an, Meditation etabliert den Weisheitsstrahl und Dekrete fokussieren den Machtstrahl. Die regelmäßige rhythmische Anwendung dieser drei Methoden der Kommunikation mit dem Heiligen Geist verschmelzen die individuellen Energien mit dem weißen Licht des Christus, in dem er mit jedem Aspekt des Bewusstseins von Gott Kontakt aufnehmen kann. Die folgenden Definitionen von Gebet und Meditationen wurden vom geliebten Kuthumi in der bereits erwähnten Reihe dargelegt.

»Gebet und Meditation sind wie Zwillinge, die den Weg zu Heiligkeit und Freude rahmen. So wie Gebete oder Fürbitten den Kontakt zu Gott herstellen und die Strahlen der göttlichen Fügung in die Welt des Suchenden ziehen, so erhebt Meditation den Sohn des Menschen, auf dass er im Glanze des Ewigen gebadet sein möge.

Meditation ist wie ein Lüften des Geistes, ein Ausspülen von mentalem Schlamm und von falschen Vorstellungen. Meditation dient der Läuterung, sie ist das Nachdenken des Menschen über seinen Schöpfer. Der Staub der Welt muss weggeblasen werden, der Dreschboden des menschlichen Herzens muss rein gefegt sein. Im Gebet wendet sich der Mensch mit der Bitte um Hilfe an Gott. In der Meditation hilft er Gott, indem er das Wesen Gottes in seinen eigenen Gedanken und Gefühlen erschafft ...

Die Ermahnung unseres geliebten Hilarion, der vielen als Paulus bekannt ist, lautete: ›Dem denket nach!‹[32] Meditieren bedeutet daher die Gedanken Gottes, die in das Herz strömen, in den Kopf aufsteigen zu lassen, damit der Wissende auch das zu Wissende werden kann. Die Meditation stellt einen Austausch der unvollkommenen Gedanken des Menschen über sich selbst und seinen Schöpfer gegen die vollkommenen Gedanken dar, die der Schöpfer für ihn aufrechterhält.

Indem es sich mit dem ewigen Gott identifiziert, der sein Schöpfer ist, wird das Höchste in seinem Wesen der gemeinsame Schöpfer seiner selbst. In einem sehr wahren Sinn wird der Mensch, indem er die Vollkommenheit Gottes in seine Welt zieht, zum Gebieter seines eigenen Schicksals – ein Mitarbeiter des Erhabenen – und er wird zu dem, was Gott ist: selbsterschaffend und erschaffend.[33]

Das Gebet ist eine Anrufung, die Meditation ist eine Einberufung. Das Wort ergeht und das Wort ist die flammende Macht des Geistes, der im Fleisch wohnt, es aber nicht verzehrt, der es transformiert, der den ganzen Menschen mit seiner Leidenschaft für die Realität schwingungsmäßig, emotional, mental, ätherisch und spirituell erhebt. Denn das ganze Wesen des Menschen muss von der Macht der Wahrheit berührt werden, denn Wahrheit ist das Wesen Gottes.«[34]

Hindernisse bei der höheren Kommunion werden durch Dekrete beseitigt

Gott kennt jedes unserer Bedürfnisse, aber sein Einwirken auf uns wird durch den Müll unserer eigenen menschlichen Schöpfungen und durch die falsche Ausrichtung unserer inneren Denk- und Gefühlsstrukturen behindert. Es ist daher selbst vor dem Gebet unerlässlich, dass der große Magnet der Gegenwart

Gottes und der Dynamik der Vollkommenheit der aufgestiegenen Meister durch die Macht des gesprochenen Wortes angerufen wird.

Dies wird getan, um erstens die Transmutation all dessen, was das Eindringen von Gottes Licht in unser Bewusstsein stört, herbeizuführen und zweitens, um unsere Energiestrukturen innerlich neu auszurichten, damit die vier niederen Körper zu passenden Kelchen des Heiligen Geistes gemacht werden können.

Es sollte verstanden werden, dass es aus den folgenden Gründen von Zeit zu Zeit für das Individuum notwendig wird, seine Energien nach dem göttlichen Muster neu aufzuladen:

1. Die lange Zeit des menschlichen Ungehorsams gegen die Gesetze des Lebens haben viele nicht transmutierte Aufzeichnungen in seiner Welt hinterlassen.
2. Der Mensch hat durch seinen Ungehorsam Chaos in seinem eigenen Kraftfeld erzeugt.
3. Er hat seine Aura durch den Kontakt mit disharmonischen Energie von außen kontaminiert, die aufgrund der ersten beiden Punkte von seinem Kraftfeld angezogen wurden.

Aufgrund der Tatsache, dass die menschliche Aura für die meisten Menschen unsichtbar ist, wird es ihr oft aufgrund von Vernachlässigung oder mangelnder Bewusstheit gestattet, ein Behältnis von irregeleiteten Gedanken und Gefühlen zu sein, statt als Kelch für das Bewusstsein Gottes gehütet zu werden. Häufig brodeln die Energien im unterbewussten Geist (dem elektronischen Gürtel) mit Dissonanzen, die an der Oberfläche des Bewusstseins nicht einmal ein Kräuseln hervorrufen, bis sie durch eine plötzliche Konfrontation mit äußeren Dissonanzen aktiviert werden.

Das Rezitieren von Dekreten desensibilisiert daher diese bösartigen Energien, die unter der Oberfläche des bewussten Geistes des Menschen lauern, bevor sie handeln oder in seine Manifestierung der Vollkommenheit des Lebens eingreifen können. Auf diese Weise wird er weniger empfänglich für die äußeren Kräfte, die versuchen, seiner unversehens habhaft zu werden. Das Aufladen des gesamten individuellen Kraftfeldes, seiner Energien und seines Bewusstseins nach dem Willen Gottes kann vollkommen sicher durch das Rezitieren von Dekreten durchgeführt werden.

Der geliebte Kuthumi sagte: »Gebete oder Dekrete können vor der Meditation durchgeführt werden. Die aufgestiegenen Meister wissen, dass eine Phase des Dekretierens, die mit lauter Stimme vor der Meditationsphase ausgeführt wird, den Menschen, die in der Falle der menschlichen Gefühle und Gedanken gefangen sind, dazu dienen kann, die vier niederen Körper zu isolieren, zu schützen und zu harmonisieren, damit jeder Lebensfluss bestens darauf vorbereitet ist, die Früchte seiner eigenen Meditation zu empfangen.«[35]

Für jene, die das Ziel des Aufstiegs vor Augen haben, ist Dekretieren eine tägliche Notwendigkeit. Das Rezitieren von Dekreten, die von den aufgestiegenen Meistern niedergeschrieben wurden und daher die Struktur und die Dynamik ihres aufgestiegenen Bewusstseins besitzen, wird die spirituelle Empfänglichkeit des Schülers verbessern.

Während dieser Kontakt zu seinem eigenen Christus-Selbst und dem Geiste Christi aufnimmt, wie er durch die aufgestiegenen Meister ausgedrückt wird, entdeckt er, dass der Geist, der in dem Christus Jesus[36] war, sich auch durch seinen eigenen Mentalkörper ausdrückt. Er wird eine Schärfung seiner Wahrnehmung bemerken, wenn der Heilige Geist sein gesamtes Wesen mit seiner belebenden Macht durchdringt.

Durch das Rezitieren von Dekreten zieht der Schüler daher jene Eigenschaften Gottes in den Kelch seiner vier niederen Körper, die sich in seinen drei höheren Körpern bereits manifestiert haben. Durch die Affirmation von Gottes Namen, erfüllt er das Ritual »wie oben, so unten«, und das Königreich Gottes wird durch den Nexus seines eigenen Bewusstseins in der Welt der Form realisiert.

Dekrete sind Magnete der göttlichen Liebe, die demjenigen, der sie gebraucht, die benötigten Gaben und Gnaden bringen. Diese mögen in der Form erneuerter Gesundheit kommen oder in der Erfüllung eines jeden Bedürfnisses von Körper, Geist und Seele. Die durch Dekrete angerufene Macht des Christus wird den Rückfluss der negativ geladenen Energie umkehren, dem sich der Schüler ausgesetzt sehen mag. Sie wird Dämonen und Wesenheiten austreiben. Sie wird falsche Gedanken und Gefühle umwandeln und sie wird die Seele und die vier niederen Körper mit dem Bewusstsein des Christus in Einklang bringen.

Durch das Rezitieren von Dekreten können die innere Sicht und das innere Hören wiederhergestellt werden, sodass die Musik der Sphären wieder gehört werden kann. Der Klang der Flammen Gottes wird tatsächlich wie das Rauschen großer Wasser[37] zu hören sein. Und das Rauschen des Windes des Heiligen Geistes wird hörbar werden. Diese uns umhüllenden Töne werden in den eigenen Knochen widerhallen und aufgrund der kosmischen Harmonik die Korrektur jener unvollkommenen Strukturen herbeiführen, die Krankheiten, Unfälle und das Altern verursachen. Der Ton, der durch das »Singen« der Elementarwesen innerhalb der Flammen erzeugt wird, wird automatisch die negativen Strömungen des unvollkommen menschlichen Denkens und Fühlens umkehren.

Das Herabziehen des Lichtes von Gottes Liebe durch das Rezitieren von Dekreten hat einen derart harmonisierenden Einfluss auf die Welt des Individuums, dass es wahrhaft ein großes Unglück ist, dass einige Menschen sich dafür entscheiden, ihren Geist gegenüber jenen Gesetzen verschlossen zu halten, welche die wissenschaftliche Freisetzung der göttlichen Macht durch die Dekrete regulieren.

So wie das Wort des Herrn zu Hesekiel kam: »Du Menschenkind, du wohnst unter einem ungehorsamen Haus, welches hat wohl Augen, dass sie sehen könnten, und wollen nicht sehen, Ohren, dass sie hören könnten, und wollen nicht hören, sondern es ist ein ungehorsames Haus«[38], so sollte der Schüler verstehen, dass seine vier niederen Körper »ein ungehorsames Haus« geworden sind und dass ihre Rebellion gegen den Willen Gottes die Form des Missbrauchs Seiner Energie angenommen hat.

Die Energie, welche das Individuum seinen vier niederen Körpern durch falsche Gedanken und Gefühle zu missbrauchen gestattet, lagert sich in diesen Körpern als der Staub aus Jahrhunderten ab. Schicht um Schicht häuft er sich durch viele unerleuchtete Inkarnationen an, bis die spirituellen Zentren (die Chakras) völlig darunter begraben sind.

Und so geschieht es, dass sich das Wort des Herrn, das Hesekiel erfuhr, in jedem erfüllt, der vom Pfad der Rechtschaffenheit abweicht (vom »rechten Gebrauch« der Gesetze Gottes und seiner Energie). Sie haben Augen, um zu sehen, aber sie sehen nicht. Sie haben Ohren, um zu hören, aber sie hören nicht, denn die Räder ihrer spirituellen Zentren sind durch ihre eigenen verunstalteten Substanzen verstopft worden.

Als Archäologen des Geistes müssen wir die Artefakte des Wahren Wesens ausgraben, damit wir durch das Entdecken unseres uralten Erbes all das werden können, was wir eigentlich sein sollen. Als Alchemisten des heiligen Feuers müssen wir das Schwert des lebenden Wortes benutzen, um die unreinen Metalle unserer menschlichen Schöpfung in das reine Gold spiritueller Wahrnehmung umzuwandeln. Diese sind ganz praktische Ziele, die durch die Macht des gesprochenen Wortes, die durch das Rezitieren von Dekreten umgesetzt wird, erreicht werden können.

Jesus Christus lehrte uns zu dekretieren

Es war niemand anderer als Jesus Christus selbst, der uns lehrte zu dekretieren. Als Jesus uns das Vaterunser gab, sagte er: »Darum sollt ihr also beten!«[39] Jesus lehrte uns nicht nur, *was* wir beten sollen, sondern auch, *wie* wir beten sollen. Die Art und Weise, in der er uns zu beten lehrte, ist völlig übersehen worden, obwohl sie genau so wichtig ist wie das Gebet selbst.

Zuerst lehrte Jesus uns, den Vater anzusprechen: »Unser Vater in dem Himmel«, wodurch der Kontakt von unserem Herzen zum Herzen Gottes in liebevoller Verehrung hergestellt wird. Dann lehrte er uns, sieben Befehle zu rezitieren. Jeder von ihnen wird dem Vater nicht als eine Bitte vorgetragen, sondern als ein Dekret in der Befehlsform.

1. Dein Name werde geheiligt!
2. Dein Reich komme!
3. Dein Wille geschehe auf Erden wie im Himmel!
4. Unser täglich Brot gib uns heute!
5. Und vergib uns unsere Schuld, wie wir unseren Schuldigern vergeben!
6. Und führe uns nicht in Versuchung!
7. Sondern erlöse uns von dem Übel![40]

Wenn wir Befehle geben, wie sie uns Jesus im Vaterunser gelehrt hat, befehligen wir tatsächlich den fließenden Strom des Lebensflusses, der von unser mächtigen ICH-BIN-Gegenwart über die Kristallschnur zu uns fließt, um sich in der Erfüllung unseres gesprochenen Wortes in der Form zu kristallisieren.

Dies sind nicht die flehentlichen Bitten armseliger, schuldbeladener Sünder, die sich vor einem zornigen Gott im Dreck wälzen. Dies sind Befehle von Kindern des Lichts und von den liebenden Söhnen und Töchtern, denen Gott den weisen und gerechten Gebrauch seines Wortes anvertraut hat, die wissen, dass sie gemeinsam mit Jesus die Erben des Christus-Lichtes sind.

Was wir aus dem Vaterunser lernen, ist, dass wir als Söhne und Töchter Gottes, unseren Vater nicht um die Erfüllung unserer täglichen Bedürfnisse anbetteln müssen. Wir müssen ihn nur fragen – in der Form eines Befehls –, und er wird sein Licht, seine Energie und sein Bewusstsein über uns in der Form ausschütten, die wir bestimmen.

Das Vaterunser: eine Formel, um dem Vater zu befehlen

Wenn wir dem Vater etwas befehlen, benutzen wir das wissenschaftliche Prinzip, das vom Geist in die Materie zu bringen – oder abzusondern –, was die Intention unseres freien Willens ist, der an Gottes Willen gebunden ist. Wir bekräftigen den Auftrag, den Gott uns zu diesem Thema gegeben hat: »Seid fruchtbar und mehrt euch und füllt die Erde und macht sie euch untertan und herrscht ...«[41]

Gott hätte uns diesen Auftrag nicht erteilt, ohne uns die Mittel zu geben, ihn auch auszuführen. Daher gab er uns das Wort auf zweifache Weise: Erstens als den persönlichen Christus, das verkörperte Wort in Jesus Christus und in unserem Heiligen Christus-Selbst, das als Vermittler der Kommunion unserer Seele mit Gott dient, aufgrund dessen Autorität wir Gottes Licht, seine Energie und sein Bewusstsein befehligen, und zweitens als den unpersönlichen Christus, das gesprochene Wort, durch das wir im materiellen Kosmos das bestätigen, was Gott im geistigen Kosmos bereits bestimmt hat.

Aber unsere Macht, durch das Wort zu befehlen, ist nicht ohne Einschränkungen. Jesus fügte in das Vaterunser bestimmte geeignete Befehle ein, von denen er wollte, dass wir sie in all unsere Gebete und Dekrete einfügen. Noch einmal, deshalb sagte er: »Darum sollt ihr also beten!«

Indem er uns sagte, dass wir auf die Anrede des Vaters den Befehl »Dein Name werde geheiligt!« folgen lassen sollen, lehrt uns Jesus, dass der Name Gottes ICH BIN DER ICH BIN oder jeder andere Name, mit dem die Gottheit bezeichnet wird, geheiligt werden muss, das heißt »heilig gemacht« und von uns mit ganzer Seele, aus vollem Herzen und mit unserer gesamten Geisteskraft verehrt werden muss. Der allerhöchste Respekt und die größtmögliche Verehrung unseres Vater-Mutter-Gottes und des Großen Gesetzes, das den Kosmos umspannt, sind die Grundlage unseres Glaubens und unserer dynamischen Dekrete.

In diesem ersten Befehl des Vaterunsers bekräftigt Jesus das erste der zehn Gebote: »Du sollst keine anderen Götter neben mir haben.«[42] Jene, die beten: »Dein Name werde geheiligt!«, bekräftigen ihre Treue gegenüber dem einen Gott und weisen dadurch darauf hin, dass Gott der Herr ihres Tempels und der Herrscher ihres Hauses ist – »Höre, Israel, der HERR, unser Gott, ist ein einiger HERR.«[43]

Daher bitten Sie tatsächlich darum, dass ein jedes Gebet und ein jeder Befehl, der in seinen Augen unmäßig oder unrechtmäßig ist, nicht gemäß des menschlichen, sondern gemäß des göttlichen Willens beantwortet wird. Dies ist das Sicherheitsventil, das jeden Verehrer Gottes vor dem Missbrauch der Wissenschaft des gesprochenen Wortes und des daraus folgenden Missbrauchs des Licht Gottes beschützt.

Der zweite Befehl lautet: »Dein Reich komme!« und der dritte: »Dein Wille geschehe auf Erden wie im Himmel!« Indem er diese Befehle ausspricht, bekräftigt der Bittende, dass das Reich Gottes und nur dieses sich als Antwort auf seine Dekrete manifestieren soll und dass Gottes Wille und nur Sein Wille in seinem Leben geschehen möge. Mit anderen Worten: Er stimmt zu, dass er seinen freien Willen und die ihm von Gott übertragene Autorität nur ausüben will, um spirituelle und materielle Ressourcen in Seinem Namen zu befehligen, damit die irdischen Strukturen nach den himmlischen Strukturen gemäß Gottes Willen etabliert werden mögen.[44]

Wenn ein Sohn Gottes einen Befehl erteilt, werden die »Plus-Spiralen« der Geist-Schöpfung durch den Nexus des Christus auf die »Minus-Spiralen« der Materie-Schöpfung übertragen. Und das, was oben ist, manifestiert sich hier unten. Das Reich Gottes ist so auf die Erde gekommen, wie es im Himmel ist. Gottes Wille wird getan, und das, was unten ist, wird zum Spiegelbild dessen, was oben ist.

Die vierten, fünften, sechsten und siebten Befehle bauen auf der vorherigen Bekräftigung und der Zustimmung zu den ersten drei des Bittenden auf. Diese vier Befehle sind Beispiele für unsere allergrundlegendsten physischen, psychischen und seelischen Bedürfnisse. Sie lauten viertens: »Unser täglich Brot gib uns heute!«, fünftens: »Und vergib uns unsere Schuld, wie wir unseren Schuldigern vergeben!«, sechstens: »Und führe uns nicht in Versuchung!« und schließlich siebtens: »Sondern erlöse uns von dem Übel!«

Gott ist bereit, andere Befehle zu hören, die aus unseren Herzen kommen, und sie zu erfüllen – so lange wir sie den ersten drei unterordnen. Denn wenn wir unsere Befehle nicht Gottes Willen unterordnen, selbst wenn wir denken, wir wüssten, was für uns selbst, unsere Lieben, unser Land und unseren Planeten am besten ist, riskieren wir es, den kristallklaren Strom des Flusses des Lebens, der unaufhörlich von der Quelle zu uns fließt, zu missbrauchen, ihn in die falschen Bahnen zu lenken, ihn falsch anzuwenden oder wie wir sagen: ihn zu verunstalten.

Wenn wir die Macht Gottes zu erschaffen anders benutzen, als er es für uns vorgesehen hat, besudeln wir die heilige Wissenschaft des Wortes und damit Gott selbst. Die Konsequenzen sind Schaden für das Leben und negatives Karma, das wir eines Tages unter Schmerzen und Mühsal Stückchen für Stückchen wieder ausgleichen müssen, während wir dienen, um das Leben zu befreien.

Wenn wir negatives Karma erschaffen, fallen wir aus der Harmonie mit dem Willen Gottes heraus und treiben immer weiter in die Selbsttäuschungen des denkenden Menschen hinein, der glaubt, nur er selbst sei real. Aber wenn er nicht eins mit dem Christus ist, wenn sein Geist nicht eins mit dem Christus-Geist ist, wie kann er sich dessen dann so sicher sein? Denn die Richtschnur der Wahrheit Christi ist das Maß unserer »Wahrhaftigkeit«. Paulus sagte: »Gott sei wahrhaftig und alle [sterblichen] Menschen Lügner.«[45]

Nun, wenn wir das Wort als den verkörperten Christus verstehen, der unser wahres Erbe ist, wenn wir in den Fußstapfen des Meisters wandeln, und wenn wir die Macht des Wortes verstehen, das in der Art und Weise gesprochen wird, wie es uns Jesus als Gebet lehrte, können wir dem Beispiel Jesu in jeder Situation folgen, in der wir uns befinden mögen.

Als Jesus zum Beispiel zum unfruchtbaren Feigenbaum kam, verfluchte er ihn mit dem Befehl: »Nun wachse auf dir hinfort nimmermehr eine Frucht!« Und als die Jünger erstaunt fragten: »Wie ist der Feigenbaum so bald verdorrt?«, antwortete Jesus ihnen: »Wahrlich ich sage euch: So ihr Glauben habt und nicht zweifelt, so werdet ihr nicht allein solches mit dem Feigenbaum tun, sondern, so ihr werdet sagen zu diesem Berge: Hebe dich auf und wirf dich ins Meer!, so wird's geschehen. Und alles, was ihr bittet im Gebet, so ihr glaubet, werdet ihr's empfangen.«[46]

Gleich ob es sich nun um einen Feigenbaum, einen Berg oder irgendein Vergehen oder Hindernis handelt, so lernen wir aus dieser kleinen Geschichte, dass, wenn Jesus sagt: »Alles, was ihr bittet im Gebet ...«, er damit häufig meint: »Alles, was ihr befehlt, werdet ihr erhalten, wenn ihr glaubt.«

Der letzte Teil des Vaterunsers – tatsächlich ist es der achte Befehl – stellt das Versiegeln unseres Gebetes dar: »Denn dein ist das Reich und die Kraft und die Herrlichkeit in Ewigkeit. Amen.«[47]

Das Versiegeln stellt unsere Anerkennung der Tatsache dar, dass alles, was wir aus dem Herzen der ICH-BIN-Gegenwart herbeigerufen haben, Gott gehört. Es ist seine Allwissenheit, sein Reich (das heißt, sein Bewusstsein), seine Allmacht, seine Kraft, seine Allgegenwart und seine Herrlichkeit, die auf ewig seine Dekrete erhalten und unsere, wenn sie sich in Übereinstimmung mit den Seinen befinden.

Das »Amen« hat eine ähnliche Funktion wie das Sanskrit-Wort »Aum«. Es versiegelt das Gebet im Herzen Gottes zu seiner Verfügung. Der Mensch hat etwas beantragt, Gott wird es nun gewähren. Der Mensch hat etwas dargelegt, Gott wird es nun regeln.

Durch das Versiegeln erkennen wir Gott als den ursprünglich Dekretierenden, als das Dekret selbst und als die Antwort auf unser Dekret an. Wir müssen anerkennen, dass die gesamte Schöpfung, die von ihm ausging – darunter auch wir selbst –, ihm gehört, dass wir die Seinen sind, dass das Reich seins ist, dass die Macht seine ist und dass die Herrlichkeit auf ewig die seine ist. Dieser letzte Befehl dient zu unserem Schutz, damit wir Gottes Reich, seine Macht und Herrlichkeit nicht zum Ruhme unseres niederen Selbst benutzen können.

Innerhalb dieser Allheit, die Gott ist, hat er seine Söhne und Töchter zu seinen Mitschöpfern gemacht. Solange wir etwas für sein Reich, seine Macht, seine Herrlichkeit und für die Liebe zu ihm erschaffen, werden sich die Befehle für die Qualifizierung oder Bestimmung der Wasser des Lebensflusses, die durch uns hindurchströmen, erfüllen.

Dekrete: die Erfüllung der Prophezeiung

Anfang der Dreißigerjahre des letzten Jahrhunderts gab der aufgestiegene Meister Saint Germain das Wissen von der Wissenschaft der Dekrete als das effektivste Mittel frei, durch das der nicht aufgestiegene Mensch die Energien Gottes, die er mit seinen unvollkommenen Qualifizierungen versehen hat, wiederherstellen oder reinwaschen kann. Und so wurde eine weitere Prophezeiung erfüllt, nämlich dass die Tage für die Auserwählten verkürzt würden.[48] Denn indem es die transmutierende Macht der violetten Flamme anruft, erhellt das Individuum nicht nur seine Aura, dadurch dass es seine Energiestrukturen neu auflädt und sie ihrer ursprünglichen Perfektion gemäß ausrichtet, sondern erleichtert auch die Last seines Karmas und verkürzt dadurch die Tage seiner Mühen.

Wie ist das möglich? Die Erklärung ist einfach: Das persönliche Karma wird in der dichten, verunstalteten Substanz gespeichert, die sich in den vier niederen Körpern des Menschen befindet. Wenn diese fehlgeleitete Substanz umgewandelt wird, wird auch sein Karma verwandelt.[49]

Das Karma bestimmt die Aufenthaltsdauer des Menschen in der irdischen Schule. Indem er sein Karma in den Flammen des Heiligen Geistes umwandelt und indem er seine Energien in den Dienst des Lebens stellt, wenn er nicht dekretiert, können seine Tage verkürzt werden und er kann Freiheit vom Kreislauf der Geburten erlangen.

Wann immer persönliches Karma durch den Gebrauch der Flammen ausgeglichen wird, werden sowohl das betreffende Individuum als auch jene, denen er in der Vergangenheit Unrecht getan haben mag, gesegnet und von der Last ihres gemeinsamen Karmas erlöst. Diese Segnungen ergehen von der Hand der Gottesgegenwart, und zwar unabhängig davon, ob es auf der persönlichen Ebene einen Kontakt gibt oder nicht.

Es spielt keine Rolle, wer die Schuld trägt. Solange das Individuum sich danach sehnt, zu vergeben, zu vergessen und frei zu sein, werden die Flammen der Freiheit die Energien, die Seelen und das Bewusstsein aller Beteiligten befreien. Wie groß ist doch unser Gott und wie groß ist seine Barmherzigkeit![50]

Und so geschah es in den Dreißigerjahren des letzten Jahrhunderts, dass sich Gruppen von Schülern in vielen Städten der Vereinigten Staaten und in anderen Ländern mit dem Ziel versammelten, das Licht in sich selbst zum Wohle der gesamten Menschheit zu vergrößern. Von den Organisationen, die zuerst die Arbeit mit den Dekreten propagierten, benutzen manche noch heute Dekrete, während andere, die den Edikten folgten, die von Zeit zu Zeit vom »ungehorsamen Haus«[51] erlassen werden, die Strukturen veränderten, welche die Meister gegeben hatten, bis ihre Dekrete nichts weiter als unwirksame Erklärungen waren, denen die strahlende, vibrierende Christus-Energie fehlte, die unbedingt notwendig ist, um im Bewusstsein der Rasse die Manifestation des lebenden Wortes zu erzeugen.

Affirmationen der Wahrheit: Triumphiert der Geist über die Materie?

Nun gibt es eine scheinbare Ähnlichkeit zwischen den Dekreten und den Affirmationen oder »Darlegungen der Wahrheit« (*Statements of Truth*), die von verschiedenen metaphysischen Gruppen propagiert werden. In diesen Gruppen wird – häufig ohne dass sie sich dessen selbst bewusst sind – eine größere Betonung auf die Macht des Geistes (»der Geist triumphiert über die Materie« wie manche sagen) gelegt als auf die des Christus. Der »Geist«, den sie meinen, ist aber der niedere Mentalkörper, auch wenn sie beteuern, dass nur die Macht des Christus-Geistes (der höhere Mentalkörper) benutzt wird. Wir möchten darauf hinweisen, dass es nicht ausreicht, einfach zu bekräftigen, dass es sich um etwas Bestimmtes handelt, um es auch tatsächlich dazu zu machen.

Einige Fachleute der mentalen Wissenschaft, die so vehement gegen Hypnotismus, Gedankenübertragung und Gedankenkontrolle sind, nutzen tatsächlich Elemente aller drei, um die Heilung von Körper und Geist und die »gewünschten« Veränderungen im Bewusstsein jener zu bewirken, die zu ihnen kommen und um Hilfe bitten. Andere sind wahrhaft in das Bewusstsein Christi eingetreten, und wir wären die ersten, die zugeben würden, dass dieser Höhere Geist durch sie wirkt, um die Heilung des Patienten zu bewirken.

Hier ist eine Warnung angebracht: Wenn der niedere Mentalkörper benutzt wird, um eine scheinbare Heilung aufgrund des menschlichen Willens zu bewirken, werden die Ursache und die Auswirkungen nicht geheilt und die gespeicherte Erinnerung der Krankheit nicht gelöscht. Das kommt daher, dass nur die Feuer des Christus-Geistes die Macht besitzen, die missbrauchte Gottes-Energie umzuwandeln, die Wasser des Lebens zu reinigen und Finsternis in Licht zu verwandeln.

Was aber geschieht mit der Ursache, der Wirkung und der gespeicherten Erinnerung der Krankheit, wenn der niedere Mentalkörper und der menschliche Wille als Instrumente der Heilung eingesetzt werden?

Diese karmischen Faktoren und ihre Symptome (die angefangen haben, sich als Krankheit auf der physischen, mentalen oder emotionalen Ebene zu manifestieren) werden in den ätherischen Körper (der Erinnerungskörper) zurückgedrängt, von wo aus sie eines Tages wieder hervorkommen müssen, um in einem der niederen Körper gesühnt zu werden.

Wir sehen daher, dass sich das Individuum aufgrund seines freien Willens dafür entscheiden mag, sein Karma nicht ins Gleichgewicht zu bringen (im christlichen Sprachgebrauch: Buße für seine Sünden zu leisten). Wenn es »Mentalphysik«, Hypnotismus und andere Systeme des Vermeidens von Karma benutzt, wird es erstens weder die Ursache noch die Wirkung noch die gespeicherte Erinnerung der Krankheit ihren Lauf durch die vier niederen Körper nehmen lassen können, noch wird es zweitens die Flammen Gottes durch seine vier niederen Körper rufen können, wodurch die karmischen Faktoren umgewandelt werden würden und ihm viel von dem Leid, das diese mit sich bringen, wenn nicht sogar alles, bis auf einen kleinen Rest, erlassen werden würde.

In den meisten Fällen kommt die Verschiebung seines eigenen »Tag der Erlösung« (der Tag der Selbsterhöhung, der Erhöhung des Wahren Selbst in seinem Bewusstsein) als Folge des Recyclings seines Karmas zustande. Das Individuum hat seinen freien Willen benutzt, um die Programmierung des auf ihn zurückfallenden Karmas zu ändern, das von den Herren des Karma und seinem eigenen Christus-Selbst im Interesse der Entwicklung seiner Seele so arrangiert worden war. Als Konsequenz daraus wird es wahrscheinlich eine oder mehrere Verkörperungen warten müssen, bis ihm wieder die Möglichkeit gegeben wird, diesem bestimmten Element seiner eigenen menschlichen Schöpfung ins Gesicht zu schauen und es zu besiegen.

Durch eine solche irregeleitete und unglückliche Anwendung des Gesetzes werden die Tage für diese Menschen sogar verlängert, obwohl es von außen so aussieht, als würden sie ein sehr angenehmes Leben führen. Aus der Tatsache, dass ihre Probleme und Gebrechen verschwinden, schließen sie, dass sie die wahre, verloren gegangene Wissenschaft des Heilens ausüben, wie sie von Jesus Christus demonstriert wurde.

Das ganze Wesen des Menschen in die spirituelle Suche einbringen

Es werden verschiedene Methoden der Wiedervereinigung der Seele mit Gott propagiert. Viele Schulen realisieren aber nicht, dass ihre Methoden nur einen der vier niederen Körper des Menschen in Betracht ziehen. So betont zum Beispiel die Metaphysik den Mentalkörper, der Evangelismus arbeitet hauptsächlich mit dem Emotionalkörper, östliche Formen der Religion, in denen die Meditation als Weg zum Samadhi und Nirwana betont wird, arbeiten vor allem mit dem ätherischen oder Erinnerungskörper. Jene Religionen, die auf Form und Ritual gründen, ziehen vor allem jene Menschen an, die sich hauptsächlich am physischen Körper orientieren.

Diese Tatsachen sollen das Gute, das in allen Religionen gefunden werden kann, nicht in Abrede stellen, auch sollen sie nicht die Lehrer und Anhänger dieser Religionen dazu veranlassen, ihren Kirchen den Rücken zu kehren. Dennoch müssen jene, welche die vollkommene Wiedervereinigung ersehnen, an einen Punkt gelangen, an dem sie den Weg, dem sie folgen, aus einem neuen Blickwinkel untersuchen, der ihre religiöse Erfahrung nach den höchsten und vollständigsten Lehren, die verfügbar sind, umfassender macht.

Dies kann, ohne unnötige Turbulenzen zu erzeugen, einfach getan werden, indem den Wahrheiten, die ihnen bereits gegeben wurden, ein tieferes Verständnis der Mysterien des Lebens hinzugefügt wird, und indem jene Konzepte eliminiert werden, die im Licht der höheren Kritik als fehlerhaft entlarvt worden sind.

In der Arbeit von *Summit Lighthouse*, das unter der Leitung der spirituellen Hierarchie des Lichtes steht, ist das gesamte Wesen des Menschen im Dienste des Lichts und in der Entwicklung des Strebens nach Vollkommenheit engagiert.

Die drei Höheren Körper

1. die ICH-BIN-Gegenwart Gottes,
2. der Kausalkörper und
3. das Christus-Selbst oder der Höhere Mentalkörper

und die vier niederen Körper

1. der ätherische Körper,
2. der Mentalkörper,
3. der Emotionalkörper und
4. der physische Körper

sind alle als Instrumente der Wahrheit gedacht, als Kelche, in denen das höhere Wesen des Menschen geweiht wird, um ihn auf den Gipfel des Seins zu erheben.

Der ätherische oder Erinnerungskörper war dazu bestimmt, die Reinheit Gottes und die ursprüngliche Struktur der menschlichen Vollkommenheit als Akzeptanz der Vollkommenheit Gottes zu bewahren. Der Mentalkörper wurde erschaffen, um Fokalpunkt des Christus, des goldenen Lichtes der Sonne der Erleuchtung zu sein. Der Emotionalkörper wurde auf einzigartige Weise so strukturiert, dass er Gottes Liebe universell und unverfälscht ausstrahlen sollte. Der physische Körper, der in seiner künstlerischen Gestaltung so edel ist, war dazu gedacht, den Strahl der Macht in der Welt der Form aufrechtzuerhalten.

Wenn diese vier Körper durch das heilige Feuer geläutert beziehungsweise durch den Allerheiligsten Geist getauft werden, ziehen sie die Gegenwart der drei Höheren Körper durch den Drehpunkt an, der die dreifältige Flamme im Herzen ist. Die vier niederen Körper sind dann die Medien, in die die Vollkommenheit der geistigen Dimensionen in die Materialisierung des Geistes in der Form herabsinkt. Nur durch eine totale religiöse Erfahrung, welche die sieben Körper des Menschen umfassen muss, kann der ganze Mensch wieder ganz gemacht werden, und nur durch dieses Mittel können die vier niederen Körper in das Licht aufsteigen.

Bestimmte Gefahren, die bei Meditation, Gebet und Dekreten vermieden werden sollten

Eine der Gefahren, die auftreten kann, wenn man mit der Meditation beginnt, ohne vorher zumindest das violette Feuer angerufen und das Lichtsäulen-Dekret rezitiert zu haben, besteht darin, dass der Schutz des Bewusstseins noch nicht etabliert wurde, mit dem sichergestellt werden soll, dass der Kontakt mit dem Geiste Gottes während der Meditation hergestellt wird.

Ohne zuerst ein Kraftfeld aus Licht um sich selbst herum zu errichten, kann die unverwandte Konzentration auf die Gottesgegenwart nur sehr schwer aufrechterhalten werden. Der Geist mag abirren, und subtile Schwingungsmuster der Negation mögen in das Unterbewusstsein einströmen und später als emotionale oder psychische Störungen wieder zum Vorschein kommen. Solche unvorteilhaften Zustände können vermieden werden, indem man zuerst Dekrete rezitiert und dann die Meditation auf ganz spezifische Bereiche des göttlichen Charakters lenkt wie zum Beispiel Liebe, Frieden, Freude, Weisheit und die Harmonie des Heiligen Geistes.

Andererseits weist Kuthumi darauf hin, dass

»die Meditation nicht durch den Meditierenden vorgeschrieben werden sollte. Er mag sich für ein Thema höherer Ordnung entscheiden, über das er reflektieren möchte, aber er sollte der Hand Gottes stets erlauben, seine Gedanken zu führen, damit die Meditationen seines Herzens und Geistes ausschließlich durch sein Heiliges Christus-Selbst und seine mächtige Gottesgegenwart ICH BIN gelenkt werden.

Zu den Gefahren während der Meditation, denen sich viele gegenübersehen, gehört die vollkommen menschliche Vorliebe für das Psychische (weil es so leicht verfügbar ist) und der

Wunsch, einen einzigartigen Lehrer in den höheren Welten oder vielleicht einen »Geistführer« zu finden, der einem irgendein exklusives Konzept vermittelt, mit dem man dann vor seinen Mitmenschen angeben kann.

Wenn derjenige, der nach der höheren Meditation strebt, doch nur verstehen würde, dass die kindliche Schlichtheit und das kindliche Vertrauen des Suchenden es ihm ermöglichen werden, die Realität des lebenden Gottes zu kontaktieren, wird er aufhören, von den neugierigen Elementen seiner niederen Natur in die Sackgassen egozentrischer Abenteuer geführt zu werden, die ihm niemals die spirituelle Glückseligkeit schenken können, nach der sich seine Seele sehnt. Denn obwohl Gottes Liebe durch alle im selben Maße fließt, überträgt er doch aufgrund seiner unendlichen Absichten jeder Monade ein ganz spezifisches Motiv von exquisiter und einzigartiger Schönheit.«[52]

Eine der Gefahren beim Rezitieren von Dekreten liegt darin, dass der Dekretierende vergisst, *wer* die Dekrete rezitiert – dass es nämlich sein eigenes Christus-Selbst ist und nicht sein äußerliches Bewusstsein, welches das verlorene Wort ausspricht, das die Freiheit seiner Seele bewirkt. Er sollte daher sorgsam darauf achten, seine Stimme nicht zu sehr anzustrengen oder den Fluss von Gottes Energie nicht zu erzwingen, auch sollte er nicht der Versuchung erliegen, Dekrete zu rezitieren, um statt des göttlichen Willens seinen menschlichen Willen durchzusetzen. Diese Gefahr ist dann besonders groß, wenn er zu wissen glaubt, was der Wille Gottes sein mag.

Daher sollte er ungeachtet seiner Überzeugung, seine Gebete und Dekrete immer mit einer Aussage wie dieser beschließen: »Im Namen meiner ICH-BIN-Gegenwart bitte ich mein Christus-Selbst, diese Bitte dem Willen Gottes und seinem Plan für alle Beteiligten anzupassen.«

Gebete und Dekrete sollten immer im selben Geist ausgeführt

werden, der Jesus dazu veranlasste zu sagen: »Mein Vater, ist's möglich, so gehe dieser Kelch von mir; doch nicht, wie ich will, sondern wie du willst!«[53] Oder im Geiste des Psalmisten, der sagte: »Lass dir wohl gefallen die Rede meines Mundes und das Gespräch [die Meditation] meines Herzens vor dir, HERR, mein Hort und mein Erlöser.«[54]

Vor allem sollte sich der Dekretierende der Worte Jesu über den Christus erinnern: »Mein Vater wirkt bisher, und ich wirke auch … Wahrlich, wahrlich, ich sage euch: Der Sohn kann nichts von sich selber tun, sondern was er sieht den Vater tun; denn was dieser tut, das tut gleicherweise auch der Sohn … Denn wie der Vater die Toten auferweckt und macht sie lebendig, also auch der Sohn macht lebendig, welche er will.«[55]

Eine der Gefahren des Gebetes liegt darin, dass der Betende sich in einem Gefühl der Unvollständigkeit und der Trennung von dem Gott sieht, den er im Gebet sucht. Die Notwendigkeit, Gott um Hilfe zu bitten, mag das Individuum dazu verleiten, die subtile Suggestion zu akzeptieren, dass er diese Hilfe noch nicht bekommen hat oder dass seine Gebete nicht schon erhört worden sind, noch bevor er gebetet hat. Auch sollte er nicht in die Falle gehen, Gott um etwas zu bitten, was er durch die Macht seines eigenen Christus-Selbst oder durch das einfache Befolgen von Gottes Gesetzen selbst tun könnte.

Die Wissenschaft der Dekrete

Der aufgestiegene Meister Saint Germain hat Folgendes über Dekrete gesagt:

»Wenn wir Methoden der Gottesverwirklichung kontemplieren, dürfen wir dabei nicht die Macht des gesprochenen Wortes vergessen.

Seit vielen Jahren haben die sogenannten orthodoxen Religionen Ritual und Form zusammen mit gesprochenen Mantras verwendet. Im Westen sind diese Wechselgesänge oder offene Gebete genannt worden, da sie die Antwort der Gemeinde oder die Beteiligung des Publikums verlangen. In einigen Fällen sind die Gebete der Menschheit zu bloßen Wiederholungen bar jeder Bedeutung verkommen, aber ich sehe lieber Menschen bei ihrer Routine als in der falschen Art des sprachlichen Ausdrucks gefangen ...

Dekrete sind keine unbedacht geäußerten Worte, sie sind sorgfältig gewählte Worte. Die Strukturen, die wir empfehlen, rufen das höchste Wohl des Menschen hervor.

Dekrete bestehen üblicherweise aus drei Teilen, die man sich als Briefe an Gott vorstellen sollte:

1. Die Begrüßung des Dekretes stellt eine Anrufung dar. Sie ist an die individualisierte Gottesgegenwart eines jeden Sohnes und einer jeden Tochter Gottes gerichtet und an jene Diener Gottes, welche die spirituelle Hierarchie ausmachen. Diese Begrüßung (die Präambel des Dekretes) ist, wenn sie ehrfürchtig ausgesprochen wird, ein Ruf, der eine Antwort von Gott und den Aufgestiegenen hervorruft. Wir könnten diesen Ruf in unserer Oktave genau so wenig ignorieren, wie Feuerwehrleute einen Feueralarm in der euren. Daher besteht der Sinn der Begrüßung darin, augenblicklich die Energien der aufgestiegenen Meister zur Beantwortung des Hauptteiles eures Briefes an Gott einzuschalten, den ihr so liebevoll einzeln oder gemeinsam intoniert.

2. Der Hauptteil eures Briefes besteht aus Aussagen, die eure Wünsche benennen, aus Eigenschaften, die ihr für euch selbst oder für andere herbeirufen wollt, und aus den Bitten, die ihr auch im gewöhnlichen Gebet aussprechen würdet. Nachdem ihr die Macht des gesprochenen Wortes durch euer äußeres Bewusstsein, durch euer Unterbewusst-

sein und euer Überbewusstsein oder Höheres Selbst freigesetzt habt, könnt ihr sicher sein, dass das höchste Bewusstsein der aufgestiegenen Meister, das ihr angerufen habt, sich mit der Manifestation dessen, was ihr herbeigerufen habt, befassen wird.

3. Nun kommt ihr zum Schluss des Dekretes, der Akzeptanz, dem Versiegeln des Briefes im Herzen Gottes, der mit einem entschlossenen Gefühl in die Welt des Geistes geschickt wurde, von wo aus die Manifestation in die Welt der materiellen Form gemäß den unfehlbaren Gesetzen der Alchemie (der All-Chemie Gottes) und der Absonderung zurückkehren muss.«[56]

»Jene, welche die Macht des Quadrates in der Mathematik verstehen, werden erkennen, dass wenn Gruppen von Individuen gemeinsam die Energien Gottes anrufen, sie nicht einfach Macht gemäß der Anzahl der Menschen nach dem Prinzip eins-plus-eins hinzufügen, sondern in den uralten Bund des Quadrates eintreten, welcher die Freisetzung der Macht multipliziert (zum Quadrat erhebt), um das gesprochene Wort mit der Anzahl der Individuen, die dekretieren, und der Anzahl der Wiederholungen eines jeden Dekretes zu multiplizieren.

Wir empfehlen daher individuelle Dekrete, um unzählige Segnungen im Leben derjenigen zu bewirken, welche die nötige Disziplin aufbringen, durch dieses Ritual Licht in eine dunkle Welt zu bringen. Aber Gruppendekrete, die von einer starken Visualisierung des erwünschten Guten begleitet werden, sind im globalen Maßstab weitaus effektiver, und werden zu einer schnellen Reaktion für jene führen, die sich daran beteiligt haben – aber nicht nur für sie selbst, sondern für die ganze Menschheit.

Man sollte daran denken, dass, wann immer das Gute (Gott) in die Welt der Form gerufen wird, die heute von einer großen Wolke menschlicher Ausdünstungen umgeben ist, das Gute (das Licht), das von oben als Antwort auf den Ruf freigesetzt wurde, (wegen der hohen Frequenz des Lichtes) automatisch von den negativen Schwingungen, die in der Erdatmosphäre bereits existieren (wegen der niedrigen Frequenz dieser Schwingungen), gekontert wird.

Auch Rhythmus spielt bei den Dekreten eine wichtige Rolle. Der richtige Rhythmus erzeugt eine alles durchdringende Projektion spiritueller Schwingungen, die überall auf dem Planeten die Eigenschaften Gottes anziehen wird, welche durch die Dekrete herbeigerufen werden. Die Dynamik dieser Wellen, die über dem Planetenkörper in Kreisen hin und her wogen, erzeugt immer dort eine Intensivierung des Lichtes, wo sich Schüler versammeln, um an solchen Aktivitäten teilzunehmen.

Die Gesetze, welche die Manifestierung und die Verteilung des physischen Lichtes regeln, gelten auch für den Strömungsfluss des spirituellen Lichtes. Spirituelle Qualitäten werden überall auf dem Planetenkörper aus jedem strahlenden Fokalpunkt der Liebe der aufgestiegenen Meister verteilt.

Möge daher niemand in seinem Dienst für die Hierarchie ein Gefühl der Trennung verspüren, denn durch die Macht der Dekrete, die von irgendeinem Punkt auf der Oberfläche der Erde ausgesendet werden, können die Ströme des Lichts, des Lebens und der Liebe aus dem Herzen Gottes als elektrische, ausstrahlende Wellen freigesetzt werden, um einen Eindruck in der Welt zu hinterlassen und zu dem Anrufenden die von Gott bestimmte Antwort zu bringen …

Wir wissen wohl, dass manche Individuen, die zu unseren Treffen kommen und zum ersten Mal mit diesen Dekreten konfrontiert werden, ohne die Gesetze zu verstehen, denen sie unterliegen, oder die herrlichen Resultate, die durch ihren Gebrauch erlangt werden können, leicht unter den Einfluss gewisser negativer Kräfte und Wesenheiten kommen können, die ihrem Wesen gemäß natürlich dem Gebrauch dynamischer Dekrete feindlich gegenüberstehen.

Viel zu oft ziehen bestimmte Individuen, die ihren Wunsch nach stiller Meditation betonen, nicht in Betracht, dass es eine Zeit und einen Ort für stille Meditation gibt, eine Zeit und einen Ort für Gebete und eine Zeit und einen Ort für Dekrete. Alle drei können im Rahmen der religiösen Andacht eingesetzt werden. Alle drei können je nach Wunsch zu Hause individuell oder auch in der Gruppe praktiziert werden. Aber eine Form der Andacht kann kein Ersatz für eine andere sein ...

Schließlich ist alles Bewusstsein eins. Das Individuum, das in Gott wohnt, kann Gott sein Herz im Gebet, durch Gesang oder durch Dekrete ausschütten oder still über einen bestimmten Aspekt der Gottheit meditieren. Der Gedanke geht jedem sprachlichen Ausdruck voraus – oder zumindest sollte das so sein. Daher ist die Meditation über Gott oder der Gedanke an ihn, eine Möglichkeit ihn auszudrücken. Dekretieren ist eine andere.

Als die Kinder Israels die Mauern Jerichos zum Einsturz brachten, taten sie dies durch ein großes Geschrei, durch den gewaltigen Einsatz der vollkommenen Macht der göttlichen Energie.[57] Die böse Macht hat dieses Wissen pervertiert, das seit Tausenden von Jahren ein Teil der Stärke der Lehren der Großen Weißen Bruderschaft ist.

Gewisse Gruppen haben junge Menschen im falschen Gebrauch dieses Gesetzes bezüglich der Macht des gesprochenen Wortes ausgebildet. Ihre Anhänger singen rhythmisch und im Einklang und rufen dadurch die magnetisierende Kraft an und projizieren sie auf eine Schwingungsfrequenz, die mit persönlichem und kollektivem Hass aufgeladen ist. Diese Dynamik der massenhaften Verirrung kann für all jene Menschen katastrophale Folgen haben, die damit in Berührung kommen, denn richtig angewendet, hat sie die Mauern von Jericho zum Einsturz gebracht ...

Dekrete sind synthetisierte Manifestationen der Herzflamme eines jeden, der dekretiert. Dekrete vereinen die Macht des gesprochenen Wortes, die Visualisierung des Christus-Geistes und den Rhythmus des göttlichen Herzschlags und geben ihnen einen Fokalpunkt. Wenn ihr dekretiert, setzt ihr göttlich befähigte Energie frei, die durch eure Anrufung geladen und durch die Macht der aufgestiegenen Meister vervielfacht wurde. Diese Energie strömt aus, um ihr vollkommenes Werk im Namen der Verstärkung des Lichts auf dem ganzen Planeten zu vollbringen.

Ich kann nur wenig mehr sagen, als das, was bereits von alters her gesagt worden ist: ›Ja, stellt mich auf die Probe damit, spricht der Herr der Heere, und wartet, ob ich euch dann nicht die Schleusen des Himmels öffne und Segen im Übermaß auf euch herabschütte.‹[58]

Der richtige Gebrauch der Dekrete erfordert Übung. Niemand sollte erwarten, dass die Vollkommenheit des Universums den ganzen angehäuften Müll seines Lebens fortschwemmen wird, wenn er zum ersten Mal den Ruf ergehen lässt.

Richtiges Dekretieren ist eine Kunst, und wenn man dabei ein größeres Geschick erlangt hat, wird es möglich, die Dekrete zu beschleunigen, das heißt, man wird das Tempo, in dem sie rezitiert werden, beschleunigen können. Man wird auch in der Lage sein zu verstehen, was geschieht, während diese Beschleunigung eintritt. Denn diese Beschleunigung wird, indem sie die elektronischen Strukturen des Dekretierenden erhöht, negative Gedanken und Gefühle in dieser Welt abwerfen und sie umwandeln.

O, welche Freude und welchen Frieden könnt ihr eurer Familie, euren Freunden und euch selbst durch den rechten Gebrauch der Dekrete bringen! Welch ein Geschenk an die Freiheit! Wie herrlich die Welt doch zum Besseren gewandelt werden kann!

Schließlich ist die Natur nicht immer still, ihr Gesegneten. Gott spricht im Donner, im Blitz und im Wind[59], und das Gezwitscher der Vögel überall auf der Welt hebt wie das Zirpen der Grillen im Sumpf den Lärmpegel erheblich an.

Durch die Macht des gesprochenen Wortes wurde die Erde erschaffen[60] und durch die Macht des gesprochenen Wortes wird die Freiheit des Menschen im Namen Gottes machtvoll bekräftigt. Gebraucht eure Dekrete! Fürchtet die Meinungen der Menschen nicht, denn die Hierarchie hat gesprochen, und jene, die auf sie hören, werden ihren Nutzen daraus ziehen.«[61]

Die Lichtsäule

Weil die Menschen jeden Tag durch die Verunstaltung von Gottes Energie eine Flut von disharmonischen Gedanken und Gefühlen aussenden, muss das Individuum einen Weg finden, sich zu schützen. Wenn dies nicht durch eine ganz bewusste Zurückweisung dieser unangemessenen Gedanken geschieht, wird er entdecken, dass diese Ausdünstungen entweder mit oder ohne sein Wissen in die Domäne des Selbst eindringen.

Die ganz banalen Auswirkungen dieses Eindringens kommen unweigerlich später an die Oberfläche. Aber von dem Augenblick an, in dem sie Eingang in die unterbewusste Welt des Individuums erlangen, können sie eine Schwingungsreaktion auf die Negativität auslösen, welche die Seele belastet und Gefühle des Unglücklichseins, der Depression und der Krankheit auslöst, wodurch sein schöpferisches Wirken behindert wird.

Es gibt eine Möglichkeit, wie jede Person auf der Erde ihre Göttliche Gegenwart anrufen und diese Gegenwart bitten kann, sie in das makellose Gewand des lebenden Christus zu hüllen. Dieses Gewand ist eine hochfrequente Manifestation des vibrierenden Lichtes, das tatsächlich jeden Tag und jede Stunde herabgezogen werden kann, um das Selbst mit einem gewaltigen Schutz zu umgeben. Durch regelmäßige Andacht und Anrufung durch den Bittenden kann die Macht dieses Lichtgewandes immer realer werden.

Es wurde berichtet, dass einige der großen Adepten Indiens eine solche Dynamik dabei entwickelt haben, dieses Lichtgewand als sinnlich erfahrbare Manifestation herabzuziehen, dass es tatsächlich eine Kugel aus einer Elefantenbüchse abgelenkt hat, wobei der Bleimantel beim Aufprall auf das Licht zerdrückt wurde und in etwa einem Meter Entfernung vom Körper zu Boden fiel.

Natürlich werden vernünftige Schüler eine solche Ausprägung der Rüstung Gottes weder auf diese Weise testen noch behaupten, eine solche zu haben, denn »Du sollst Gott, deinen HERRN, nicht versuchen«.[62] Aber sie sollen den festen Glauben und das unbedingte Vertrauen aufrechterhalten, dass das Licht Gottes sie vor allen Angriffen auf ihre Person schützen wird, falls dies einmal nötig sein sollte.

Das makellose Gewand ist eine sehr machtvolle Gedankenform zum Schutze und zur Versiegelung der Aura gegen negative Gedanken und Gefühle, die vom Massenbewusstsein ausgehen. Sie können dieses makellose Gewand als umhüllende Lichtsäule anlegen, indem Sie Ihre Liebe gegenüber Ihrer Gottesgegenwart ausschütten und sagen:

»O du meine treue, liebevolle ICH-BIN-Gegenwart, du Licht Gottes über mir, deren Glanz einen Kreis aus Feuer vor mir bildet, um mir den Weg zu erhellen:

ICH BIN hier, um dich im festen Glauben anzurufen, eine große Säule aus Licht von meiner eigenen machtvollen ICH-BIN-Gottesgegenwart jetzt in diesem Moment ganz um mich herum zu errichten! Halte sie in jedem Augenblick intakt, damit sie sich als glänzender Schauer von Gottes herrlichem Licht manifestieren kann, das von nichts Menschlichem jemals durchdrungen werden kann. Bewirke in diesem wunderbaren elektrischen Kreis aus göttlich geladener Energie ein schnelles, machtvolles Emporlodern des violetten Feuers der vergebenden, verwandelnden Flamme der Freiheit!

Veranlasse, dass die sich immer weiter ausbreitende Energie dieser Flamme, die in das Kraftfeld meiner menschlichen Energien hinunterprojiziert wurde, jeden negativen Zustand vollständig in die positive Polarität meines eigenen großen Gottes-Selbst verwandelt! Lass die Magie ihrer Barmherzigkeit meine Welt so sehr durch das Licht läutern, dass alle, mit denen ich in Kontakt komme, auf ewig mit dem Duft der Veilchen aus Gottes eigenem Herzen gesegnet sein mögen – als Erinnerung an jenen gesegneten herannahenden Tag, an dem alle Disharmonie in Ursache, Wirkung und gespeicherter Erinnerung auf ewig in den Sieg des Lichts und den Frieden des aufgestiegenen Jesus Christus verwandelt sein wird.

ICH BIN hier, um nun stets die volle Macht und Manifestation dieses Fiats des Lichts zu akzeptieren und es durch meinen eigenen, mir von Gott gegebenen freien Willen augenblicklich mit der Kraft in die Tat umzusetzen, diese heilige Freisetzung der Hilfe aus Gottes eigenem Herzen unendlich zu beschleunigen, bis alle Menschen aufgestiegen und frei in Gott und in dem Licht sind, das niemals, niemals, niemals fehlt!

Sie können aber auch dieses kürzere Gebet gebrauchen, das ebenfalls äußerst effektiv ist.

> Geliebte strahlende ICH-BIN-Gegenwart,
> hülle mich in deine Säule des Lichts,
> aus aufgestiegner Meister Flammen
> angerufen in Gottes eigenem Namen.
> Halte meinen Tempel rein
> von allem Übel, das nicht mein.

Ich rufe das violette Feuer herein,
möge alle Begierde brennen und verwandelt sein.
Im Namen der Freiheit schreite ich voran,
bis eins ICH BIN mit violetter Flamme dann.

(Es folgt das englische Original.)

Beloved I AM Presence bright,
Round me seal your tube of light
From Ascended Master flame
Called forth now in God's own name.
Let it keep my temple free
From all discord sent to me.

I AM calling forth violet fire
To blaze and transmute all desire,
Keeping on in freedom's name
Till I AM one with the violet flame.

Es gibt gewisse Aktivitäten in der Flamme, die mit dem Elementarleben in Zusammenhang stehen: mit den tanzenden Elektronen, den feurigen Salamandern und den Energiekomponenten der Flamme selbst. Diese werden durch intensive Visualisierung magnetisch in den Dienst des Menschen gezogen. Diese Visualisierung muss nicht nur ein mentales Bild beinhalten, sondern auch ein Gefühl des Herzens, eine große Liebe zum Licht und Empathie mit der Flamme, die es Ihnen ermöglicht, ein Einssein mit Gott zu erleben, das an spirituelle Ekstase grenzt.

Wenn Sie diese machtvolle Säule spirituellen Lichtes um Ihre physische Form herum konzentrieren, isoliert und beschützt dies Ihren Geist und Ihr Bewusstsein. Solange Sie die Lichtsäule aufrechterhalten, besitzen Sie eine undurchdringliche Rüstung, die Sie gegen das falsche Spiel und die Tücken der psychischen Ausdünstungen des Planeten schützt.

Aber wenn Sie dann in irgendeine Art disharmonischer Aktivität involviert werden (sei es Klatsch, Streitereien, Wut oder Verzweiflung), müssen Sie sofort das Gesetz der Vergebung und die violette Flamme der Transmutation anrufen und dann noch einmal die Lichtsäule. Jeder Riss im spirituellen Gewand, der durch das Auftreten von Disharmonien in Ihrem Kraftfeld verursacht wurde, sollte so schnell wie möglich repariert werden, sobald Sie Ihr Gleichgewicht durch die Barmherzigkeit des Christus wieder erlangt haben.

Die Mauer aus Feuer und die Herrlichkeit in der Mitte

Die Lichtsäule und die violette Flamme stellen eine Quelle täglichen Schutzes für jeden Lebensfluss dar, der sie nutzen will. Sie sind die natürlichen Verteidigungsmechanismen des Menschen gegen unsichtbare Kräfte. Der Prophet Sacharja erschaute die Realität dieser Manifestation des Schutzes durch das Licht, als er das Wort des Herrn bezüglich der heiligen Stadt niederschrieb: »Und ich will, spricht der HERR, eine feurige Mauer umher sein und will mich herrlich darin erzeigen.«[63]

Die Lichtsäule ist jedes Menschen »Mauer aus Feuer«, und die violette Flamme ist die »Herrlichkeit in der Mitte« der Lichtsäule. Die Lichtsäule ist, wenn sie täglich angerufen wird, die sicherste Verteidigung des Menschen gegen die auf ihn einstürmende Negativität, und das violette Feuer lodert im Zentrum der Säule – in, durch und um das Wesen des Menschen –, um die Unreinheiten des Selbst zu verzehren, die ansonsten den spirituellen Fortschritt von innen heraus behindern würden. Was für eine wunderbare Möglichkeit, sich selbst gegen außen und gegen innen eine Schutzschicht anzulegen! Wie schön und schlicht und doch so wissenschaftlich Gottes Gesetze sind!

Wenn Sie für die Lichtsäule beten, schauen Sie sich die Darstellung des göttlichen Selbst an. Stellen Sie sich die Lichtsäule als einen konzentrierten Strom vitaler, intelligenter Energie vor, der eine unsichtbare Rüstung um Sie herum wirkt, als einen Zylinder aus spiritueller Lichtsubstanz, der Ihr gesamtes Wesen umgibt. Sie können sich vorstellen, in einer riesigen Milchflasche zu stehen. Ihre Lichtsäule hat in etwa einen Durchmesser von drei Metern und erstreckt sich etwa einen Meter tief unter den Fußsohlen in die Erde.

Wenn Sie Ihre dreifältige Flamme ins Gleichgewicht bringen und sie ausdehnen, nimmt die Größe der Lichtsäule zu. Die Lichtsäule eines aufgestiegenen Wesens wie Jesus der Christus oder Buddha ist so groß wie der ganze Planet.

Die violette Flamme

Wenn das Ritual der Anrufung der Lichtsäule abgeschlossen ist, ziehen Sie die violette Flamme der Freiheitsliebe innerhalb der Lichtsäule in sich, durch sich und um sich herum. Durch den bewussten Gebrauch der violetten singenden Flamme werden die Ursache, die Wirkung, die gespeicherte Aufzeichnung und die Erinnerung aller Fehler und schädlichen Dynamiken der Vergangenheit aus Ihrem gesamten Bewusstsein, Ihrem ganzen Wesen und aus Ihrer ganzen Welt gelöst. Durch die Macht von Gottes Licht, das niemals versagt, werden diese tatsächlich »augenblicklich« in spirituelle Energie verwandelt, die dann dazu verwendet werden kann, Ihre Regeneration und Ihr Voranschreiten in die Domäne der Freiheit zu bewerkstelligen.

Der Lichtstrahl, der im Herzen der ICH-BIN-Gegenwart seinen Ursprung hat, senkt sich in das Kraftfeld des Individuums herab.

Wenn er den »Boden« oder den Punkt der Anrufung erreicht hat, lodert er als violette Flamme auf. Diese sollte als durch die Falten des Bewusstseins flackernd und lodernd als lila Innenfutter des makellosen Gewandes gesehen werden.

Die Macht der violetten Flamme und aller Flammen Gottes ist als »Potenz des drei-mal-drei« bekannt, weil sie in sich die Aktion der dreifältigen Flamme trägt. Durch diese Macht, ihn ganz zu machen, bereitet die violette Flamme den Anwärter auf die kommenden Einweihungen vor.

Wie Sie wissen, nimmt die »Null«, die der 1 hinzugefügt wird, um die Zahl 10 zu ergeben, den nächsten Platz in der Zahlenreihe ein. Spirituell gesehen ist der Schritt von der neunten Klasse, welche die Potenz von drei mal drei darstellt, zur zehnten Klasse ein Schritt der Initiation. Er bedeutet die Aufnahme in den nächsten Grad der Größe der Gottesflamme im Inneren. Von hier an bewegt sich der Zyklus der Transformation in die aufsteigende Spirale der Transfiguration, jetzt wird vom Schüler erwartet, dass er sich durch das Ritual der Transmutation auf die Prüfung Gottes vorbereitet hat.

Paulus nannte diese Prüfung eine tägliche Herausforderung, als er sagte: »Ich sterbe täglich.«[64] Außerdem sagte er: »Denn es wird durchs Feuer offenbar werden; und welcherlei eines jeglichen Werk sei, wird das Feuer bewähren.«[65] Denn wenn die violette Flamme der Transmutation auf dem Altar des Seins angerufen wird, bereitet sie das Bewusstsein des Menschen auf die folgenden Initiationszyklen vor.

Die violette Flamme gleicht dem Zeichenstift des Architekten der höchsten Bestrebungen des Menschen. Sie konzentriert die Macht, die Weisheit und die Liebe des Heiligen Geistes, die jedem Menschen helfen, seine Negativität umzuwandeln und dem großen positiven Ansturm der göttlichen Vollkommenheit in seiner Welt den Weg zu bereiten.

Die violette Flamme wird nicht immer gespürt und sie ist normalerweise für jemanden, der dieses Ritual zum ersten Mal ausübt, nicht sichtbar. Aber sie kann in kürzester Zeit sicht- und spürbar werden, daher sollte man, wenn man die violette Flamme herbeiruft, dabei immer an ein loderndes, knisterndes violettes Feuer denken.

Die Bewegung der Flamme sollte intensiv visualisiert werden, bis man tatsächlich ihr Auflodern spüren und hören kann. Denn die violette Flamme dringt in die Poren Ihres physischen Körpers, in Ihr Gehirn, Ihre Knochen und Nerven ein und belebt jede Zelle und jedes Atom Ihres Wesens.

Wenn Sie die violette Flamme mindestens einmal, besser aber zwei- oder dreimal täglich anrufen, werden Sie entdecken, dass die Ursachen und das Mark Ihres Unglücks, Ihrer Angst, Ihrer Unruhe und einer ganzen Reihe verzwickter menschlicher Probleme allmählich aus Ihrer Welt verschwinden. Dies geschieht, weil das niedere Selbst von den Aufzeichnungen und der Dynamik vergangener Fehler und Irrtümer befreit wird. Wenn die Energien, die Sie bisher in Ihrer Unvollkommenheit eingesetzt haben, durch die violette Flamme umgewandelt werden, steigen sie in Ihren Kausalkörper auf, wo sie so lange gespeichert werden, bis Sie sie brauchen.

Wenn das Eindringen der psychischen Ausdünstungen der Welt und die falschen Gedanken und Gefühle anderer Menschen durch die großzügige Anwendung der violetten Flamme aufgelöst worden sind, dann geschieht etwas, was wir »durch das Wasserbad im Wort«[66] gereinigt nennen können.

Dies ist eine spirituelle Reinigung, dies ist die Taufe durch das Feuer, die Johannes der Täufer meinte, als er sagte: »Ich taufe euch mit Wasser zur Buße; der aber nach mir kommt, ist stärker denn ich, dem ich nicht genugsam bin, seine Schuhe zu tragen; der wird euch mit dem Heiligen Geist und mit Feuer taufen.«[67]

Konzentration, Visualisierung und Verehrung sind unabdingbar, um Dekrete effektiv zu gebrauchen

Konzentration ist beim Dekretieren von äußerster Wichtigkeit, denn mit dem Fluss der menschlichen Aufmerksamkeit reisen die Energien der Gegenwart Gottes, um das gesprochene Wort zu erfüllen. Im Gegensatz zur Vorstellung der meisten Schüler, welche sich in der Wissenschaft des Dekretierens versuchen, ist Konzentration eine Eigenschaft des Herzens und nicht des Verstandes. Ihre Aufmerksamkeit sollte während des Dekretierens stets auf die Herzflamme gerichtet sein, da sich dort der individuelle Fokalpunkt von Gottes Macht, Weisheit und Liebe befindet. Dadurch wird mentaler Stress und unnötiger Druck auf jene Chakras vermieden, die in den Menschen des Westens weniger entwickelt sind.

Dekretieren ist eine Funktion des Herzens und der menschlichen Hingabe. Der Intellekt, der viel zu lange das Herz der meisten Menschen beherrscht hat, muss umerzogen werden, um dem Ruf des Herzens und den intuitiven Kräften des Herzens zu gehorchen, die meistens die innere Stimme des Christus-Selbst wiedergeben.

Wenn die Aufmerksamkeit fest auf die erwünschten Manifestierungen gerichtet ist und man sich mit dem geistigen Auge die Manifestierung des Dekretes vorstellt, werden die Resultate unermesslich effektiver sein, als wenn der Geist abschweift, die Gefühle sich mit den verschiedensten Ablenkungen beschäftigen und die Augen wahllos im Raum umherwandern.

Wenn Sie mit dem genauen Wortlaut der Dekrete vertrauter geworden sind, können Sie die Augen schließen und vor sich genau das sehen, was Sie herbeirufen. Dieser Vorgang, der als Visualisierung bekannt ist, beruht auf der Fähigkeit des Menschen, sich etwas vorzustellen oder es bildhaft vor sich zu sehen. Nutzen Sie diese schöpferische Fähigkeit, um jedes Wort oder jeden anschaulich beschriebenen Begriff als Gedankenmuster oder »Matrix«, als »Behälter« oder »Kelch« vor sich zu sehen, der fest in Herz und Geist verankert ist, damit Gottes Energie in Ihren Kelch des Bewusstseins fließen kann, um der Vollkommenheit in der Welt der Form Energie zu geben und sie zu manifestieren.

Kuthumi erklärt einige Prinzipien der Wissenschaft der Visualisierung folgendermaßen:

»Wenn ihr wollt, dass sich eine bestimmte Qualität manifestiert, vergesst nicht, die spirituelle Kraft eurer Vision einzusetzen. Wenn ihr die goldene Flamme der Erleuchtung herbeiruft, solltet ihr euch vorstellen, dass ihr und eure Zeitgenossen von der goldenen Flamme der Erleuchtung umgeben seid. Wenn eure Vorstellungskraft und eure handwerkliche Fähigkeit zu wünschen übrig lassen, ruft euer Heiliges Christus-Selbst und euer Gott-Selbst an, damit sie euch ein größeres Verständnis davon gewähren, wie man durch mentale Muster diese Bilder des Lichtes konstruiert, welche die leuchtenden Atome der Ewigkeit zu euch ziehen und die Matrix bilden und formen, in welche die Energien eurer Worte gegossen werden können.

Wenn ihr diese Worte in diese Matrix gießt, wird in der Atmosphäre des Raumes, in dem ihr dekretiert, ein starker Magnet gebildet, eine Gedankenform, die mit einem intensiven Gefühl aufgeladen ist. Diese Form wird von den aufgestiegenen Meistern auf etwa dieselbe Weise genutzt, wie ein Radioempfänger benutzt wird, um eine Radiosendung aus der Ferne zu empfangen. Denn wenn ihr diese gewaltige, intensive Gedankenform erschafft, zieht sie aus den höheren Oktaven jene Lichtenergie an, die euch helfen wird, eben jene Qualitäten auf den mächtigen Lichtstrahlen zu manifestieren, die ihr herbeiruft.

Und dies ist das wissenschaftlichste Gebet, das der Planet

kennt. Durch es stürzten die Mauern von Jericho ein. Denn als die Menschen um die Stadt herum marschierten, ließen sie ein großes Geschrei ertönen, sie bliesen die Trompeten, und die Mauern Jerichos stürzten ein.[68] Ihr, die ihr heute lebt und die Kraft eurer Dekrete einsetzt, um den Mächten des Lichts zu helfen und sie umzusetzen, seid moderne Josuas und ich segne euch dafür.«[69]

Nutzen Sie diese schöpferische Fähigkeit, und sehen und fühlen Sie jedes Wort oder jede Formulierung als Gedankenmuster oder Matrix, die im Herzen und im Geist aufrechterhalten wird, damit Gottes Energie in Ihren Kelch des Bewusstseins fließen kann, um der Vollkommenheit in der Welt der Form Energie zu verleihen und sie zu manifestieren.

Gewisse Lehrer der Metaphysik haben diesen Prozess als das Erschaffen einer »Schatzkarte« bezeichnet, andere nennen ihn »die Wahrheit erkennen«. Ganz gleich, wie Sie ihn auch nennen mögen, Sie müssen erkennen, wie wichtig es ist, sich ganz und gar auf Ihre Meditationen, Gebete und Dekrete einzulassen und die Fähigkeiten Ihrer vier niederen Körper dabei genau so einzusetzen wie die Ihres Christus-Geistes. Sie müssen lernen, Ihre mentalen Visualisierungen durch die reinen Gefühle Ihres Herzens zu energetisieren und die Erinnerung und die Dynamik der Dekrete in Ihren ätherischen und physischen Körpern zu speichern, damit Sie die Eigenschaften Gottes, die Sie angerufen haben, effektiv zu sich hinabziehen können.

Wenn Sie die Präambel des Dekretes rezitieren, sollten Sie Ihre Liebe zu und Ihre Verehrung für Gott und seine ihm dienenden Söhne, die aufgestiegenen Meister, zum Ausdruck bringen. Die Liebe, die Sie für die himmlischen Heerscharen empfinden, bildet eine Leiter von ihrer Welt in die unsrige. Wenn die Flamme der Verehrung aus Ihrem Herzen aufsteigt, um dem Christus zu begegnen, wird er seine Engel schicken, die mit Segnungen, Botschaften der Hoffnung und der Kraft des Allmächtigen herniedersteigen werden, um Ihnen auf Ihrem Weg zu helfen. Wahrlich: Die Verehrung Gottes öffnet die Tore des Himmels.

Wenn Sie zum Haupttext des Dekretes kommen, mit dem die spezifische Aktion der Flamme angerufen wird, sollten Sie visualisieren, wie ihr Auflodern Ihre Gestalt einhüllt, Ihren Geist durchdringt und die Feuer des Lebens im Kern jeder Zelle neu entfacht. Schließen Sie die Augen, und spüren Sie die Ströme des Heiligen Geistes in der Gewissheit durch Ihren Körper fließen, dass dies das Feuer ist, das alle unerwünschten Gewohnheiten, Ängste und Frustrationen verzehren wird, also all das, was verhindert hat, dass sich Gottes Licht in Ihrer Seele ausdehnen konnte.

Je stärker die Visualisierung ist, desto stärker wird die Aktivität der Flamme sein. Das Wirken der Flamme muss mit all Ihren spirituellen Fähigkeiten wahrgenommen werden. In gleicher Weise werden diese Fähigkeiten zum Leben erwachen, wenn Sie die violette Flamme nutzen.

Eine einfache Visualisierungsmethode besteht darin, im Geist die Erinnerung an ein loderndes Lagerfeuer aufrechtzuerhalten. Bewahren Sie sich die Vorstellung auflodernder physischer Flammen, und sehen Sie, wie sie die Farbe der Gottesflamme annehmen, die Sie anrufen möchten.

Vergrößern Sie nun das Bild dieser Flammen, bis es Ihr gesamtes Bewusstsein ausfüllt. Visualisieren Sie dann, dass Sie im Zentrum von Gottes flammender Gegenwart stehen. Spüren Sie, wie seine Liebe Sie als tausendblättriger Lotus einhüllt – jede Flamme ein Blütenblatt des allumfassenden Bewusstseins Gottes.

Die Assimilierung der Gottesflammen durch Ihre vier niederen Körper wird allmählich und auf völlig natürliche Weise stattfinden, ohne Körper und Psyche Unannehmlichkeiten zu bereiten, wenn Sie die Flammenfarben als sinnlich erfahrbares, lebendes Feuer wahrnehmen, das Ihre Welt mit den erwünschten Gotteseigenschaften sättigt, während es Sie gleichzeitig von allem befreit, was seiner Vollkommenheit nicht genügt.

Bevor Sie die eigentlichen Worte des Dekretes sprechen, sollten Sie sich auf einen bequemen Stuhl mit gerader Rückenlehne in einem gut beleuchteten Raum setzen, wo Sie nicht gestört werden können. Achten Sie darauf, dass der Raum sauber, ordentlich und gut gelüftet ist. Staub, Unordnung, abgestandene Luft und schlechtes Licht vermindern die Effektivität der Dekrete, weil diese Dinge den Lichtfluss behindern und die Engelscharen abstoßen, die den Bittenden immer dabei unterstützen, die Freisetzung von Gottes heiligen Energien zu verstärken.

Visualisieren Sie die Gottesgegenwart über sich (siehe die Darstellung des Göttlichen Selbst), visualisieren Sie Ihr niederes Selbst als in die violette Flamme eingehüllt, die von Ihrem Christus-Selbst übertragen wird, und visualisieren Sie die dreifältige Flamme, die aus Ihrem Herzen lodert und sich ausdehnt – die blaue Flamme zur Linken, die rosafarbene Flamme zur Rechten und die goldene Flamme in der Mitte.

Richten Sie die Wirbelsäule und den Kopf auf, Beine und Hände werden nicht gekreuzt und die Füße stehen flach auf dem Boden. (Eine schlechte Haltung öffnet das Bewusstsein den negativen Kräften, weil der Solarplexus als Tor der Gefühle nicht unter Kontrolle ist. Das Kreuzen der Beine und Hände verursacht einen »Kurzschluss« der Energien, die zum Segen der ganzen Menschheit durch das Individuum fließen sollen.)

Gedenken Sie daher der Worte des Paulus: »Wisset ihr nicht, dass ihr Gottes Tempel seid und der Geist Gottes in euch wohnt?«[70], und lassen Sie die Energien Gottes durch Ihren Körper strömen. Halten Sie das Buch oder die einzelnen Dekrete auf Augenhöhe vor sich, sodass Sie sich beim Dekretieren nicht vorbeugen müssen. Vielleicht ziehen Sie es auch vor, an einem Schreibtisch oder Tisch zu sitzen, auf dem Sie das Buch vor sich hinstellen können, wodurch Sie die Hände frei haben und sie mit den Handflächen nach oben auf den Oberschenkeln ruhen lassen können, um Gottes Segen durch die Meister zu empfangen.

Sprechen Sie das Dekret langsam und deutlich aus, ohne sich

dabei anzustrengen, bis Sie seine Bedeutung vollkommen verstehen. Konzentrieren Sie sich dann auf den Rhythmus und rezitieren Sie schneller. Sie werden sehen, dass Ihr Geist lernen kann, den Konzepten und der Freisetzung der Macht mit Lichtgeschwindigkeit zu folgen, die Ihnen zuteil werden wird, wenn Sie effektiver dekretieren.

Es ist wichtig, tief und regelmäßig zu atmen. Nutzen Sie die Kraft von Gottes Feueratem, um das Licht durch Ihren ganzen Körper und dann hinaus in die Welt zu lenken, um alles Leben durch die Magnetisierung der Energie Gottes zu segnen, die durch Ihre eigene Herzensflamme fokussiert wird.

Wenn Sie für Ihre Lieben dekretieren, rufen Sie zuerst Ihre eigene ICH-BIN-Gegenwart und Ihr Heiliges Christus-Selbst an – und zwar auf die Weise, wie sie in der Präambel des Dekretes formuliert wurde. Dann fügen Sie in die Präambel einen Ruf an die »mächtige ICH-BIN-Gegenwart und das Heilige Christus-Selbst von …« ein (Fügen Sie hier den Namen der Person oder der Personen ein, für die Sie dekretieren).

Indem Sie die Gottesgegenwart derjenigen anrufen, die spirituelle Hilfe brauchen, öffnen Sie die Quelle des Himmels, damit alle göttlichen Segnungen des Lichts in ihre Welt strömen mögen, um jede Form der Unvollkommenheit zu heilen, die sich darin manifestiert hat. Dieser Dienst mag erbracht werden, ohne dass man persönlich in eine bestimmte Situation involviert ist, denn durch Ihre Anrufungen erhalten die aufgestiegenen Meister die Autorität, einzugreifen und Macht über jede Person, jeden Ort, jeden Zustand und jedes Ding, auf welche Sie im Namen Gottes ihre Aufmerksamkeit gerichtet haben, auszuüben.

Ihnen wird aufgefallen sein, dass die hier vorgestellten Dekrete das folgende Ende haben:

»Und in vollem Glauben akzeptiere ich ganz bewusst, dass sich dies genau hier und jetzt in voller Kraft manifestiert, manifestiert, manifestiert (dreimal), dass es ewiglich erhalten wird, allmächtig aktiv ist, sich ständig ausdehnt und alle Welten umfasst, bis alle vollkommen ins Licht aufgestiegen und frei sind!

Geliebter ICH BIN, geliebter ICH BIN, geliebter ICH BIN!«

Das vollständige Akzeptieren eines Dekretes, das sich in Ihrer Welt manifestiert, ist von äußerster Wichtigkeit, denn genau hier in der physischen Oktave wird das Licht Gottes gebraucht. Durch das Rezitieren des Dekretes, zieht der Bittende das Licht aus den höheren Oktaven der Vollkommenheit in die niederen Oktaven der menschlichen Unvollkommenheit hinab.

Wir müssen weder Gott noch seinen Christus vervollkommnen, aber wir brauchen Veränderungen in dieser Welt des Chaos, der Krankheit, des Unglücks und des Todes. Diese Veränderungen können nur durch das Herabziehen des Licht Gottes und des bewussten Akzeptierens dieses Lichtes bewirkt werden, das niemals darin versagt, dem Menschen seine Freiheit zu schenken, wann immer und wo immer er beschließt, seine Energien in Dekrete zu investieren, bis Gott Sein vollkommenes Werk in ihm manifestieren kann.

Ohne ganz bewusst zu akzeptieren, dass sich die Antwort auf Ihre Dekrete manifestiert, könnten die reinen Energien Gottes unter Umständen auch in den höheren Oktaven des Seins als Matrix verbleiben, die sich in der Materie nicht erfüllt und von der Welt materieller Formen abgekoppelt bleibt. Das gesprochene Wort ist der Schlüssel, um das Licht vom Himmel auf die Erde herabzuziehen. Sie werden sich erinnern, dass Jesus immer wenn er heilte, den Befehl aussprach, der das Licht freisetzte, um auf der physischen Ebene jene Vollkommenheit zu manifestieren, die – wie er anerkannte – im Königreich des Himmels bereits komplett war.

Im Bericht über die Wiedererweckung des Lazarus fällt auf, dass Jesus die Macht des gesprochenen Wortes einsetzte, um die Energie aus dem Reich des Geistes auf die Ebene der Materie zu holen und so die Lebenskraft wiederherzustellen. Es steht geschrieben: »Da hoben sie den Stein ab, da der Verstorbene lag. Jesus aber hob seine Augen empor und sprach: Vater, ich danke dir, dass du mich erhört hast. Doch ich weiß, dass du mich allezeit hörst; aber um des Volkes willen, das umhersteht, sage ich's, dass sie glauben, du habest mich gesandt. Da er das gesagt hatte, rief er mit lauter Stimme: Lazarus, komm heraus!«[71] Außerdem ist überliefert: »... denn er lehrte gewaltig und nicht wie die Schriftgelehrten«.[72]

Daher werden Dekrete vom Menschen rezitiert, denn es ist die Macht des Wortes – und keine andere Macht im Universum –, die das göttliche Bild in den Söhnen und Töchtern Gottes erschaffen, auferstehen lassen, umwandeln und vervollkommnen kann. Daher sollten Dekrete immer laut rezitiert werden, und nur wenn dies nicht möglich ist, sollten Sie still dargebracht werden.

Licht: der alchemistische Schlüssel

Jene, die dekretieren, verstehen, dass Gott – wie Jesus es lehrte – bereits unsere Bedürfnisse kennt und dass er uns helfen möchte. Sie verstehen, dass diese Hilfe dadurch erlangt wird, dass man sein eigenes Bewusstsein mit dem Bewusstsein Gottes identifiziert.

Dieser Prozess, sich mit seiner Quelle, mit »der Hilfe in den großen Nöten«[73] zu identifizieren, sein Wesen mit all dem Guten im Universum in Einklang zu bringen, wird am effektivsten dadurch erreicht, dass man all seine Fähigkeiten – Geist, Herz, Seele und Stimme – bei der Darbringung von Dekreten, Mantras und Affirmationen gebraucht – gleich welchen Namen man dafür benutzt.

Durch die Wiederholung von Gottes Gedanken über den Menschen, durch die Bekräftigung der Wahrheit des Seins – die

Gott im Anfang erklärt und die Jesus in seiner Aussage bekräftigt hat: »ICH BIN der Weg und die Wahrheit und das Leben«[74], nimmt die Seele gemeinsam mit den vier niederen Körpern jene göttlichen Strukturen an, die überall im Universum zu finden sind und die unversehrt in jedem Kausalkörper aufrechterhalten werden.

Wir haben am Ende dieses Kapitels die verklärenden Affirmationen eingefügt, die der geliebte Jesus Christus seine Jünger lehrte, weil diese Affirmationen Gott als Gebet, als Meditation und als Dekret dargebracht werden können. Sie erfüllen die Funktion aller drei.

Diese wissenschaftlichen Erklärungen des Seins wurden und werden von einem gelehrt, dessen ausgewogene dreifältige Flamme fähig ist, die Gnade und das Gesetz der Wahrheit als Dreiheit oder Dreieinigkeit von Liebe, Weisheit und Macht zu vermitteln. Dies gilt auch für viele der Dekrete im von *The Summit Lighthouse* herausgegebenen Buch *Prayers, Meditations, Dynamic Decrees for the Coming Revolution in Higher Consciousness.*[75]

Diese Anrufungen sind tatsächlich Dekret, Meditation und Gebet in einem, da sie von den aufgestiegenen Meistern verfasst wurden, deren Bewusstsein im Herzen der kosmischen dreifältigen Flamme weilt.

Der Klang einer großen Anzahl Menschen, die mit voller Lautstärke und in einem zügigen Tempo im Chor dekretieren, mag all jenen, die mit dieser »neuen« Form der Gruppendynamik nicht vertraut sind, zuerst etwas absonderlich erscheinen. Die Lautstärke, der Rhythmus und die scheinbar »sinnlose Wiederholung von Wörtern« könnten als »Fanatismus« oder »ungezügelter Eifer« interpretiert werden.

Meister Maitreya sagt: »Die bloße Wiederholung von Worten an sich ist vollkommen unwirksam, wie Jesus lehrte.[76] Daher (da Dekrete höchst wirksam sind) existiert in den Köpfen derer, die glauben, dass das Rezitieren von Dekreten aus sinnloser Wiederholung besteht, eine völlig falsche Vorstellung.«[77]

Viele, die anfangs aus den verschiedensten Gründen dachten, dass sie das Dekretieren nicht akzeptieren könnten, änderten ihre Meinung, nachdem sie die Effektivität von Dekreten selbst erfahren hatten. Jene, die früher glaubten, dass sie von dem »Lärm« negativ beeinflusst werden würden, haben sich inzwischen von ganzem Herzen auf das Rezitieren von Dekreten mit den sie begleitenden Visualisierungen und Meditationen über die Gegenwart Gottes eingelassen, nachdem sie einmal selbst den Fluss der Energie erfahren haben, der durch die Dekrete ausgelöst wird.

Weil Dekrete so wirksam sind, versuchen viele Kräfte, sie in Misskredit zu bringen. Aber wir müssen lernen, die Wahrheit zu schätzen, wo auch immer sie sich enthüllen mag, und wir müssen sie lieben, noch bevor wir sie zu unserer eigenen gemacht haben. Denn die Wahrheit wird die unsere, wenn wir sie testen, sie beweisen und sie erfahren.

Die Wahrheit über die Dekrete offenbart sich nicht durch die reine Beobachtung anderer beim Dekretieren oder selbst durch eine halbherzige Teilnahme. Die Wahrheit kann nur erkannt werden, indem die den Dekreten zugrunde liegenden wissenschaftlichen Prinzipien verstanden werden, weil diese die gesamte Grundlage der schöpferischen Macht des Universums darstellen, und indem anschließend die Kunst des Dekretierens gemeistert wird, denn Dekretieren ist tatsächlich ebenso eine Kunst, wie es eine Wissenschaft ist.

Manche von denen, die aufgehört haben, Dekrete zu rezitieren, nachdem sie über einen gewissen Zeitraum hinweg eine bestimmte Dynamik entwickelt hatten, wundern sich, warum sie eine Zunahme unerwünschter Umstände erleben, wenn sie aufhören zu dekretieren. Hier ist die Erklärung: Das Massenbewusstsein der Menschheit besteht vorwiegend aus negativer emotionaler Energie, und diese Energie befindet sich außerhalb der eigenen Mauer aus Licht (der Lichtsäule) in ständiger Aufruhr.

Diese Mauer, die Schicht um Schicht auf der Hingabe an Gott

aufgebaut ist, wirkt wie ein Deich, der die Fluten menschlicher Emotionen (Energie in Motion) zurückhält, die sonst in die eigene Welt einströmen würden. Die Strukturen der Dekrete, die das Individuum benutzt, um seine Mauer aus Licht zu errichten, sind das Einzige, was das Einströmen dieser Kräfte verhindert – und zwar weitaus besser als der sprichwörtliche Junge mit dem Finger im Deich.

Wenn der kleine Junge seinen Finger aus dem Deich herauszieht – soll heißen, wenn das Individuum aufhört zu dekretieren –, strömen die Massenausdünstungen aufgrund des gewaltigen Drucks des Meeres ein und überschwemmen sein Wesen, sodass er sich wieder einmal auf gleicher Höhe mit dem Pegelstand des Meeres findet.

»Betet ohne Unterlass«

Als Paulus sagte: »Betet ohne Unterlass«[78], meinte er damit nicht, dass sich die Jünger jeden Augenblick im formellen Gebet ergehen sollen. Er lehrte vielmehr, dass wir uns in einem ständigen Zustand der Harmonie mit erstens uns selbst, zweitens mit unseren Mitmenschen und drittens mit unserem Gott befinden sollten.

Diese Dreieinigkeit des harmonischen Lebens bedeutet Beten ohne Unterlass, und wenn wir den Faden des harmonischen Kontakts (Kommunion) mit irgendeinem Teil des Lebens zerreißen, müssen wir danach streben, ihn wiederherzustellen, indem wir durch das Gebet, die Meditation oder das Dekret eine formelle Bitte an Gott und an die Flamme des Christus richten, welche die Verbindung zwischen allen Herzen darstellt.

Jesus gibt uns einen Einblick, wie wir ohne Unterlass beten können:

»Denkt über meine Worte nach: ›Denn wer sein Leben erhalten will, der wird's verlieren; wer aber sein Leben verliert um meinetwillen, der wird's finden.‹[79] Wenn ihr über die Idee des unablässigen Betens nachdenkt, solltet ihr an jene denken, die Angst haben, ihr Bewusstsein Gott zuzuwenden, weil sie möglicherweise etwas verpassen könnten, was in der Welt um sie herum vorgeht. Diese versuchen, ihr Leben zu erhalten, indem sie sich in der sich verändernden äußeren Welt engagieren. Jene aber, die ihr Leben um meinetwillen verlieren, indem sie in dieselbe Kommunion mit dem Vater eintreten wie ich, finden ihr Leben wahrhaft wieder, denn so wie Gott nur in einem Menschen leben kann, der im Sein selbst existiert, im Leben selbst, so kann der Mensch wahrhaft das ewige Leben besitzen …

Ihr Gesegneten, es ist nicht nötig, dass ihr euch anstrengt oder kämpft, um Kommunion mit Gott zu erlangen. Er ist nicht weit von euch, er ist so nah wie ein Herzschlag oder ein Gedanke und kann euch mit einem Strom seiner erneuernden Kraft überfluten. Jede Nacht, wenn ihr euch im Schlaf ausruht, erfahrt ihr ein Aufladen eures gesegneten Körpers und Geistes mit der Reinheit der göttlichen Energie. Die Extrovertiertheit des menschlichen Denkens und die Aufmerksamkeit, die es den unzähligen Banalitäten eines jeden Tages schenkt, führen euch hinweg von der Kraft eurer Quelle. Weil eure Energie erschöpft und ihr Niveau gefallen ist, müsst ihr euer Bewusstsein erneuern, das durch das Chaos eines geschäftigen Tages gegangen ist.

Wie häufig habe ich während meiner eigenen Mission entdeckt, dass ich meine Kraft erneuern und mein geistliches Amt des Dienens und Heilens besser ausführen konnte, wenn ich in die Berge ging, um zu beten und dem Treiben der Menge zu entfliehen, oder wenn ich mich im Heck eines Bootes zusammenkauern konnte.[80] Alle, die mir nachfolgen wollen, müssen verstehen, dass ihre Mission nicht auf die Weise fortgeführt werden kann, die Gott wünscht, wenn sie nicht fähig sind, Verbindung zum großen Quell des Lebens aufzunehmen und kontinuierlich ihre Kraft zu erneuern. Man kann nicht, wie ihr sagt, ›die Nacht zum Tage machen und Raubbau an den eigenen Kräften treiben‹ und erwarten, dass euer Körper das auf Dauer mitmacht. Wenn er aber gebraucht wird, dann steht euch ein unbeschränkter Fluss göttlicher Kraft zur Verfügung, den man sich zunutze machen kann, wenn man lernt, die Methoden der Krafterneuerung durch das Gebet während der geschäftigsten Zeit des Tages zu gebrauchen.

Einige von euch sind sich der Tatsache bewusst, dass der Fürst dieser Welt[81] oft eine Spaltung in eurem Geist erzeugt, indem er zwei oder mehrere Kontrollpunkte errichtet, die gleichzeitig um eure Aufmerksamkeit buhlen. Durch das schnelle Hin- und Herschwanken eurer Aufmerksamkeit sinkt eure Energie auf ein gefährlich tiefes Niveau ab. Wenn es extrem niedrig ist, fallen die negativen Kräfte in euch ein und verursachen einen plötzlichen Wutausbruch oder lösen eine plötzliche Sinnkrise aus.[82]

Dies ist eine völlig andere Situation als der natürliche wechselseitige Fluss des Bewusstseins, der durch heilige Kommunion mit Gott erreicht werden kann, während ihr euren Aktivitäten in der Welt nachgeht. Im ersteren Fall wird die Aufmerksamkeit zwischen zwei Zentren des Interesses hin und her gerissen. Im letzteren Fall bewegt sich eure Aufmerksamkeit von der Welt zu Gott und von Gott zur Welt.

Ihr müsst keine Angst haben und euch keine Sorgen machen, dass unablässige Kommunion die Effektivität eures Wirkens beeinträchtigen könnte. Ich kann euch aus Erfahrung sagen, dass ihr, wenn ihr eure Aufmerksamkeit aufwärts auf den Vater richtet und euch nicht vor dem Strom seiner auf euch gerichteten Aufmerksamkeit fürchtet, tatsächlich die aufgewühlten Energien in eurer Welt durch die Harmonie Gottes besänftigen könnt, selbst wenn ihr mit einem schwierigen Problem konfrontiert seid. Und wenn sich eure Aufmerksamkeit wieder auf die Welt der Form richtet, wird sie nicht mehr die Disharmonie und Unvollkommenheit manifestieren, wie sie es früher tat.

Es werden mehr Dinge durch das Gebet bewirkt, als sich die Welt träumen lässt.[83] Aber das gewöhnliche Gebet, unter Anstrengung in Zeiten der Not als Hilferuf dargebracht, kann nicht mit dem stetigen Anrufen Gottes verglichen werden, das Kommunion als glückliches Mittel sieht, um persönliche Freiheit zu erringen.«[84]

Kein Tag sollte vergehen – und wenn Sie gestresst sind, keine Stunde –, ohne dass Sie Ihre Energien Gott freiwillig darbringen, auf dass er diese verstärkt durch seine Liebe und aufgeladen mit seinem Schutz zu Ihnen zurücksenden möge.

So wie Wasser immer dem niedrigsten Punkt zufließt, so steigen die Flammen Gottes, die wir auf Erden anrufen – und die aus seinem Herzen als Lichtstrahlen hinabsinken und zu unseren Füßen als flammendes Feuer emporlodern –, zum Quell der Vollkommenheit empor, von wo aus sie alle 24 Stunden erneut kommen. Wenn wir daher die Flammen Gottes nicht täglich anrufen, kann unser Schwung nicht aufrechterhalten werden und die Feuer im Herd des Seins erlöschen.

Bereit sein für die Prüfungen des Lebens

Saint Germain gab einmal die folgenden praktischen Ratschläge, um die spirituelle Kommunion inmitten eines stresserfüllten Lebens aufrechtzuerhalten.

»Manchmal wenn ihr plötzlich eine Störung spürt – wenn ihr betroffen seid, einen Schock erleidet oder eine plötzliche Reaktion auf einen Akt der Ungerechtigkeit verspürt –, ist einer der Gründe, warum ihr vorübergehend euer Gleichgewicht verliert, der, dass der normale Fluss der Aura gestört wurde, so als ob plötzlich ein stilles Wasser aufgewühlt werden würde.

Nun, die Aura ist euer Allerheiligstes, ein heiliger Ort, und sie ist die Heiligkeit eurer Gottesflamme. Bevor ihr also die Bedürfnisse des leiblichen Verstandes erfüllt – das Infragestellen, das Beten zur Erfüllung von Wünschen oder was auch immer –, besinnt euch wieder auf euch selbst. Sprecht ruhig, leise und langsam. Denn auf diese Weise werdet ihr nicht in den Zorn, die Impulsivität, die Aufgeregtheit der anderen Menschen um euch herum hineingezogen ... Seid die ruhige Gegenwart in einem Strudel aus Unheil und Hektik, geliebte Herzen, und erlernt den Weg der Macht, der gewaltigen Macht des Friedens ...

Bedenkt, dass alles, was versucht, euch vom Sitz des Buddha in der geheimen Kammer des Herzens zu stoßen, als Feind erkannt werden muss. Dabei geht es nicht unbedingt um die Person, denn die ist oft eine eurer Lieben, sondern um die Kraft, die versucht, diese Person zu benutzen. Daher besteht eure Herausforderung darin, den anderen ebenso wie euch selbst vom menschlichen Unsinn des Augenblicks zu befreien ...

Wenn ihr euch nicht im Herzen zentriert, welches die zentrale Sonne eures Seins ist, werdet ihr entdecken, dass ihr an der Peripherie der Aura taumelt, die das Weltbewusstsein berührt. Dieser Punkt, dieser äußere Kreis der Aura, sollte immer von einem sehr intensiven Blau sein, vom blauen Feuer des Schutzes, der auch außerhalb der Lichtsäule ist. Nun visualisiert ihr die violette Flamme in der Mitte der Lichtsäule.

Aber ich möchte darauf hinweisen, wenn ihr in der blauen Flamme lodert, bringt das andere oft gegen euch auf, weil es so machtvoll ist und das Schlimmste in ihnen hervorbringt. Daher ist es wohl weiser, einen ›Samthandschuh‹ darüberzuziehen, das heißt, eine weitere Schicht der violetten Flamme um die blaue herumzulegen, um so einen beruhigenden Effekt zu erzielen und das zu verbrennen, was gegen die Aura stoßen mag oder auf euch gerichtet ist. Und wenn es doch durch die violette Flamme hindurchkommen sollte, dann habt ihr immer noch die Mauer aus blauer Flamme, dann verfügt ihr immer noch über die Macht der Lichtsäule. Und wenn Diplomatie nicht funktioniert, dann bleibt euch immer noch die Kraft von Erzengel Michaels Schild! ...

Oftmals ist es eine Frage der Haltung. Wie haltet ihr euch? Seid ihr bereit für die nächste Lieferung Gottes oder den Angriff der bösen Macht oder seid ihr, wie man heute sagt, total lässig und cool? Wenn ihr eine schlechte Haltung habt, wenn ihr euch lässig gebt, weit offen seid und gehen lasst – wenn der Fernseher läuft, die Werbung euch mit ihren Stakkatorhythmen bombardiert, die Katze miaut, der Hund bellt, die Kinder schreien, das Telefon klingelt –, wie könnt ihr dann erwarten, dass ihr wirklich die Ruhe bewahrt, also wirklich cool seid? Dies alles ist eine Falle, aber ihr habt sie zugelassen.

Nun, ihr könnt inmitten all dieser Dinge die Ruhe bewahren, aber nicht mit dieser gekünstelten lässigen Einstellung, denn in jeder Sekunde können die Kartoffeln auf dem Herd überkochen; alle fangen an, sich zu streiten, und bevor ihr es euch verseht, macht ihr schon mit. Was haben wir dann erreicht? Eine verlorene Stunde für Saint Germain und die lebenswichtige Arbeit von Helios und Vesta, euer eigenes Gefühl: ›Ich werde nie ein guter Schüler sein. Ich werde mein Leben niemals meistern.‹

Aber meine Geliebten, es ist so einfach wie eins, zwei, drei, vier, fünf. Es gibt einige einfache Dinge, die erforderlich sind: Lasst nicht zu, dass die Familie aus allen Richtungen bombardiert wird. Lasst nicht zu, dass all diese Dinge gleichzeitig geschehen. Strebt nach Kommunion mit dem Herzen. Füttert die Katze, lasst den Hund raus, stellt den Fernseher ab, sorgt dafür, dass auf dem Herd alles in Ordnung ist, und erfreut

euch an dem Kreis der Kommunion mit der göttlichen Ent-
schlossenheit, dass jedes Mitglied euer Familie, eures Haus-
halts oder Freundeskreises die Gelegenheit erhält, durch eure
liebevolle Gegenwart etwas sehr Wichtiges auszudrücken, was
von Herzen kommt.«[85]

Die Dynamik von Licht und Finsternis

Nun mögen die Aufrechten wohl fragen: »Wenn Dekrete nicht
›sinnlos‹ wiederholt werden, warum werden sie dann überhaupt
wiederholt?« Der Meister Maitreya beantwortete diese Frage, indem er eine interessante Analogie anführte. Er sagte:

»Nun, die meisten von euch sind mit der Konstruktion eines
einfachen Elektromagneten vertraut. Ihr wisst, dass um einen
Eisenkern Drähte gewunden werden, durch die ein elektrischer Strom geschickt wird, wodurch das magnetische Feld in
konzentrierte Induktionsströme geleitet wird, die Objekte
in die Nähe der Drahtspule zieht. Gleichermaßen zieht die
Schwingung der Angst (die energetisierte Spule), die ein Individuum hat, aufrechterhält und verlängert, die Angst anderer
Menschen an.

Es muss verstanden werden, dass jedes Mal, wenn sich das
Bewusstsein des Menschen um Besorgnis oder Furcht dreht,
dadurch Angst von einer unbekannten Größenordnung gestärkt wird. Denn die Anziehungskraft der Angst steht in direktem Zusammenhang zur Anzahl der Male, welche die ge-
fürchtete Vorstellung um den Kern des Seins gewickelt ist, so
wie die Aufwicklung der Spule um den Kern des Elektromagneten die Anzahl der Drehungen erhöht, durch die der elektrische Strom fließt, wodurch die Kraft des Magneten verstärkt
wird.

Indem die Gedanken der Menschen ständig um Besorgnis oder Angst kreisen, stärken sie das Magnetfeld, welches das Objekt ihrer Angst in die Umlaufbahn ihrer Welt zieht. Deshalb erklärte Hiob: ›Denn was ich gefürchtet habe, ist über mich gekommen, und was ich sorgte, hat mich getroffen.‹[86]

Was ist dann wohl mit der Schwingungsaktion der zahllosen Jahre, Tage, Stunden, Augenblicke und Leben falschen Denkens und Fühlens? Häufig sind Sorgen zu wahren Galaxien der Zerstörung im Universum des individuellen Menschen geworden. Wie können diese am besten entfernt werden? Wie können die vitalen Energien des Lebens von ihnen zurückgezogen und zum Herzen des Schöpfers zurückgesandt werden, um dort eine Neuausrichtung zu erfahren? …

Wenn die Stärke der Angst in direktem Zusammenhang zur Anzahl der Male steht, mit denen sich die Gedanken um das Objekt der Angst gedreht haben, wäre es dann nicht weiser, jede Windung des Drahtes um den Pol des Seins zu entfernen? Das frage ich euch in Gottes Namen!

So wollen wir dann verstehen, dass der Mensch durch die Macht des Heiligen Geistes und durch den Gebrauch von Gedanken und Gefühlen in Übereinstimmung mit göttlichen Prinzipien in die Lage versetzt wird, die Unvollkommenheit von Jahrhunderten beiseitezufegen und jene verunstalteten Energien in den Wind zu schlagen, die niemals Gottes Schöpfung waren.«[87]

Daher wickelt der Dekretierende jedes Mal, wenn er ein Dekret an die violette Flamme rezitiert, eine Windung des Drahtes vom Pol des Seins ab. Ob es sich dabei um eine Wicklung der Angst, des Hasses, des Neides oder einer falschen Vorstellung handelt, spielt keine Rolle, denn die violette Flamme wandelt die ungewünschten Schöpfungen des Menschen systematisch, Stück für Stück, Windung um Windung um.

Wenn der Dekretierende ein Dekret 33-mal liebevoll, aufrichtig, demütig und im Geiste der Vergebung gegenüber sich selbst und allen anderen Lebensformen rezitiert, wickelt er 33 Windungen des Drahtes seiner menschlichen Schöpfung ab. So einfach ist das! Und die Dynamik des Lichtes, die durch die Umwandlung seiner dumpfen, missbrauchten Substanz erzeugt wird, katapultiert sein Bewusstsein auf eine feinere Ebene des Ausdrucks, von der aus er fähig sein wird, das Ungeschehenmachen seiner Missetaten und das Wirken guter Taten zum Wohle aller Menschen zu beschleunigen. Dies ist die Magie der spirituellen Alchemie!

Meister Maitreya fährt fort:

»Dekrete in Übereinstimmung mit dem göttlichen Plan zu rezitieren, heißt, die Dynamik der Vollkommenheit zu erneuern, die Gott ursprünglich in das menschliche Herz gesetzt hatte. Dekrete helfen auf machtvolle Weise, die Macht des Lichtes, des Lebens und der Liebe im Menschen zu verstärken.«[88]

Dekrete errichten eine Mauer aus Licht nicht nur um das eigene Kraftfeld herum, sondern auch um den Ort, welcher der Kommunion mit Gott und seinen Gesandten geweiht ist. Die Strukturen der Vollkommenheit, die durch das Darbringen von Gebeten und Meditationen herbeigerufen werden – manche in der Form machtvoll gesprochener Dekrete, einige als Dekrete, die zur Musik der Sphären gesungen werden, und andere als Dekrete, die ehrfürchtig mit großer Inbrunst dargebracht werden, während man der spirituellen Musik der größten Komponisten der Welt lauscht –, löschen die Anstrengungen von Jahrhunderten und die lange Liste der Verwicklung des Menschen in die Negation jeder Art aus. Wir möchten betonen, dass dies beinahe automatisch geschieht, denn der Natur des Lichtes wohnt die Macht Gottes inne.

Das Licht ist eine aus sich selbst heraus leuchtende, intelligente Energie, die mit der Allmacht Gottes und seiner unerschöpflichen Liebe ausgestattet ist. Licht ist wahrhaft unsere manifestierte Vollkommenheit des Seins.

Licht gehorcht Vater und Sohn,
Licht erfüllt die Matrix vor langer Zeit gebor'n
aus Gott, als er den Auftrag der Wahrheit erließ:
Es werde Licht – und es wurde – 's war bewiesen.
Es rahmte die Welt und alles darinnen,
so lasst uns losziehen, es einzufordern und zu
erringen.

Licht wird den Duft der Blume befreien in
lieblicher Runde,
Licht wird dem Menschen Trost bringen zu
jeder Stunde.
Denn Licht ist eine Mauer von Energie erfüllt,
die Macht der Wahrheit, des Wortes, das Gott
gewillt.

Sein Wesen enthält die Wissenschaft des Geistes
und der Erneuerung,
es empfängt die unreine Substanz unserer
Welten zur Verfeinerung.
Der Beweis für die Absicht des Schöpfers liegt
immer im Zweig, der sich biegt.

Wo immer ihr das Muster der Liebe setzet in
den Boden,
wird es wachsen und dem Muster entsprechen
von oben.
Licht ist der Schlüssel zum Wachsen von Frau
und Mann,
es wird sie formen und verwandeln nach dem Plan.

Schicht um Schicht wird es die Mauer errichten,
um den herum, der Dekrete spricht. Seine Seele
wird sich lichten.

Die Macht des Wandels ist automatisch,
so sagen sie,
denn Licht IST der Schlüssel der Alchemie.

(Es folgt der englische Originaltext.)

Light is obedient to Father and Son,
Light fills the matrix that once was begun
By God when he spoke the mandate of Truth –
Let there be Light – and there was – 'twas the
proof.
It framed the world and all that is in it
So let us go forth to claim and to win it.

Light will release the fragrance of flower,
Light will bring comfort to man every hour.
For Light is a wall of energy filled,
The power of Truth, the Word that God willed.

Its essence contains the science of mind,
The substance unclean of our worlds to refine.
So remember, the proof of Creator's intent
Will always be found in the twig that is bent.

Wherever you plant the patterns of love
It will grow and conform to the pattern Above.
The Light is the key to the growing of man –
It will mold and transform according to plan.

Layer upon layer the wall it will build
Round the one who decrees, his soul will be
filled.
The pow'r to change 'tis automatic, you'll see,
For Light IS the alchemical key.

VERKLÄRENDE AFFIRMATIONEN, WIE SIE DER GELIEBTE JESUS DER CHRISTUS SEINE JÜNGER LEHRTE

ICH BIN der ICH BIN.
ICH BIN die offne Tür, die niemand schließen kann.
ICH BIN das Licht, das jeden Menschen erhellt,
    der in die Welt kommt.
ICH BIN der Weg.
ICH BIN die Wahrheit.
ICH BIN das Leben.
ICH BIN die Auferstehung.
ICH BIN der Aufstieg in das Licht.
ICH BIN die Erfüllung aller meiner Bedürfnisse
    und Anforderungen der Stunde.
ICH BIN der niemals ausgehende Vorrat, der
    über alles Leben ausgeschüttet wurde.
ICH BIN vollkommene Sicht und voll-
    kommenes Gehör.
ICH BIN die manifestierte Vollkommenheit des Seins.
ICH BIN das unerschöpfliche Licht Gottes, das
    sich überall manifestiert.
ICH BIN das Licht des Allerheiligsten.
ICH BIN ein Sohn Gottes.
ICH BIN das Licht im Heiligen Berg Gottes.

(Es folgt der englische Originaltext.)

I AM that I AM
I AM the Open Door which no man can shut
I AM the Light which lighteth every man that
    cometh into the world
I AM the Way
I AM the Truth

I AM the Life
I AM the Resurrection
I AM the Ascension in the Light
I AM the fulfilment of all my needs and
    requirements of the hour
I AM abundant Supply poured out upon all Life
I AM perfect Sight and Hearing
I AM the manifest Perfection of Being
I AM the illimitable Light of God made
    manifest everywhere
I AM the Light of the Holy of Holies
I AM a Son of God
I AM the Light in the Holy Mountain of God

DIE STRAHLENDE SPIRALE
DER VIOLETTEN FLAMME

Im Namen der geliebten, mächtigen, siegreichen Gegenwart Gottes, des ICH BIN in mir, meines eigenen geliebten Heiligen Christus-Selbst des geliebten Lanello, des gesamten Geistes der Großen Weißen Bruderschaft und der Weltmutter, der Lebenselemente Feuer, Luft, Wasser und Erde, dekretiere ich:

Strahlende Spirale der violetten Flamme,
    komm herab und brenne jetzt durch mich!
Strahlende Spirale der violetten Flamme,
    mach frei, mach frei, mach frei!

Strahlende violette Flamme, o komm,
    lenke und brenne dein Licht durch mich!
Strahlende violette Flamme, o komm,
    enthülle Gottes Macht sichtbar für alle!

Strahlende violette Flamme, o komm,
erwecke die Erde und befreie sie!

Strahlen der violetten Flamme,
explodiert und wallt durch mich!
Strahlen der violetten Flamme,
dehnt euch für alle sichtbar aus!
Strahlen der violetten Flamme,
begründet hier den Vorposten
der Barmherzigkeit!
Strahlen der violetten Flamme,
kommt, verwandelt nun alle Angst!

Und in vollem Glauben akzeptiere ich ganz bewusst, dass sich
dies genau hier und jetzt in voller Kraft manifestiert, manifestiert,
manifestiert (dreimal), dass es ewiglich erhalten wird, allmächtig
aktiv ist, sich ständig ausdehnt und alle Welten umfasst, bis alle
vollkommen ins Licht aufgestiegen und frei sind!
Geliebter ICH BIN, geliebter ICH BIN, geliebter ICH BIN!

(Es folgt der englische Originaltext.)

Radiant spiral violet flame,
Descend, now blaze through me!
Radiant spiral violet flame,
Set free, set free, set free!

Radiant violet flame, O come,
Drive and blaze thy Light through me!
Radiant violet flame, O come,
Reveal God's power for all to see!
Radiant violet flame, O come,
Awake the earth and set it free!

Radiance of the violet flame,
  Explode and boil through me!
Radiance of the violet flame,
  Expand for all to see!
Radiance of the violet flame,
  Establish mercy's outpost here!
Radiance of the violet flame,
  Come, transmute now all fear!

Die sieben Strahlen

Strahl	Farbe, die an diesem Tag angezogen wird.	Gottes-Eigenschaften, die durch die Anrufung der Flamme verstärkt werden.	Chakras, welche die Schwingung der Strahlen in den vier niederen Körpern aufrechterhalten; der entsprechende Körper des Menschen.
1	**Blau** wird am Dienstag verstärkt.	**Der Wille Gottes** Allmacht, Vollkommenheit, Schutz, Glaube, das Verlangen, den Willen Gottes durch die Macht des Vaters zu erfüllen.	**Kehlkopf** Ätherischer Körper
2	**Gelb** wird am Sonntag verstärkt.	**Die Weisheit Gottes** Allwissenheit, Verständnis, Erleuchtung, das Verlangen, Gott durch den Geist des Sohnes zu erkennen.	**Scheitel (Krone)** ICH-BIN-Gegenwart
3	**Rosa** wird am Montag verstärkt.	**Die Liebe Gottes** Allgegenwart, Mitgefühl, Barmherzigkeit, das Verlangen, durch die Liebe des Heiligen Geistes wie Gott in Aktion zu treten.	**Herz** Heiliges Christus-Selbst

4	**Weiß** wird am Freitag verstärkt.	**Die Reinheit Gottes** Reinheit, Ganzheit, das Verlangen, Gott durch die Reinheit des Körpers, des Geistes und der Seele durch das Bewusstsein der Göttlichen Mutter zu erkennen und zu sein.	**Wirbelsäulenbasis** Physischer Körper
5	**Grün** wird am Mittwoch verstärkt.	**Die Wissenschaft Gottes** Wahrheit, Heilung, Beständigkeit, das Verlangen, den Reichtum Gottes durch das makellose Konzept der Heiligen Jungfrau abzusondern.	**Drittes Auge** Kausalkörper
6	**Lila und Gold** werden am Donnerstag verstärkt.	**Der Frieden Gottes** Das Wirken des Christus, das Verlangen, sich durch die Meisterschaft des Christus in den Dienst Gottes und der Menschen zu stellen.	**Solarplexus** Emotionalkörper
7	**Violett** wird am Samstag verstärkt.	**Die Freiheit Gottes** Freiheit, Ritual, Transmutation, Transzendenz, das Verlangen, alle Dinge durch die Anwendung der Gesetze der Alchemie neu zu machen.	**Sitz der Seele** Mentalkörper

Kapitel 2

SCHWARZE MAGIE

*Das Himmelreich [leidet] Gewalt,
und die Gewalt tun, die reißen es
an sich.*

Matthäus 11,12

SCHWARZE MAGIE

Es gibt Menschen, welche die Existenz des Bösen leugnen, dennoch sind die Auswirkungen des Bösen in der Welt offensichtlich. So wie der Beweis für die Existenz des Schöpfers in seinen mächtigen Werken gefunden werden kann, so wissen wir aufgrund des Vorhandenseins ungesunder Zustände, dass eine Kraft auf diesem Planeten wirkt, die dem Guten entgegengesetzt ist.

Die Grundlage der Leugnung des Bösen ist im kosmischen Gesetz zu finden, im Gesetz des Christus, welches das makellose Konzept (das unverfälschte Bild) in jedem Menschen manifestiert – ungeachtet von möglicherweise gegenteiligen äußeren Erscheinungen. Dieses Gesetz bekräftigt für alle Zeiten, dass Gott den Menschen nach seinem Ebenbild geschaffen hat, und dass Gott, das Gute, allmächtig, allgegenwärtig und allwissend ist. Wahrlich, wo Licht ist, da wird die Finsternis vertrieben. Innerhalb des Rahmens der absoluten göttlichen Realität ist daher die Leugnung des Bösen korrekt.

Die universelle Gegenwart Gottes

Auf dem Hügel des Mars stehend und den Altar des unbekannten Gottes betrachtend, erklärte Paulus:

>»Ihr Männer von Athen, ich sehe, dass ihr in allen Stücken gar sehr die Götter fürchtet. Ich bin herdurch gegangen und habe

gesehen eure Gottesdienste und fand einen Altar, darauf war geschrieben: dem unbekannten Gott. Nun verkündige ich euch denselben, dem ihr unwissend Gottesdienst tut.

Gott, der die Welt gemacht hat und alles, was darinnen ist, er, der ein HERR ist Himmels und der Erde, wohnt nicht in Tempeln mit Händen gemacht; sein wird auch nicht von Menschenhänden gepflegt, als der jemandes bedürfe, so er selber jedermann Leben und Odem allenthalben gibt ... und fürwahr, er ist nicht ferne von einem jeglichen unter uns. Denn in ihm leben, weben und sind wir.«[1]

In seiner Ermahnung vertrat Paulus die Sache der universellen Gegenwart Gottes. Wenn das Wesen Gottes gut ist und Gott überall ist, wo existiert dann das Böse? Wo?, frage ich euch.

Wenn die Menschen sich nur mit Schwarz und Weiß befassen würden, würde allein schon der Gedanke an die überall vorhandene Gegenwart des unfehlbaren Licht Gottes die Schwärze der Negativität eliminieren. Auf dieser Grundlage kann die Existenz des Bösen inmitten der dringendsten Probleme, die das Leben mit sich bringt, nachdrücklich verneint werden. Aber es gibt eine wichtige Tatsache, die viele nicht in Betracht ziehen, wenn sie über die Frage von Gut und Böse nachdenken, die aber nicht übersehen werden darf.

In seinem gegenwärtigen Bewusstseinszustand ist der Mensch unvollkommen, zudem lebt er in einer unvollkommenen Welt. Aber auf der Grundlage der Unvollkommenheit strebt er danach, Vollkommenheit zu erlangen. Mit dem Formlosen arbeitet er, um Formen zu erschaffen. Aus dem Chaos kann er Ordnung schaffen, und sein Gewissen spiegelt eine höhere Moral wider als seine eigene.

Welcher innere Zwang ist es, der ihn dazu führt, stets nach einem immer mehr abnehmenden Standard zu streben, dessen Inschrift: »Komm noch höher hinauf!« die größte Herausforderung für seine Seele darstellt? Dieser innere Zwang ist die feurige

Bestimmung der Söhne und Töchter Gottes. Es ist ein Drang, der nicht ignoriert werden kann. Er ruft die Menschen in Freud und Leid, durch Niederlage und Triumph ihr ganzes Leben lang. Es ist Gott selbst, der im Menschen wirkt, ein Teil Seines Geistes, der sich ausdehnen will, der des Menschen Wirken befiehlt. Und wer kann sich Seinem Griff entziehen?

Wenn Gott nicht im Menschen leben würde, würde der Mensch nicht jene Anziehungskraft spüren, die ihn zu einem Leben drängt, das gut ist, weil es in Gott gelebt wird, auch würde er den Sog seiner unsterblichen Bestimmung nicht fühlen. Aber wenn das Gesetz der Sünde[2] nicht in seinen Körperteilen Krieg führen würde, würde der Mensch das Böse nicht tun, das er tut, wie Paulus klagte.[3] Irgendwo zwischen dem Dunkel und dem Tageslicht der Zugehörigkeit des Menschen zu diesem Universum befindet sich ein Schlüssel zu seinem persönlichen Sein. Dieser Schlüssel ist die Relativität.

Relativität

Wenn wir sagen, dass der Mensch im Verhältnis zu Gott relativ ist, meinen wir damit, dass er in seiner Existenz völlig abhängig von Gott ist, so wie die Planeten in ihren Umlaufbahnen völlig von der Sonne abhängig sind. Der Mensch existiert nur als ein Objekt im Geist Gottes, er besitzt keine von diesem Geist unabhängige Existenz, denn der Mensch ist ein vollständiger Gedanke im Bewusstsein des Schöpfers. So können wir erkennen, dass die Existenz des Menschen als Wirkung einer Primären Ursache immer relativ zu dieser Ersten Ursache sein muss.

Auch der Mensch ist ein Schöpfer in seiner eigenen Domäne. Er bat um das Geschenk des freien Willens und erhielt es. Ihm wurde der Auftrag gegeben, fruchtbar zu sein, sich zu vermehren und sich die Erde untertan zu machen.[4] Die Schöpfungen des

Menschen reichen vom Erhabenen bis zum Lächerlichen. Er hat seinen Schöpfer nachgeahmt, indem er edle und großartige Werke hervorgebracht hat, und er ist in die Niederträchtigkeit der völligen Entweihung von Geist und Seele hinabgesunken.

In der Unterwelt des sterblichen Bewusstseins wurde das Böse geboren: »ein Mörder von Anfang ... und ein Lügner und ein Vater derselben«.[5] Das Böse existiert wie alle Schöpfung relativ zu dem Bewusstsein, das es erschaffen hat. Es besitzt keine unabhängige Ideologie und hat außerhalb des an das Fleisch gebundenen Geistes keinen Bezugsrahmen, denn es existiert aus diesem Geist heraus, der es auch aufrechterhält. Wenn daher dieser Geist zu existieren aufhört, hört auch das Böse auf zu existieren. Wenn der Geist Gottes, der in Christus Jesus war, im Bewusstsein des Menschen auf den Platz erhoben wird, wo er den an das Fleisch gebundenen Geist vollkommen verdrängt hat, werden die Menschen das Böse nicht länger verbreiten. Denn das Böse, das von seinem Wirt abgeschnitten wurde, wird aufgrund seiner eigenen Relativität zugrunde gehen.

Fortschritt ist das Gesetz Gottes, daher wohnt dieser auch dem Wesen des Menschen inne. Die aufwärtsstrebende Spirale des Bewusstseins Gottes bildet einen Lichtpfad, der den sich entwickelnden Sohn in das Reich des Realen trägt. Es ist die Natur des Guten, sich selbst zu transzendieren, und es ist die Natur des Bösen, sich selbst zu zerstören. Denn im Guten liegen die Samen der Ausdehnung und im Bösen liegen die Samen der Zerstörung.

Dieser Wachstumsprozess kann vom Babyalter über die Kindheit und die Jahre der Pubertät bis hin zum Erwachsenenalter verfolgt werden. Wie die Gezeiten des Meeres folgen die Ebben und Fluten des menschlichen Lebens dem Rhythmus des Universums. Überall ist die Evolution sichtbar. Die Ideen des Menschen, seine Ethik, sein Glaube und seine Liebe entwickeln sich, wenn sein Bewusstsein durch den Geist des Herrn belebt wird. Sein Verständnis des Lebens wird tagtäglich transformiert, seine Erkenntnis dehnt sich aus und wird erneuert, und im Licht größerer Erkenntnis schreitet er auf das Licht selbst zu – auf jenes zurückweichende Ziel, das ihn vorwärtslockt, um mehr von sich selbst zu entdecken und zu beherrschen.

Die Abstufungen des menschlichen Bewusstseins, welche die Leiter der menschlichen Existenz formen, zeigen an, dass das Leben im relativen Sinn aus einer Reihe von Grautönen besteht. Es kann weder Schwarz noch Weiß sein, da weder das absolut Gute noch das absolut Böse in einer Welt unvollkommener Kausalbeziehungen existieren können. Dennoch muss die menschliche Monade ihr Schwarz und Weiß haben. Denn um der Aufrechterhaltung ihrer eigenen geistigen Gesundheit willen, muss sie alles und jedes einordnen, kategorisieren, klassifizieren und benennen. Sie ist entweder himmelhoch jauchzend oder zu Tode betrübt, entweder vollkommen selbstsicher oder erbarmungswürdig inkompetent, völlig ekstatisch oder völlig verzweifelt. Die Menschen lieben oder sie hassen, sie lachen oder sie weinen. Entweder glauben sie, alles zu wissen, wobei sie nicht wissen, dass sie völlig unwissend sind, oder sie erkennen ihre Unwissenheit an und wissen nicht, dass sie wissen.

Die Extreme des menschlichen Bewusstseins spiegeln sich im Kontrast zwischen den tropischen und den polaren Breiten wider. Diese existieren nebeneinander in der menschlichen Persönlichkeit, wohingegen die Natur ihre Zyklen der Relativität auf eine ordentlichere Weise verteilt hat. Im Menschen scheint es häufig keine Mitte zu geben. Wie schade, dass er nicht lernen kann, mit den Gezeiten des Lebens zu schwimmen, und dass er nicht versteht, dass jede Welle ihn dem Sieg entgegenträgt.

Die subtile Natur des Bösen

Der aufgestiegene Meister El Morya bemerkte dazu: »Tatsächlich gibt es nur sehr wenige Menschen auf der Welt, die vorsätzlich böse sind. Die meisten Individuen befinden sich in einem Zustand, den wir unglücklicherweise als ›Norm‹ des Massenbewusstseins bezeichnen müssen, da wir allen Menschen das Konzept der höchsten Exzellenz zugestehen.«[6]

Wenn wir das Problem des Bösen erforschen, sollten wir auch an die schlichten Worte von Meister Jesus denken: »Vater, vergib ihnen, sie wissen nicht, was sie tun!«[7] Wenn die Menschen von Natur aus böse wären, wüssten sie, dass sie Böses tun, aber weil sie nicht vorsätzlich böse sind, verstehen sie nicht das Böse, das sie tun.

Das Böse ist dem Wesen der Kinder Gottes fremd, und aus eben diesem Grund sind sie so leichte Opfer für die Listen der Kräfte des Bösen. Sie verstehen die subtile Natur des Bösen nicht, obwohl sie gewarnt wurden: »Und die Schlange war listiger denn alle Tiere auf dem Felde.«[8] Daher warnte Jesus seine Jünger, die er aussandte: »Siehe, ich sende euch wie Schafe mitten unter die Wölfe; darum seid klug wie die Schlangen und ohne Falsch wie die Tauben.«[9]

Die Menschen sind in manchen weltlichen Dingen weise, in anderen sind sie unwissend. Manchen ist der Plan des universellen Gesetzes und der universellen Liebe nicht offenbart worden. Anderen ist er offenbart worden, aber sie haben ihn nicht akzeptiert. Und so gehen die Menschen aufgrund ihrer fehlenden Vision in ihrer Unwissenheit nicht nur in irdischen Dingen in die Irre, sondern auch in ihrer Unkenntnis über die Dinge des Geistes.[10]

El Morya bemerkte zu diesem Dilemma:

»Religiöse und spirituelle Schüler befinden sich manchmal in unschuldiger Unwissenheit in Bezug auf einige Tatsachen, welche die Manifestation nicht nur von Gottes Gutem betreffen, sondern auch des Bösen des sterblichen Menschen, und sie wissen nicht, wie sie sich vor unerwünschten Zuständen schützen sollen. Jesus kannte diesen Aspekt der menschlichen Natur und erläuterte ihn im Gleichnis vom ungerechten Verwalter: ›... denn die Kinder dieser Welt sind klüger als die Kinder des Lichtes in ihrem Geschlecht.‹[11]

Manche stecken ihre Köpfe wie Strauße in den Sand und rufen: ›Ich kann nichts sehen!‹ Der Wächter auf der Mauer ist nicht so, denn er muss die Bewohner der Stadt schützen.«[12]

Wir müssen das Konzept der Polarisierung von Licht und Finsternis nicht erfinden, da es vor unser aller Augen zur Schau gestellt wird. Dennoch sind manche Menschen so sehr durch Theologie und Psychologie indoktriniert, dass sie nicht akzeptieren wollen, dass das Böse tatsächlich existiert. Und dieser Geisteszustand ist gefährlich, denn das Böse ist heimtückisch und seine Identifizierung kann sehr schwierig sein. Und wenn man nicht weiß, dass es existiert, und wenn man nicht weiß, woran man es erkennen kann, dann wird es extrem schwierig, es zu identifizieren, zu isolieren und zu demaskieren.[13]

Die Ursprünge des Bösen

Durch das ganze schöpferische Drama hindurch, ist das Böse die Maske der Irrealität und der Illusion gewesen, der Schatten des Realen, der im Zeit-Raum-Kontinuum operiert. Unglücklicherweise wird die Maske zu häufig als das Reale akzeptiert. Die Menschen nehmen ihre Rollen zu ernst, sie identifizieren sich mit Eigenschaften und Umständen, die sie als Spieler auf der Bühne des Lebens eigentlich entlarven sollen. Weil sie sich mit der Maskerade identifizieren, werden sie gehässig, ängstlich, habgierig, rachsüchtig und lüstern. Sie werden zu Liebhabern der Maske und denken, dies seien sie selbst. Wie Paulus sagte, sind sie »Verleumder, Gottesverächter, Frevler, hoffärtig, ruhmredig, Schädliche ...«[14]

Was ist das Böse? Wie konnte das Böse – der Energieschleier, der im Bezugsrahmen der Relativität hervorgebracht wurde – überhaupt anfangen zu existieren? Und auf welche Weise wird es aufrechterhalten?

Im *Buch des Lebens* lesen wir auf Tafel III in Abschnitt V einen Bericht über den Fall der Engel. Der Hüter der Schriftrollen erlaubte uns, die Geschichte von Peschu Alga zu lesen, dem ersten Individuum in diesem Sonnensystem, das aus dem hohen Bewusstseinszustand des Guten fiel.

Peschu Alga war ein großer, weiser König und ein Absolvent der Weisheitsschulen der Bruderschaft. Aber in einem Augenblick der Trauer wegen des Todes seines Kindes, als Gott sein Flehen nicht erhörte, wandte er sich an die Mächte der Finsternis mit der Bitte, sein Kind wieder zum Leben zu erwecken. Da er nicht über die Tatsache der Unsterblichkeit nachgedacht hatte und über die Tatsache, dass das Schweigen des Herrn oft seine klarste Antwort ist, verlor er den Verstand und seine Seele. In seinem Geist wurde das Böse geboren.

Und so steht es im Buch des Lebens geschrieben:

»Und dieser Mann widersetzte sich aller Vernunft. Er verlor sich in seinem Gefühl des Verlustes und rechtfertigte seine Handlungen. Er interessierte sich nicht mehr für die universelle Verantwortlichkeit. Er verlangte, dass das Universum seine Forderungen erfüllen müsse – und wenn nicht, dann würde er das Gesetz in die eigenen Hände nehmen. Durch seinen eitlen Versuch, die Kräfte der Natur zu kontrollieren, vereinigte er seine Energien mit denen der Luziferianer.«

Die Luziferianer waren, obwohl sie das Konzept vom Guten Gottes bewahrt hatten, ehrgeizig geworden und wetteiferten miteinander, weil sie die transzendente Natur Gottes missverstanden hatten, der zufolge jeder Teil des Lebens mit sich selbst wetteifert, um sein gegenwärtiges Niveau der Vervollkommnung zu überwinden und zu transzendieren. Ihr Versuch, Rivalitäten im Rahmen des Gottesbewusstseins einzuführen, stellte den Beginn des Energieschleiers dar, der sie allmählich vom Schöpfer trennte.

In seiner negativen Geistesverfassung zog Peschu Alga den Energieschleier an, der noch embryonale Form hatte und nichts weiter als eine weit entfernte Wolke am Horizont des Luzifer'schen Bewusstseins war, und dehnte ihn aus. Er klagte Gott des Bösen an, und siehe da, die Luziferianer waren die ersten, die seinen Ruf aufnahmen. Da sie nicht länger damit zufrieden waren, miteinander zu wetteifern, fingen sie an, mit dem Allmächtigen in Wettstreit zu treten.

Wenn wir die Beschreibung des Sündenfalles[15] dieses Mannes untersuchen, wird klar, welche Lektion wir in unseren täglichen Konfrontationen mit dem Energieschleier beherzigen müssen: Die Polarisierung unserer Energien mit dem Bösen geschieht aufgrund unserer Sympathie mit seiner Schwingung. Wir können uns nicht in seiner abwärtsgerichteten Spirale verfangen, wenn wir nicht zuvor den Gipfel unserer Kommunion mit dem Allerhöchsten Gott verlassen haben. Dies geschieht dadurch, dass wir den Fokus unserer Aufmerksamkeit von der Vollkommenheit weg auf die Unvollkommenheit richten. Nachdem wir gesehen haben, wie Gott sieht, gestatten wir uns selbst, wieder zu sehen, wie die Sterblichen sehen. Weil wir unser Bewusstsein des Absoluten kompromittiert haben, treten wir in die Schwingungsstrukturen des Bösen ein.

Das kann auf so einfache Weise geschehen – und häufig bevor wir es selbst erkennen. Aus Sympathie mit der erbärmlichen Situation eines menschlichen Bewusstseins, geben wir das Prinzip auf. Wir senken unseren Blick, wir rationalisieren unser Verhalten, das dem hohen Standard, der im Allerheiligsten unseres eigenen Wesens aufrechterhalten wird, nicht mehr genügt.

Aus Mitleid mit den Begrenzungen, die sich die Sterblichen selbst auferlegt haben, fühlen wir uns dazu verleitet, in der Erfüllung des Gesetzes Kompromisse durch die Macht der Liebe zu machen, von der wir wissen, dass sie die einzige dauerhafte Lösung für die Probleme der Menschen sind. Wir greifen ein und werden zu »Gutmenschen« und Wohltätern, statt den Großen Handelnden durch uns Seinen Willen nach Seinem Plan ausführen zu lassen.

Wir wenden uns von jenen moralischen Standards ab, von denen wir wissen, dass Gott sie so verfügt hat, um unsere höchste und edelste Bestimmung zu gewährleisten. Und wir handeln gegen unsere eigenen Interessen, wenn wir auf eine mitleidige Schwingung reagieren – was immer zu einer Abwärtsspirale führt und uns tiefer und tiefer in den Sumpf eines Bewusstseins zieht, das die Gegenwart Gottes verlassen hat, um sich selbst Gesetz zu werden, um sich selbst eine von der Primären Ursache getrennte Ursache zu sein.

Und so schließt das *Buch des Lebens*: »Daher müssen wir in der Weisheit der Chien darauf hinweisen, dass das Gute immer vorsichtig sein muss, damit es nicht fällt, denn es existiert in großer Höhe. Wenn es aufgrund von Sympathie weniger als gut wird, existiert es nicht mehr auf der Ebene des Absoluten. Und bei seinem Fall nimmt es mehr vom Energieschleier der begrenzten und begrenzenden Eigenschaften des Menschlichen auf, die aus seiner eitlen Einbildung erschaffen wurden. Daher ist Finsternis nicht einfach eine Abwesenheit des Lichtes, sie ist eine Verunstaltung des Lichtes.«

Die Prüfung, die Peschu Alga und den Luziferianern auferlegt wurde, wird jedem Menschen täglich auferlegt. Wir alle müssen uns entscheiden, ob wir dem Gott der Götter dienen wollen oder dem menschlichen Bewusstsein, das innerhalb des Rahmens der Beschäftigung mit sich selbst, mit Eigeninteresse und Selbstverliebtheit operiert.

Die Prüfung wird jedes Mal nicht bestanden, wenn wir uns für das Menschliche und gegen das Göttliche entscheiden. Sie wird bestanden, wenn wir die Dynamik unserer Göttlichkeit in einer Aufwärtsspirale beschleunigen und nicht weniger als die Vollkommenheit der Gottheit und das Ritual der Überwindung als höchstes Gesetz unseres Seins akzeptieren – ganz gleich um welchen Preis. Sympathie für das Menschliche – ob nun für das eigene oder das eines anderen – ist daher der größte Feind des Menschen, während Mitgefühl mit dem Christus – ob nun in sich selbst oder in anderen – sein bester Freund ist.

Der große Meister Jesus tadelte das Bewusstsein, das den Christus verneinte. Er verstand, dass das Böse seinen Vorläufer im fleischlichen Geist und im Teufel (dem vergöttlichten Energieschleier)[16] hat, der mit Peschu Alga entstand und in Luzifer personifiziert wurde.

Jesus sprach mit harschen Worten zu jenen, die behaupteten, Kinder des Abraham zu sein, aber nicht seine Werke taten. Er sagte: »Ihr seid von dem Vater, dem Teufel, und nach eures Vaters Lust wollt ihr tun. Der ist ein Mörder von Anfang und ist nicht bestanden in der Wahrheit; denn die Wahrheit ist nicht in ihm. Wenn er die Lüge redet, so redet er von seinem Eigenen; denn er ist ein Lügner und ein Vater derselben.«[17]

Jesus wusste, dass das Böse (der Dunst, der vom Angesicht des Irrtums aufstieg) im Bewusstsein jener aufrechterhalten wird, die Gott in sich selbst verneinen, indem sie Gott in anderen verneinen. Diese haben keine Wahl, als die Unwirklichkeit der Nacht aufrechtzuerhalten, die Finsternis zu lieben, weil ihre Taten böse sind[18], und das Böse in ihren Persönlichkeiten zu vergöttlichen, um so ihre eigene unwirkliche Existenz aufrechtzuerhalten.

Es gibt einen personifizierten Teufel

Wir haben immer das Problem, dass manche Menschen nicht an den Teufel in Person glauben. Aber Luzifer war ein gefallener Engel, er war einmal ein Erzengel. Er fiel aufgrund seines Stolzes und nahm viele Engel mit sich. Dies ist eine Tatsache der kosmischen Geschichte.

Durch den Fall dieser Individuen kam eine große Finsternis über diese und mehrere andere Galaxien. Wir haben die persönliche Konfrontation mit Luzifer erlebt, der uns und unser Licht herausfordert. Und seine gefallenen Engel arbeiten eifrig gemeinsam mit ihm daran, die Erde herabzuziehen, so wie wir fleißig daran arbeiten, den Planeten emporzuheben.

Es muss ein verkörpertes Bewusstsein des Bösen geben – nicht unbedingt im physischen Sinne verkörpert –, aber es muss Individuen geben, in deren Seele das Böse lebt, damit das Böse, das wir auf dem Planeten haben, existieren kann. Gäbe es keine Individuen, die sich bewusst und aufgrund ihres freien Willens dafür entscheiden, Böses zu tun, würden wir nicht all jene Perversionen des Göttlichen sehen, all jene Taten des Antichrists, die heute auf der Erde geschehen.

Und natürlich besteht der beste Weg für Luzifer und seine Gefolgsleute, ihr Werk im Geheimen auszuführen, darin, die Intellektuellen in ihrem intellektuellen Stolz zu bestärken und sie davon zu überzeugen, dass es bloße Fantasterei ist, an den Teufel in Person zu glauben. Der Papst hat sich sehr entschieden dahin gehend geäußert, dass es den Teufel in Person gibt. Dies ist ein Teil der katholischen Theologie.[19] Aber Menschen, die auf intellektuelle Weise polarisieren, werden durch ihren intellektuellen Stolz in die Irre geführt und dazu verleitet, auf Menschen herabzuschauen, die ein grundlegendes Verständnis des Lebens und der Hierarchien des Himmels besitzen.

Das Geschenk des freien Willens

In der Frage von Gut und Böse ist das Konzept des freien Willens von zentraler Bedeutung. Wenn Gott das Universum erschaffen hat und er nur gut ist, auf welche Weise kann dann das Böse entstanden sein?
Saint Germain erklärt dazu:

»Jeder Mensch muss aus eigenem Antrieb durch die Tür des Lichtes gehen. Verständnis ist der Schlüssel, den er aus den Erfahrungen des Lebens schmieden muss, wenn er den Eingang zum Tempel des Seins öffnen und in das Reich Gottes eintreten will.

Vermutlich habt ihr lange genug über die Macht Gottes nachgedacht, um zu erkennen, dass es für Gott möglich gewesen wäre, den Menschen zu erschaffen, ohne ihm das Geschenk des freien Willens zu geben und ihn stattdessen völlig Seinem Willen zu unterwerfen. Der Schöpfer hätte den Menschen tatsächlich wie eine goldene Kugel erschaffen und ihn in eine Rille werfen können, die so tief ist, dass er unmöglich von seinem Kurs abkommen könnte. Er hätte ihn auch – wie man es bei einem Kind machen würde – in einen Laufstall tun können, dessen Gitter so hoch sind, dass es nicht hinausklettern kann. Jawohl, der Vater hätte den Sohn in Bezug auf seine Freiheit zu handeln und zu erschaffen einschränken können, und dies wäre selbstverständlich das Vorrecht des göttlichen Willens gewesen.

Aber was wäre dann mit der ursprünglichen Beziehung von Gott und dem Menschen als Schöpfer und Mitschöpfer? Freiheit und die Macht zu erschaffen sind des Menschen größter Besitz. Offensichtlich hätte dann der Akt, den Menschen ohne freien Willen zu erschaffen, in völligem Gegensatz zu der Definition von der Freiheit Gottes und dem eigentlichen Wesen des Schöpfers gestanden. In einem gewissen Sinn mag der

Mensch bestimmte Vorteile darin sehen, eine Marionette zu sein. Sicherlich würde ein solcher Zustand Sicherheit für das Geschöpf bedeuten, insofern es um Karma verursachende Handlungen geht. Aber als Marionette würde der Mensch die Absichten des Schöpfers nicht aufgrund seiner eigenen Entscheidung freiwillig und liebevoll widerspiegeln.

Die unendliche Weisheit und Liebe Gottes für seine Schöpfung kann durch nichts weniger zufriedengestellt werden als durch das volle Potenzial göttlichen Selbstseins – Gott ähnlich, majestätisch, komplett ...

Diese Freiheit Gottes in der Seele des Menschen macht es ihm möglich, sich zu erheben. Dass er sie gebraucht hat, um zu irren, und sie für die Absichten des Irrtums ausgenutzt hat, ist nicht die Schuld der Gottheit. Es kann mit Recht behauptet werden, dass ein kalkuliertes Risiko eingegangen wurde, als dem Menschen das Geschenk des freien Willens gegeben wurde, aber der Wert dieses Risikos besteht darin, dass es die einzige Möglichkeit ist, den Zugang zum Licht zu öffnen und die Grenzen des Reich Gottes zu erweitern.«[20] .

Die Abkehr von der Vollkommenheit

Im Interesse der Erleuchtung seiner Schüler in diesem Zeitalter erklärt Jesus mit einfacher Logik das Warum und Wozu der Anwesenheit des Bösen im Menschen und in der Gesellschaft.

»In einem Universum des absoluten guten Willens und der Vollkommenheit muss erkannt werden, dass es die Freiheit, sich zu entscheiden – auch als freier Wille bekannt –, dem Menschen erlaubt hat, sich von der Vollkommenheit Gottes abzuwenden und in seiner eigenen Welt als Schöpfer tätig zu werden. Daher haben sich mit dem Guten, das die Menschen zu tun gewöhnt sind, unzählige Formen und Konzepte entwickelt, welche die göttliche Energie gebrauchen, um einen Schattenschleier aus Substanz und Gedanken zu gebären, der seinem Wesen nach eindeutig der Antichrist ist.

So wie in den alten Tagen die Warnung erging, sich vor dem Antichrist zu hüten, so muss die Menschheit in dieser Stunde der Prüfung erkennen, dass die Erde über sehr alte Ablagerungen verfügt, welche die energetischen Aufzeichnungen der Geschichte ausmachen. Diese wurden größtenteils durch Sitten und Gebräuche aufrechterhalten und existieren als temporäre Macht des Bösen, bis sie durch die Macht des Lichtes herausgefordert werden, denn das Böse hat keine permanente Realität, außer in der Pervertierung der reinen Energien Gottes, die täglich freigesetzt werden, durch den Menschen.

Die Reaktivierung und Revitalisierung der uralten Fokalpunkte des Bösen wird dann in den meisten Fällen unabsichtlich durch den modernen Menschen ausgelöst – allerdings in Übereinstimmung mit dem Plan der Horden des Schatten, die sich bis zur gegenwärtigen Stunde geweigert haben, ihr Knie zu beugen und die Macht des Lichtes in ihrem eigenen Wesen anzuerkennen oder die Göttlichkeit des Christus-Strahls als göttlicher Mittler zwischen Gott und dem Menschen einzugestehen.«[21]

Die Definition der schwarzen Magie

Nachdem wir auf diese Weise die temporäre Natur der Lüge der Schlange und ihre Aufrechterhaltung im menschlichen Bewusstsein festgestellt haben, wird offensichtlich, dass alle, die nicht an die Wahrheit geglaubt haben, durch die Lüge verdammt worden sind[22] (die Verdammung der Lüge erlitten haben), weil sie sich selbst außerhalb des Bewusstseins der Realität gestellt haben.

Zu diesen Urhebern des Nihilismus sind die »Horden des Schatten« zu zählen, von denen Jesus häufig sprach, und deren Name in der Tat »Legion« ist.[23] Dazu gehören gefallene Engel und Schwarzmagier und ihre astralen Schöpfungen – sowohl Wesenheiten des Menschen als auch Hexen und astrale Wesenheiten, die zur Ausübung der Schwarzmagie greifen mussten, um ihre nicht existente Existenz aufrechtzuerhalten.

Was nun ist schwarze Magie? Schwarze Magie ist die wissenschaftliche Ausübung des Bösen. Sie ist eine notwendige Funktion des Bösen, denn ohne sie könnte das Böse nicht existieren. Schwarze Magie umfasst den Missbrauch von Gottes Energien zu jedem Zweck, der sich nicht mit dem Willen Gottes in Einklang befindet. Sie wird benutzt, um erstens gottlose Kontrolle über die Manifestationen Gottes zu erlangen, und um zweitens durch betrügerische Manipulation der kosmischen Gesetze dem begrenzten Selbst die Dinge dieser und der nächsten Welt zu sichern: Geld, Ruhm, die Macht, Menschen und Nationen zu manipulieren, und den Gebrauch von Vorteilen, die errungen wurden, um jenen, die danach streben, den Willen Gottes zu tun, Hindernisse in den Weg zu legen.

Diese umfassende Definition ist keineswegs universell akzeptiert, da die Menschen im Allgemeinen nicht gerade begierig darauf sind zuzugeben, dass sie durch ihren eigenen Hass, ihre eigene Angst, ihre eigenen Verleumdungen und ihre eigene Verachtung jenen Energieschleier aufrechterhalten, der wie ein Spinnennetz unschuldige Seelen fängt. Auch dies ist schwarze Magie – sogar sehr.

Eine Quelle definiert schwarze Magie als »den Gebrauch von übernatürlichem Wissen für die Zwecke des Bösen, die Anrufung diabolischer und höllischer Kräfte, damit diese die Sklaven und Sendboten des menschlichen Willens werden. Kurz: Schwarze Magie ist eine Pervertierung legitimer mystischer Wissenschaft. Diese Kunst und die ihr zugehörigen Praktiken können von der Zeit der alten Ägypter und Perser, von Griechen und Hebräern bis zu der Zeit zurückverfolgt werden, als sie im Mittelalter ihren Höhepunkt erreichte und so eine ununterbrochene Kette bildete, denn in der mittelalterlichen Magie kann die Fortsetzung volkstümlicher Riten des Heidentums festgestellt werden. Die alten Götter waren zu Teufeln geworden, ihre Mysterien zu Orgien und ihre Anbetung zu Hexerei.«[24]

Der Grund, warum sich Menschen der schwarzen Magie zuwenden, ist der, dass sie Ergebnisse ohne inneres Wachstum wollen, Macht ohne Gnade, beeindruckende Phänomene statt Kommunion mit dem Himmel. Weil sie nicht damit zufrieden sind, einfach der geliebte Sohn zu sein, weigern sie sich, ihr Ego hinzugeben, und wollen die Kontrolle über bestimmte Kräfte erlangen, um als weise zu gelten. Sie sind zu stolz, um zu erkennen, dass ihre Talente nicht ihre eigenen sind, sondern dem Schöpfer gehören, der sie ihnen gegeben hat und auch wieder nehmen kann.

Weiße Magie

Im Gegensatz dazu ist weiße Magie die wissenschaftliche Ausübung des Guten. Sie ist eine Demonstration des universellen Gesetzes zum Zwecke der Selbstmeisterung und der Absonderung der Eigenschaften Gottes, wozu sein überreicher Vorrat zum Segen der Schöpfung und die Ausdehnung des Gottesreiches auf die Erde gehören.

Weiße Magier können etwas für sich selbst und für andere tun und sie tun es. Sie helfen Männern und Frauen bei ihrer spirituellen Entwicklung. Jesus fungierte in seiner Mission als wahrer Weißmagier, als er heilte, lehrte, die Toten erweckte und Brote und Fische in Jerusalem und Palästina vervielfachte. Das nahtlose Gewand seines inneren Lichtes war ein Quell der Heilung und des Mitgefühls für die Mengen. Alle aufgestiegenen und nicht aufgestiegenen Meister sind Weißmagier, und viele ihrer Schüler sind in einem oder mehreren Aspekten dieser heiligen Wissenschaft bewandert.[25]

Pallas Athene spricht von jenen Sendboten der falschen Hierarchie, die sich selbst als Lehrer etablieren:

>»Diese finsteren Herren, die sich ohne unsere Ermächtigung als Lehrer der Menschen etabliert haben, sind die Brüder des Schattens, ehemalige Schüler der aufgestiegenen Meister. Als sie ein gewisses Niveau der Verwirklichung erlangt und bereits gewisse Einweihungen bestanden hatten, wodurch sie berechtigt waren, fortgeschrittenes Wissen des Gesetzes zu erhalten, rebellierten sie gegen den göttlichen Willen und den Plan des Schöpfers. Indem sie sich ihre spirituellen Fortschritte und Kräfte zu Nutzen machten, die ihnen vor ihrem Fall gegeben worden waren, haben diese Brüder auch weiterhin die spirituellen Künste ausgeübt, aber zu egoistischen Zwecken.
>
>An genau diesem Punkt – wenn ein Adept die Gesetze Gottes nutzt, um sein Ego im direkten Widerspruch zum Plan des Schöpfers zu erhöhen – wird weiße Magie zu schwarzer Magie.«[26]

Der Pfad zur linken Hand

Heute lernen Schwarzmagier ihr Handwerk von anderen Schwarzmagiern, die es wiederum von ehemaligen Schülern der aufgestiegenen und nicht aufgestiegenen Meister der Großen Weißen Bruderschaft gelernt haben. Diese Schüler lernten, das Gesetz als Adepten des Okkulten[27] zu praktizieren. Aber an einem gewissen Punkt ihrer Ausbildung geschah eines von zwei Dingen: Sie versagten erstens in ihren Disziplinen, und es fehlte ihnen entweder an Demut oder an Durchhaltevermögen, um den Grad zu wiederholen, oder sie entwickelten zweitens ein übertriebenes Verlangen, einen geheimen brennenden Ehrgeiz, das Wissen, das sie empfangen hatten, zur Verherrlichung des Egos zu benutzen statt Gott durch den langwierigen und möglicherweise unbesungenen Dienst an der Menschheit zu verherrlichen. Sie waren nicht bereit, ihre Ausbildung abzuschließen, sondern entschieden sich stattdessen dafür, noch bevor sie ihr Noviziat abgeschlossen hatten, ohne Erlaubnis zu praktizieren.

In früheren Zeiten war es für solche Schüler möglich, Instruktionen in den inneren Mysterien zu empfangen und große Fortschritte in der Wissenschaft der Energiekontrolle zu machen, bevor sie die Weisheitsschulen verließen.[28] Aber wegen dieser Missbräuche entwickelte die Bruderschaft ein System von Einweihungen, die dazu bestimmt waren, die Unwürdigen auszusortieren, bevor sie die höheren Grade erreichten.

Heute sind jene, welche die Macht besitzen, Elementarwesen (Naturgeister) einzusperren und sie durch geheime Schlüssel und Mantras zu zwingen, ihnen zu Diensten zu sein, nur Schüler der Dunklen, die ursprünglich die heiligen Mysterien verraten haben. Denn es wurde das Dekret erlassen, dass die göttliche Gnosis den Profanen vorenthalten bleiben soll und dass kein Mensch das innere Heiligtum der Refugien betreten darf – es sei denn, der Stolz seines Egos wurde in der Flamme geopfert und eine gewisse Verwirklichung wurde erlangt.

Vampirismus ist nötig, um das Böse aufrechtzuerhalten

Sobald sich ein Individuum auf den Pfad zur linken Hand begibt und sich von Gott abwendet, durchtrennt es die Versorgungslinie zum Großen Quell des Lebens. Diese Handlung zwingt es, seine Energie aus einer zweitrangigen Quelle zu beziehen. Nun da es in das astrale Meer versunken ist, gleicht es einem Taucher mit einem Sauerstofftank auf dem Rücken, der nur so weit tauchen kann, wie es ihm sein begrenzter Luftvorrat erlaubt. Wenn dieser erschöpft ist, muss er entweder an die Oberfläche zurückkehren oder sich am Luftvorrat eines anderen Tauchers bedienen.

Da er den Kontakt mit dem Großen Quell verschmäht hat, beginnt der Schwarzmagier, als Alternative sich Energie von ahnungslosen Seelen »zu borgen«, deren Niveau der spirituellen Entwicklung niedriger sein muss als das, welches der Schwarzmagier hatte, bevor er sich von der Gnade Gottes abwandte, denn sonst könnten sie nicht betrogen werden. Heimtückisch stiehlt er die verunstalteten Energien von weniger weit entwickelten Kindern Gottes, die vollkommen ahnungslos sind, dass ihre eigenen Lebensenergien in einem besorgniserregenden Tempo abgezogen werden.

Dieser Vampirismus, dieses astrale Ausbluten, wird bis in alle Ewigkeit weitergehen, wenn die Kinder Gottes nicht endlich beschließen, dass sie ihre Energien nicht mehr zwischen Gott und dem Mammon teilen wollen.[29] Nur wenn sie sich von ganzem Herzen für Gott und seine Gesetze entscheiden und sich demütig den Meistern zuwenden, nur wenn es sie verlangt, die Lehre Gottes zu empfangen und jene Einweihungen zu erlangen, die sie darauf vorbereiten, sich dem Widersacher zu stellen und ihn zu überwinden, erst dann werden sie vollkommen frei von den Machenschaften der Bösen sein, die auf der Lauer liegen, um das Lebensblut der heiligen Unschuldigen zu rauben.

Es ist wohl nicht nötig, darauf hinzuweisen, dass das Anrufen des Schutzes von Erzengel Michael und seinen Legionen, das Anlegen der Lichtsäule und die Aufrechterhaltung des Zustandes der lauschenden Gnade die eigene Sicherheit in der Obhut der Bruderschaft garantieren wird, selbst bevor man seine eigenen Energien und das eigene Umfeld gemeistert hat.

Jene, die Schwarzmagier sind und wissen, dass sie selbst niemals eins mit Gott werden können, solange sie sich der Eitelkeit des Egos und der Ausübung der schwarzen Künste verpflichtet fühlen, müssen andere davon abhalten, zu Gott zu gelangen, um die Versorgungsleitungen ihres Lebensblutes aufrechtzuerhalten. Dies erreichen sie, indem sie die Kinder des Lichtes an ihre Schwingung und Kraftfelder binden und indem sie jene zu Opfern machen, die, wenn sie einmal in ihren Energiefeldern gefangen sind, weiterhin Gottes Energien aufgrund ihrer computerisierten Strukturen verunstalten.

Ihr Ziel ist kein Geringeres als die Auslöschung der Seelen der Menschen und dieses Planeten. Denn sie wissen, dass die ungeheuren Mengen an Energie, die durch den Schrecken und das Leid von Millionen Menschen, die in kataklysmischen Katastrophen oder im nuklearen Holocaust umkommen, ihnen genügend missbrauchte Energie verschaffen würde, um auch andere Welten und andere Sonnensysteme zu verderben und diese letztlich zu zerstören. Und all das nur zur Aufrechterhaltung ihrer eigenen egozentrierten Vampirexistenz.

Schwarzmagier, die von der Astralebene aus operieren, und Wesenheiten, die als ihre willigen Werkzeuge fungieren (da auch sie von der Quelle abgeschnitten sind), haften sich den Astralkörpern (den Emotionalkörpern) der Menschen an wie ganz gewöhnliche Blutsauger. Aber um Zugang zum Bewusstsein der Menschen zu bekommen, müssen sie zuerst Zwietracht säen und einen Vorfall inszenieren, der das Individuum dazu bringt, in seiner Wachsamkeit nachzulassen und dadurch das Gewand seiner Harmonie zu zerreißen – eine verlässliche Quelle des Schutzes, durch die es die ausschließliche Einheit mit seiner Gottesgegenwart aufrechterhalten kann.[30]

Nur wenn die harmonische Einstimmung des Individuums mit dem Leben unterbrochen wird, kann die Tür zu seinem Bewusstsein geöffnet werden. Dann können die Wesenheiten im Chaos, das sie verursacht haben, eindringen, weil die auf Zwietracht gerichtete Aufmerksamkeit des Individuums wie ein roter Teppich für ihren großen Einzug in diese Welt dient.

Schwarzmagier haben einen ziemlich großen Sack voller Tricks[31], den sie äußerst effektiv einsetzen, um im Menschen alle möglichen Emotionen (E-Motion oder Energie in Motion) auszulösen, wodurch diese ihren Kelch des Lichtes verschütten und der Inhalt in die astrale Welt hinuntergespült wird. Gottes Energie, die auf diese Weise durch die menschlichen Gefühle falsch verwendet wurde, wird in Reservoiren der Finsternis gehortet, wohin alle, die vom Gottesquell abgeschnitten sind, für eine Infusion kommen können. Durch die ständige Belästigung der Kinder Gottes sichern sie sich eine Form der »Unsterblichkeit« und die Mittel, um ihr böses Werk auch weiterhin betreiben zu können.

Die Schwarzmagier haben einen Heidenspaß, wenn sie aufgrund des generell niedrigen Niveaus des Massenbewusstseins ihr Unwesen unter den Menschen treiben können. Die meisten Menschen sind selbstsüchtig und vollkommen verstrickt in ihre Umgebung, ihre Familien, ihre Zukunft und in Angelegenheiten, die nicht zur Suche nach der Göttlichkeit in ihrem Leben beitragen, außer in Notfällen, wenn sie glauben, dass die Gottheit ihnen helfen und sie aus ihrem Meer der Trübsal erretten wird. So sorgt eben dieser Egoismus des menschlichen Wesens dafür, dass die Menschen in ihrer Ichbezogenheit für eine Vielzahl von negativen Kräften anfällig werden, welche ihre negativen Verhaltensstandards unter den Menschen verewigen.

Die Göttin der Wahrheit kommentiert diese Aktivitäten der Schwarzmagier folgendermaßen:

»Es gibt mehr als einen schwerwiegenden Nachteil des Pfades zur linken Hand. Abgesehen von der Aussicht, in die äußere Finsternis verstoßen zu werden und ihre Seele zu verlieren, müssen die rebellischen Söhne sich auch klar darüber werden, dass sie von dem Augenblick an, in dem sie sich vom Licht abwenden, vom göttlichen Quell abgeschnitten sind. Sie können die Gegenwart Gottes nicht länger um Schutz, Macht oder Energie anrufen. Da sie sich dem Dilemma gegenübersehen, Energie zu brauchen, diese aber nicht von hoch oben herbeirufen zu können, entwickelte die schwarze Bruderschaft ein System des Vampirismus, mit dessen Hilfe sie die Energien der Menschheit stiehlt, um ihre Existenz aufrechtzuerhalten und weiterhin ihre schändlichen Taten begehen zu können.

Aber auch dabei sind die Schwarzmagier begrenzt, da es für einen, der sich dem Bösen verschrieben hat, unmöglich ist, das Gute aufzusaugen. Die Finsternis kann das Licht nicht überwinden. Daher können sie von den Menschen nur jene Energien stehlen, die diese durch Zwietracht, Zweifel und Angst verunstaltet haben. Das, was die Menschen als harmonisch, rein und wahr aufrechterhalten, kann ihnen niemals genommen werden. Wenn man die ungeheure Menge an Gottesenergie in Betracht zieht, die täglich von den Menschen durch Gefühle wie Hass, Gier, Heimtücke und alle anderen unvollkommenen Schwingungen, welche die Rasse geerbt hat, pervertiert werden, kann man ziemlich leicht begreifen, wie die falsche Hierarchie vorübergehend im untergeordneten Reich der psychischen Ebene herrschen kann.

Da alles Wissen mit Gott beginnt, und weil die Schwarzmagier ihre Ausbildung von den Brüdern in Weiß erhielten, ziehen die Schüler ihrer Methoden in gewissen Fällen einen scheinbaren Nutzen daraus. Aber ohne sich dessen bewusst zu sein, nehmen ihre Schüler gemeinsam mit diesen fragwürdigen äußeren Vorteilen die Schwingungsaktion der Falschheit und des Verrates am Willen Gottes auf.

Wir sind uns der Tatsache bewusst, dass es häufig aufgrund einer mangelnden vorherigen Ausbildung sehr schwer für manche Schüler ist, zwischen Wahrheit und Irrtum zu unterscheiden. Diese Schüler müssen sich nicht nur vor der Vermischung von Wahrheit und Irrtum in den Präsentationen der Scharlatane hüten, sie müssen sich auch daran erinnern, dass die Irrtümer, die von diesen äußerst gerissenen Meistern der Arglist im Namen der Wahrheit verbreitet werden, so subtil sind, dass sie leicht von jenen für die Wahrheit gehalten werden können, deren Verlangen nach Erfolgen größer ist als ihr Unterscheidungsvermögen.[32]

Sehet, ihr Kostbaren, es ist nicht schwer für sie, sich irgendeine unserer Schriften zu beschaffen, die wir herausgeben, um Gottes Wort unter den Menschen zu verbreiten. Es braucht nur ein wenig Tinte und Papier, um einen Diskurs zu schreiben, der nicht aus unserem Reich stammt. Es braucht noch weniger Mühe für jene, die keinerlei moralische Skrupel haben, unseren Namen darunter oder darüber zu setzen.[33] Manche Schüler der Wahrheit haben den Vorteil längeren Dienens auf dem Weg, sie sind in der Lage, die Werke der heiligen Wahrheit des Herrn zu unterscheiden und die Schwingung des Irrtums sicher zu erkennen. Dennoch wäret ihr erstaunt, wie viele fortgeschrittene Schüler durch derlei Falschaussagen hinters Licht geführt werden.[34]

Gewisse Möchtegern-Lehrer glauben von sich selbst, dass sie unsere Sendboten sind, wo sie doch in Wahrheit psychische Diktate von jenen erhalten, die sich für uns ausgeben. Die Mitglieder der falschen Hierarchie setzen alles daran, jede unserer Bewegungen nachzuahmen. Oftmals haben sie, noch bevor wir unseren Schülern die Kunde von einem bestimmten Sieg des inneren Wirkens des Lichtes verkündet haben, etwas diktiert, um uns die ›Schau zu stehlen‹, wie ihr es nennen würdet. Es gibt viele falsche Aktivitäten, die nur aufgrund der Leichtgläubigkeit jener Mitglieder existieren können, die nach Jahren des Studiums nicht glauben, dass sie von einer Lüge noch hinters Licht geführt werden könnten. Und doch werden sie betrogen.

Ich bin sicher, dass unsere Schüler und alle Schüler der Wahrheit erkennen werden, wie bedauerlich das alles ist. An der Oberfläche scheint es ungerecht zu sein, dass jene, die das lebende Wort Gottes suchen, einem solchen Ansturm psychischer Kräfte und Störungen ausgesetzt sein sollen. Aber wenn man einen Augenblick darüber nachdenkt, wird man erkennen, dass der eine Ort, an dem die finsteren Kräfte versuchen, die Oberhand zu gewinnen, der ist, an dem die Wahrheit von Gott auf den Menschen übertragen wird. Denn das gewisse Wort der Prophezeiung ist immer das Mittel gewesen, durch das der Himmel die nicht aufgestiegene Menschheit kontaktiert und ihr auf ihrem Weg nach Hause geholfen hat.

Von Anfang an hat das aufgezeichnete Wort den Menschen bei ihrer Suche nach Gott geholfen, und ich bin mir sicher, dass die Menschheit in ihrem Verständnis des Lebens ohne das gesprochene und gedruckte Wort viel weiter zurück wäre und dass die Zivilisation weit von ihrem gegenwärtigen Fortschritt entfernt wäre.«[35]

Die Notwendigkeit, Dekrete zur Beseitigung der Schwarzmagier zu erlassen

Anfang des 20. Jahrhunderts verfügte das Karmische Direktorium einen Dispens, wodurch eine große Zahl entkörperter Wesenheiten und Schwarzmagier vom Planeten entfernt wurde. Manche Schüler hatten und haben immer noch den Eindruck, dass nun keine Notwendigkeit mehr bestünde, gegenüber den Praktiken der schwarzen Magie, Hexerei oder desgleichen wachsam zu sein, weil diese Wesen ja entfernt wurden. Auch erkennen sie nicht die gegenwärtige Notwendigkeit, Dekrete zur Beseitigung von Körperlosen vom Planeten zu erlassen.

Mutter Maria erklärt, warum die Bedrohung durch die schwarze Magie noch gegenwärtig ist und warum Wachsamkeit noch erforderlich ist.

»Als die Wesenheiten und Schwarzmagier unter Kontrolle gebracht und durch die Macht des Lichtes vom Planeten entfernt wurden, galt der Dispens (soweit er die Wesenheiten betraf) bis zum damaligen Zeitpunkt.

Mit jeder Stunde, die vergeht, werden neue Seelen, die in die Atmosphäre der Erde eintreten, in den psychischen und astralen Regionen gefangen. Soweit es die Schwarzmagier betrifft, wurden zwar die sogenannten mächtigen oder großen Schwarzmagier tatsächlich entfernt und unter Kontrolle gebracht, aber ihre Schüler existieren weiterhin und haben sich eine gewisse Form des Adeptentums in jenen geheimen Künsten erworben, die dazu dienen, das Individuum zu erhöhen und ihm eine gewisse Kontrolle über geringere Menschen zu geben. Gleichermaßen sind viele Schriften und Formeln von ihnen [den Schwarzmagiern, die entfernt wurden] zurückgelassen worden, damit die Skrupellosen sie anwenden oder mit ihnen experimentieren können.

Die Gefahren der sogenannten schwarzen Magie existieren auch heute noch, und die Wachsamkeit der Auserwählten ist notwendig, um all diese Formen der Nekromantie durch unablässige Hinwendung zum Lichte Gottes, das niemals versagt, entgegenzuwirken. Es gibt nur eine Möglichkeit, das Böse zu überwinden, und zwar durch das Gute.

Durch Wachsamkeit wird der ernsthafte Schüler die Kunst lernen, allen Störungen seines Glückes mit dem Befehl entgegenzuwirken: »Zeige mir dein Licht!« und dem mit Bestimmtheit ausgesprochenen Dekret: »ICH BIN die einzige Macht, die handeln kann!« Diese Affirmation gibt dem Individuum eine Vorstellung von der Tatsache, dass nur Gott in seiner Welt handeln kann und dass alles, was weniger als die Vollkommenheit Gottes ist, zu nichts werden wird.

Gewisse Schulen informieren ihre Schüler, dass schwarze Magie nicht existiert, aber ich bin eine, welche die falsche Macht des Massenbewusstseins miterlebt hat, das danach strebte, das Christus-Licht im Herzen ihres Sohnes zu zerstören. Ich erblickte die Finsternis über dem Angesicht des Landes, während mein Sohn zwischen Himmel und Erde hing, bis der Schleier im Tempel entzweigerissen wurde.[36]

Ich erinnere mich, dass ich in jener dunklen Stunde die Wunder des Sieges des Lichtes über jeden äußeren Umstand schaute. Sein Ruf ›Es ist vollbracht!‹[37] schien vorübergehend mein eigenes Ende zu bedeuten, und doch lebte ich, um seinen triumphalen Aufstieg in den Himmel mitzuerleben.

Viele der Kleinen üben heute wahrlich in aller Unschuld überall auf der Welt eine Form der schwarzen Magie aus, wenn sie versuchen, den freien Willen ihrer Mitmenschen oder Lebensflüsse zu beeinflussen, indem sie eine gewisse Form der Kontrolle über sie auszuüben versuchen. Allein die Tatsache, dass spirituell gesinnte Menschen manchmal in diese Gewohnheit verfallen, ohne es zu merken, macht es so notwendig, dass wir heute die Aufmerksamkeit der Menschen darauf lenken.

Es ist niemals falsch, wenn man dazu eingeladen wurde, sich vorzustellen, dass Gott anderen zu Hilfe kommt, und sie in einem Kreis aus strahlendem Licht zu sehen. Aber danach zu streben, andere zu zwingen, sich seinem Willen zu beugen, ohne den Nutzen ihrer eigenen gesegneten Reaktion auf Vernunft oder Weisheit, ist eine Unheil bringende karmische Verantwortung, die schon viele dauerhafte Bindungen erschaffen hat, die nicht den Segen eines sie begleitenden Glückes hatten.

Ich will ganz klar sagen, dass die Praxis der spirituellen Magie, die Kunst, Exaltation und Segen für die Menschheit herbeizurufen, auch nicht annähernd genug ausgeübt wird. Aber der Egoismus der Menschen und ihre Ängste vor dem Morgen hat sie dazu gebracht, auf eine Weise zu denken, die nur in unnötigen Komplikationen resultiert, ohne ihnen eine dauerhafte Erlösung zu bieten.

Der Kampf um die Weltherrschaft geht angeführt von einer höchst schändlichen und finsteren Masse weiter, und doch müssen die Schüler keine Angst vor dieser haben und zeigen. Stattdessen müsst ihr euch dem Dienen gekoppelt mit der Hingabe an die Heilige Sache verschreiben, damit außer der Reinheit und Liebe Gottes kein Raum im Gasthaus eures Wesens bleibt.

Wir möchten nicht erleben, dass die Schüler der Großen Weißen Bruderschaft hilflose Lämmchen sind, wenn es um den Missbrauch des Großen Gesetzes geht. Aber wir wollen auch nicht, dass irgendeiner unserer Chelas einer anderen Macht gehorcht als der Macht der Liebe und der göttlichen Absicht …

Bringt euch daher hinter der Bastion eurer eigenen Gottes-Gestalt in Sicherheit, seid euch aber wie mein Sohn der Notwendigkeit bewusst, flexibel zu sein, euch den Umständen entsprechend zu verhalten und keinem anderen Impuls nachzugeben als dem flexiblen Impuls der Liebe.«[38]

Vollkommenheit hat ihren eigenen natürlichen Schutz

Bei jedem Ausbruch von Wut, Angst, Hohn, Zwietracht oder bei ungezügeltem Verhalten jeglicher Art wird Energie freigesetzt. Normalerweise durchströmt diese mehr als nur einen Lebensfluss, indem sie reagiert, widerhallt und verstärkt wird. Die Vampirinstanzen des Astralen ergreifen schnell diese Energie und gebrauchen sie, um ihre Lebensspanne zu verlängern und ihre Aktivitäten weiterhin ausführen zu können. Sie sind Experten im Gebrauch der Mobpsychologie, und wann immer sie können, bringen sie mehrere Individuen dazu, sich gleichzeitig in emotionalen Ausbrüchen zu ergehen und in Gewalttätigkeit, rohen Emotionen oder Trauer auszubrechen, weil sie auf diese Weise mehr Energie zur Verfügung haben.

Die Berichterstattung der Massenmedien über Krieg, Kriminalität, Tod und Aufruhr dient daher dazu, diese sozialen Störungen aufrechtzuerhalten, statt sie aufzuhalten. Denn viele, die sich mit diesen Ereignissen beschäftigen, fesseln ihre eigenen Energien in Besorgnis darum, während andere nachahmen, was sie sehen.

Dies ist möglich, weil die Kristallschnur eines jeden Lebensflusses direkt mit seiner eigenen individualisierten Gottesgegenwart verbunden ist. Die Energie, die er täglich und stündlich von der Gegenwart bezieht, wird ständig durch seine Gedanken und Gefühle aufgeladen. Solange sich diese Aufladung der Energie mit der Reinheit Gottes und dem rechten Handeln seines Christus in Übereinstimmung befinden, kann Gottes Licht nicht von den negativen Kräften der Welt geraubt werden. Denn die Vollkommenheit besitzt ihren eigenen natürlichen Schutz.

Wenn aber der weiße Feuerkern des Atoms und die winzigen Elektronen, die vom Herzen Gottes fließen, von negativen Ladungen überlagert werden, ereignet sich eine Verdichtung, das heißt, die Schwingungsfrequenz der eigenen Energie hat nicht länger Lichtgeschwindigkeit. Sie ist nicht mehr so heiß, »dass man sich daran die Finger verbrennen würde«, sondern wird zu einer leicht assimilierbaren Energiequelle für die negativen Kräfte der Welt. So ist es das eigene Fehlverhalten, die eigenen disharmonischen Gedanken und Gefühle, welche die Gott gegebene Schwingungsfrequenz seiner eigenen Elektronen verlangsamt, wodurch man seine Energiewelt (Strudel) am gemeinsamen Nenner des Massenbewusstseins und der Massenverwirrung ausrichtet.

Jesus bezog sich auf diesen Vorgang, durch den Licht in Finsternis verwandelt wird, als er sagte: »Wenn nun das Licht, das in dir ist, Finsternis ist, wie groß wird dann die Finsternis sein!«[39] Entweder wir bewahren unser Licht in dem Maß der Vollkommenheit, in dem es ursprünglich freigesetzt wurde, oder wir verringern es aufgrund unseres freien Willens durch Spaltung, Illoyalität und Täuschung auf einen Bruchteil. Durch den Fluss unserer Energie schließen wir uns entweder dem Licht oder der Finsternis an. Entweder befinden wir uns im Lager des Herrn oder in den Sümpfen des Feindes.

Weil Loyalitäten durch Schwingung statt durch Bekundung definiert werden, können sie nicht immer leicht erkannt werden, besonders dort, wo höheren Orts spirituelle Boshaftigkeit existiert und wo sich Dämonen häufig als Engel des Lichtes verkleiden.[40] Die Loyalität der eigenen Energien ist niemals eine Frage, über die debattiert werden kann, sondern eindeutig eine, die im Kosmos verzeichnet ist, denn die Schwingungsfrequenz der eigenen Energie kann niemals gleichzeitig hoch und niedrig sein.

So wie die Berichte über die Infamie und den Verrat keinen Zweifel erlauben, so können die Aktivitäten der Schwarzmagier von den weisen Schülern der Bruderschaft als das erkannt werden, was sie sind. Jesus sagte: »Niemand kann zwei Herren dienen: Entweder er wird den einen hassen und den anderen lieben, oder er wird dem einen anhangen und den anderen verachten. Ihr könnt nicht Gott dienen und dem Mammon.«[41] Die wissenschaftliche Erklärung dieser Aussage lautet: Energie kann nicht gleichzeitig an einander entgegengesetzten Polen schwingen. Entweder wir dienen dem Licht oder wir dienen der Finsternis und an unseren Früchten wird man uns erkennen.[42]

Das alte Sprichwort »Gleich und Gleich gesellt sich gern«, das für spirituell gesinnte Menschen gilt, trifft auch auf fleischlich gesinnte Menschen zu. Es existiert sowohl eine äußere wie eine innere Bindung zwischen jenen, die Böses wirken, weshalb sie gelegentlich wie eine einzige Einheit oder ein einziges Wesen funktionieren. Als Jesus sich dem Mann näherte, der den Geist eines unreinen Teufel in sich hatte, schrie der Dämon als Sprachrohr der mit ihm verbündeten Legionen auf und sprach: »Halt, was haben wir mit dir zu schaffen, Jesus von Nazareth? Du bist gekommen, uns zu verderben. Ich weiß, wer du bist: der Heilige Gottes.«[43] Der Name »Jesus von Nazareth« war den dunklen Kräften überall auf der Welt bekannt, er galt ihnen als einer, der Macht besaß und sie einsetzte, um Dämonen aus dem Bewusstsein der verkörperten Menschen auszutreiben.

Hexerei: eine Form der schwarzen Magie

Heute gibt es überall auf der Welt unzählige Hexenzirkel, deren Mitglieder dem religiösen Kodex (wenn man ihn denn als solchen bezeichnen kann) der Hexen folgen. Diese merkwürdigen Praktiken der Hexerei – eine Form der schwarzen Magie – werden täglich von Menschen ausgeübt, deren äußeres Erscheinungsbild niemals darauf hindeuten würde, dass sie irgendetwas mit dieser degradierenden Aktivität des Antichrists zu tun haben könnten.

Es steht außer Frage, dass Hexerei eine definitive Anziehungskraft auf jene ausübt, die danach streben, Macht über andere zu erlangen, sich selbst zu erhöhen und verschiedene Formen der Sinnlichkeit auszuüben. Wir beziehen uns hier auf die Macht, den sterblichen Geist und die sterbliche Form von unsichtbaren Kräften kontrollieren zu lassen, auf die Macht, die Motive und Handlungen anderer durch hypnotische Suggestionen zu beeinflussen, und die Macht, verschiedene Geister, Wesenheiten und sogar Elementarwesen herbeizurufen, um Zaubersprüche auszuführen und Ränke zu schmieden.

El Morya schreibt über das Thema Hexerei, wie es vom Gott Meru in einer Ansprache abgehandelt wurde:

»Er sprach über Hexerei, nicht nur darüber, wie diese in vergangenen Zivilisationen ausgeübt wurde, sondern auch über die Jahrhunderte hinweg bis auf den heutigen Tag in vielen Teilen Afrikas, der Karibik, Englands und sogar Amerikas ausgeübt wird, wobei spezifisch das Gebiet in und um Louisiana befallen ist. All diese negative Fokussierung trägt viel zu den Störungen nicht nur auf dem Planeten, sondern auch in den Herzen seiner Menschen bei. Unermesslicher Schaden wurde dem Bilde Christi durch die Ausübung dieser disharmonischen menschlichen Kunst zugefügt …

Gott Meru betonte, dass der Name ›Hexerei‹ und ihre Praktiken keine Macht besitzen (außer der, welche die Menschen ihnen geben). [Dieses Wort] *Witchcraft* (Hexerei) ist abgeleitet von den Worten *wit* (Verstand, Witz) und *craft* (Geschick, Fertigkeit), was darauf hinweist, dass Hexerei nichts weiter ist, als die Gerissenheit des menschlichen Verstandes oder Intellekts. Niemals könnte sie dem göttlichen Geist entspringen oder ihre Macht daraus beziehen.

Er definierte sie als menschliche Schläue oder menschliches Geschick, die Kräfte des Geistes und der menschlichen Psyche zu manipulieren, und das Projizieren einer Schwingungsaktion aus Angst und Herrschaft über andere auf weit entfernte Punkte. Er betonte, welche fürchterlichen karmischen Strafen darauf stehen, wollte aber besonders die Schüler des größeren Lichtes auf diese weiterhin bestehenden negativen Praktiken und die daraus resultierenden Emanationen hinweisen, damit sie in der gegenwärtigen Stunde die rechten Vorsichtsmaßnahmen treffen können.

Es gibt natürlich Individuen, die glauben, den Einfluss dieser Kräfte dadurch unwirksam machen zu können, indem sie einfach deren Existenz leugnen. Ich stelle nicht die Tatsache infrage, dass diesen Kräften durch die Leugnung viel von ihrer Macht genommen wird. Denn meine Aussagen sollen keinesfalls die Macht des menschlichen Verstandes bekräftigen, mit den permanenten Realitäten des Seins konkurrieren zu können. Nein, ich biete hiermit jenen, die willens sind, sie zu empfangen, jene Weisheit an, die es den Menschen ermöglicht, in ihrer eigenen Welt und in der von anderen gegen alle Kräfte auf der Hut zu sein, die nicht vom Heiligen Geist und der Reinheit des Himmels herrühren.

Es ist nicht so, dass es die Menschen selbst danach verlangt, den Vertretern der weltlichen Schläue oder jenen Macht zu geben, die gerne andere manipulieren möchten. Es ist aber so, dass die Macht der Negation häufig unabsichtlich über andere ohne deren Wissen ausgeübt wird und ohne dass sie erkennen, woher der Einfluss stammt, der versucht, sie um die großen Segnungen zu betrügen, die Gott den Menschen zugedacht hat.

Lasst mich dies mit einer Erbschaft vergleichen, die ein Verwandter in einer weit entfernten Stadt einem Angehörigen hinterlässt. Er vertraut sie, ohne es zu wissen, einem skrupellosen Anwalt an, der das Gesetz manipuliert und den Erben nicht vom Ableben des Verwandten in Kenntnis setzt, wodurch er selbst in den Besitz des Vermögens gelangt. Dadurch betrügt er den Erben, der nichts von dem gesamten Guten weiß, das ihm zugefallen wäre, entweder teilweise oder zur Gänze …

Wir bekräftigen, dass alle Menschen Kinder Gottes sind, weil ihnen allen ursprünglich die dreifältige Flamme geschenkt wurde und weil geplant war, dass sie Gottes Reich erben sollten. Aber die Tatsache bleibt, dass jene, die zur gegenwärtigen Stunde die göttliche Absicht durch die Ausübung der Hexerei entweihen, nicht nur sich selbst zurückhalten, sie halten auch den Planeten durch die Emanationen der Negation zurück, die sie freisetzen.«

Selbstverachtung

»Nun, Selbstverachtung ist einer der Faktoren, der die Menge der negativen Strahlung bestimmt, welche die Menschen aufnehmen. Die christliche Kirche hat bei ihrer Mission, die Seelen der Menschen zu retten, häufig die Natur der ›Sünde‹ in der menschlichen Psyche hervorgehoben, und hat dadurch in vielen Menschen Schuldgefühle erzeugt, die diese unvermeidlich anstelle der Freude über ihre eigene individuelle Christus-Identität angenommen haben.

Jene, die danach streben, das Bewusstsein anderer zu beherrschen, versuchen dies möglicherweise, indem sie ihren Opfern intensive Gefühle der Selbstverachtung aufdrängen, sodass diese aufgrund des dadurch hervorgerufenen Zustandes der Selbsttäuschung leichte Opfer für jene bösen Kräfte werden, die der Scharlatan als gut ausgibt ...

Verachtung, die in Wahrheit einen Frontalangriff gegen das Christus-Gute im Menschen darstellt, ist eine der schändlichsten Formen der Hexerei, weil sie der Verwirrtheit der Persönlichkeit und großem Unglück Tür und Tor öffnet. Zusätzlich zu den offensichtlicheren und direkten Versuchen, die Manifestationen Gottes zu entwerten, werden in die unterbewussten Winkel der menschlichen Psyche animalische

Formen und astrale Verzerrungen projiziert, was genug wäre, selbst die ausgeglichensten Gemüter aus dem Gleichgewicht zu bringen, wenn sie sich dieser bewusst werden würden.[44]

Die dissonanten Kraftlinien, die von diesen Projizierungen ausgehen, durchtrennen die wunderschönen Kräfte des Christus, welche die Seele erneuern, und die normalerweise vom großen Quell des Lebens, von der individualisierten mächtigen ICH-BIN-Gegenwart, ungehindert durch den ganzen Lebensfluss herunterströmen. Schlussendlich erreichen diese Verzerrungen die Oberfläche des menschlichen Bewusstseins, um sich dort als noch komplexeres Lügengebilde aus Unsicherheit, Schuld und Scham zu manifestieren. So werden die Hoffnungen des Menschen durch diese arglistigen Diebe zerstört, die in die Nacht seines unterbewussten Geistes eindringen, und ihn vor seinen eigenen Augen niederstrecken, sodass er nicht mehr in der Lage ist, sich zu erheben und die Liebe Gottes zu schauen, die aus dem Quell des Lebens strömt, um ihn frei zu machen.«[45]

Die Verstärkung der Finsternis

Die Gefallenen wirken ihre Finsternis direkt und auch durch jene Verkörperten, die ihre Werkzeuge sind. Astrale Kräfte der Schwarzmagier sammeln sich um alle Feinde des Lichtes. Dies ist die Quelle ihrer Macht. Wenn Sie Individuen sehen, die sich mit einer außergewöhnlichen Finsternis und einer außergewöhnlichen Projektion der Finsternis bewegen, wenn Sie sehen, dass die Dinge sich immer mehr verschlechtern, die Menschen, durch die diese Dinge geschehen, sich dessen aber überhaupt nicht bewusst zu sein scheinen – sie haben einen gewissen Magnetismus und Maya um sich, aber sie sind keine Götter, sie sind keine Genies und sie verfügen nicht über ein Bewusstsein der Strategie der

Finsternis –, dann sind sie Werkzeuge, die von der falschen Hierarchie, der Antihierarchie zur Großen Weißen Bruderschaft, kontrolliert und gelenkt werden.

Kader der Schwarzmagier auf der astralen Ebene formen Ringe um die Feinde des Lichtes, die ihnen Schutz gewähren und den Weg weisen sollen, und die Feinde des Lichtes erhalten ihre Befehle tatsächlich von diesen Schwarzmagiern und empfangen Durchsagen von ihnen. Manchmal geschieht dies direkt durch einen der falschen Hierarchen und manchmal tatsächlich durch eine Art astrales Computerdatenband. Wenn Sie Individuen mit einer gewissen Monotonie sprechen hören, die irgendwie geistesabwesend zu sein scheinen, können Sie, wenn Sie sensibel für diese Schwingung sind, tatsächlich hören, dass ein Computer durch das Individuum spricht.

Es gibt zudem Kräfte, welche die Feinde des Lichtes umgeben, die halb Dämon und halb Elementarwesen sind – gefangene Elementarkräfte, die sich wie Elementarwesen verhalten. Diese Kräfte tragen zu ihrem scheinbaren Charisma und ihrer magnetischen Ausstrahlung bei. Sie sind die Antithese zu den Schutzengeln, und sie bilden, was man einen »Gummiring« um bestimmte Individuen nennen könnte. Sie isolieren diese Gefallenen, sodass Karma von ihnen aufgrund der Verstärkung durch diese unappetitlichen Geschöpfe abprallt, die nicht zum Licht gehören. Sie ähneln bellenden Hunden, heulenden Wölfen oder jaulenden Coyoten. Sie gehören beinahe schon in die Kategorie der Familiare.

Der Einsatz von Familiaren

Ein Familiar ist ein Wesen jeglicher Art, das ein Schwarzmagier als Verankerungspunkt in der Materie nutzt. Wenn man will, dass elektrischer Strom fließt, muss man einen positiven und einen negativen Pol haben. Wenn man eine Guru-Chela-Beziehung hat, braucht man Alpha und Omega, um den Kreis zu schließen. Ihre Seele ist die negative Polarität Ihres Christus-Selbst, und Sie sind in dieser Ganzheit als Instrument Gottes komplett.

Der Schwarzmagier hat sich in der Pervertierung des Geist- oder Alpha-Stromes polarisiert. Er hat die Energien des Himmels[46] (die Energien der oberen Chakras) und das Licht der Menschen pervertiert, um seine schwarze Magie zu wirken. Aber um den Kreis zu schließen, muss er einen Verankerungspunkt in der Materie haben, der die negative oder Omega-Polarität darstellt, und diesen bezeichnet man als Familiar.

Familiare können körperlose Wesenheiten sein, sie können Dämonen sein, sie können Menschen sein oder sie können gefangene Elementarwesen oder Tierformen auf der Astralebene sein. Sie können auch lebende Tiere sein wie die schwarzen Katzen, Kröten oder andere Tiere, die man oft als Begleiter der Hexen sieht. Im Film *Schneewittchen und die Sieben Zwerge* hat die Hexe einen Raben. Der Rabe ist ein sehr wichtiger Familiar auf diesem Planeten, tatsächlich ist der Rabe als Vogel der Repräsentant der Bruderschaft des Schwarzen Raben, zu dem alle Verräter des Lichtes gehören.

Der Rabe wurde auch mit dem Fluch, der auf den Habsburgern lastete, in Verbindung gebracht. Der Legende zufolge stand jedes Unglück, das dem Hause Habsburg geschah, mit dem Auftauchen eines Raben in Verbindung. Am Tag vor der Ermordung von Elisabeth von Österreich befand sie sich in den Bergen um den Genfer See, als ein schwarzer Rabe vorbeiflog und ihre Stirn mit einer Flügelspitze berührte. Da Elisabeths Begleiter die Legende kannte, war er extrem verstört und erregt. Sie sagte ihm, er solle sich keine Sorgen machen, da weder der Rabe noch der Fluch, sondern allein Gottes Wille über Leben und Tod entscheidet. Und wo sie heute oder am nächsten Tag sein würde, das sei nicht ihre Sorge. Dennoch wurde sie ermordet, und der Rabe war der Überbringer dieses Zeichens.[47] Die Bruderschaft des Schwarzen Raben, der Fluch des schwarzen Raben, ist etwas, das wir ebenfalls benennen können, wenn wir Dekrete oder Anrufungen ergehen lassen, um schwarze Magie und Hexerei zu beseitigen.

Der Unterschied zwischen dem Christus und den Schwarzmagiern

Jene, welche die schwarzen Künste ausüben, beteuern immer, dass ihr Werk in Wirklichkeit gut sei und dass als Ergebnis ihrer Bemühungen als Gruppe sowohl für das Individuum als auch für die Gesellschaft daraus viele Vorteile erwachsen. Aber wie kann das sein, wenn die herrliche Macht des lebenden Christus bereits zur Verfügung steht, um allen Menschen zu helfen, ihre unsterbliche Freiheit zu erlangen?

Die Macht des lebenden Christus bezeugt im Herzen eines jeden Kind Gottes, dass er keine Aspekte der Hexerei oder des Psychismus verkörpert. Jesus wandte niemals Hexerei oder schwarze Magie an, um die Kranken zu heilen, die Toten zu erwecken, Dämonen auszutreiben oder seinen eigenen Sieg zu erringen. Im Gegenteil: Jede seiner Handlungen widerlegte die Lehren der Nekromantie, Dämonologie und Zauberei.

Der Maha Chohan spricht zu jenen, die behaupten, diese Praktiken für Gutes einzusetzen:

»Kinder des Lichtes, mit euren eigenen Worten sage ich euch: Erwachet! Versteht, dass ihr in diesem Kraftfeld der Einweihung und Prüfung nicht allein seid. Die Kräfte des Lichtes und die Kräfte der Finsternis kämpfen um die Existenz eurer Seelen. Erwachet und erkennt, dass ihr eurer Seele verlustig gehen könnt, indem ihr falsche Entscheidungen trefft, euch auf die schwarzen Künste einlasst und ohne es zu wissen jene

Praktiken ausübt, die Hexerei genannt werden und die wahrlich nicht des Lichtes sind.

Ich sage, trennt euch von ihnen. Gebt diese Perversionen der Mutterflamme und des Heiligen Geistes auf. Versteht, dass es die Erztäuscher der Menschheit sind, die euch sagen, dass Hexerei zur Großen Weißen Bruderschaft gehört. Ich sage, dem ist nicht so. Und ich verurteile sie als Praktiken der Dunklen, die das Licht des Vater-Mutter-Gottes in den Städten der Zwillingsflammen und der gespaltenen Feuerzungen usurpiert haben.[48]

So etwas wie eine weiße Hexe gibt es nicht. Wer hat euch dieses Wort gegeben? Wer hat euch gesagt, dass ihr euch als solche bezeichnen könnt? Ihr seid ein Kind des Lichtes. Macht euch dieses Licht zu eigen und praktiziert die Lehren der Großen Weißen Bruderschaft. Meidet das Böse und wendet euch von den Manipulatoren ab, die eure Seele manipulieren, bis sie völlig zerfressen ist. Versteht nun, dass der Begriff »Hexerei« nichts vom Licht in sich hat, sondern nur von der Finsternis. Dies sind nicht die Lehren der Bruderschaft. Wenn ihr daher Gutes tun wollt, gebt selbst das Wort auf, das auf die Verwandlung von Licht in Finsternis hinweist.

Folgt dem Christus in eurem Herzen. Gebt all das auf, was geringer ist als die Christus-Vollkommenheit, die Gott euch gegeben hat. Versteht, dass diese Erztäuscher überall im Land ihr Unwesen treiben, und dass sie danach streben, jene zu manipulieren, die das größte Licht in sich tragen, um dieses Licht in Finsternis zu verwandeln, bis man von euch sagt: ›Wie groß wird dann die Finsternis sein!‹«[49]

Als Jesus von der Frau berührt wurde, die geheilt werden wollte, fragte er: »Wer hat mich angerührt?« Die Jünger waren überrascht, dass er eine solche Frage stellen sollte, und antworteten: »Das Volk drängt und drückt dich, und du sprichst: Wer hat mich angerührt?« Und er sprach: »Es hat mich jemand angerührt; denn ich fühle, dass eine Kraft von mir gegangen ist.«[50] Sein Bewusstsein war sich seines eigenen Energieniveaus bewusst, daher erkannte er, dass er vorübergehend diese Energie verloren hatte.

Die heutigen Männer und Frauen müssen ebenfalls sensibel für ihr eigenes Energieniveau werden, da sie nicht verstehen, welch unglaubliche Menge an Energie ihnen durch unnötige Unterhaltungen, durch Klatsch, durch das Schlechtmachen von anderen und das Aufblähen ihres Egos verloren geht. Sie beteiligen sich an sinnlosen Aktivitäten und spielen mit dem Gesetz, das jede Rückkehr verbietet. Denn Energie, die in die Wasser der menschlichen Emotionen geworfen wird, kehrt nie zu ihnen zurück – außer durch Erlösung. Ob ihr es nun glaubt oder nicht, in den meisten Fällen steht der körperliche Tod in einem direkten Zusammenhang mit dem gewaltigen Energieverlust, den der Mensch jeden Tag erleidet. Denn die Energie, welche die Menschen wegwerfen, ist ihr eigenes Leben. Wenn sie aufgebraucht und der Sand ausgelaufen ist, haben sie keine Kraft mehr, ihre Form aufrechtzuerhalten.

Als die ersten Männer und Frauen den Planeten besiedelten und ihre Gewohnheiten sich noch nicht an den wechselnden Moden der Zeiten orientierten, die seit Jahrhunderten mal populär und dann wieder unpopulär sind, bewahrten die Menschen ihre Energie und investierten sie wie es ein weiser Verwalter mit den Erträgen eines Gutes tun würde. Folglich erneuerte der Ertrag aus dieser Energie ständig ihren Körper, ihren Geist und ihr Wesen. Ihre Lebensspanne wurde in Jahrhunderten gemessen statt in den kurzen 60 plus zehn Jahren, die wir modernen Menschen als Norm akzeptieren.

Viele Menschen haben keine emotionale oder mentale Kontrolle über ihre Welt und verbünden sich unwissentlich mit den negativen Kräften des Planeten, indem sie versuchen, ihre eigenen Interessen und Ziele auf Kosten der Gesellschaft durchzusetzen, indem sie von der Arbeit anderer profitieren, die Leichtgläubigkeit der Massen ausnützen und ganze Machtblöcke manipulieren, um ihre bösen Pläne durchzusetzen.

Der bittere Kampf um Glück und Reichtum, der in der Frühzeit der amerikanischen Geschichte stattfand, zeigt den verheerenden Effekt, den die menschliche Gier auf alle hat, die sich in ihrem Bann befinden. Vermögen wurden gemacht und wieder verloren. Gebrochene Körper, zerstörte Familien und Freundschaften lagen verstreut in der Wüste der menschlichen Hoffnung, erbarmungslos zerquetscht von dem Wahnsinn, Dinge zu besitzen, die man nicht rechtmäßig erworben hatte. Dies ist das Kennzeichen des Schwarzmagiers und seiner Philosophie, aber es ist zum bestimmenden Faktor vieler Seelen geworden, die sich weigern, ihre Begierde nach materiellem Besitz einzuschränken.

Viele Nationen sind denselben Weg gegangen, und Schwarzmagier haben am Steuer dieser Staatsschiffe gestanden. Der verstorbene Adolf Hitler war selbst ein Schwarzmagier, der sich mit den negativen Kräften der Welt verbündet hatte. Derartige Individuen müssen sich zuallererst selbst davon überzeugen, dass sie groß sind und dass das Ergebnis dessen, was sie tun, im Endeffekt doch noch ein Segen für die Menschheit sein wird. Die Methoden, durch die sie ihre Ziele erreichen wollen, scheinen ihnen nicht so wichtig zu sein wie der Wunsch, Erfolg zu haben.

Der Unterschied zwischen dem Christus und dem Schwarzmagier wird in diesen beiden gegensätzlichen Aussagen ausgedrückt: »Was du nicht willst, das man dir tu, das füg auch keinem anderen zu« und »Betrüge deinen Bruder, bevor er dich betrügt«.

Einfälle schwarzer Magie in die Welt

Die Übertretungen des kosmischen Gesetzes sind zahlreich. Die schwarze Magie hat die Kirche von Anfang an infiltriert, denn es gab viele Persönlichkeiten wie zum Beispiel Kaiser Konstantin, welcher der Kirche nur beitrat, weil er sie von außen nicht besiegen konnte. Diese Heiden brachten uralte, pervertierte Rituale aus einem gottlosen Pantheismus mit, die ohne Autorisierung durch den Christus entweder im Privaten oder durch Indoktrinierung in die Lehre der Kirche übernommen wurden. Es hat schon immer Schwarzmagier unter den religiösen Führern der Welt gegeben, und ihre Infiltration geht bis auf den heutigen Tag weiter.

Wir dürfen den Menschen diese Wahrheit nicht vorenthalten. Andererseits rufen wir nicht zu einer Hexenjagd auf »böse Kräfte« auf. Unsere Motivation besteht darin, das Leben der Wahrheitssuchenden vor den schändlichen Einflüssen der schwarzen Magie zu beschützen, denen sie Tag für Tag ausgesetzt sind.

Wir empfehlen als Gegenmittel, dass der Mensch seine Aufmerksamkeit auf die eigene Göttlichkeit richtet, auf die Göttlichkeit, welche die eigenen Interessen bestimmt, wobei er sich bewusst sein sollte, dass er das Ziel der Pfeile der göttlichen Liebe ist, die vom Bogen des Ewigen Bogenschützen abgeschossen werden.

Jene, welche die Menschen durch die lange Nacht des Chaos führen wollen, müssen vor den Gefahren warnen, die lauern, und auf den Stern des Christus-Sieges deuten, denn alles, was den Aufstieg des Menschen behindert, muss vor dem Tag des Sieges bereinigt sein. Es ist unser Wunsch, den Kindern des Lichtes zu zeigen, wie sie sich vor den subtilen Fallen der negativen Kräfte schützen können.

Die Zeichen der Hexerei und die Mondzyklen

Wir befinden uns heute mitten in einer Schlacht, und diese Schlacht wird in unserem Bewusstsein ausgetragen. Die meisten Menschen sind sich nicht einmal bewusst, dass der Feind ihnen ein Bewusstsein der Verachtung auferlegt hat, das wie ein Leichentuch wirkt. Es ist ein Kraftfeld aus Herabsetzung, Entwürdigung und umbarmherziger Kritik.

Es ist sehr wichtig zu verstehen, dass täglich und stündlich Hexerei gegen die Schüler des Lichtes gewirkt wird. Diese zeigt sich als Verdammung des Christus im Inneren und als Verachtung des weiblichen Strahls. Anzeichen von Hexerei, die gegen das Individuum ausgeübt wird, sind Irritation der eigenen Gefühle, das Zerbrechen von Dingen, Unfälle, Nervosität, Reizbarkeit, die sich bis zum Punkt der Explosion steigert, Wut und ein allgemeines Gefühl, nicht man selbst zu sein. Dies wirkt sich auf den Geist als Herabsetzung der eigenen Person, als Selbstverachtung und als Akzeptieren von Einschränkungen aus.

Es ist klug, die Mondzyklen zu beobachten. Bei Vollmond können Sie sicher sein, dass die fehlgeleiteten oder astralen Energien des Mondes, die emotionale Substanz, in die Hexenzirkel gezogen und von dort aus gegen alle Fokalpunkte des Christus und des Lichtes gerichtet werden. Selbst wenn Sie gewissen Hexen nicht persönlich bekannt sind, können Sie doch sicher sein, dass diese alles angreifen, was zum Licht gehört, weil sie nicht zum Licht gehören.

Wie man sich gegen Hexerei und Flüche behauptet

Es gibt nur wenige Menschen, die nicht irgendwann einmal in der einen oder anderen Verkörperung einen gegen ihren Lebensfluss gerichteten Fluch erlitten haben. Diese Flüche wirken, bis man sich gegen sie wehrt. Es kann sich dabei um Flüche zur Einschränkung des Bewusstseins handeln, um eine Begrenzung der Erleuchtung oder um ein unbestimmtes Gefühl des Gefangenseins wie an einem finsteren Ort. Sie müssen der Lüge das Rückgrat brechen. Sie müssen das Schwert der Weltmutter ziehen und es in die Ursache und den Kern hineinstoßen. Dabei können Sie die folgenden Worte gebrauchen:

»Im Namen meiner mächtigen ICH-BIN-Gegenwart ziehe ich das Schwert der Weltmutter und stoße es in die Ursache und den Kern aller sterblichen Flüche, von Kritik, Verdammung und Verurteilung, die jemals von innen oder außen durch den Nexus meines Bewusstseins gegangen sind und gegen mich oder das Licht, für das ich einstehe, oder von mir gegen irgendjemanden auf dieser planetarischen Heimat ausgegangen sind. Und ich rufe für die Befreiung meines Bewusstseins und das aller anderen, denen ich jemals Schaden zugefügt haben mag. Im Namen von Jesus dem Christus akzeptiere ich dieses jetzt in dieser Stunde in vollem Umfang als vollbracht. Amen.«

Dies ist eine sehr wichtige Anrufung. Wenn eine Matrix der Hexerei auf Sie projiziert worden ist, muss diese gebrochen werden. Eine Matrix kann eine geometrische Form haben oder eine Verzerrung, wie man sie in der modernen Kunst oder in der Pornografie sieht. Es kann sich auch einfach um eine Verzerrung des Christus-Bildes handeln.

150

Es ist daher sehr wichtig zu verstehen, dass Sie durch Hexerei angegriffen werden und dass Sie dem entgegenwirken müssen. Wenn Sie anfangen, das Licht anzurufen, haben Sie viel Licht in Ihrer Aura. Aber wenn Ihre Aura und Ihre Chakras nicht geläutert sind, kann das Licht möglicherweise als Verstärkung von schlechten Angewohnheiten oder Begierden durchkommen. Sie sollten erkennen, dass Sie dieses Muster auflösen müssen. Ob es Ihnen von einer Hexe auferlegt wurde, ob es sich um einen Fluch oder um Ihr eigenes Bewusstsein handelt, spielt keine Rolle. Das Licht fließt hindurch, und Sie müssen das Muster durchbrechen und es mit einer perfekten Form ersetzen, damit das Licht den Christus-Geist in Ihnen auferstehen lassen kann. Es ist sehr wichtig, unvollkommene Matrizen in Ihrem Bewusstsein zu dekonstruieren.

Den Sex-Kegel anheben: die Pervertierung der Aufstiegsspirale

Hexerei beruht ausschließlich auf der Pervertierung der Lebenskraft, des heiligen Feuers, der sexuellen Energie. Ein Weg, auf dem dies geschieht, ist die Anhebung von etwas, das als Sex-Kegel bekannt ist. Dieser Kegel ist eine Energiespirale, die vom Boden aufsteigt und die Form eines Kegels hat. Er ist eine direkte Pervertierung der Aufstiegsspirale.

Der Sex-Kegel, der in der Hexerei benutzt wird, wird durch den Missbrauch der Energien in den Chakras unterhalb des Herzens mittels Zaubersprüchen, Formeln, Tanzkreisen, Blutlassen und anderen Methoden gebildet. Wenn die Matrix vervollständigt ist, wird sie auf ein bestimmtes Ziel gerichtet, zum Beispiel gegen ein bestimmtes Individuum oder gegen eine ganze Gruppe. Sie wird aber auch benutzt, um Elementarwesen in den Matrizen der Finsternis zu fangen.[51]

Wie können Sie sich dagegen verteidigen? Sie können Folgendes aufsagen:

> »Im Namen des Allmächtigen Gottes, im Namen von Jesus dem Christus, verlange ich die Zerstörung der Sex-Kegel, der Zaubersprüche und der Kraftfelder aller Hexen und Hexenzirkel und aller Energie, die gegen mich oder das Licht, für das ich stehe, gerichtet sind. Im Namen des Allmächtigen Gottes verlange ich, dass diese Energie ergriffen und in den Kreis und das Schwert der blauen Flamme der mächtigen Astraea geworfen werde, um umgewandelt zu werden. Dies möge im Namen des lebenden Gottes und gemäß seinem Willen geschehen. Amen.«

Anschließend möchten Sie vielleicht das Dekret an Astraea (auf Seite 172 f.) rezitieren oder das Dekret »Kehrt den Ansturm um« (auf Seite 320 ff.). Visualisieren Sie, wie die Legionen des Lichtes diese Flut der Finsternis umkehren, die gegen Sie gerichtet ist, und sie direkt zu der Quelle zurückschicken, aus der sie stammt. Das ist kosmische Gerechtigkeit.

Die Aufstiegsspirale ist etwas, das alle von uns aufbauen müssen, um die Energien unterhalb des Herzens umzuwandeln. Dies ist ein Teil des Aufstiegsprozesses, und wir bauen sie im Zentrum des Quadrats unserer eigenen Lebenspyramide auf. Serapis Bey unterweist uns zu diesem Thema, wenn wir nachts, während unser Körper schläft, sein Refugium aufsuchen.[52] Wir können darum bitten, zum Tempel des Aufstiegs gebracht zu werden, um dort zu lernen, wie wir den Aufstiegs-Kegel für unseren unsterblichen Sieg anheben können. Der Gebrauch der Flamme der Auferstehung hilft, diesen Aufstiegs-Kegel anzuheben.

Das Bewusstsein muss geschützt werden

Da Hexerei auf der Pervertierung der Energie an der Wirbelsäulenbasis beruht, werden die Hexen und Schwarzmagier, wenn sie Hexerei gegen Sie wirken und Sie viel Licht in Ihrer Aura haben, welches sie versuchen, Ihnen zu stehlen, versuchen, das Gefühl des Verlangens und der Begierde in Ihnen zu verstärken. Das kann Verlangen nach Nahrung, nach Sex oder anderen Gelüsten sein. Wenn Sie diesem Verlangen nachgeben, gestatten Sie dem Licht, das Sie anrufen, in alte Strukturen, in alte Formen hineinzufließen und in die Kraftfelder des Sex-Kegels zu sinken, den die Hexen um Sie herum projiziert haben.

Sie tun dies durch Verfluchung. Sie versuchen, Sie durch diese Schwingungen kleinzumachen, und reden Ihnen ein, Sie seien unwürdig, dem Licht zu dienen, dass Sie diese Gelüste nun einmal haben, dass Sie sie niemals überwinden werden, dass Sie nun einmal so sind, wie Sie sind. Und so machen Sie sich immer kleiner und kleiner, bis Sie sich vollkommen unwürdig fühlen, sodass Sie nicht einmal mehr ein Buch mit Dekreten in die Hand nehmen und Ihr Gesicht zu Gott erheben können, um das Licht in sich zu preisen.

Rufen Sie einfach den Elohim Astraea an: »Ich verlange im Namen des Allmächtigen Gottes eine Anhebung des Lichtes!« Sie visualisieren, dass das Licht durch Ihre Wirbelsäule wie in einem Thermometer ansteigt und direkt nach oben steigt. Und wo ist es verankert? Es ist im Herzen verankert. Und dort gebraucht Ihr Heiliges Christus-Selbst diese Energie, um der Welt Liebe zu geben und der Verdammung der Göttlichen Mutter und des Göttlichen Menschenkindes entgegenzuwirken.

Die Kräfte der Hexerei und der schwarzen Magie benutzen eine totale Pervertierung des weiblichen Strahls und des Christus, um unsere Zivilisation zu zerstören. Alle Übel der heutigen Gesellschaft beruhen auf dem Prinzip, aus dem Menschen ein Tier zu machen, indem man ihn des Lichtes seiner Gegenwart beraubt, es unter das Herz zieht und ihn dann dazu bringt, es durch Wut und andere Formen der Leidenschaft, durch Tänze, wie sie heute üblich sind, und durch Rockmusik durch die niederen Chakras zu lenken. Dies alles bedeutet Freisetzung der Energie durch die niederen Chakras. Der Rhythmus der Rockmusik allein zieht die Energie herunter. Und wenn Sie davon umgeben sind, ist es sehr schwierig, diese Energie nicht fließen zu lassen, weil diese Matrizen in Ihr Bewusstsein implantiert sind – es sei denn, Sie sind beinahe ein nicht aufgestiegener Meister.[53]

Deshalb müssen Sie Ihr gesamtes Bewusstsein schützen. Wir wollen frei sein von jeglicher Selbstverdammung für unsere Fehler der Vergangenheit und unsere Schwächen und erkennen, dass heute in dieser Minute die Wiedergeburt, die Auferstehung, stattfindet.

Wenn Sie andere Lebensflüsse oder sich selbst kritisieren, verurteilen oder verdammen, betreiben Sie im Grunde Hexerei, dann praktizieren Sie schwarze Magie. Sie löschen sich selbst aus, wenn Sie sich selbst verdammen, und Sie löschen andere Menschen aus, wenn Sie diese verdammen, und Sie werden das dadurch entstandene Karma eines Tages in Ihrem physischen Körper ertragen müssen.

Sie mögen Böses sehen, Sie mögen Ungerechtigkeit sehen, Sie mögen Fehler sehen, aber Sie müssen nichts und niemanden verdammen. Sie müssen heilen! Wenn Sie die Fehler anderer Menschen sehen, können Sie sagen: »Mächtige ICH-BIN-Gegenwart, ich empfehle sie deiner Fürsorge an und ich verherrliche den Christus. Ich rufe ihr Heiliges Christus-Selbst an, sich zu erheben und die Führung zu übernehmen.« Sie können das Böse benennen und darum bitten, dass es von Astraea umgeben sein möge. Sie können erkennen, dass es falsch ist, und verlangen, dass das Licht durch es hindurchfließen möge. Aber Sie sollten nicht mit dem Gefühl der Verdammung, des Hasses, der Verurteilung in Ihrem Herzen herumlaufen und mit dem Finger auf irgendjemanden zeigen.

154

Das bedeutet beileibe nicht, dass Sie Ihr Unterscheidungsvermögen aufgeben sollen. Wenn Sie aus dem Zentrum des Christus-Bewusstseins heraus operieren, unterscheiden Sie immer das Gute vom Bösen, das Licht von der Finsternis. Sie machen diese Unterscheidung stündlich, indem Sie entscheiden, was Sie tun und was Sie nicht tun, was Sie in Ihr Bewusstsein einlassen und was Sie nicht einlassen, aber das beinhaltet nicht, dass Sie Ihre Mitmenschen oder sich selbst verurteilen und verdammen.

Die Welt der Werbung

Der Gebrauch von schwarzer Magie herrscht überall auf der Welt vor, obwohl sie oft von erfinderischen Geistern durch allerlei Methoden versteckt, geschönt und legitimiert wird. Die Dynamik der menschlichen Gier ist die Verbündete der Kräfte des Bösen, die sich in verschiedenen Institutionen eingenistet haben. Diese Institutionen sind ein notwendiger und integraler Bestandteil unserer zivilisierten Welt geworden. Manche von ihnen wurden von der Bruderschaft nach dem Prinzip der goldenen Regel gegründet, das von den Avataren gelehrt wurde, aber heute sind sie größtenteils zu Werkzeugen der Finsternis verkommen.

So hat zum Beispiel die schwarze Magie in verschiedenen Formen auch die Welt der Werbung infiltriert, oft ohne dass die führenden Personen davon wissen. Durch die Pervertierung reiner Kunstformen und der Umkehrung der Symbole, die in der weißen Magie gebraucht werden, lernen die Menschen den Geist anderer und die Märkte zu kontrollieren.

Werbeagenturen sind zu Kontrollagenturen geworden, die Künstler und andere kreative Menschen einstellen, die Meister in der Manipulation des Geistes sind. Fast die gesamte Werbung enthält Elemente der Hypnotisierung. Das Richten des Auges auf Schlüsselelemente, welche Aufmerksamkeit erregen, beinhaltet einen vom Betrachter ausgehenden Energiefluss, wodurch automatische Reflexe im Gehirn erzeugt werden, welche die Opfer dazu verleiten, bestimmte Handlungen auszuführen (nämlich den Kauf des beworbenen Produktes), ohne dabei ihren freien Willen angemessen zu gebrauchen.[54]

Es steht außer Frage, dass der Konsum von Alkohol und Nikotin, der den Lichtfluss zum Gehirn behindert, Lungenkrebs und Herzerkrankungen verursachen kann und andere schwerwiegende Nebenwirkungen hat, und die Zurschaustellung von aufreizenden teilweise oder völlig nackten Darstellern in Filmen im heutigen Zeitalter schreckliche Auswirkungen auf die Energien unserer Jugend hat. Alle Kontaktmedien, also Radio, Fernsehen, Zeitschriften, Zeitungen, Bücher und Filme, sind in einem gigantischen Netzwerk miteinander verbunden, um das Gift des krassen Materialismus und der Sinnlichkeit zu verbreiten.

All dies ist das Werk der Schwarzmagier, welche der Jugend das Licht rauben und sie für immer im Rad karmischer Erfahrungen (daher die Wiederverkörperung) und der Finsternis der Welt gefangen halten wollen. Denn eine gefangene Seele kann ihres Lichtes beraubt werden. Eine freie Seele ist für die Brüder des Schattens von keinerlei Nutzen. Ihr Licht stellt eine Bedrohung ihrer Existenz dar.

Die Gleichgültigkeit vieler Kirchen der Welt gegenüber diesem Bösen hat dazu geführt, dass sie viele Mitglieder verloren haben, statt neue hinzuzugewinnen, weil sie so vollkommen darin versagt haben, die spirituellen Bedürfnisse der Menschen zu erfüllen. Manche Kirchen nehmen keine Positionen mehr ein, die sich von weltlichen unterscheiden – und wenn, dann nur dem Namen nach.

Alle diese Kontrollen und Einflüsse in Gesellschaft, Politik, Regierung und Religion stammen nicht von einem einzigen Individuum und auch nicht von einem einzigen gefallenen Engel. Der Gesamtplan wurde in den inneren Konzilen der dunklen Mächte geschmiedet. Sie benutzen jede menschliche Instanz, die ihnen in die Klauen gerät, um der Menschheit ihre dunklen Vorstellungen auch weiterhin aufzuzwingen. Dies erreichen sie durch Erpressung und Bestechung, gegen die nur wenige den Mut aufbringen, sich zu wehren. Möge es nie vergessen werden, dass sie durch das Aufblähen des menschlichen Egos gedeihen und durch Schmeicheleien oder Einschüchterung die Menschen dazu bringen, ihren Willen zu erfüllen.

Der Meisterplan der bösen Kräfte

Möge sich niemand der Illusion hingeben, dass die Kräfte des Bösen keinen Meisterplan hätten. Denn es gibt einen solchen Plan, der von den Schwarzmagiern und ihren Werkzeugen und Fokalpunkten der Finsternis an einer ahnungslosen Menschheit verübt wird. Was heute auf der Welt geschieht, ist kein Zufall, sondern sorgfältig geplant.

Wir sagen den Kindern Gottes: Erwachet! Hört auf zu schlafen! Begreift, dass es nur eine Verteidigungsmöglichkeit gegen dieses abscheuliche Komplott gibt, und die liegt im Christus selbst, in der Gottesgegenwart eines jeden Individuums und in der spirituellen Hierarchie, der Bruderschaft des Lichtes und ihren Legionen von Engeln, und in der allumfassenden Liebe Gottes zu seiner Schöpfung.

Wendet euch daher ab von der Finsternis und von allem in euch selbst, das euch zwar die Welt gewinnen lassen würde, wodurch ihr aber eurer Seele verlustig gehen würdet.[55] Es gibt keine höhere Religion als die Wahrheit. Das Gesetz der Liebe wird schließlich in den Waagschalen der kosmischen Gerechtigkeit alle Handlungen ins Gleichgewicht bringen, die jemals gegen die Menschheit verübt wurden oder welche die Menschen gegeneinander verübt haben, weil sie ihre Herren in einem fantastischen spirituellen Völkermord nachgeahmt haben.

Lasst uns bedenken, dass alle Menschen und alle Organisationen, die danach streben, den lebenden Christus hochzuhalten, notwendigerweise den Angriffen der Schwarzmagier (des Antichrists) ausgesetzt sein werden. Ob diese Angriffe nun erfolgreich sind oder nicht und in welchem Ausmaß, wird durch verschiedene Faktoren bestimmt.

Schwarzmagier benutzen häufig Individuen, die sich mit religiösen Dingen befassen, und bringen sie dazu, sich am scheinbar harmlosen Klatsch oder am Rufmord der Führer oder der Säulen verschiedener Glaubensrichtungen zu beteiligen. Dann versuchen sie diese Individuen zu diffamieren, sie in kompromittierende Situationen zu bringen oder sie einer Übertretung der menschlichen Gesetze für schuldig zu befinden, um so eine Spaltung zwischen spirituellen Organisationen zu bewirken und die polarisierende Natur des Menschen zu verstärken, die seine Vereinigung verhindert.

Ihr Motto lautet: »Teile und herrsche.« Daher müssen wir uns in unserem Alltagsleben mit dem Ewigen und seiner lebenden Wahrheit vereinen. Dies ist unser bester und sicherster Schutz.

Tägliche Dekrete an die eigene Gottesgegenwart, an Erzengel Michael und an die mächtige Astraea sind ein sicherer Schutz gegen alles, was nicht vom Licht ist (wissentlich oder unwissentlich) und das versucht, den Weg der Wahrheit, den der wahre Schüler geht, abzuändern oder zu erschweren.

Weil wir die Autorität in unserer Welt sind, verlangt das Gesetz, dass jemand auf dieser Ebene, auf dieser Oktave die aufgestiegenen Meister anruft, um unerwünschte Zustände umzuwandeln und zu entfernen. Die Meister haben nicht die Autorität, sich in einen unserer vier niederen Körper oder in weltliche Angelegenheiten einzumischen, wenn sie nicht durch einen verkörperten Menschen dazu aufgerufen werden.

Möge niemand glauben, dass wir dem Schleier des Bösen, der sich eines Tages wie Dunst im Sonnenlicht der Wahrheit auflösen wird, unnötig viel Aufmerksamkeit schenken. Vielmehr mögen alle begreifen, dass jene, die nach der höchsten Wahrheit streben, aufgrund des Gesetzes der Polarität zu Angriffszielen der niedrigsten Formen des Irrtums werden. Daher müssen sie sich bemühen, einen Platz in den Armen Gottes zu finden, in der Zitadelle seiner Stärke, wo sie vor jenen tragischen Vorkommnissen geschützt sind, die den Planeten seit Jahrhunderten seines Geburtsrechtes beraubt haben.

Es hat keinen Sinn, den Sucher nach der göttlichen Wahrheit vor den Erfordernissen der Stunde zu schützen oder vor den Komplotten der dunklen Kräfte, die erreicht haben, dass ganze Zivilisationen zu Fall kamen, Kontinente untergingen und Menschen ihre Seele verloren. Den Kopf wie ein Strauß in den Sand zu stecken und sich zu weigern, die Existenz des organisierten Bösen anzuerkennen, ist vollkommen lächerlich. Jene, die dies im Namen des Christus oder der christlichen Metaphysik tun, sind Opfer eben jener Kräfte, deren Existenz sie leugnen. Denn die bequemste Möglichkeit für die bösen Kräfte, freie Hand auf dem Planeten zu erhalten (wie sie es heute zu haben scheinen), besteht darin, eine religiöse Gruppe zu haben, die bestätigt, dass es sie nicht gibt.

Wenn diese Affirmationen tatsächlich so wirksam darin wären, diese schändlichen Aktivitäten zu stoppen, würden wir sie unterstützen, aber es bleibt eine Tatsache, dass sie nicht effektiv sind. Wir müssen daher Gegenmaßnahmen ergreifen, klug wie Schlangen und harmlos wie Tauben sein.[56] Aber wir dürfen nicht wild um uns schlagen wie Don Quixote es mit den Windmühlen tat und versäumen, in unserer eigenen Welt Säulen der kosmischen Weisheit und Bastionen der Stärke gegen die blinde Zerstörungswut der Phantomfeinde zu errichten.

Die Menschen müssen sich bemühen, im Bewusstsein Gottes und seines Christus zu bleiben. Sie müssen erkennen, dass die Macht, welche die Welt überwindet, im Christus liegt, der Dämonen austrieb und jenen, die glauben, die Macht gibt, die Teufel in seinem Namen auszutreiben.[57]

Die Erkenntnis von Gut und Böse

Saint Germain erklärt, wie wir diese Welt des relativen Guten und Bösen transzendieren und unser unsterbliches Geburtsrecht wiedergewinnen können:

»Es ist für Individuen, welche über die Existenz des Bösen nachdenken, schwierig zu verstehen, dass es das eine Bewusstsein Gottes ist, das aufgrund seiner fließenden Natur in das individualisierte Bewusstsein des Menschen strömt (in die spirituelle ebenso wie in die menschliche Monade) und ihm eine empfindungsfähige Macht überträgt, die es dem Menschen ermöglicht, durch seinen freien Willen nicht nur nach dem Ebenbild Gottes zu erschaffen, sondern auch nach dem Energieschleier, der das Böse genannt wird.

Das Wunder der spirituellen Sinne und gleichermaßen der fünf physischen Sinne ist aus Gottes eigener Selbsterkenntnis geboren worden. Indem er sich selbst erkannte, gab er auch dem Menschen die Fähigkeit, sich selbst zu erkennen. Tatsächlich befahl Gott Selbsterkenntnis für alle, in die er die Flamme der Identität gelegt hatte. Aber die Erkenntnis von Gut und Böse – das Yin und Yang des weltlichen Denkens – war verboten und wurde als unnötig für die Evolution der Seele erachtet.

Durch die Erkenntnis des Selbst entdeckt der Mensch in Wahrheit das Gottes-Selbst. Aber er borgt das Bewusstsein des Ewigen, um sein höchstes Ziel der vollkommenen Vereinigung mit Gott zu erreichen, wodurch er sich den vollen Besitz Seiner spirituellen Fähigkeiten verdient. Nur Gott ist im vollen Besitz der göttlichen Eigenschaften. Und obwohl er sie großzügig all jenen verleiht, die seine gerechten Verwalter auf Erden sein werden, wird nur denen, die in der ewiglich aufsteigenden Spirale des Seins ganz eins mit ihm geworden sind, ein gleicher Besitz des Gesetzes zuteil. Die Menschheit kann nicht rechtens irgendeine Tugend oder ihre Erfolge als die ihren ausgeben, bis sie aufsteigt, um eins mit Gott zu sein, denn nur Gott allein ist würdig, Gott zu sein.

Was auch immer die Menschheit sich in ihrem Herzen vorstellt, kann sie häufig auch erschaffen. Während ein Gottesgedanke das volle Potenzial der Gottesexpansion hat, besitzt ein böser Gedanke nur das Potenzial, das die nicht aufgestiegene Menschheit ihm durch den Missbrauch ihrer schöpferischen Fähigkeiten geben kann. Die Menschen glauben häufig, dass das Böse von Gott getrennt ist, und tatsächlich ist es das auch, aber alle Entäußerungen, seien sie nun gut oder böse, bestehen aus derselben Energie, welche der Mensch von seinem Schöpfer geborgt hat.

Zum Mit-Schöpfer bestimmt wurde dem Menschen der experimentelle Gebrauch der Energie durch das Geschenk des freien Willens übertragen. Verständlicherweise kann er durch den Missbrauch dieses freien Willens Gottes Energie auch dazu benutzen, alle Arten von Schlechtigkeit und verzerrte Formen zu erschaffen. Daher wurde dekretiert, dass der Mensch als Schöpfer-Sohn die Krone, eins mit Gott zu sein, erst dann erringen kann, wenn er seine Meisterschaft bewiesen hat, indem er seine Bereitschaft und seine Demut unter Beweis stellt, sich immer für das Gute zu entscheiden.

Ich zitiere nun aus dem 1. Buch Mose: ›Da aber der HERR sah, dass der Menschen Bosheit groß war auf Erden und alles Dichten und Trachten ihres Herzens nur böse war.‹[58] Adam und Eva war das Privileg zuteil geworden, im Garten zu leben, an einem Ort, der von der Welt getrennt war und an dem Gott sich durch die heiligen Feueressenzen des Baum des Lebens manifestierte. Dies war der geheimste Ort des Allerhöchsten[59], wo geringere Sterbliche noch nicht das Recht erworben hatten zu wandeln. Der Baum des Lebens im Zentrum des Gartens diente der Ernährung des äußeren wie des inneren Menschen mit der vitalen Lichtessenz. Er war die sichtbare

Manifestation der mächtigen ICH-BIN-Gegenwart, zu der zwar alle Menschen Zugang haben, die aber in Wirklichkeit jetzt nur wenige noch vor ihrem Aufstieg sehen.

Als Adam und Eva vom Baum der Erkenntnis von Gut und Böse aßen und damit den göttlichen Plan übertraten, brachen sie den Bund, durch den ihr Paradies erst geschaffen worden war. Und so wurde der Mensch aus seiner Heimat im Garten vertrieben, um den Boden zu beackern wie andere Menschen, auf ›dass er nicht ausstrecke seine Hand und breche auch von dem Baum des Lebens und esse und lebe ewiglich!‹.[60] Anschließend wurde Adam und Eva Gelegenheit gegeben, den Zustand der Gnade wiederherzustellen, den sie durch ihren unabsichtlichen Ungehorsam verloren hatten. Sie wurden gezwungen, sich denselben Prüfungen zu stellen, bei denen sie im Garten versagt hatten, nun aber unter weitaus schwierigeren Bedingungen.

Und so habt ihr ein Beispiel für die Tatsache, dass das eine feste Fundament des Himmels, das nicht gebrochen werden kann, das Gesetz des Schutzes des Makellosen Bildes ist – des Design Gottes –, das hinter der Tür aus Licht wohnt. Dieses strahlende Lichtbild in all seiner großen Macht, Weisheit und Liebe könnte niemals zulassen, dass es am heiligen Ort von Gottes eigenem Wesen entweiht, unter die Knechtschaft der äußeren Schöpfung gebracht und deren Gesetzen unterworfen würde. Denn der Herr hat auch die Grenzen seiner eigenen Wohnung festgelegt und kein Mensch würde es wagen, die Sünde der Sterblichkeit zu begehen, während er im Allerheiligsten steht.

Denkt einen Augenblick darüber nach, was für eine schreckliche Sache es gewesen wäre – wie selbstzerstörerisch und wie produktiv für den Schatten oder das ›Nicht-Sein‹ –, wenn es dem Bösen erlaubt worden wäre, den Platz des Guten an sich zu reißen. ›Wenn ihr nun sehen werdet den Gräuel der Verwüstung (davon gesagt ist durch den Propheten Daniel), dass er

steht an der heiligen Stätte (wer das liest, der merke darauf!),
alsdann fliehe auf die Berge, wer im jüdischen Lande ist ...‹[61]

Ich bin mir der Tatsache wohl bewusst, dass es in den Mysterien der Erde und tief in ihrem Herzen, in den mannigfaltigen Entwicklungen dieses Planeten und selbst in den solaren und galaktischen Evolutionen viele Schichten und Umstände gibt, welche nicht das Glück und die Freude des erfüllten göttlichen Planes zum Wesen Gottes bringen. Wie diese Umstände entstanden sind, und was ihr letztes Ziel sein wird, soll vielleicht im Interesse des durchschnittlichen Schülers hier unerwähnt bleiben, zumindest in diesem Stadium eurer Unterweisung ...

Damit der nicht aufgestiegene Mensch die Hand des Christus ergreifen kann, damit er durch die Tür des Lichtes in das Allerheiligste eintreten kann, muss er vollkommen geläutert sein und sich völlig dem Weg des Gehorsams gegenüber Gott und der Vollkommenheit verpflichtet haben. Solange dieses Ritual der Läuterung nicht abgeschlossen ist und der Schwur nicht geleistet wurde, wird er wie jene, die im Garten des Paradieses wandelten, vertrieben werden, bis die Morgendämmerung einer tieferen Weihe sein Wesen mit dem Wunsch überflutet, es noch einmal zu versuchen.

Gelegenheit ist die Mutter der unendlichen Zyklen des Seins, die dem Menschen gewährt werden, um an seiner Erlösung zu arbeiten.«

Erhebt euch zur Sonne des Seins

»Die Erkenntnis vom Sinn des Lebens muss im Rahmen einer allmählichen spirituellen Entwicklung geschehen, die den Suchenden mit einer inneren Gewissheit für die Wahrheit und mit göttlichen Schwingungen durchdringt, auch wenn er und seine Gefährten nicht notwendigerweise ein volles Bewusstsein der Transformation besitzen, die sich innerhalb seines gesamten Bewusstseins ereignet. Es ist wahr, dass die Moden der Menschen sich von Generation zu Generation ändern, aber die spirituelle Art der Absicht des Schöpfers verändert sich nicht. Der äußere Mensch urteilt aufgrund der Zeichen und Moden der Zeit, und diese weisen nur selten auf die innere Meisterschaft des Individuums hin. (So brauchte es die Hilfe eines Informanten, um die Identität von Jesus im Garten Getsemani zu bestimmen.)

Wir möchten daher die Aufmerksamkeit der Menschen zurück zum ursprünglichen Design lenken. Entdeckt die Macht, die in eurer Hand liegt, wenn ihr euch Ihm ganz und gar verpflichtet. Eure mächtige ICH-BIN-Gegenwart ist die Fülle aller Entdeckungen, in ihr gibt es keinen Mangel, keine Begrenzung, die eurer göttlichen Gegenwart auferlegt wird. Aber im Namen der Barmherzigkeit sage ich euch allen: Es ist gut, dass Gott seine Gesetze erlassen und den Menschen in ihrem gegenwärtigen nicht aufgestiegenen Zustand einige notwendige Einschränkungen beim Gebrauch der universellen Substanz auferlegt hat.

Es gibt viele Gefahren, denen die Menschen bei ihrer Suche nach dem Selbstsein ausgesetzt sind. Je näher der Mensch der Tür des Lichtes kommt, desto stärker versuchen die Horden des Schatten, ihn vom Pfad abzubringen und ihm das kleine Licht zu rauben, das bereits in seiner Lampe des Seins flackert. Wenn ihr an spiritueller Statur gewinnt, vergrößert eure Demut, denn die Rüstung der Demut wird immer wichtiger, wenn spirituelle Siege errungen werden. Möge kein Mensch deine Krone stehlen[62], besonders nicht der Feind innerhalb der Stadtmauern, der fleischliche Geist der nicht verwandelten Welt.

Ist es nicht merkwürdig, ihr Kostbaren, wie oft wir sehen, dass Individuen mit dem Erlangen von spirituellen Kräften schwer versucht sind, ihre Demut aufzugeben? Unter den esoterischen Gruppen, die es auf der Welt gibt, existieren viele, deren Mitglieder hochmütig geworden sind. Aufseiten der Anhänger dieser Gruppen besteht oft die Neigung, andere in spirituellen Dingen »herumzukommandieren«, wie ihr sagt. Die Aussage, die Gott in Buchstaben aus lebendem Feuer niederschrieb, ›Gott widersteht den Hoffärtigen, aber den Demütigen gibt er Gnade‹[63], sollte diese Möchtegern-Anhänger Gottes dazu bewegen, den Geist des Hochmuts aus ihrer Mitte auszutreiben …

Nun, die Tür des Lichtes wird durch verschiedene Mittel geöffnet: durch Gebete, durch Dekrete, durch Einstimmung und Meditation, durch Affirmationen der Wahrheit, durch Bewusstheit der wahren Realität des Seins, durch Gehorsam, durch Keuschheit der Seele und mit der Hilfe der mächtigen ICH-BIN-Gegenwart, des Heiligen Christus-Selbst, der aufgestiegenen Meister, der himmlischen Heerscharen, der kosmischen Wesen und den Elementarbaumeistern der Formen …

Die Menschen haben aufgrund ihrer Natur ein großes Verlangen nach Tempo in der Manipulation der Substanz aus den höheren Oktaven mitgebracht. Viele Menschen verabscheuen Lethargie in jeder Form, und selbst in spirituellen Dingen versuchen sie, eine schnelle Verbesserung ihrer Situation zu erreichen. Die Mächte des Himmels und die Mächte der Freiheit sind immer bestrebt, der Menschheit die Wahrheit mit Lichtgeschwindigkeit zu übermitteln und ihr jede Unterstützung zu gewähren, die das Große Gesetz zulässt. Aber die Schüler müssen begreifen, dass es keine höchste Formel gibt, die sie ohne Bemühen, ohne Geduld und ohne Gehorsam direkt durch die Tür des Lichtes in die himmlischen Oktaven katapultiert …

Ich würde bei Gott wollen, dass unseren Schülern ein größeres Maß an Perspektive gewährt werden würde. Eure Welt kann die Größe einer Eichel oder einer strahlenden Sonne haben. Euer Geist kann schlafend daliegen wie ein ausgedörrter Same oder unter großer Hitze explodieren wie Popcorn. Euer Bewusstsein mag die Größe einer Mikrobe haben oder die eines Spiralnebels. Aber wie auch immer eure Statur in einem relativen Universum aussehen mag, ist für den großen Maßstab, an dem die Seelen gemessen werden, zweitrangig. Ihr werdet daran gemessen, welchen Gebrauch ihr von eurem freien Willen macht. Denn Er, der die Macht hat, alle Dinge zu erhöhen oder zu erniedrigen, wird die Urteile, welche die Menschen zu Seinen Gunsten fällen, über alles schätzen.

Daher ist der Glaube in den Augen Gottes am kostbarsten. Wenn ihr größere Fortschritte für eure Seele machen wollt, glaubt an Gott und an seine Fähigkeit, jene zu belohnen, die fleißig nach ihm streben. Betrachtet die Zukunft als Schriftrolle in den Händen Gottes – gleich ob ihr euch in einem Körper oder außerhalb eines Körpers befindet. Erkennt eure Möglichkeiten hier und jetzt als sehr kostbar, als Geschenke, mit denen ihr die Tür des Lichtes durchschreiten könnt. Versiegelt daher die Tür, hinter der das Böse wohnt – die Pfuhle der Ungerechtigkeit, die Höhlen der Materialität – und durchtrennt die Spinnweben spinnenhaften Denkens. Verlasst den Kokon der sterblichen Beschränktheit und erhebt euch auf Flügeln des Lichtes zur Sonne des Seins …«

»Verschließt die Tür zum Hort des Bösen«

»Der Mensch ist in Wahrheit ein Wesen des Lichtes, aber seine eigenen natürlichen Ressourcen bleiben ungenutzt. Nicht nur die unterirdischen Ebenen des Unterbewusstseins sind voller Geheimnisse, auch das großartige universelle Wissen der Gottheit bleibt verborgen und von menschlichen Händen unberührt hinter der Tür verschlossen, hinter der das Licht wohnt. Es erging das Fiat: ›Verschließt die Tür zum Hort des Bösen‹, und das war wohl gesprochen, aber unglücklicherweise haben viele die Tür zum Bösen verschlossen oder zu verschließen versucht, ohne jemals die Tür zum Licht zu öffnen.

So findet sich die Menschheit wie in einem Vakuum in einem Korridor zwischen zwei Arten des Lebens gefangen: dem menschlichen und dem göttlichen. Hinter einer Tür hört der Mensch die unzüchtigen Spieler auf den Bühnen der Welt. Hinter der anderen verkünden die Chöre der Engel die Einheit des Himmels. Da er sich nicht mehr völlig an der menschlichen Persönlichkeit orientiert, wagt er es nicht, zu seinem alten Lebensstil zurückzukehren, und so steht er vor der Tür des Lichtes und erwartet die machtvolle Offenbarung des Seins.

Eine Zeit lang ist er damit zufrieden, erwartungsvoll dazustehen und auf Einlass zu warten, aber dann wird es für ihn immer schwieriger, in der souveränen Einsamkeit der inneren Suche zu verbleiben. Manchmal wird der Weg zu anstrengend und das Warten zu eintönig, und in seiner Verzweiflung fühlt er sich wieder vom menschlichen Kraftfeld angezogen. Die Ebenen von Sodom scheinen sofortige Befriedigung zu versprechen und leichter erreichbar zu sein als die Höhen der Bergpfade, auf denen er entkommen kann. In Zeiten wie diesen, ihr Kostbaren, ist es gut, sich daran zu erinnern, dass der Himmel und die Lebensweise der aufgestiegenen Meister näher ist als das goldene Sonnenlicht und der kristallene Tau, dass die Gipfel der Wahrheit leichter zu erklimmen sind als die Stufen der gesellschaftlichen Leiter mit all ihren falschen Werten und Zielen.

Wenn die Menschen nur beschließen würden, die Tür zum Licht zu öffnen, indem sie aus dem Bewusstsein all das ausschließen, was geringer ist als das Göttliche Bild, als ihr

Glaube an das Gute, würde das Dauerhafte und das Wahre sie unterstützen, bis die notwendigen Fortschritte der Seele gemacht wurden. Solche Fortschritte sind aber die Voraussetzung dafür, dass ihr Wesen im Angesicht Gottes akzeptabel und bereit ist, in Seiner Gegenwart zu verbleiben, wodurch sie würdig werden, den goldenen Schlüssel der Wahrheit zu empfangen, der ihnen endlich die Tür zum Reich Gottes öffnet.

Der ursprüngliche Schwur des nicht aufgestiegenen Menschen, auf den Weg des Paradieses zurückzukehren, demütig mit Gott zu wandeln und all das auszudrücken, was Gott für ihn gewollt hat, ermöglicht es ihm nicht automatisch, die goldene Halskette und die Verheißung des Paradieses zu empfangen. Gott verlangt den Beweis, dass der Schüler seinem Wort durch alle Prüfungen hindurch treu bleibt, die jenen auferlegt werden, die Meisterschaft über das Selbst erlangen wollen – besonders während des Einbringens der Ernte all dessen, was sie gesät haben. Wenn alles in Ordnung ist, wenn die Schulden gegenüber dem Leben abgetragen sind und sein Bewusstsein vollkommen geläutert ist, tritt der Schüler über die Schwelle des Wahren Seins, und die Tür des Lichtes öffnet sich.

›Wo soll ich hingehen vor deinem Geist, und wo soll ich hinfliehen vor deinem Angesicht? Führe ich gen Himmel, so bist du da. Bettete ich mich in die Hölle, siehe, so bist du auch da. Nähme ich Flügel der Morgenröte und bliebe am äußersten Meer, so würde mich doch deine Hand daselbst führen und deine Rechte mich halten.‹[64] Dieser Aufschrei des alten Psalmisten sagt uns bis heute, dass überall dort, wo der Mensch sein kann, Gott bereits ist und immer sein wird. Es gibt keinen Ort, an dem Gott nicht ist, denn er ist Alles in Allem. Wo Bewusstsein ist, da ist Gott. Wo Leben ist, da wohnt ihm Gott inne. Wo Liebe ist, da dehnt Gott das Wesen des wahren Seins aus. Wo Wahrheit ausgedrückt wird, offenbart Gott seine Gesetze und das Wesen der Realität.«[65]

Das blaue Blitzen des Schwertes von Astraea

Wir beschließen dieses Kapitel mit zwei sehr wirkungsvollen Anrufungen, die von all jenen ausgeführt werden mögen, die diese Methode der Anrufung ausprobieren und es gleichzeitig den himmlischen Heerscharen ermöglichen möchten, in ihre Welt einzutreten und zu beweisen – selbst jenen, die an ihrer Existenz zweifeln oder den Gedanken eines göttlichen Eingreifens absurd finden mögen –, dass Gott seine Sendboten schickt, um den Menschen gegen alle seine Feinde zu beschützen. Der Ruf erzwingt die Antwort!

Astraea ist das weibliche Gegenstück zum Elohim Reinheit. Ihre Zwillingsflammen fokussieren eine kosmische Dynamik der Aktion des weißen Feuers und des blauen Blitzes zum Zwecke des Bindens der Horden der Finsternis und der Dämonen, welche die Besessenen quälen. Astraeas wirbelnder Kreis aus blauer Flamme umschließt die Wirbel negativer Energie, zerschmettert die Matrizen des Bösen und zieht die verunstaltete Substanz des Massenbewusstseins in das heilige Feuer, um sie dort umzuwandeln. Als Antwort auf die Rufe der Menschheit schlägt sie ihr Schwert aus blauer Flamme in die Ursache und den Kern all dessen, was der Freiheit der Menschheit und ihrem Sieg im Licht entgegensteht.

Der Kreis aus blauem Feuer, der aus dem Herzen von Astraea herbeigerufen wird, ist ein blendendes blauweißes Feuer, das zwischen zwei konzentrischen Feuerringen – dem blauen Astraeas und dem weißen des Elohim Reinheit – oszilliert und die Frequenz in einem solchen Tempo wechselt, dass es aussieht, als ob blauweiße Blitze um Seelen, Planeten, Sonnensysteme, Galaxien und überall dort herumzucken, wo auch immer die Notwendigkeit der Verstärkung des Willen Gottes in der göttlichen Blaupause, die im weißen Feuerkern des Seins aufrechterhalten wird, besteht. Wo und wann immer Sie den Kreis und das Schwert aus blauer Flamme aus dem Herzen der Elohim Reinheit und Astraea anrufen, sollten Sie mit absoluter Sicherheit wissen, dass eine Aktion kosmischer Dynamik stattfindet.

Wann und wo Zwietracht und Streit in welcher Form und in welchem Aspekt auch immer existieren mögen, sollten Sie im Namen des Christus den Elohim Astraea anrufen: »Schließe deinen kosmischen Kreis und dein Schwert aus blauer Flamme um die Ursache und den Kern dieses Zustands.« Sehen Sie dann, wie sich dieser Kreis des heiligen Feuers um die Taille eines Individuums schließt, um ganze Menschengruppen herum, um Gebäude, um ganze Städte, Staaten, Nationen und sogar um die Erde herum entlang des Äquators. Sehen Sie ihn vor Ihrem geistigen Auge als Ring regelmäßigen, beinahe geometrischen Feuers, das wie eine Kettensäge Schicht um Schicht von Disharmonie und verdichteter Substanz wegschneidet.

Visualisieren Sie dann das Schwert aus blauer Flamme als eine Säule blauen Feuers lotrecht zum Kreis aus blauer Flamme, welche die Matrizen der Finsternis zerbrechen, Kraftfelder der Krankheit, des Verfalls und des Todes zerschmettern. Und vor allem sehen Sie die Elohim über jedem Individuum stehen, für das Sie beten, und das Schwert aus blauer Flamme parallel zur Wirbelsäule in einem Abstand von fünf Zentimetern halten. Dies ist die Aktion, durch die die Elohim das Wesen und das Bewusstsein des Individuums von aller Finsternis, allen schändlichen Strategien der Gefallenen und den schlangengleichen Energien des fleischlichen Geistes entmagnetisieren. Der blaue Blitzstrahl schneidet durch psychische Ausdünstungen, ätherische Aufzeichnungen der Vergangenheit und Verkalkungen des Mentalkörpers hindurch.

Die Aktion des blauen Blitzstrahls klärt die Muster menschlicher Schöpfungen, die sich in Individuen während Hunderter Verkörperungen angesammelt haben, auf sehr wirksame Weise, wenn sie im Namen der Gottesgegenwart aus dem Herzen der geliebten Astraea herbeigerufen wird. Schüler auf dem Pfad des

Aufstiegs benötigen nichts anderes so sehr, was von vergleichbarer Wichtigkeit wäre, als die Notwendigkeit, von ihren eigenen persönlichen Verdichtungen und den astralen Verunreinigungen des Massenbewusstseins freigeschnitten zu werden. Erst wenn diese alten Aufzeichnungen und Dynamiken verbrannt worden sind, ist der Schüler frei, fortzuschreiten und sich den Einweihungen der Großen Weißen Bruderschaft zu stellen. Je freier er von seiner Vergangenheit und seiner menschlichen Persönlichkeit mit ihren unstillbaren Begierden ist, desto umgehender wird seine Transformation im Licht stattfinden, bis es keine Grenzen mehr für die Möglichkeiten der Christus-Verwirklichung in seiner Welt gibt.

Wenn er die menschlichen Strukturen gegen das Göttliche getauscht hat, versteht er die Bedeutung des Ausrufs »Himmel und Erde sind voll deiner Herrlichkeit!«[66], denn er wird die Herrlichkeiten des Reich Gottes in den Kelch seiner vier niederen Körper, die nun zu geläuterten Gefäßen des Heiligen Geistes geworden sind, hinabgezogen haben. Dies kann aber nur erreicht werden, wenn der Raum im Gasthaus des Seins als Vorbereitung auf das Kommen des Christus gesäubert und ausgefegt wurde.

EIN DEKRET AN DIE GELIEBTE MÄCHTIGE ASTRAEA

Im Namen der geliebten mächtigen, siegreichen
Gegenwart Gottes, ICH BIN in mir, der
mächtigen ICH-BIN-Gegenwart und des
Heiligen Christus-Selbst der Hüter der Flamme,
der Lichtträger der Welt und aller, die dazu
bestimmt sind, in diesem Leben aufzusteigen,
bei und durch die magnetische Kraft des
heiligen Feuers, das in der dreifältigen Flamme
ruht, die in meinem Herzen brennt, rufe ich die
geliebten mächtigen Astraea und Reinheit,
die Erzengel Gabriel und Hoffnung, den
geliebten Serapis Bey und die Seraphim und
Cherubim Gottes, den geliebten Lanello, den
ganzen Geist der Großen Weißen Bruderschaft
und der Weltmutter, die Elementarwesen des
Feuers, der Luft, des Wassers und der Erde an,
ihre kosmischen Kreise und Schwerter aus
blauer Flamme in, durch und um meine vier
niederen Körper, meinen elektronischen Gürtel,
mein Herz-Chakra und alle meine Chakras,
mein gesamtes Bewusstsein, mein gesamtes
Wesen und meine gesamte Welt zu schließen.

(Sie können an dieser Stelle Rufe nach spezifischen Umständen
oder Zuständen einfügen, bei denen Sie um Hilfe bitten.)

Schneidet mich von allem los und befreit mich
von allem (dreimal), was geringer als Gottes
Vollkommenheit und die Erfüllung meines
göttlichen Planes ist.

1. O geliebte Astraea, möge göttliche Reinheit
   sich hier für alle sichtbar manifestieren.
   Gottes göttlicher Wille scheint durch
   Kreis und Schwert von hellstem Blau.

Erster Refrain:
   Komm nun, antworte auf diesen meinen Ruf,
   schließe deinen Kreis um uns alle.
   Kreis und Schwert von hellstem Blau,
   flammt auf, hebt an, scheint hindurch!

2. Schneidet das Leben frei von allen unklugen
   Mustern,
   Lasten fallen ab, während sich Seelen erheben
   in deine Arme unendlicher Liebe,
   die barmherzig vom Himmel herabscheint.

3. Kreis und Schwert der Astraea scheinen nun,
   flammendes Blauweiß veredelt mein Wesen,
   befreit von aller Angst und allem Zweifel,
   tauchen Muster des Glaubens und guten
   Willens auf.

Zweiter Refrain:
   Komm nun, antworte auf diesen meinen Ruf,
   schließe deinen Kreis um uns alle.
   Kreis und Schwert von hellstem Blau,
   erhebt nun unsere Jugend, strahlt durch sie
   hindurch!

Dritter Refrain:
   Komm nun, antworte auf diesen meinen Ruf,
   schließe deinen Kreis um uns alle.
   Kreis und Schwert von hellstem Blau,
   erhebt nun die Menschheit, scheint durch sie
   hindurch!

Und in vollem Glauben akzeptiere ich ganz bewusst,
dass sich dies genau hier und jetzt in voller Kraft
manifestiert, manifestiert, manifestiert (dreimal),
dass es ewiglich erhalten wird, allmächtig aktiv ist,
sich ständig ausdehnt und alle Welten umfasst, bis
alle vollkommen ins Licht aufgestiegen und frei sind!
Geliebter ICH BIN, geliebter ICH BIN, geliebter
ICH BIN!

(Sprechen Sie jeden Vers gefolgt vom ersten Refrain. Wiederholen
Sie alle Verse gefolgt vom zweiten Refrain. Sprechen Sie die Verse
ein drittes Mal gefolgt vom dritten Refrain.)

(Es folgt das englische Original.)

1. O beloved Astrea, may God Purity
   Manifest here for all to see,
   God's divine will shining through
   Circle and sword of brightest blue.

First Chorus: Come now answer this my call
   Lock thy circle round us all.
   Circle and sword of brightest blue,
   Blaze now, raise now, shine right through!

2. Cutting life free from patterns unwise,
   Burdens fall off while souls arise
   Into thine arms of infinite love,
   Merciful shining from heaven above.

3. Circle and sword of Astrea now shine,
   Blazing blue-white my being refine,
   Stripping away all doubt and fear,
   Faith and goodwill patterns appear.

Second Chorus: Come now answer this my call,
   Lock thy circle round us all.
   Circle and sword of brightest blue,
   Raise our youth now, blaze right through!

Third Chorus: Come now answer this my call
   Lock thy circle round us all.
   Circle and sword of brightest blue,
   Raise mankind now, shine right through!

SANKT MICHAEL, SCHNEIDE MICH LOS!

Im Namen der geliebten mächtigen, siegreichen Gegenwart Gottes, ICH BIN in mir, meines eigenen geliebten Heiligen Christus-Selbst, dem Heiligen Christus-Selbst der ganzen Menschheit, dem geliebten Erzengel Michael, dem geliebten Lanello, dem gesamten Geist der Großen Weißen Bruderschaft und der Weltmutter, den Elementarwesen des Feuers, der Luft, des Wassers und der Erde dekretiere ich:

1. Sankt Michael, Sankt Michael,
   ich rufe zu dir.
   Erheb dein blaues Flammenschwert
   und schneide mich nun frei!

Refrain:
   Lodere, du Gotteskraft,
   bringe Schutz in meine Welt.
   Das Banner des Glaubens
   entrolle über mir!
   Transzendente blaue Blitze
   erleuchten meine Seel',
   ICH BIN durch Gottes Gnade
   strahlend, heil und ohne Fehl.

2. Sankt Michael, Sankt Michael,
   ich liebe dich wirklich,
   mit deinem starken Glauben
   erfüll mein ganzes Wesen!

3. Sankt Michael, Sankt Michael
   und die blauen Scharen,
   versiegelt mich, haltet mich
   stets im Glauben und Wahren!

Koda:

ICH BIN von deiner blauen Flamme
ganz aufgeladen und gesegnet!
ICH BIN gekleidet in Michaels
Rüstung von flammendem Blau. (Dreimal)

Und in vollem Glauben akzeptiere ich ganz
bewusst, dass sich dies genau hier und jetzt in
voller Kraft manifestiert, manifestiert, manifestiert (dreimal), dass es ewiglich erhalten wird,
allmächtig aktiv ist, sich ständig ausdehnt und
alle Welten umfasst, bis alle vollkommen ins
Licht aufgestiegen und frei sind!
ICH BIN geliebt, ICH BIN geliebt, ICH BIN
geliebt!

(Es folgt das englische Original.)

1. Lord Michael, Lord Michael,
   I call unto thee
   Wield thy sword of blue flame
   And now cut me free!

Refrain: Blaze God-power, protection
   Now into my world,
   Thy banner of faith
   Above me unfurl!
   Transcendent blue lightning
   Now flash through my soul,
   I AM by God's mercy
   Made radiant and whole!

2. Lord Michael, Lord Michael,
   I love thee, I do
   With all thy great faith
   My being imbue!

3. Lord Michael, Lord Michael
   And legions of blue
   Come seal me, now keep me
   Faithful and true!

Coda: I AM with thy blue flame
   Now full charged and blest,
   I AM now in Michael's
   Blue-flame armour dressed!

Kapitel 3

DER ANTICHRIST

*Wer ist ein Lügner, wenn nicht, der
da leugnet, dass Jesus der Christus
sei? Das ist der Widerchrist, der
den Vater und den Sohn leugnet.*

1. Johannes 2,22

DER ANTICHRIST

Teil 1

DIE FALSCHE HIERARCHIE

Wir müssen uns immer darüber im Klaren sein, dass das Wahre und ihre Fälschung seit langer Zeit Teil der Menschheitsgeschichte waren. Wann immer Gott die Menschen mit der Wahrheit gesegnet hat, hat auch ihre Fälschung (oder der Antichrist) ihr Haupt erhoben. Jeder Versuch des Guten wird normalerweise ins Gegenteil verkehrt, und das entgegengesetzte Ende der Achse drängt sich bei dem Versuch in den Vordergrund, die Menschen ihrem höchsten Selbst zu entfremden und ihre Treue dazu zu unterminieren.

Der Apostel Johannes warnte: »Kinder, es ist die letzte Stunde! Und wie ihr gehört habt, dass der Widerchrist kommt, so sind nun viele Widerchristen geworden; daher erkennen wir, dass die letzte Stunde ist.«[1] Viele haben diese Warnung missverstanden und ebenso viele haben die falschen praktischen Schlüsse daraus gezogen. So wollen wir das Konzept des Antichrists erklären, damit die Mahnung des Apostels von den Kindern Gottes verstanden werden kann, für die sie gedacht war. Denn es war die Absicht des Jüngers, den Anhängern des Christus die Kunst der göttlichen Unterscheidung zu lehren und ihnen zu zeigen, wie man unnötige Verstrickungen[2] mit der psychischen Ebene vermeiden kann, die Seele und Bewusstsein zerfrisst.

Wer ist ein Antichrist?

Antichrist ist einer, der den Christus leugnet oder sich ihm entgegenstellt. Einige glauben, dass in den letzten Tagen ein großer Widersacher erscheinen wird, um die Welt den Händen des Bösen zu überantworten. Die das glauben, erwarten, dass der Widersacher vom Christus bei dessen Wiederkunft überwunden werden wird. Tatsächlich ist die Realität nicht so einfach.

Der Begriff *Antichrist* symbolisiert all das, was das menschliche Ego erheben und das Heilige Christus-Selbst niederstürzen will, und alles, was Trennung oder Spaltung unter den Völkern erzeugt, wohingegen all das dem lebenden Christus zuzurechnen ist, was die Wahrheit der Manifestation von Vater und Sohn, individualisiert als die ICH-BIN-Gegenwart und das Heilige Christus-Selbst eines jeden Menschen, bekräftigt und alles, was den Menschen mit seinem Gottesquell und dem gesegneten Mittler vereint und wahre Brüderlichkeit und Respekt für die Gesetze Gottes herstellt.

Der Christus hat gemeinsam mit Gott existiert, seit das lebende Wort erging, seinen Willen in der Welt der Form zu tun. Jesus erklärte die unbegrenzte Natur des Christus, als er sagte: »Ehe denn Abraham ward, bin ich.«[3] Der Christus ist das Lamm Gottes, das von Anbeginn der Welt gemordet wurde.[4] Daher sollte klar sein, dass die Opposition gegen den Christus nicht mit der Geburt Jesu seinen Anfang nahm und auch nicht mit seiner Himmelfahrt endete. Der fleischliche Geist wendet sich stets gegen die Manifestation des Christus in jedem Kind Gottes. Der fleischliche

Geist ist der Todfeind des Christus, weil der Tod des Bösen und des Bewusstseins, das es gebar, durch den Sieg des Christus erreicht wird.

So beginnt die Geschichte des Antichrists mit den Nebeln des Irrtums, die versuchten, die allerersten Strahlen der Sonne des Sohnes zu verschleiern, aber wie immer löste die Wärme Seiner Liebe ihre nebulösen Formen auf.

Die Imitation der göttlichen Schöpfung

Erinnern wir uns an die Geschichte von Moses und Aaron am Hofe des Pharaos in Ägypten. Als Moses, der große Diener Gottes, Aaron anwies, seinen Stab niederzuwerfen, wurde dieser zu einer Schlange. Dann rief der Pharao die Zauberer seines Hofes, die ebenfalls ihre Stäbe auf den Boden warfen. Auch ihre Stäbe wurden zu Schlangen, aber Aarons Stab verschlang ihre Stäbe.[5]

Hier sehen wir ein Beispiel für schwarze und weiße Magie, die gleichzeitig ausgeübt werden. Aaron, der Weißmagier, war in den Refugien der Bruderschaft initiiert worden. Die Zauberer des Pharaos lernten ihre Zaubersprüche von Schwarzmagiern, die vermutlich einmal von der Bruderschaft ausgebildet worden waren, aber anschließend den Pfad zur linken Hand wählten.

Aarons Kenntnisse der weißen Magie waren größer als ihre Kenntnis der schwarzen Magie. Dennoch war es nicht nur Aarons Erkenntnis, die sie an jenem Tag rettete, sondern die Gegenwart des lebendes Gottes und seines Christus, die bei Kontakt alles verschlingt, was dem Licht entgegengesetzt ist.

Die Nachahmung der göttlichen Schöpfung ist die Stärke der Schwarzmagier. Sie gehören nicht zum Gott-Guten, sie können nicht Gott-Gut werden und sie können nichts Gutes erschaffen. Sie können Gottes Schöpfung nur nachahmen und bringen darüber hinaus nur eine schlechte Imitation zustande.

Sie tun dies, um Verwirrung zu den zentralen Themen von Realität und Unrealität, Wahrheit und Irrtum zu stiften. Ihr Ziel ist es, die Loyalität jener zu gewinnen, die nur ein schwaches Unterscheidungsvermögen besitzen und sich leicht vom Glanze der Illusion verführen lassen. Ohne die Hilfe ihres Heiligen Christus-Selbst fehlt diesen Menschen die Fähigkeit, das Wahre vom Unwahren zu unterscheiden.

Die schwarze Bruderschaft

Die Imitationen der Schwarzmagier beschränken sich nicht nur auf die Ausübung der schwarzen Magie und die Fälschung der Lehren Christi, sondern auch auf die Organisation der Hierarchie selbst. Die falsche Hierarchie besteht aus einer Gruppe nicht aufgestiegener Adepten, die auf der Astralebene zu Hause sind und die sich organisiert haben, um die wahre Bruderschaft der aufgestiegenen Meister nachzuahmen, welche als Große Weiße Bruderschaft die regierende Hierarchie der Erde darstellt.

Die falsche Hierarchie ist auch unter dem Namen der schwarzen Bruderschaft bekannt. Ihre Mitglieder üben die schwarzen Künste, also schwarze Magie, aus, die ein System des Missbrauchs der Macht Gottes, Kontrolle über andere auszuüben, darstellt, wodurch jenen die unmittelbare Führung durch ihre eigene mächtige ICH-BIN-Gegenwart und ihr Heiliges Christus-Selbst genommen wird.

Im elften Kapitel des zweiten Briefes an die Korinther erwähnt Paulus diese falschen Brüder: »Denn solche falschen Apostel und trügliche Arbeiter verstellen sich zu Christi Aposteln. Und das ist auch kein Wunder; denn er selbst, der Satan, verstellt sich zum Engel des Lichtes. Darum ist es auch nicht ein Großes, wenn sich seine Diener verstellen als Prediger der Gerechtigkeit; welcher Ende sein wird nach ihren Werken.«[6]

Die Mitglieder der falschen Hierarchie setzen sich aus den gefallenen Engeln Luzifers und jenen zusammen, die einstmals Schüler der aufgestiegenen Meister waren, sich aber entschieden haben, das Wissen des heiligen Feuers zu ihrer eigenen Verherrlichung zu nutzen, statt zum Ruhme Gottes und der Ausdehnung seines Reiches. Dies nennt man: den Pfad zur linken Hand beschreiten.[7] Zu den Instrumenten der falschen Hierarchie, die von den astralen Ebenen aus operieren, gehören entkörperte Hexen, körperlose Wesenheiten und Massenformen oder von Menschen erschaffene Wesenheiten.

Instrumente der falschen Hierarchie, die sich unter den Menschen in physischer Verkörperung aufhalten, sind all jene, die sich wie sie selbst der Zerstörung all dessen, was von Gott ist, gewidmet haben. Zu ihren Rängen gehören die gefallenen Engel, die Nachzügler, die gottlose Schöpfung, die Hexen, die Anhänger des Wodu und anderer Formen der Dschungelmagie und all jene unter den Kindern Gottes, die sich nicht dem Leben des Christus verschrieben haben und daher dazu verleitet werden können, die Pläne der schwarzen Bruderschaft auf vielfältige Weise umzusetzen.

All diese Kräfte arbeiten zusammen als die »Legion«[8], die sich dem spirituellen Fortschritt der Menschen entgegenstellt. Sie arbeiten mit Eifer daran, die Bastionen sozialer Systeme aufrechtzuerhalten, welche die Rasse versklaven und sie unaufhörlich Runde um Runde in ökonomischer Schinderei gefangen hält, die den Materialismus zum Lebensinhalt erheben und dies alles durch die Philosophie des dialektischen Materialismus rechtfertigen. Währenddessen versuchen sie, das Wissen um den Ursprung der Seele in Gott, im Guten, und das Wissen um ihre schlussendliche Rückkehr zum Vater durch das Ritual des Aufstiegs aus dem Gedächtnis der Seele zu löschen.

Die Geschicktesten unter den Mitgliedern der falschen Hierarchie, die auf der astralen Ebene weilen, erscheinen regelmäßig den dafür empfänglichen verkörperten Kanälen. Sie geben sich mit einer solchen Gerissenheit als aufgestiegene Meister aus, dass ihnen schon viele ernsthaft Suchende auf den Leim gegangen sind. Weil diese glauben, sie wären in der Gegenwart eines oder mehrerer aufgestiegener Meister, haben sie sich unabsichtlich der Sache der Finsternis verschrieben und ihre Energien den Listen der Meister der Täuschung zur Verfügung gestellt.

Es ist die Strategie der falschen Hierarchie, die Menschheit zu umgarnen, indem sie die Diktate der aufgestiegenen Meister nachahmt. Sie tut dies, indem sie wie ein Papagei Wahrheiten nachplappert. Wenn sie ihre Zuhörer in einem Zustand des falschen Friedens und der vollkommenen Selbstzufriedenheit eingelullt hat, fügt sie Stück für Stück Lehren hinzu, die im absoluten Gegensatz zum kosmischen Gesetz stehen.[9] Diese Abweichungen von der grundlegenden Wahrheit werden in glühende Phrasen verpackt und dem Ego durch Appelle an den Stolz und das Verlangen, unter den Menschen als weise zu gelten und als überlegen gegenüber anderen dazustehen, die keinen Kontakt mit der unsichtbaren Welt haben, schmackhaft gemacht.

Die Sucher nach der Wahrheit sollten sich immer bewusst sein, dass Neugierde, Hochmut, der Wunsch nach Aufmerksamkeit für das persönliche Ego und der Hunger nach außergewöhnlichen Phänomenen psychischen Störungen Tür und Tor öffnen. Sobald diese psychischen Störungen erst einmal »angeschaltet« sind, wird es schwierig, sie wieder »auszuschalten« – wie Goethes Zauberlehrling entdecken musste.

Andererseits sind unerschütterliche Hingabe an die Gegenwart Gottes in allem Leben, Hingabe an das makellose Konzept und eine gründliche, stets abrufbare Kenntnis der Gesetze der aufgestiegenen Meister spirituelle Bollwerke, die unbegrenzten Schutz vor allem bieten, das der individuellen Selbstmeisterung des Menschen und seines schlussendlichen Aufstiegs ins Licht im Wege steht.

In den meisten Fällen wird die Diffamierung des Christus durch den Antichrist nicht durch absichtliche oder offensichtlich arglistige Verzerrung der Wahrheit Christi vollbracht, sondern durch winzige Verzerrungen. (Wir haben allerdings schon Beispiele gesehen, in denen der gesamte Kontext des Materials mehr oder weniger eine einzige Verzerrung ist. Derartiges Material ist dazu bestimmt, jene auszunutzen, die von Natur aus gegen das gegenwärtige System rebellieren und bereit sind, gemeinsam mit dem Schlechten auch das Gute zu verwerfen.) Diese Verzerrungen sind dazu gedacht, den Menschen zu beunruhigen und unter der Menschheit Verwirrung zu stiften und Ungerechtigkeit zu verbreiten. Diejenigen, welche die Verzerrungen propagieren, sind vor allem daran interessiert, die Menschen zu entmutigen und sie ein starkes Gefühl der Frustration spüren zu lassen und sie glauben zu machen, dass es keine Hoffnung gibt, dass der Christus jemals den Kampf um den Geist des Menschen gewinnen könnte.

Gewisse Aktivitäten bemühen sich nach Kräften, die Täuschung massenhaft zu verbreiten. In solchen Fällen werden grobe Verzerrungen verbreitet, mit denen versucht wird, den Charakter eines oder mehrerer aufgestiegener Meister zu verleumden. Wir kennen einen solchen Fall, bei dem eine Frau Aussagen verbreitete, in denen sie Meister El Morya in bestimmten Gebieten der Vereinigten Staaten angriff. Sie stellte ihn als schwarz und satanisch dar und versuchte, ihn in den Augen seiner eigenen Schüler in Misskredit zu bringen. Aufgrund der Macht einer selbstbewusst auftretenden Persönlichkeit und einer Form psychischer Dominanz über andere Menschen gelang es ihr, einige Individuen in beschränktem Umfang auf ihre Seite zu ziehen. Die Herren des Karma werden natürlich ihren Fall korrekt beurteilen, so wie sie dies bei jedem Individuum tun. Denn alle, die irgendeine Form der Täuschung oder der Unwahrheit gegen die Gesetze Gottes oder gegen die großen Meister der Weisheit begehen, werden letzten Endes zu nichts werden.

Der Antichrist ist immer das, was danach strebt, den Mund Gottes anzugreifen. In jedem Zeitalter, in dem fortschrittliche Offenbarungen statt rigider Dogmen verehrt werden, versuchen die negativen Kräfte, die Person oder den Charakter des einzelnen Propheten anzugreifen.

Schließlich neigen Individuen ja dazu, die Worte oder Werke derjenigen abzulehnen, deren Charakter oder Person sie nicht akzeptieren können. Die Wahrheit kann von einem Christus angenommen werden, bei einem Piraten würde man sie infrage stellen. So instruiert die falsche Hierarchie ihre Instrumente, bösartige Lügen und subtile Aussagen gegen alle wahren Sendboten Gottes zu verbreiten. Diese Aussagen können die Form von diskreten Hinweisen haben, dass der Sendbote möglicherweise sein Material nicht direkt von den aufgestiegenen Meistern empfängt oder dass es in irgendeiner Form der psychischen Trance empfangen wird.

Dann kommt es wieder vor, dass jene, die ebenfalls spirituelle Arbeit leisten oder zumindest so tun, den Charakter des auserwählten Sendboten Gottes vollkommen falsch interpretieren. Sie tun dies häufig aufgrund von subtilen Eifersüchteleien, derer sich einige dieser Individuen nicht einmal selbst bewusst sind. Sie könnten ganz einfach anerkennen, dass in der Welt mit ihren mannigfaltigen religiösen Aktivitäten nur wenige Menschen derselben Meinung sind, dass aber eine echte Notwendigkeit besteht, zum Wohle der Menschheit zusammenzuarbeiten. Stattdessen scheinen diese Personen vor allem die Notwendigkeit zu spüren, ihre eigenen Organisationen zu schützen, indem sie andere schlechtmachen.

Es besteht kein Zweifel, dass sich viele Individuen, die für den Antichrist arbeiten, nicht bewusst sind, was sie eigentlich tun. Sie handeln möglicherweise aus Unwissenheit und in manchen Fällen sogar aus echter Aufrichtigkeit. Das Gesamtkonzept wird leichter verständlich, wenn wir anerkennen, dass wir den Menschen von seinem Werk trennen müssen. Alle Menschen auf diesem Planeten haben irgendwann einmal einen Fehler gemacht. Wie Sri Yukteswar, einer der großen indischen Yogis, sagte: »Die entschwundenen Leben aller Menschen sind düster vor lauter Scham.«[10]

Es gilt tatsächlich: »Da ist nicht, der gerecht sei, auch nicht einer«[11], wie Paulus sagte. Und doch können alle Menschen einfach ihre Verwandtschaft mit Gott in Anspruch nehmen, das göttliche Gesetz nach Seinem Heiligen Willen akzeptieren und nach ihren Fähigkeiten so gut es geht an ihrer Vervollkommnung arbeiten.

Wenn die Menschen bereits vollkommen wären (wenn es auch nur einer unter all den Menschen wäre), wären sie nicht hier, um an ihrer Erlösung zu arbeiten, sie wären bereits aufgestiegene Meister. Auch müssten sie nicht an ihrer Erlösung arbeiten, wenn die Kreuzigung Christi und deren Akzeptanz ausreichen würde, um ihren Weg der Gerechtigkeit zu vervollständigen.

»Prüft die Geister«

Unpersönliches Beobachten ist wichtig. Die Werke der Menschen sollten immer nach ihren eigenen Maßstäben betrachtet werden. Aber wenn ein Mensch über einen anderen klatscht und über ihn redet, wodurch er Rufmord begeht (dabei ist es gleichgültig, ob die angegriffene Person ein Sendbote Gottes ist oder ein Straßenkehrer), ist schon der Akt des Weitererzählens oder des Urteilens gottlos. Dieser Akt wird gemäß des kosmischen Gesetzes vom Großen Gesetzgeber selbst bestraft, der oft genug gesagt hat: »Richtet nicht, auf dass ihr nicht gerichtet werdet.«[12]

Und doch hat der Christus (in Person seiner Apostel und seiner Anhänger) unmissverständlich darauf hingewiesen, dass es nur recht und billig ist, dass die Menschen »die Geister prüfen sollen«, um herauszufinden, ob sie von Gott sind. »Ein jeglicher Geist«, sagt Johannes, »der da bekennt, dass Jesus Christus ist in das Fleisch gekommen, der ist von Gott; und ein jeglicher Geist, der da nicht bekennt, dass Jesus Christus ist in das Fleisch gekommen, der ist nicht von Gott.«[13]

Die einfache Erklärung dafür lautet, dass jeder Geist nicht von Gott ist, der nicht bekennt, dass Jesus Christus in das individuelle Fleisch einer jeden Monade gekommen ist, dass jeder Geist nicht von Gott ist, der behauptet, Christus sei einmalig und könne nicht in das Fleisch des Menschen kommen, um ihm dabei zu helfen, seine eigene göttliche Sohnesschaft zu erlangen.

Aber jeder Geist, der bekennt, dass Jesus der Christus in das Fleisch eines jeden Individuums kommen wird, das bereit ist, ihn zu empfangen, dass er von ihm empfangen und aufgenommen werden kann (daher das Wort: »Wer mein Fleisch isset und trinket mein Blut, der bleibt in mir und ich in ihm.«[14]), der versteht, dass das Kommen Christi in das Wesen eines Menschen diesen im Laufe der Zeit durch rechte Akzeptanz und durch rechten Gehorsam an den Platz erheben wird, an dem er eins mit dem Universellen Christus werden kann und tatsächlich wie Jesus zum eingeborenen Sohn des Vaters[15] wird und so Christus in der Erneuerung folgt. Ein solcher Geist, der dies bekennt, ist von Gott, denn er stellt die Gleichheit der gesamten Schöpfung in ihrem Recht her, voranzuschreiten und als der verlorene Sohn[16] zu gelten, der wahrhaft zum Vater zurückkehrt. Es gibt nicht nur einen verlorenen Sohn, sondern viele, und alle dürfen zurückkehren. Dies ist die Wahrheit Christi.

Die Aktivitäten des Antichrists auf politischem wie sozialem Gebiet

Tatsächlich ist der Geist des Antichrists nicht nur in religiösen Aktivitäten negativer Art aktiv, sondern macht manchmal auch positive Aussagen, die harmlos genug erscheinen, jedoch auch in die politischen und sozialen Bereiche eindringen. Auf diese Weise werden Gottes Pläne für den Menschen häufig vereitelt.

Die Apostel und Lehrer der frühen Kirche befassten sich sowohl mit dem Reich Gottes als auch mit dem himmlischen Reich. Das Reich Gottes wurde als »in euch«[17] vorhanden betrachtet, während das Himmelreich, von dem der Vater beabsichtigte, dass es für alles Leben auf Erden gelten sollte, getrennt davon erwähnt wurde. Daher konnte das Himmelreich auf Erden manifestiert werden.

In der großen Familie der Nationen werden die Lehren aller Religionen, die Frieden, Harmonie, Liebe, Brüderlichkeit, Diplomatie und Erleuchtung propagieren, von den Lippen der Menschen besungen. Aber ihre Verhaltensweisen und ihre Taten sind häufig weit von diesem Lippendienst entfernt, den sie der Sache der unsterblichen Freiheit des Menschen erweisen.

Jedes kleine Kind, ob es sich dessen nun bewusst ist oder nicht, hat das Recht und kann damit rechnen, die Segnungen des Himmelreiches auf Erden zu empfangen. Das bedeutet aber nicht nur Nahrung, Kleidung, Obdach und Erziehung, denn jedes Kind hat auch das Recht und kann erwarten, dass es Führung und Wahrheit von seinen Mitmenschen erhält und dass diese Führung korrekt ist – oder zumindest so korrekt wie möglich. Unglücklicherweise ist die Welt heute trotz all ihres wissenschaftlichen Fortschritts politisch und geografisch gesehen geteilt und von ihrer eigenen Habsucht erobert worden.

In den Sprüchen Salomo finden wir die Bemerkung: »Denn der Weisheit Anfang ist, wenn man sie gerne hört und die Klugheit lieber hat als alle Güter.«[18] Jesus schloss daran an, als er sagte: »Vater, vergib ihnen, sie wissen nicht, was sie tun!«[19] In diesem angeblich weisesten aller Zeitalter wissen die Menschen immer noch nicht, was sie tun. Tatsächlich wird die polarisierende Natur von Nationen und Religionen sowie die des Menschen überall betont und so die Weltordnung verletzt. Die Diffamierung der Absichten des Christus (das Bringen des Reich Gottes in die Welt) und die Diffamierung des Christus, indem den Menschen das Himmelreich, das Goldene Zeitalter der Gerechtigkeit und so weiter vorenthalten wird, wird ständig durch alle Manifestationen betrieben, die den Menschen trennen und beherrschen. Mit ihrem Mund sagen die Menschen, dass sie lieben, aber mit ihren Taten versuchen sie ständig, sich von anderen zu unterscheiden und die Meinung der anderen zu kritisieren und zu verdammen.

Die Menschen haben ein Recht auf ihre ehrliche Meinung – und sie sollten es auch haben –, ganz gleich ob sie mit einem anderen vollkommen übereinstimmen oder nicht. So erweitern die Menschen ihr Bewusstsein und wachsen spirituell. Und alle Menschen haben ein Recht darauf, frei in ihren eigenen Gedanken zu sein. Aber es muss ein universelles Ideal geben, das im höchsten Interesse der »Allheit« der Menschheit liegt. Dieses Ideal ist im Christus, im Licht, im Gedanken der Universalität des Sohnes zu finden.

So wie Gott es möglich fand, Jesus zu akzeptieren und ihn zu lieben, so akzeptiert und liebt Gott alle, die zu ihm kommen. Aber es gibt im Reich Gottes im Herzen des Vaters keinen Platz für den verlogenen Monolithen, zu dem die Menschen Christus gemacht haben und mit dem sie einander wehtun. Der Meister selbst hat gesagt: »Wahrlich ich sage euch: Was ihr getan habt einem unter diesen meinen geringsten Brüdern, das habt ihr mir getan.«[20] Wenn die Menschheit also für schuldig befunden wird, Christus Dinge anzutun, die sie auch »diesen meinen geringsten Brüdern« antut, würde dann der Vater ein solches Gesetz erlassen und es auf die Menschheit, aber nicht auf sich selbst anwenden? Würde er selbst ein ungerechtes Urteil fällen und einen Sohn bevorzugen und allen anderen das Licht vorenthalten?

Die Führung Gottes für eine verzweifelte Menschheit hat sich in so vielen Zeitaltern gezeigt. Selbst in der großartigen Geschichte von Moses, der die Kinder Israels aus Ägypten und über das Rote Meer führt, war es Gott, der die Wasser teilte. Es waren seine Feuersäule und seine Wolkensäule[21], die es den Israeliten ermöglichten, seine Gnade, die sie auf ihrer Reise begleitete, in sichtbarer Form wahrzunehmen.

190

Im Gegensatz dazu haben die Weltreligionen oft versäumt, ihren Platz als Vertreter der Gerechtigkeit einzunehmen. Ideale und die Moral unter den geistigen Führern sind korrumpiert worden, und das »Nehmen« in individuellen Gruppen ist wichtiger als das »Geben« geworden. In keinem Zeitalter ist der Hunger der Menschen bisher gestillt worden. Dieser Hunger ist sehr groß, und nie hat es einen größeren Hunger gegeben als das Sehnen der Seele und des Menschen, die Wahrheit zu erkennen, damit er wahrhaft frei werde. Dass Männer und Frauen einander im Wissen um Gottes heilige Gesetze wie Waren behandeln, ist die größte Travestie, die je an der Menschheit begangen wurde. Die Menschen werden von den Winden ihrer eigenen Emotionen getrieben. Sie sind zu Extremisten geworden, die von einer Position der Tugend zu einer Position des Lasters schwanken und wieder zurück.

Die Göttlichkeit des Christus

Die Welt braucht den Ausgleich durch den Christus persönlich. Der Christus fungiert als Mittler und als Puffer zwischen den großen feurigen spirituellen Energien Gottes, die in der göttlichen ICH-BIN-Gegenwart verkörpert sind, und dem aufgerollten Schlangenkörper, der über Jahrhunderte hinweg durch falsche Handlungen in der menschlichen Brust genährt wurde. Der Christus ist aufgefahren gen Himmel und sitzt zur rechten Hand Gottes.[22] Der Christus ist eins mit dem Vater[23], aber der Christus ist auch eins mit dem Menschen.

Die Göttlichkeit des Christus muss geehrt und aufrechterhalten werden. Aber die Göttlichkeit des Christus kann auch nahe zur menschlichen Gestalt herabgezogen werden. Dies ist kein rein symbolisches oder imaginatives Konzept, sondern ein Herabziehen der vitalen, spirituellen, magnetischen Energien des ewigen Schöpfers.

»Alle Dinge sind durch dasselbe [das Wort Gottes] gemacht«[24] bedeutet, dass die individualisierte Göttliche Gegenwart aus Seinem Herzen das wunderbare Christus-Selbst eines jeden Individuums freigesetzt hat. Dieses Christus-Selbst fungiert als Wächter des Höheren Mentalkörpers eines Individuums, um alle Teile des sich manifestierenden und entstehenden Egos nach dem göttlichen Muster zu erschaffen.

So, wie das Ego sich von den Depressionen und der Trübsinnigkeit des Selbst ab- und den Berggipfeln der spirituellen Erleuchtung zuwendet, so wie Moses die Schlange erhöhte, so soll der Sohn des Menschen erhöht werden.[25] Die Schlange steht für vitale Energien und Erlösung und die Pufferaktion, die im 1. Buch Mose aufgezeichnet wurde: »Und ich will Feindschaft setzen zwischen dir und dem Weibe und zwischen deinem Samen und ihrem Samen. Derselbe soll dir den Kopf zertreten, und du wirst ihn in die Ferse stechen.«[26]

Der Antichrist ist gekommen

Der Antichrist ist wahrhaft gekommen und befindet sich in der Welt. Er arbeitet besonders an jenen Orten, wo es positive Gruppen – seien sie religiös oder politisch – gibt, die sich bemühen, das Los der Menschen zu verbessern. Der Antichrist versucht, Zwietracht zu säen und wann immer möglich, Krieg und Blutvergießen anzuzetteln. Der Antichrist versucht beharrlich die Menschen zu teilen und zu beherrschen. Um dies zu erreichen, unterwandert er eine oder mehrere Gruppen mithilfe der schwarzen Magie, durch falsche Loyalität gegenüber dem Ego und durch den Machtkomplex, von dem im Sprichwort »Macht korrumpiert und absolute Macht korrumpiert absolut«[27] die Rede ist.

Die Repräsentanten des Antichrists bemühen sich auch weiterhin zu teilen und zu herrschen, die Schwarzen gegen die Weißen aufzuwiegeln und die Weißen gegen die Schwarzen, das Kapital gegen die Arbeiter und die Arbeiter gegen das Kapital, und sie versuchen sie alle unter die Herrschaft der sozialen Kontrolle oder des Kommunismus zu bringen. Sie halten die Welt im eisigen Griff eines Schicksals, das schlimmer als der Tod ist.

Dieses Komplott des Antichrists ist uralt. Nun wollen wir sehen, was uns die geschichtlichen Aufzeichnungen über seinen Ursprung berichten können.

Teil 2

DIE NEPHILIM UND DIE MACHTELITE

Unsere Suche nach dem, was wir sind, woher wir kommen und wohin wir gehen, führt uns in eine weit entfernte Vergangenheit zurück, in eine Zeit, die weit vor der offiziellen Geschichtsschreibung liegt: zurück zu den versunkenen Kontinenten Atlantis und Lemuria, zurück in eine Zeit, als Menschen von anderen Welten mit ihren Raumfahrzeugen auf der Erde landeten.

Die Aufzeichnungen und Kultgegenstände aus dem alten Sumer, Ägypten, Indien und selbst die Zivilisation der Inka bezeugen die Ankunft dieser Besucher von weit entfernten Planeten. Sie kamen hier vor etwa 450 000 Jahren an und brachten eine fortgeschrittene Technologie mit. Die Außerirdischen waren keine Wohltäter, sie manipulierten die Evolution der Erde. Sie betrieben Genmanipulation und lehrten die Menschen die Kriegsführung.

Auf sie folgten die Menschen von Maldek, einem Planeten, der sich früher einmal in unserem Sonnensystem befunden hatte, aber durch kriegerische Auseinandersetzungen zerstört worden war. Alles, was heute von Maldek übrig geblieben ist, ist der Asteroidengürtel zwischen Mars und Jupiter. Als sich die Maldeker zuerst auf Erden inkarnierten, brachten sie ihre fortgeschrittene Wissenschaft und ihr kriegerisches Wesen mit.

Das Mahabharata, ein uralter hinduistischer Text, berichtet von großen Schlachten, fliegenden Streitwagen und fortgeschrittenen Massenvernichtungswaffen. Es hört sich wie eine Geschichte aus den *Star-Wars*-Filmen von George Lucas an. Aber es stellt eine Vision der Vergangenheit dar, nicht der Zukunft.

Die Erde ist zu einem Kreuzungspunkt in der Galaxis geworden. Auf ihr finden viele verschiedene Entwicklungen statt. Hier leben Menschen, die ihren Ursprung hier haben, und andere, die von anderen Weltensystemen stammen. Manche gehören zum Licht, andere haben sich selbst der Finsternis verschrieben. Manche sind Menschen, andere sind gefallene Engel, die sich verkörpert haben, und wieder andere sind Engel des Lichts. Es ist ein sehr komplexes Gewebe.

Die Ursprünge der westlichen Zivilisation

Lange Zeit haben die Menschen des Westens geglaubt, dass ihre Zivilisation auf den Fundamenten Griechenlands und Roms errichtet worden ist. Die Ähnlichkeiten zwischen diesen Zivilisationen und unserer eigenen scheinen diese Annahme zu bestätigen. Aber was war die Quelle der griechischen und römischen Philosophie und ihrer technologischen Entwicklung? Auf welche Weise entwickelten die Griechen und Römer Sprache und Kunst?

Wer lehrte sie die Kriegskünste und internationale Diplomatie? Die Entdeckung von uralten Tafeln mit Keilschriften im Jahre 1845 und die Wiederentdeckung einer Zivilisation, die verschollen und beinahe in Vergessenheit geraten wäre, ermöglicht uns einen klaren Blick auf unsere Vergangenheit und gibt uns eine dringende Warnung für die Zukunft. Ein Drama, das sich vor Tausenden von Jahren abspielte, wirkt sich immer noch auf unser gesamtes Leben aus.

In Prediger Salomo steht: »Man gedenkt nicht derer, die zuvor gewesen sind; also auch derer, so hernach kommen, wird man nicht gedenken bei denen, die darnach sein werden.«[1] Weil es keine Erinnerung gibt, besitzen wir auch nicht die Fakten der uralten Geschichte, die wir heute wissen müssen, um angemessen mit den Unterdrückern von Gottes Volk umgehen zu können. Wenn wir uns auf die Herausforderungen der Zukunft vorbereiten wollen, müssen wir unsere Geschichte verstehen. Wir müssen eine Zivilisation untersuchen, auf deren Schultern Rom und Griechenland saßen und die den ägyptischen, babylonischen, assyrischen, chinesischen und indischen Zivilisationen vorausging und diese inspirierte. Wir wenden uns daher den Aufzeichnungen aus Sumer zu.

3000 vor Christus befand sich entlang der Flüsse Euphrat und Tigris in Sumer (dem heutigen Irak) eine hohe Zivilisation in voller Blüte. Die Tiefebene von Sumer lag in einem Gebiet, das später als »fruchtbarer Halbmond« bekannt werden sollte. Die medizinischen Schulen Sumers bildeten Gehirnchirurgen aus. Der sumerische Herrscher konnte seinen Armeen nicht einfach nach Belieben in Marsch setzen, er musste seine Bitte zuerst beiden Kammern des Kongresses vorlegen. In sumerischen Städten herrschte emsige Betriebsamkeit, und uralte Rezepte für Hähnchen in Rotweinsoße inspirierten Gedichte, die voll kulinarischen Lobes waren. Sumerische Lieder, die auf einer Tonleiter aus sieben Tönen basierten, die wir noch heute benutzen, gaben uns vertraute Stimmungen wieder. Die Sumerer berechneten die Positionen aller Planeten unseres Sonnensystems, einschließlich der von Pluto, der in moderner Zeit erst 1930 überhaupt entdeckt wurde. So unglaublich es auch klingen mag, die Sumerer wussten, dass die Erdachse schräg war, und sie hatten ihre Präzession 25 800 Jahre in die Vergangenheit zurückberechnet. Uralte Texte und Zeichnungen zeigen, dass sie laserähnliche Waffen besaßen, biologische Kriegsführung und Geburtenkontrolle betrieben und zur Raumfahrt fähig waren.

Bis heute verblüffen die Sumerer die Gelehrten dermaßen, dass diese nicht genau sagen können, wer genau sie waren, woher sie kamen und wie ihre bemerkenswerte Zivilisation entstand. Diese tauchte so plötzlich auf, dass die Gelehrten sie als »erstaunlich«, »außergewöhnlich« oder »als Flamme, die plötzlich emporloderte« bezeichnet haben.[2]

Unsere Moral, unsere Gesetze, unser Gerechtigkeitssinn, unsere Architektur und unsere Zivilisation haben ihre Wurzeln in Sumer, dessen Zivilisation 3800 vor Christus begann. Hatte der sich entwickelnde Mensch einfach nur außerordentlich großes Glück gehabt? Worin liegen die Ursachen jener Transformation, die primitive nomadische Jäger und Sammler in Windeseile zu den Erbauern einer fortgeschrittenen städtischen Zivilisation, zu Mathematikern, Astronomen, Händlern, Ingenieuren und Priestern machte?

Die Sumerer selbst hatten eine einfache Antwort dafür: »Was auch immer schön erscheint, machen wir durch die Gnade der Götter.«[3] Die Frage bleibt: Wer sind diese Götter? Wir müssen sie heute beantworten.

Die sumerischen Götter

Uralte Tafeln offenbaren uns die Namen eines Pantheons aus Hunderten von Göttern, die von einer Versammlung der Gottheiten regiert wurden, die alle miteinander verwandt waren. Sie waren unvorstellbar mächtig und zu außerordentlichen Taten fähig. Aber sie sahen wie Menschen aus und verhielten sich in fast allen Bereichen auch wie Menschen.

Indem er das Alte Testament in seiner hebräischen Originalfassung mit sumerischen, babylonischen, assyrischen und anderen alten Texten verglich, entwickelte der Linguist und archäologische Forscher Zecharia Sitchin eine einzigartige Theorie in Bezug auf den Ursprung dieser Götter.[4] Er beschreibt sie als »eine Götterfamilie, eng miteinander verwandt, aber bitterlich zerstritten«.[5] Sie wurden vom Gott Anu angeführt, dessen Wohnstatt sich nicht auf der Erde befand, und von seinem Sohn Enlil, der die Erlasse der Götter ausführte. Enlil wählte Könige aus, die über die Menschen herrschen sollten, aber nicht als Souveräne, sondern als Diener der Götter. Hammurabi stellte seinem Gesetzeskodex die bezeichnende Aussage voran: »Anu und Enlil ernannten mich, um das Wohl des Volkes zu fördern …, damit Gerechtigkeit im Land herrschen möge.«[6]

Enlils Bruder Enki war der dritte große Gott von Sumer. Er war ihr Hauptwissenschaftler und ein Meisteringenieur. Enki und Enlil und ihre Söhne kämpften unaufhörlich um Macht und Autorität. Die Götter waren furchtbar im Krieg und leidenschaftlich in Liebesdingen. Sumerische Texte beschreiben wiederholt, wie die Götter einander verführen oder vergewaltigen, wie sie Inzucht betreiben oder in einem außergewöhnlichen Maße untereinander heiraten.

Die sumerischen Texte sprechen von ihnen häufig als die Götter des Himmels und der Erde. In der Bibel werden sie Nephilim genannt.[7] Sie sind das Volk des Shem.

»Shem« wird üblicherweise als »Name« übersetzt, was den Bibelvers erklärt, der sie als »berühmte Männer« bezeichnet.[8] Allerdings kann Sitchin zufolge die Herkunft des Wortes *Shem* zur Wurzel *Shamah* zurückverfolgt werden, was so viel heißt wie »das, was himmelwärts ist«. Das bedeutet, dass *Shem* als »Himmelsgefährt« übersetzt werden sollte und das Volk des Shem als »das Volk der Raketenschiffe«.[9] Bildreliefs, welche die Götter in raketenförmigen Kammern zeigen, und Kunstwerke, die Raketen im Flug und auf Abschussrampen darstellen, untermauern die linguistischen Beweise.

Der Begriff »Nephilim« wird normalerweise als »Riese« übersetzt. Aber die semitische Wortwurzel bedeutet »hinabgeworfen werden«. Sitchin zufolge waren die Götter von Sumer also jene, die zur Erde hinabgeworfen worden waren, die in ihren Raumschiffen hinabgeworfen wurden.[10]

Die Nephilim

Zecharia Sitchin glaubt, dass die sumerischen Texte und Kultgegenstände wie auch die Bibel auf eine außerirdische Rasse der Gefallenen hinweisen, die auf die Erde hinabgestiegen waren. 1978 veröffentlichte er seine Theorien in einem Buch mit dem Titel *The Twelfth Planet*. Er stellt darin die These auf, dass die ersten Sumerer glaubten, dass es zwölf große Himmelskörper in unserem Sonnensystem gäbe: Sonne, Mond und zehn Planeten. Aber unser Sonnensystem hat nur neun bekannte Planeten. Wenn man die Sonne und den Mond hinzurechnet, kommt man auf insgesamt elf Himmelskörper, auf elf Planeten im weitesten Sinne des Wortes. Warum haben die Sumerer dann zwölf gezählt? Sitchins Antwort: Es gibt einen zwölften Planeten, den Heimatplaneten der Nephilim, den diese Marduk nannten.

Sitchin zufolge landeten die Nephilim vor 450 000 Jahren in ihren Raumschiffen, um die Bodenschätze der Erde auszubeuten.

Enki, der Herr des Bergbaus, gründete die erste Basis. Die Nephilim landeten in Sumer, um sich das gemäßigte Klima und die reichlich vorhandenen Ölvorräte zunutze zu machen, die notwendig sind, um eine Gesellschaft aufzubauen und Metall zu schmelzen. Aber Sumer hatte relativ wenige Mineralvorkommen. Darum reisten die Nephilim nach Südafrika und in andere Länder der südlichen Hemisphäre, die reich an Mineralien waren, um dort Gold und andere Metalle abzubauen. Artefakte, die in Südafrika gefunden wurden, weisen darauf hin, dass dort seit mindestens 50 000 Jahren Bergbau betrieben worden ist.[11]

Dank ihrer fortgeschrittenen Technologie bauten die Nephilim dort Gold, Platin, Uran und Kobalt ab. Aber trotz ihrer Technologie war der Abbau immer noch Schwerstarbeit. Die schwere Arbeit führte zu einem Streik unter den Arbeitern. Die Nephilim befanden sich in einer Zwickmühle: Sie wollten diese Metalle, aber die Hauptgötter waren nicht willens, die Ärmel aufzukrempeln und selbst zu arbeiten. Enki fand schnell eine Lösung, die ihnen gefiel: Warum nicht primitive Arbeitssklaven erschaffen? Das Votum der Götter fiel einstimmig aus. Sie sagten: »Sein Name sei Mensch.«[12]

Sitchins Buch beschreibt, wie die Erschaffung der Arbeiter eine Welle der Aufregung unter den Nephilim erzeugte. Sie riefen die Göttin der Geburt, die ihren Plan ausführen sollte. Diese wiederum brauchte die Hilfe von Enki, dem wichtigsten Wissenschaftler der Götter. Nach einer ganzen Reihe von Experimenten nahm er einen *Homo erectus* und verschmolz dessen Gene mit denen eines Nephilim-Spenders. In einer Art Krankenhaus half Enki der Muttergöttin eine Mischung vorzubereiten, aus der sie den Menschen schuf. Immer wieder wiederholte sie ihre Beschwörungen. Plötzlich rief sie: »Ich habe erschaffen! Meine Hände haben es vollbracht!« Mit diesem Fiat wurde der primitive Proletarier erschaffen.[13]

Die alten Begriffe, mit denen der Mensch bezeichnet wurde, illustrieren seinen Status und seinen Zweck eindeutig. Er war ein primitiver Arbeiter, der geschaffen worden war, um den Göttern zu dienen. Die Gottheit war der Herr, der Souverän, der König, Herrscher und Meister. Das gebräuchliche Wort für »Gottesdienst« bedeutete »Arbeit«.[14]

Die Menschheit beginnt sich zu vermehren

Die Erschaffung eines mechanischen Menschen löste einen internen Konflikt zwischen den Göttern, aber schon nach Kurzem fingen sie wieder an, sich zu bekriegen. Dieses Mal stritten sie über die Frage, wer die Arbeiter benutzen dürfe. Währenddessen zogen dunkle Wolken drohend am Horizont auf, Wolken, die ein Ereignis ankündigten, das in nicht weniger als 80 000 Berichten in 72 Sprachen erwähnt wird: die Sintflut.[15] Im 1. Buch Mose steht: »Der Herr sah, dass auf der Erde die Schlechtigkeit des Menschen zunahm und dass alles Sinnen und Trachten seines Herzens immer nur böse war.«[16] Da beschloss er, eine Wasserflut über die Erde kommen zu lassen.

Sitchin zufolge ist dieser biblische Bericht bezüglich der Bosheit des Menschen, der die Rivalitäten innerhalb der Nephilim in einer einzigen Geschichte zusammenfasst, eine überarbeitete Version eines älteren sumerischen Berichts. Er erklärt, dass der ursprüngliche hebräische Text andeutete, dass das Böse in den Herzen und Gedanken fleischlicher oder sexueller Natur war. Aber die lüsternen Nephilim würden doch die Menschen nicht verdammen, nur weil sie dasselbe sexuelle Verhalten an den Tag legten wie sie selbst. Oder doch? Ein zweiter Aspekt des vorsintflutlichen Menschen hilft, dieses Problem zu klären.

Im 1. Buch Mose steht: »Als sich die Menschen über die Erde hin zu vermehren begannen und ihnen Töchter geboren wurden, sahen die Gottessöhne, wie schön die Menschentöchter waren, und sie nahmen sich von ihnen Frauen, wie es ihnen gefiel.«[17]

»Die Menschen begannen sich zu vermehren« ist hier der Schlüsselsatz. Die Menschen, welche die Nephilim erschaffen hatten, begannen sich zu vermehren. Aber warum war das ein Problem für die Nephilim?

Sitchin glaubt, dass ihre genetische Schöpfung ursprünglich steril war und in Massenfertigung hergestellt werden musste, bis Enki es möglich machte, dass sie sich sexuell vermehren konnte.[18] Seitdem konnte der mechanische Mensch sich wie die Nephilim fortpflanzen und so sein Leben kontrollieren. In diesem Sinne »war er eingeweiht«. Die Nephilim-Götter waren zornig, dass ihr mechanischer Mensch die sexuelle Fortpflanzung entdeckt hatte.

Wir sind der Meinung, dass durch unsere Köpfe aufgrund dieser Verwirrung und durch diesen biblischen Bericht die Theorie geistert, dass die Sexualität die Ursünde sei, was für uns immer schwer verständlich sein wird. Wie kann Gott, der uns als Kinder des Lichtes auf diese Erde gestellt hat, damit wir »fruchtbar sind und uns vermehren«[19], von uns erwarten, dafür nicht die normale Art und Weise der sexuellen Fortpflanzung zu benutzen? Wie können wir diese Sünde erleiden, wenn unser eigener Gott uns sozusagen selbst zu deren Opfer gemacht hat?

Die gewaltigen Schuldgefühle, die diesen Bereich unseres Lebens überschatten, sind zum Teil das Resultat eines falschen Verständnisses dessen, was wirklich mit den Nephilim und ihren mechanischen Menschen geschah. In den Augen der Nephilim war es eine Sünde für ihre Schöpfung, um die Möglichkeit der Fortpflanzung zu wissen, weil diese so die Erde bevölkern und so zahlreich werden würde, dass sie sich erheben und sich gegen ihre eigenen Schöpfer wenden würde.

Enkis Tat, ihnen dieses Wissen zu geben, hatte Konsequenzen von wahrhaft katastrophalen Ausmaßen. Was geschah, war nämlich, dass die Nephilim selbst aufgrund ihres degenerierten Bewusstseins mit ihren eigenen mechanischen Menschen Nachkommen zeugten. Als Folge davon verloren ihre Roboter den genauen genetischen Kode, der notwendig war, um die primitiven Arbeiter als Sklavenrasse zu behalten. Aber es kam noch schlimmer: Das rapide Bevölkerungswachstum – die erste bekannte Bevölkerungsexplosion – führte dazu, dass eine minderwertige Rasse die Nephilim zu überwältigen und ihre genetische Linie zu verwässern drohte. Dies ist die Bedeutung von Vers 6 des 1. Buch Mose.

Aber der biblische Bericht zieht die Absichten Gottes ebenso in Betracht wie die der Nephilim – und diese stimmten nicht immer überein. Das Problem für die Kinder Gottes war aber ein anderes. Denn die Nephilim vermischten sich nicht nur mit ihren mechanischen Schöpfungen, sondern auch mit den Kindern Gottes. Dies war ein Zustand, der so nicht weitergehen durfte, denn Gott selbst erlaubte es nicht.

Nun verstehen wir auch, warum die Tradition unter den Juden besteht, keine Nichtjuden zu heiraten. Dies kommt daher, weil die Israeliten in biblischen Tagen von der Schöpfung der Nephilim und mechanischen Menschen umgeben lebten. Gott verbot den Kindern des Lichtes, sich mit diesen zu vermischen und dadurch ihren Lichtsamen zu schwächen und dem mechanischen Menschen eben jenen Samen zu geben, durch den er seine eigene Existenz auf machtvollere Weise aufrechterhalten könnte. Der mechanische Mensch besaß diesen Samen nicht, da die Nephilim ihm diesen nicht geben konnten. Deshalb wurden Mischehen zu einer großen Sünde.

Gottes Dekret gegen die damaligen Mischehen hat allerdings nichts damit zu tun, dass Juden heute andere Nationalitäten nicht heiraten dürfen, da es heute in jeder Rasse und jeder Nation Kinder Gottes und Kinder des Lichtes gibt. Die ursprüngliche Warnung betraf nur die verbotene Vermischung der Lichtträger mit den Gefallenen.

Sitchin zufolge trafen sich die Götter nach dem sumerischen Bericht zu einer Ratsversammlung und beschlossen formell, ihre mechanische Schöpfung zu zerstören. Was die sumerischen Texte nicht sagen, ist, dass die Bevölkerung inzwischen größer war als die Nephilim und dass ihr massenproduzierter Mensch zu einer Art Zauberlehrling geworden war. Zur Bevölkerung gehörten, wie wir schon gesagt haben, die Söhne Gottes und die Kinder Gottes.

Die Nephilim setzten Technologien ein, mit denen die heutigen Militärstrategen nur allzu vertraut sind, um ihren Krieg gegen die Menschen zu führen. Dies war eine weitere Neuerung der Nephilim: der erste Massenmord. Enlil befahl, Krankheitsviren zu verbreiten. Wegen des großen Leidens, das diese bakteriologische Kriegsführung auslöste, wandte sich der babylonische Noah, Utnapischtim, an Enki und bat ihn um Hilfe. Den Göttern trotzend lieferte Enki das Gegenmittel.

Als Enlil erfuhr, dass irgendetwas seinen Plan vereitelt hatte, beschwerte er sich bitterlich bei den Göttern: »Die Menschen sind nicht vernichtet, sie sind noch zahlreicher als zuvor.«[20] Sitchin zufolge machte sich Enlil bald wieder ans Werk. Dieses Mal beeinflusste er das Wetter, sodass kein Regen mehr fiel und die Bewässerungssysteme zusammenbrachen. Dies rief eine Hungersnot hervor, die so groß war, dass der Kannibalismus überhand nahm. Aber kurz bevor die Menschheit zur Gänze vernichtet worden wäre, vereitelte Enki wieder Enlils Plan und rettete sie.

Schließlich wies Enlil die Götter bei einer Versammlung darauf hin, dass es noch eine Möglichkeit gebe, die Menschheit auszulöschen, dass aber der Plan absolute Geheimhaltung erfordere. Enlil traute Enki nicht zu, dass er schweigen würde, denn zu oft hatte dieser das Gesetz gebrochen und die Menschen aus den Klauen des Todes gerettet.

Die Sintflut

Sitchin zufolge hatten die Nephilim bereits seit einiger Zeit gewusst, dass es eine todbringende Flut geben würde. Diese vorhersehbare, jedoch unabwendbare Katastrophe war das Ergebnis einer Reihe von Naturereignissen. Seine Theorie besagt, dass sich die Flut vor etwa 13 000 Jahren ereignete, als die letzte Eiszeit endete und unser gegenwärtiges gemäßigtes Klima einsetzte, und dass der Wendepunkt, der den Übergang von einer klimatischen Epoche zu einer anderen einläutete, das Abbrechen des Eises vom Kontinent Antarktis war.[21] Er ist der Meinung, dass der Transit des zwölften Planeten dazu führte, dass sich der kontinentale Eisschild von seinem Untergrund löste.[22]

Dies wohl wissend schlug Enlil der Ratsversammlung eine Politik der nicht gütigen, sondern bösartigen Nichteinmischung vor. Die Nephilim würden die erwartete Flut vor den Menschen geheim halten. Man beachte, dass die Nephilim die Flut weder hervorrufen noch aufhalten konnten. Die Flut war das Werk einer mächtigeren Hand als der ihren. Sie konnten nur den natürlichen Verlauf der Dinge für ihre eigenen Zwecke ausnutzen.

Da sie vermuteten, dass Enki die Menschen wieder einmal retten würde, leisteten Enlil und der Rat der Nephilim einen Geheimhaltungsschwur und zwangen Enki, es ihnen gleichzutun. Aber Enki war ein gwiefter Taktiker und sehr listenreich. In kurzer Zeit hatte er einen Weg gefunden, seinen Schwur zu halten und den Menschen dennoch dieses große Geheimnis zu enthüllen.

Wie er den Schwur interpretierte, verlangte dieser von ihm, das Geheimnis der kommenden Sintflut keinem einzigen Menschen zu offenbaren. Was aber wäre, wenn er einer Leinwand davon erzählen würde? Und wenn ein außergewöhnlich weiser Erdling zufällig hinter dieser Leinwand stehen und ihn hören würde, könnte man ihm dann noch vorwerfen, seinen Eid gebrochen zu haben?

Auf diese Weise erfuhr Utnapischtim von der bevorstehenden Flut, während Enki einer Leinwand sein Herz ausschüttete – wobei er natürlich wusste, wer dahinter stand. Enki wies seinen Diener an, ein Wassergefährt zu bauen, und gab ihm detaillierte Anweisungen. Es sollte eine Arche werden, eine die auch unter Wasser tauchen konnte. Es sollte ein Unterseeboot sein.

Nach Sitchin planten die Nephilim, der Flut in ihren Raumschiffen zu entkommen. Ihr Abflug sollte das Signal für Utnapischtim sein, sich auf die Arche zu begeben. Und so begab sich der babylonische Noah in dem Moment auf die Arche, als die wolkenbruchartigen Regenfälle begannen.[23]

Was veranlasste Enki sich auf scheinbar so lobenswerte Weise zu verhalten? Tat er dies, weil er bei der Erschaffung des Menschen seine Hand im Spiel gehabt hatte? Hatte er wahrhaft ein weiches Herz?

Nein. Archetypisch für die Gefallenen hatte er einen geheimen Grund dafür. Nach Sitchin zielte Enkis Ungehorsam hauptsächlich darauf ab, die Pläne und Entscheidungen seines Bruders und Erzrivalen Enlil zu sabotieren. Er war wahnsinnig eifersüchtig auf Enlil, der von Anu dazu bestimmt worden war, der Herr der Erde zu sein. Enki fand, dass niemand anderem als ihm diese Ehre hätte zuteil werden sollen.[24] Wann immer Enki für eine gute Sache eintrat oder gute Taten vollbrachte, hatte er verborgene Motive: Macht und Ruhm. In erster Linie interessieren sich die Nephilim für sich selbst. Sie helfen den Menschen nur dann, wenn sie sich dadurch einen Vorteil im Machtkampf versprechen. Dieses Merkmal der Machtelite gilt bis heute.

Die alten Texte berichten, dass die Flut ein furchtbares Erlebnis für die Nephilim war, obwohl sie doch wussten, dass sie kommen würde. Der Lärm der Wolkenbrüche ließ die Götter erzittern. In ihren Raumschiffen kauerten sich die Götter wie Hunde zusammen und drängten sich gegen die äußeren Wände. Gottes Macht überwältigte sie. Die Texte berichten, dass die Götter – dermaßen gedemütigt – einer wie der andere mit schmalen Lippen dasaßen und weinten. Die Muttergöttin, die großen Götter und die Geburtsgöttin weinten um das verlorene Land. Die Muttergöttin beklagte den Verlust ihrer Geschöpfe, welche »die Flüsse wie Libellen füllten«. Die Götter erlitten Hungerkrämpfe und »es dürstete sie nach Bier«.[25]

Schlagartig wurde ihnen bewusst, dass sie ein gutes Leben verloren hatten. Sie wollten nicht wieder zum zwölften Planeten aufsteigen. Die Erde gefiel ihnen nämlich. Es gefiel ihnen, Sklaven auf der Erde zu haben. Die Nephilim waren der Erde und ihren Bewohnern verfallen. Sitchin zufolge wären die Götter wohl nicht so verzweifelt gewesen, wenn sie von Enkis Plan gewusst hätten. Aber Enki, so glaubt Sitchin, muss sich in einem anderen Raumfahrzeug befunden haben.

Enki hatte mehr getan, als nur die Menschheit zu retten. Es gibt Belege, dass er ein Treffen arrangierte – auf dem Berge Ararat. Als die Arche landete, schlachtete Utnapischtim einige Tiere und briet sie über dem Feuer. Die erschöpften und hungrigen Götter versammelten sich wie Fliegen um das Opfer.[26] Plötzlich begriffen die Nephilim, dass die Menschen, die Nahrung, die sie anbauten, und das Vieh, das sie züchteten, lebenswichtig für sie waren. Die Texte berichten, dass Enlil erzürnt war, als er die Arche sah, dann aber die Logik der Situation die Oberhand gewann. Verängstigt, erschöpft und hungrig begriffen die Nephilim, dass die Erde noch immer bewohnbar war, und wenn sie weiter auf ihr leben wollten, brauchten sie dafür die Menschen. Enlil zeigte sich ebenso bereit wie Enki, seine Prinzipien zugunsten praktischer politischer Regelungen aufzugeben. Schließlich galt: das Wichtigste zuerst. Zuerst die Nephilim, dann die Bequemlichkeit, dann erst der Mensch.

Fast alle Menschen waren in der Flut umgekommen, und es war offensichtlich, dass sie Menschen brauchen würden, um die Arbeit zu verrichten. Die Entscheidung der Nephilim, sie fruchtbar zu sein und sich vermehren zu lassen[27], war also nur vernünftig.

Nach Sitchin verloren die Nephilim im Angesicht ihrer eigenen schwierigen Umstände keine Zeit, den Menschen die Kunst des Ackerbaus und der Viehzucht beizubringen. Dies war eine neue Strategie, dank derer die Menschheit überleben würde.

Aber die Nephilim waren nicht bereit, die Menschen als gleichwertige Partner anzuerkennen. Die Menschen sollten sich stets daran erinnern, wer die Herrscher und wer die Beherrschten waren. Die dynastische Herrschaft der Götter wurde den neuen Bedingungen angepasst. Die Nephilim ernannten Könige und bestimmten Herrscher, die als Mittelsmänner zwischen ihnen und den Massen fungieren sollten. Dennoch war es dieselbe alte Machtelite der Nephilim, welche die politische, soziale und wirtschaftliche Macht monopolisierte.

Die Rivalität zwischen den Nephilim Enlil und Enki ging in erbitterten Kämpfen um die Vorherrschaft weiter. Sie teilten das Land und die politische Zuständigkeit unter ihren Erben auf. Tausende von Jahren später zog der König von Assyrien immer noch »im Auftrag meines Gottes«[28] in den Krieg. Die Götter behielten durch ihre menschlichen Mittelsmänner die Macht, Außenpolitik zu betreiben.

Die Nachkommen der Nephilim – die Kinder ihrer Kinder und auch sie selbst in neuen Körpern – sind immer noch in Rivalitäten verstrickt. Und heute ziehen die Kinder Gottes in den Krieg und sterben im Kampf, um die Rivalität zwischen einer Gruppe von Nephilim und einer anderen auszutragen, die sich in den höchsten Ämtern scheinbar kampfeslustiger Nationen eingenistet haben.

Diese Erzrivalitäten sind auch heute noch in gewissen Herrschern der Nationen der Erde sichtbar. Sie halten die Menschen ihrer Nationen in Geiselhaft. Sie bringen sie dazu, in den Krieg zu ziehen. Sie verüben Völkermord, wenn es ihnen gerade so passt. Sie versuchen auch weiterhin die Bevölkerung der Erde durch Krieg, chemische Zusätze in der Nahrung, Abtreibungen und andere Formen der Geburtenkontrolle, durch Umweltverschmutzung und atomare Verstrahlung zu dezimieren.

In einer Zivilisation nach der anderen sind die Nephilim aufgestiegen, um nationale und internationale Machteliten zu bilden, welche die Menschen teilen und beherrschen sollen – sowohl die Kinder Gottes als auch die mechanischen Menschen. Sie benutzen die Völker, um ihr eigenes Leben zu erhalten, das von Gott abgeschnitten ist.

Die Erschaffung seelenloser Wesen: der mechanische Mensch

Was geschah wirklich, als die Nephilim ihre Gene mit denen des *Homo erectus* kombinierten?

Als die Gefallenen gegen Gott rebellierten, wurden sie von ihrem Quell abgeschnitten, denn dies ist der Preis der Rebellion. Sie waren von Gott abgeschnitten, und das Wort war nicht mehr in ihnen. Sie empfingen den steten Fluss des Lichtes von Gott nicht mehr, weil sie gegen seine Gegenwart rebelliert hatten. Obwohl sie als Götter auf Erden wandelten, waren sie doch in Wirklichkeit lebende Leichname. Jesus sprach von ihnen, als er sagte: »... ihr Heuchler, die ihr gleich seid wie die übertünchten Gräber, welche auswendig hübsch scheinen, aber inwendig sind sie voller Totengebeine und alles Unflats!«[29]

Die lebenden Toten können den Thron der Gnade nicht wiedergewinnen. Am Ende wird über sie geurteilt werden, und sie wissen es. Daher sind sie so skrupellos, denn sie haben keinen anderen Lebenszweck als zu essen, zu trinken und das Morgen zu verdrängen, an dem sie sicherlich sterben werden. Ihre Motivation besteht darin, aus Rachsucht gegen Gott zu kämpfen – einmal davon abgesehen, dass sie versuchen, den Tag des Gerichts hinauszuzögern und in der Zwischenzeit ein künstliches Reich zu errichten. Und da die Gefallenen Gott nicht erreichen können, versuchen sie die Seelen der Kinder Gottes zu zerstören, indem sie diese mit den materiellen Dingen des Lebens verführen und ihnen einreden, dass sie »mitnichten des Todes sterben werden«[30], wenn sie sich gegen Gottes Gesetze versündigen.

Die Gefallenen können ihre künstliche Schöpfung nicht mit einer Seele ausstatten. Die Herstellung dank biologischer Verfahren in Serie durchzuführen, produziert nur einen mechanischen Menschen in Serie. Der mechanische Mensch ist ein Roboter, ein Computer, ein politisches Tier, aber kein Kind Gottes, nicht der Spross des Allerhöchsten – und sicher kein Sohn Gottes.

Die Söhne Gottes

Ein Sohn Gottes ist derjenige, in dem der Geist des lebenden Gottes wohnt. Paulus sagte, als er die Kinder Gottes an ihren wahrhaft göttlichen Ursprung erinnerte: »Wisset ihr nicht, dass ihr Gottes Tempel seid und der Geist Gottes in euch wohnt?«[31] Moses, der alles über die Nephilim wusste, erteilte den Kindern Israels mit der Heftigkeit des Heiligen Geistes einen großen Tadel, als er zu ihnen sagte: »Ich habe wohl gesagt: Ihr seid Götter und allzumal Kinder des Höchsten; aber ihr werdet sterben wie Menschen und wie ein Tyrann zugrunde gehen.«[32]

Moses war zornig, weil die Kinder Israels ihr Leben nach dem götzendienerischen Kult dieser Gefallenen und ihres mechanischen Menschen organisieren wollten. Er hatte sie aus deren Zivilisation in Ägypten gerettet. Er hatte sie an einen Ort gebracht, an dem sie ihre göttliche Bestimmung erfüllen konnten. Und doch sehnten sie sich nach der Gesellschaftsordnung der Nephilim. Deshalb ermahnte er sie und erinnerte sie daran, dass sie alle Götter waren – Götter in dem Sinne, dass der Funke des Lebens in ihnen wohnte und dass sie eins mit dem Allmächtigen Gott selbst werden würden, indem sie ihr höchstes Potenzial verwirklichten.

Das ist unsere Bestimmung und das ist unsere Evolution. Alle Avatare und alle Gechristeten aus Ost und West sind gekommen, um uns in einem Jahrhundert nach dem anderen daran zu erinnern. Sie sind gekommen, um die Gefallenen zu entlarven. Sie haben den Lügner und den Vater der Lügen, den Mörder von Anfang an, zurückgewiesen.[33] Und doch haben die Kinder des Lichts ihre Avatare in der Stunde ihrer Verfolgung und Kreuzigung im Stich gelassen und sich auf die Seite des Todeskultes dieser Gefallenen geschlagen. Dies ist die Krankheit, die Amerika heute befallen hat, und dies – das müssen wir verstehen – entstand aus dem uralten Harmagedon.

Was ist die Natur des Bewusstseins? Was ist das Wesen jener, die uns versklaven und an eine Kultur des Todes binden wollen? Wer sind die Wahrhaftigen, die uns durch eine Kultur des Lichtes und des Lebens des Wortes befreien möchten?

Wenn wir diese Fragen beantworten können und unsere eigene innere Identität in Gott entdecken, dann werden wir das Selbstvertrauen, das Selbstwertgefühl und vor allem ein Gefühl für die Macht Gottes haben, um voranschreiten und den Herausforderungen begegnen zu können, denen wir uns als Nation gegenübersehen. Und deshalb sprach Moses: Wenn ihr euch wie sie verhaltet, werdet ihr wie sie sterben und ihr werdet fallen wie die Fürsten der Nephilim.

Jene, die gekommen sind, uns zu erretten, jene, die hier sind, um uns heute durch die Macht des Heiligen Geistes zu erretten, haben immer gesagt, was Josua, der Sohn Gottes sagte: Trennt euch und seid ein Volk für euch.[34] Trennt euch von dieser falschen Hierarchie, von dieser falschen Zivilisation, dieser Mechanisierung, diesem Materialismus. Trennt euch von diesen falschen Göttern und den Götzenanbetern und ihrer eigenen Schöpfung, ihrem eigenen mechanischen Menschen.

Dieser Zustand, der im Alten und Neuen Testament beschrieben wurde, existiert auch heute noch: Die Kinder Gottes haben vergessen, dass sie ein eigenes Volk sind, getrennt und separat von jenem anderen. Sie haben vergessen, dass die Nephilim und die Machtelite nicht ihre wahren Führer sind und dass ihre wahren Führer die Söhne Gottes sind.

Wer sind die Söhne Gottes? Sie sind wahrhaftige Hirten der Menschen, von Gott dazu bestimmt, Führer und Lehrer der Kinder Gottes zu sein. Aber einige von ihnen haben diese Mission aufgegeben, denn auch sie wurden beeinflusst. Sie wandten sich von den Einweihungen des Kosmischen Christus ab, die sie in der Mysterienschule erhalten hatten, die Garten Eden genannt wird.[35] Als Folge davon wurden auch sie vorübergehend den Nephilim und ihrer mechanisierten Kultur untertan gemacht. Weil diese Nephilim früher dem Erzengel Luzifer angehörten, der so hell war, dass er Sohn des Morgens[36] genannt wurde, erschienen die Nephilim einigen Söhnen Gottes als die wahren Deuter von Gottes Gesetz, seines Universums, seiner hierarchischen Ordnung und seines göttlichen Plans.

Archäologische Funde offenbaren nur die Geschichte der Gefallenen und ihres mechanischen Menschen. Wir müssen die Refugien der Großen Weißen Bruderschaft aufsuchen, um zu erkennen, dass wir nicht diese Schöpfung sind, sondern dass in unseren Herzen eine ewige Flamme brennt, die uns zu einem ewigen Teil Gottes macht. Dass es zwei Arten der Evolution auf diesem Planeten gibt, wird jeden Tag deutlich, wenn wir uns umschauen und zu verstehen versuchen, was für eine Art Mensch die Dinge tut, die heute von Regierungen und Nationen, von Banken und multinationalen Konzernen gegen unschuldige Menschen verübt werden.

Die Nephilim haben das Leben auf der Erde nicht erschaffen. Sie haben weder die Söhne Gottes noch die Kinder Gottes erschaffen. Was sie taten, war Folgendes: Sie nahmen einen primitiven Menschen, den *Homo erectus*, und veränderten seine Fähigkeiten drastisch, indem sie ihm ihr eigenes Bild einpflanzten.

Saint Germain sagt:

»Ich weise hiermit auf die Verschwörung der gefallenen Engel hin, die als die Nephilim-Götter und als Wächter bekannt sind. Ich stelle hiermit ihre Verschwörung fest, die Bevölkerung der Welten zu kontrollieren, auf denen sie ihre experimentelle Schöpfung, den mechanischen Menschen, hervorgebracht haben. Und um daher ihr Laborexperiment zu kontrollieren, haben sie allerlei Arten von Methoden gebraucht.

Nun haben daher andere ruchlose Mächte, die sich überall gegen die Evolution des Lebens stellen, es als nötig erachtet, den mechanischen Menschen, den computerisierten Menschen – wenn ihr so wollt, den Plastikmenschen –, als Trendsetter und Jetsetter zu gebrauchen, die den Göttern und den gefallenen Engeln nachklettern, um den Samen des Hochbetagten, den Samen des verkörperten Christus zu versuchen, zu verhöhnen und zu hypnotisieren.

Ihrer Ziele sind viele, aber sie alle drehen sich um das Verlangen, das Licht der dreifältigen Flamme zu rauben, die Lichtträger in die Tiefen des Abgrunds zu ziehen, wo sie die Praktiken der Finsternis ausüben. Und daher sind verkörperte gefallene Engel verfügbar, um den »Weg, der einem wohl gefällt«[37] vorzuleben, um die Drogen bereitzustellen, deren Verarbeitung zu beaufsichtigen und den mechanischen Menschen in die ganze Verschwörung mit hineinzuziehen, in der sie wie Schaufensterpuppen fungieren, die von den Kindern des Lichts nachgeahmt werden.

Daher üben jene, die glamourös sind, und jene, aus denen die Menschenmengen des Massenbewusstseins bestehen, eine Dynamik von planetarischen Ausmaßen aus, um die Lichtträger in ihre Drogenpraktiken, ihre pervertierte Rockmusik und ihre schändlichen Taten hineinzuziehen, um so diese Lichtträger karmisch mit den finstersten Kräften aus den Abgründen der Hölle zu verbünden, sie an diese zu binden und sie in diese Verbindungen sexueller Natur zu ziehen, durch die Leben hervorgebracht wird – ein Leben, das der Finsternis und dem Abgrund angehört und das, wenn es mit dem Samen des Christus kombiniert wird, eine Transfusion des Lichtes erhält, die anders nicht möglich wäre.

Und so stellen wir fest, dass aufgrund der Schlangenphilosophie des gleichmacherischen Weges der Gleichheit aller Evolutionen[38] die Lichtträger kein Selbstwertgefühl besitzen, nichts von ihrer Mission und nichts von der Gottes-Determination auf den inneren Ebenen wissen, alle Menschen von der Kontrolle der gefallenen Engel zu befreien. Deshalb werden sie auf verschiedenen Ebenen in diese Verbindungen von Kriminalität und Verstrickungen aufgrund von Sympathie gelockt und der Samen des Lichts wird verdünnt. Er wird überwältigt, er wird betrogen. Und wir werden herausfinden, wie wir in meiner heutigen Übertragung eines notwendigen Wissens an euch sehen können, dass dies in einer Verwässerung des gesamten planetarischen Christus-Bewusstseins und im Betrug an den Lichtträgern – einer nach dem anderen – resultiert, die in diesem Leben in genau diesem Jahrhundert Farbe bekennen sollen und müssen, damit die wahren Fundamente des Wassermann-Zeitalters gelegt werden können.«[39]

Gefallene Engel: die Rebellion im Himmel

Jüdische Schriften aus der Zeit des zweiten Tempels erkannten in den Bibelversen, welche die Nephilim beschrieben, das Echo der uralten Verdammnis gefallener Engel. Wenn wir zu den Archiven der Großen Weißen Bruderschaft zurückgehen, die Millionen Jahre der spirituellen und materiellen Evolution von Sonnensystemen und Galaxien enthalten, entdecken wir, dass diese Gefallenen zu den ursprünglichen Gruppen von Engeln und Erzengeln gehörten, die erschaffen worden waren, noch bevor die Söhne Gottes erschaffen wurden.

Die Engel nehmen im Spektrum der Reiche Gottes eine Position als Diener der Söhne Gottes ein. So kamen sie wie Kindermädchen, Lehrer und Beschützer zuerst, um die Verkörperung des Wortes, die Verkörperung des Christus vorzubereiten – und zwar nicht in einem Sohn Gottes, sondern in vielen Söhnen und Töchtern Gottes in allen Universen.

Es gibt die Erzengel, mit denen wir heute vertraut sind, wie Erzengel Michael und Erzengel Gabriel, aber daneben gibt es viele andere. Da war aber einer, der Luzifer genannt wurde, ein Erzengel von großer Statur, der gegen Gott den Herrn rebellierte. Seine Rebellion richtete sich dagegen, ein Diener der Sprösslinge des Allerhöchsten zu werden. Er war zu mächtig, zu ruhmreich und er war schon bei der Erschaffung Seiner Nachkommenschaft bei Gott. Nun würde er gewiss nicht auf die Knie sinken und sich vor dem Licht der Sprösslinge des Allerhöchsten verbeugen.[40]

Dies war der wahre Grund für die Rebellion und für den Krieg im Himmel, der in der Offenbarung beschrieben wird. Und nun verstehen wir auch, warum bei Jesaja geschrieben steht:

»Wie bist du vom Himmel gefallen, du schöner Morgenstern! Wie bist du zur Erde gefällt, der du die Heiden schwächtest!

Gedachtest du doch in deinem Herzen: ›Ich will in den Himmel steigen und meinen Stuhl über die Sterne [über die Söhne] Gottes erhöhen; ich will mich setzen auf den Berg der Versammlung in der fernsten Mitternacht; ich will über die hohen Wolken [über die Pracht der Schechinah] fahren und gleich sein dem Allerhöchsten.‹ Ja, zur Hölle fährst du, zur tiefsten Grube.«[41]

Wer sind diese Nephilim, die in eben dieser Stunde entlarvt werden? Sie sind die Gefallenen, dieselben, die kollektiv als der Drache in Johannes Vision der Apokalypse erwähnt werden.[42]

Viele Menschen glauben, dass die Apokalypse der Offenbarung in Kürze stattfinden wird. Aber tatsächlich haben sich viele ihrer Szenarien bereits ereignet und wurden im großen Drama einer mehr als zehntausendjährigen Geschichte ausgespielt, die wir alle erlebt haben. Es gibt einen Schleier, der sich senkt, einen Gedächtnisverlust, wenn wir uns immer wieder verkörpern, sodass wir uns nicht an alle Erlebnisse erinnern können, die wir hatten – und dennoch ist unsere Neugierde in Bezug auf diese nicht befriedigt. Wir gehen in Science-Fiction-Filme und lesen Science-Fiction-Bücher, um Hinweise auf diese Erinnerungen zu finden, die sich nur knapp unter der Oberfläche unseres gegenwärtigen Bewusstseins befinden.

Und so schrieb Johannes in seiner Offenbarung, die ihm von einem Engel des Herrn Jesus Christus als Diktat übermittelt wurde:

»Und es erhob sich ein Streit im Himmel: Michael und seine Engel stritten mit dem Drachen; und der Drache stritt und seine Engel, und siegten nicht, auch ward ihre Stätte nicht mehr gefunden im Himmel. Und es ward ausgeworfen der große Drache, die alte Schlange, die da heißt der Teufel und Satanas, der die ganze Welt verführt, und ward geworfen auf die Erde, und seine Engel wurden auch dahin geworfen.«[43]

Was ist der Himmel und was ist die Erde? Sie sind nur Schwingungsfrequenzen. Diese Rebellen gegen Gott konnten die höheren Frequenzen nicht länger aufrechterhalten, und deshalb wurden sie in einer Entschleunigungsspirale hinabgeworfen in Körper, die »von der Erde und irdisch«[44] sind und die wir selbst heute bewohnen. Die Seelen, die wir sind, bewohnen die Tempel, die wir tragen. Unser Körper ist nicht unsere Identität, er ist ein Vehikel des Bewusstseins auf dessen vorübergehender Reise auf Erden. Das einzige Problem besteht darin, dass diese vorübergehende Reise nun schon seit Hunderten von Tausenden Jahren weitergeht, weil wir das Problem mit den Nephilim, den Gefallenen, nicht in den Griff bekommen.

Wir haben dieses Szenario vergessen, aber es lauert in unserem Unterbewusstsein und wir können ihm nicht entkommen. Deshalb faszinierten uns in unserer Kindheit die Westernfilme mit den weißen und schwarzen Hüten und deshalb faszinieren uns heute die Kräfte von Gut und Böse, die ihren Kampf im Himmel der Science-Fiction austragen. Wir haben ständig das Verlangen, den Ausgang dieses Zusammentreffens der Kräfte von Licht und Finsternis zu beobachten.

So wurden der Erzengel und das Drittel der Engel, die ihm folgten, wie es im Buch der Offenbarung[45] beschrieben wird, auf die Erde hinab geworfen, um nicht mehr Engel oder Götter zu sein, sondern Menschen – sterbliche Menschen, die in Körpern aus Lehm gefangen waren –, die nicht mehr die gewaltige Macht besaßen, die sie vor ihrer Rebellion innegehabt hatten. Ihnen wurde eine Zeit gewährt, ihre Existenz in einer Zeit und zwei und einer halben auszuleben. Dies lesen wir bei Daniel und im Buch der Offenbarung.[46] Diese Zeitangaben beziehen sich aber auf Zyklen, nicht auf Jahre, wobei Zehntausende Jahre einen einzigen Zyklus darstellen. Dies ist die Gelegenheit, die der Allmächtige Gott dem individuellen Wesen gewährt, das einmal mit ihm im Himmel war, um zu bereuen, um das Licht zu bezeugen, das jeden Sohn Gottes erleuchtet, der in diese Welt als das wahre Wort, das wahre Licht, als Gott selbst kommt, und sich diesem Licht zu beugen.

Ist es denn so schwer, sich vor dem Licht Gottes zu verbeugen, das unseren Tempel erleuchtet? Ich kann mich vor dem Licht Gottes in jedem Einzelnen von euch verbeugen. Ich kann mich vor dem Funken der Schöpfung verbeugen. Wer sind diese hohen und mächtigen Wesen, die sich nicht unterwerfen wollen, die ihr Knie nicht beugen und bezeugen wollen, dass die edle Schöpfung des Allmächtigen Gottes nur einen einzigen Sinn hat: das wahre Licht, das Wort, zu verkörpern – ja, die Inkarnation des Wortes zu sein.

Würde sie dies anerkennen, müsste diese Machtelite ihre Machtbasis verlieren. Denn sollte sie Gott in den Kindern des Lichtes auf der Erde anerkennen und diese erheben, würde das bedeuten, dass sie diese als ihnen überlegen anerkennen müssten. Sie würden ihre Machtpositionen in einer Nation nach der anderen aufgeben und anerkennen müssen, dass die wahre Regierung auf den Schultern des Herrn Christus[47] ruhen sollte, der in jedem einzelnen Kind des Allerhöchsten Gottes lebt.

Die Nephilim haben die Throne der Söhne Gottes in Nation um Nation und sogar auf Planet um Planet an sich gerissen. Und sie haben dies seit sehr, sehr langer Zeit getan. Heute ist nun die Stunde gekommen, den Spieß umzudrehen und die Revolution der Lichtträger einzuläuten. Aber es gibt ein bestimmtes Geschichtsverständnis und bestimmte Konzeptualisierungen unserer individuellen Identität, die wir fest in uns verankern müssen, wenn wir uns diesem Feind stellen wollen so wie sich David dem Goliath stellte, dem Riesen der Nephilim.[48]

So fielen die Engel wegen ihres Daseinsgrundes – dem Dienst am Vater im Sohn – aus der Gnade. Sie wurden von Erzengel Michael und seinen Heerscharen aus dem Himmel hinabgestoßen auf die Ebenen der Materie. Und so steht die Warnung geschrieben:

»Darum freuet euch, ihr Himmel und die darin wohnen! Weh denen, die auf Erden wohnen und auf dem Meer! denn der Teufel kommt zu euch hinab und hat einen großen Zorn und weiß, dass er wenig Zeit hat.«[49]

Dieses »Weh«, das über die Menschen der Erde gekommen ist, besteht darin, dass sich die Gefallenen mit ihrer überlegenen Wissenschaft und Technologie und Evolution in einer Position befinden, dank derer sie die Kinder Gottes überlisten können. Daher ist ein großes Weh über diesen Planeten gekommen, das wir heute in jeder Form der Manipulation der Menschen in Nation um Nation sehen können. Es beschränkt sich nicht auf Kommunismus oder Kapitalismus, es geht quer durch die internationale Machtelite, die machtbesessen ist und die Erde und ihre Bewohner unbedingt kontrollieren will.

Seitdem die Nephilim zur Erde hinabgeworfen wurden, haben sie versucht, ihre schwindende Identität als Götter zu bewahren. Sie sind aber keine Götter mehr, es sei denn, wir erheben sie zu Göttern und verschreiben uns ihrem götzendienerischen Kult. Sie haben sich selbst mit materiellen Dingen als Ersatz für das spirituelle Reich umgeben, das sie einmal kannten. Sie haben eine Art »Himmelreich« auf Erden erschaffen. Um das zu tun, haben sie ihre Technologie und alle natürlichen Ressourcen der Erde eingesetzt, die sie finden konnten, um ihr Reich zu erschaffen und es mithilfe der Menschen, ihrer mechanischen Schöpfung und der Kinder Gottes als Sklaven aufrechtzuerhalten.

Gleichlautende Berichte in der Bibel

Wenn Sitchin sich die Schriften im 1. Buch Mose anschaut, kommt er zum Schluss, dass der Gott, von dem dort gesprochen wird, einer der Nephilim ist. Er erwähnt weder Jehova oder den Allmächtigen Herrgott oder den Gott, der sich Abraham als El Shaddai offenbarte oder der ICH BIN DER ICH BIN, der Moses erschien. Allerdings existieren im 1. Buch Mose und überall in der Bibel ähnlich lautende Berichte. Eingefügt in die Heiligen Schriften finden sich einerseits Berichte über die Nephilim-Götter und andererseits Berichte über den einen Gott, den einen Herrn Israels, und über die aufgestiegenen Meister.

Wir sehen überragende Vertreter der reinen Söhne Gottes, die aus der Linie Abrahams stammen. Wir sehen, wie sie die Kinder des Lichts von der Götzenanbetung der benachbarten kananäischen Zivilisation wegführen. Wir erkennen also, dass die Schriften mehr enthalten, als auf den ersten Blick sichtbar ist, und dass die Heilige Schrift aus mehr als nur der Nacherzählung sumerischer Legenden besteht. Die Aufzeichnungen in den Refugien der Bruderschaft offenbaren die Ankunft der Söhne Gottes auf Erden mit ihrem großen Guru Sanat Kumara, der als der Hochbetagte bekannt ist.

Daniel, der Sohn Gottes, kommunizierte mit dem Hochbetagten und sah ihn von Angesicht zu Angesicht.[50] Die Propheten erfuhren die Gegenwart Gottes und Sie und ich besitzen unsere eigenen inneren Zeugen, die wissen, dass Gott in der Lage ist, uns zu erreichen, und dass wir fähig sind, ihn zu erreichen, und dass Gott das Licht ist und sich in seinem eigenen Licht in uns verherrlicht und uns auf den Pfad der Rechtschaffenheit führt.

Vergangene goldene Zeitalter

Abertausende Jahre vor dieser Geschichte mit den Nephilim existierten auf Erden goldene Zeitalter, während derer die Menschen wussten, wer sie waren und dass sie dem Licht und Gott angehörten. Sie besaßen gewaltige Kräfte in der Ausübung der Wissenschaft des gesprochenen Wortes. Diese Zivilisationen gingen Lemuria voraus, das im Pazifik versank, und Atlantis, das im Vergleich dazu erst kürzlich unterging. Sie existierten auf dem afrikanischen Kontinent, in Asien, Südamerika und in anderen Gegenden der Erde, die heute von Wasser überflutet sind oder im Wüstensand begraben liegen. Diese goldenen Zeitalter sind nur eine schwache Erinnerung, die noch weiter zurückliegt als die Erinnerung an Harmagedon und den Krieg zwischen Gut und Böse und dem Fall des Erzengels in jüngerer Vergangenheit.

In diesen goldenen Zeitaltern kamen die Individuen aus Gott hervor und besaßen transparente Lichtkörper. Die Menschen wussten um die Inkarnation des Wortes in jedem Sohn und jeder Tochter Gottes. Sie gebrauchten das Wort, um während des goldenen Zeitalters Zivilisationen, großartige Gebäude, Kunst und Wissenschaft abzusondern. Sie lebten jahrhundertelang im selben Körper und kannten weder Tod noch Krankheit oder Zwietracht. Aus diesem Grund streben auch wir immer noch nach dem Weg der Vollkommenheit und einer höheren Lebensart. Wir wissen, dass es möglich ist, weil es bereits einmal existiert hat.

Es kam eine Zeit, als gewisse Zivilisationen der goldenen Zeitalter aus jüngerer Vergangenheit ihren Niedergang begannen, weil die Menschen davon abkamen, Gott für jedes Erreichte anzuerkennen, ihn zu verehren und zu verherrlichen. Wenn Individuen mit unbegrenzter Macht ausgestattet sind (wie Christus, der vor seiner Himmelfahrt sagte: »Mir ist gegeben alle Gewalt im Himmel und auf Erden.[51]), ist es leicht zu vergessen, dass »Ich nichts von mir selber tun [kann]. Wie ich [vom Vater in mir] höre, so richte ich.«[52]

Das vergaß Luzifer ebenso wie es manche dieser Zivilisationen des goldenen Zeitalters vergaßen. Durch dieses Vergessen und aufgrund des Missbrauchs der Wissenschaft des gesprochenen Wortes begann ein rascher Niedergang. Die großen Hierarchen des Lichtes zogen sich in die höheren Oktaven zurück und es ereigneten sich größere Kataklysmen. Der Untergang des Kontinentes Lemuria ist ein solcher Kataklysmus.

Die Rettungsmission von Sanat Kumara

Aufgrund der fehlenden Anbetung der Flamme des Lebens kam es zu einem rapiden Niedergang des Bewusstseins und dadurch bedingt auch der äußeren Erscheinung. Die Körper wurden dichter und grober, bis sie das Niveau von Affen erreicht hatten. Das ist es, was die Nephilim vorfanden, als sie zur Erde kamen. Sie kamen hier zu Zeiten des *Homo erectus* an. Dies ist auch die Zeit, als Sanat Kumara, der in den uralten Schriften des Ostens als der ursprüngliche und erste Guru des gesamten Planeten anerkannt wird, vor dem Konzil des Allmächtigen Gottes und Seiner Söhne stand und um eine weitere Chance für die gefallene Evolution der Kinder Gottes auf Erden bat, zu ihrer Quelle zurückzukehren. Er bot sich freiwillig an, auf die Erde zu kommen, und es gab viele andere, die sich bereiterklärten, mit ihm zu gehen.

Diese Söhne Gottes, die sich freiwillig gemeldet hatten, wussten, dass sie sich in dichten Körpern inkarnieren und sich durch eine sehr dichte Evolution hindurcharbeiten würden müssen. Sie erkannten, dass Gottes Kinder, weil diese den göttlichen Plan verraten hatten, gegenüber den Evolutionen der Nephilim anfällig waren, da sie in sich selbst jene Eigenschaften hatten, die sie Gottes Plan missachten ließ. Auf diese Weise wurden die Kinder Gottes auf diesen sehr, sehr niedrigen Zustand reduziert. Deshalb wurde es auch den Nachzüglern erlaubt, zu kommen.[53] Und aus diesem Grund konnten die Nephilim unsere planetarische Heimat infiltrieren.

Sanat Kumara stellt den großen Archetypus des Lichtes dar und fungiert in den wichtigsten Schriften der Weltreligionen aus Ost und West als Vaterprinzip. Er ist unter vielen Namen bekannt: Kartikeya ist ein solcher Name aus der indischen Tradition.[54] Er kam als Anführer der Söhne des Lichtes, die sich verkörperten. Aber nachdem sie sich jahrhundertelang in dieser dichten Evolution verkörpert hatten, vergaßen manche der Söhne Gottes nach und nach ihren Ursprung, ihren Daseinszweck und das Ziel ihrer Mission. Und so wurden die Nephilim diejenigen, die über die Erde herrschten, alles bestimmten und sogar die Söhne Gottes dazubrachten, sich ihnen unterzuordnen – und dies obwohl es doch sie waren, die geschaffen worden waren, um den Söhnen Gottes zu dienen.

Diese Maskerade findet seit Tausenden von Jahren statt. Heute in dieser Stunde erwacht in den Söhnen Gottes diese uralte Erinnerung, heute fangen sie an zu erkennen, wer der Hochbetagte ist, welches seine Mission ist und warum wir uns hier auf dieser Rettungsmission befinden: um den Kindern des Lichtes die dreifältige Flamme ihrer göttlichen Identität zurückzugeben, die sie verloren haben, weil sie sich von der Verehrung Gottes als dem Licht, als dem Allmächtigen in seinem Universum, als dem Licht und der Flamme, die in den Herzen der Menschen lodert, abgewandt haben.

Jesus Christus, der Avatar des Fische-Zeitalters

Nun können wir auch die Worte und die Mission von Jesus Christus, dem Avatar des Fische-Zeitalters verstehen. Dieser Sohn Gottes brachte eine großartige Botschaft mit sich. Wir lesen, dass Gott seinen Sohn nicht in die Welt schickte, »damit er die Welt richtet« – dass er die Kinder des Lichts nicht dafür verdammt, dass sie den falschen Göttern der Nephilim gefolgt sind –, »sondern damit die Welt durch ihn gerettet wird«.[55] Und es steht geschrieben, dass Jesus Christus die Macht besaß, aus denen, die an seinen Namen glauben, Söhne Gottes zu machen.[56] Die Macht, die diesem Avatar gegeben worden war, bestand darin, den Kindern des Lichtes den ursprünglichen Funken zurückzugeben, den sie verloren hatten, nachdem es mit ihnen aufgrund ihrer Rebellion gegen Gott immer weiter bergab gegangen war.

Jesus Christus ist der große Initiator Ihres und meines individuellen Christus-Bewusstseins. Er gibt uns die Flamme und das Licht zurück. Auch Gautama Buddha kam mit einer ähnlichen Mission. Zarathustra ebenfalls und viele andere, deren Namen uns nicht bekannt sind, weil sie vor so langer Zeit kamen. So anerkennen wir, dass es in jeder Nation, in jeder Rasse und in jeder Zivilisation Söhne Gottes gegeben hat, die mit dieser Botschaft gekommen waren.

223

Heute sind dieselben Evolutionen gegenwärtig wie zu Zeiten Noahs und entwickeln sich nebeneinander auf dem Planeten Erde: die Söhne Gottes, die Kinder Gottes, die Nephilim-Götter und ihre mechanischen Menschen.

Wie aber kann man sie unterscheiden? Jesus sagte: »An ihren Früchten also werdet ihr sie erkennen«[57] – an ihrem Bewusstsein, das sich in ihren Werken widerspiegelt. Der Große Göttliche Lenker[58] hat gesagt, dass er eine Hexenjagd auf die Gefallenen nicht befürwortet, weil das einzige rechtmäßige Mittel im Umgang mit ihnen die Transmutation sei. Transmutation geschieht durch das heilige Feuer des Heiligen Geistes und sie wird herbeigerufen, indem wir das Wort intonieren.

Wir beginnen mit dem Wort und dem heiligen AUM, ziehen das Licht herab, damit es unsere individuelle Schwingung beschleunigt, bis unser ganzer Körper – Atome, Moleküle und Zellen – immer mehr vom Licht des schöpferischen Wortes aufgenommen hat. Wir werden leichter, wir sind nicht mehr so dicht, wir beginnen, auf höheren Bewusstseinsebenen zu leben, obwohl wir uns auch weiterhin in diesen physischen Vehikeln bewegen.

Dieser das Selbst transzendierende Prozess, der von den Gurus aus Ost und West gelehrt wurde, diese befreiende Macht des Wortes ist es, was wir brauchen. Wenn die Evolution der Lichtträger bestimmt, dass wir uns absondern, ein getrenntes Volk werden und beschleunigen, werden wir entdecken, dass wir uns aus den Dimensionen der Verdichteten, also jener, die lebende Tote sind, und jener, die der mechanischen Schöpfung zugehören, heraus beschleunigen.

Aber was ist mit dieser mechanischen Schöpfung, die kein Mitspracherecht bei ihrer Erschaffung hatte? Es steht geschrieben, dass auch sie errettet werden wird, wenn sie den Namen des Avatars bekennt, den des allmächtigen Gottes des Herrn, und dass die Avatare, die von Zeit zu Zeit als das verkörperte Wort in diese Welt kommen, die Macht besitzen, selbst dem mechanischen Menschen die Flamme des Lebens zu geben. Und dieser Lebensfunke ist im Grunde der einzige Unterschied zwischen einem von den Wissenschaftlern einer längst vergangenen Zeit erschaffenen Roboter und einem Kind Gottes.

Daher haben selbst jene Individuen, die einstmals als Mitglieder einer Sklavenrasse erschaffen worden waren, sich mittlerweile vermutlich mit anderen Menschen vermischt haben und deren Nachkommenschaft Teil aller Rassen auf Erden ist, die Möglichkeit, in Kontakt mit dem verkörperten Wort, diesem Erlöser, zu treten und das Geschenk des ewigen Lebens zu empfangen. Der Preis dafür ist einfach Gehorsam gegenüber den Gesetzen des Allmächtigen Gottes und der lebenden Flamme der Liebe.

Lichtzuwachs durch die heiligen Kumaras

Das plötzliche Aufflammen von Kreativität und technischem Fortschritt zur Zeit der alten Sumerer ist nicht ausschließlich auf die Gefallenen zurückzuführen, die mit ihren Raumschiffen landeten. Sumer mag einen Teil seiner Glorie auf die Nephilim zurückführen, aber nicht alles. Auch die Söhne Gottes überlebten die Sintflut und kehrten nach Sumer zurück. Ihr Ziel war es, die Menschheit zu erheben und zu erleuchten und sie die Künste und Wissenschaften der Kultur zu lehren.

Gott vertraute die intellektuelle Entwicklung seiner sich entwickelnden Schöpfung nicht ausschließlich den Gefallenen an, sondern jenen, die Helena Blavatsky in *The Secret Doctrine*[59] als die Spender von Intelligenz und Bewusstsein identifizierte. Sie sind unter vielen Namen bekannt, wir kennen sie als die sieben heiligen Kumaras. Sanat Kumara, der große Guru, ist einer der sieben.

Diese Sieben sind die Förderer der fortschreitenden Erleuchtung der Kinder des Lichtes. Nicht durch Genmanipulation, sondern durch Einweihung haben sie Licht übertragen, um das Potenzial des Geistes zu erhöhen und die Entwicklung des Körpers zu beschleunigen. Dies erklärt die Beschleunigung der Evolution der Lebensschwingungen auf Erden.

Nicht nur durch Genmanipulation des *Homo erectus* schritt die menschliche Evolution fort. Während die Nephilim damit beschäftigt waren, diese Evolution zu beschleunigen, gaben die heiligen Kumaras den Kindern des Lichtes, die von den Zivilisationen des goldenen Zeitalters abstammten, eine neue Chance, umzukehren und dem lebenden Gott zu dienen. Sie vollzogen eine Einweihung, wodurch das Licht zunahm, sodass sich das Kronen-Chakra beschleunigte und das Gehirn und seine Funktionen verbessert wurden.[60]

Das Gehirn ist die äußere Wirkung einer inneren Ursache. Die innere Ursache ist das Licht, das im Kronen-Chakra gespeichert wird. Wenn wir lernen, das Lichtniveau im physischen Tempel anzuheben und das Licht des Herzens zu benutzen, um die sieben Chakras auszudehnen, speichern wir mehr Licht im Körper und deshalb entwickelt sich der Körper zu einem höheren Bewusstsein.

Wir stehen heute vor der Entscheidung, ob wir diesen falschen Göttern und dem Weg der Genmanipulation folgen wollen oder ob wir mit den großen Urhebern der Rasse gehen wollen – mit jenen, die von Gott selbst berufen wurden, mit den aufgestiegenen Meistern, welche die wahrhaft Gechristeten sind, Liebe und Mitgefühl in ihren Herzen tragen, um die wahren Eigenschaften Gottes ebenso wie die Fähigkeit, unsere Umwelt zu meistern, in uns hervorzubringen. Aufgrund ihrer Förderung lernen die Kinder Gottes jene Künste und Wissenschaften, die von den Vertretern der Bruderschaft, die sowohl auf den inneren Ebenen hinter den Kulissen arbeiten als auch durch ihre Vertreter, die sich in physischer Verkörperung befinden, hervorgebracht wurden.

Es gibt viele Menschen auf Erden, die den aufgestiegenen Meistern dienen, aber keine Ahnung haben, dass sie sich in Kontakt mit der Großen Weißen Bruderschaft befinden. Dies sind mitfühlende, liebevolle und bescheidene Menschen, was auch immer ihr Betätigungsfeld sein mag. Sie dienen, um das Leben zu befreien, und die Flamme der Freiheit ist ihnen wichtiger als ein ehrloser Frieden. Gleich ob sie im Bereich der Wissenschaften, der Religion oder humanitärer Aktivitäten arbeiten, überall auf dem Planeten gibt es Seelen, die tatsächlich mit den wahren lebenden Söhnen Gottes durch die Kommunion dieser Heiligen verbunden sind. Sie müssen nur von außen erinnert werden, damit der äußere Geist die innere Seelenverbindung erkennt. Und diese Menschen sind die großen Erneuerer im Sinne des Guten in allen Gesellschaftsschichten.

Wir müssen das verkörperte Böse verstehen

Wir müssen uns von unseren alten Konzepten abwenden, die den Teufel mit einem Schwanz und einer Mistgabel ausgestattet darstellen. Wir müssen erkennen, dass die Teufel nur gefallene Engel sind, welche die Wissenschaft des gesprochenen Wortes missbraucht und ihren Energieschleier, ihre ganze Schöpfung des mechanischen Menschen und den Materialismus erhöht haben.

Die Engel, die niemals fielen, streben danach, Gottes Kinder zu einem höheren Leben, einem höheren Licht, einer größeren Beschleunigung und einem spirituellen Universum zu inspirieren. Aber die gefallenen Engel wollen die Kinder Gottes in einer Art sich endlos fortsetzendem Pseudoleben im materiellen Universum gefangen halten. Solange sie die Kinder des Lichtes dazu bringen können, sich in diesen dichten irdischen Körpern zu reinkarnieren, können sie diese täglich ihres Lichtes, ihrer Vorräte, ihres Geldes, ihrer Talente und ihres Bewusstseins berauben und so diesen endlosen, irrealen Materialismus aufrechterhalten, der sie gedeihen lässt.

Tatsächlich ist es so, dass genetische Monstren unerkannt mitten unter uns lauern: die Nephilim selbst und ihre Roboterschöpfungen, die ganze Nationen mit ihrer Mordlust, ihrer Sabotage und dem Massenmord an Millionen unschuldiger Opfer terrorisieren – dies in zwei Weltkriegen, während der kommunistischen Machtergreifung in Russland, Osteuropa und China, im Holocaust der Nazis oder als moderne Abtreibung, durch Chemikalien und Pestizide, durch nukleare Verseuchung und radioaktive Abfälle, oder durch eine atomare Katastrophe wie in Three Mile Island oder Tschernobyl, die stets mit derselben charakteristischen Gefühllosigkeit gegenüber dem Leben und einem nicht enden wollenden Ehrgeiz und Machthunger ausgeführt werden.

»Fürchtet euch nicht vor denen, die den Leib töten«

In den wenigen kurzen Jahren, die ihnen noch verbleiben, versuchen die Gefallenen – also die ursprünglichen Nephilim – alles, um die Seelen der Kinder Gottes zu zerstören. Sie wollen die Seelen von Gottes eigenem Volk zerstören. Daher sagte Jesus: »Und fürchtet euch nicht vor denen, die den Leib töten, und die Seele nicht können töten; fürchtet euch aber vielmehr vor dem, der Leib und Seele verderben kann in der Hölle.«[61] Wie kann die Seele in der Hölle zerstört werden? Sie kann zerstört werden, wenn man den wahren Grund für das Sein in Gott aufgibt, den falschen Göttern folgt und Stück für Stück das kostbare Samenatom weggibt – die Kernidentität des Lebens, die in einer Verkörperung nach der anderen weiterbesteht. Ihre wahre Identität ist ein Geschenk Gottes an Sie; sie ist das Geschenk, das

Sie ihm zurückgeben. Wenn Sie sich entscheiden, es den gefallenen Engeln zu geben, werden diese Sie zwischen ihren Zähnen zermalmen und wieder ausspucken.

So wie wir um die sich wiederholende Inkarnation des Wortes wissen, so wissen wir auch um die Reinkarnation der Nephilim. Die wilden Götter Sumers haben sich reinkarniert und sind wie Dschingis Khan mit seinen Horden aus mechanischen Menschen oder wie Hitler mit seinen Roboterarmeen und wahnsinnigen Befehlshabern, die den Irrsinn der Auslöschung der Juden betrieben, über die Erde hergefallen. Die ist ein klassisches Beispiel dafür, wie die Kriegsräte der Nephilim Roboter einsetzen, um Millionen von Gottes Kindern auszulöschen.

Was fällt Ihnen auf, wenn Sie sich diese Kriegsherren anschauen, die in Nürnberg vor Gericht standen? Ein wahnsinniges Ego, ein wahnsinniger Hochmut, die Fähigkeit, völlig zu verdrängen, was sie getan haben, und die Bereitschaft Abermillionen von Gottes Kindern zu ermorden.

Wir müssen begreifen, dass es zwei Arten von Menschen gibt, die auf der Erde leben. Und solange wir das nicht tun, werden wir niemals Fortschritte machen, diese Erde in ein goldenes Zeitalter zu führen. Diese Lehre ist das fehlende Glied auf Ihrem individuellen Weg, in Ihrer Karriere, im Leben, das Sie leben werden, bei der Gründung einer Familie, bei der Zeugung von Kindern und deren Erziehung. Dies ist mehr als Religion, dies ist die Wissenschaft des universellen Lebens.

Das Unkraut und der Weizen

Hitler und seine verrückten Befehlshaber sind leicht zu identifizieren, aber wenn Nephilim zu gütigen Wohltätern werden und wir nur sehen, dass sie unsere Steuergelder nehmen und diese verschenken, um sich einen guten Ruf zu verschaffen, wird es für uns schwierig, zu definieren, wer auf der rechten Seite steht und wer auf der linken, wer dem Licht angehört und wer nicht. Durch unser eigenes Herz, durch unsere eigene Seele und durch das Wort in uns müssen wir sie an ihren Früchten erkennen.[62]

Die Kinder des Lichtes haben nicht immer erkannt, wer ihre Unterdrücker sind. Sie verstehen nicht, dass die Zerstörer der Menschen auch die Erlöser sind und dass das Pendel hin und her schwingt. Um seinen guten Namen zu behalten, muss man als Erlöser posieren, während man genau die Menschen zerstört, die man erobern will. Wo auch immer kaltblütig Massenmorde begangen werden, entdecken wir dahinter die Manipulation und das blutdürstige Wirken von Menschen, die irgendwie nicht wie Menschen sind, die irgendwie nicht wie der Rest von uns sind.

Jesus erklärte sorgsam den Unterschied zwischen dem Unkraut und dem Weizen. Er sagte, der Weizen seien die Kinder des Lichtes und das Unkraut sei der Same des Bösen, den der Feind gesät hat. Er sagte, dass sie erst in den letzten Tagen voneinander getrennt werden würden, wenn die Engel kommen und das Unkraut zu Garben binden und es als Spreu verbrennen würden. Dann wären die Kinder des Lichtes frei.[63]

Irgendwie ist diese Botschaft von Jesus Christus nicht verstanden worden, und vor allem scheint sie für die heutige Zeit nicht wichtig zu sein. Aber sie ist sehr wichtig. Das Unkraut wächst weiterhin Seite an Seite mit dem Weizen, und man weiß erst beim Jüngsten Gericht, ob ein Individuum vom gestohlenen Licht der Söhne Gottes gelebt hat oder ob es selbst ein Lichtquell und wahrhaft eins mit Gott ist. Daher warnte Jesus uns: »Richtet nicht, auf dass ihr nicht gerichtet werdet.«[64] Aber nicht zu urteilen bedeutet nicht, dass man das Einsichts- sowie Unterscheidungsvermögen des Christus aufgeben soll, um zu sehen, was man sehen will, und um seine Repräsentanten nach bestem Wissen und Gewissen zu wählen.

Die heutigen Menschen sind einfach nicht bereit, sich den offensichtlichen Tatsachen zu stellen. Die Nephilim und ihre gottlose Schöpfung leben auf Erden und sind gesund und munter. Sie sind die spirituell Bösen in den hohen Ämtern von Kirche und Staat, sie sitzen in den Regierungen und in der Wirtschaft, sie sind in unseren Erziehungsinstitutionen, in der Kunstszene und in den Medien anzutreffen und sie befinden sich bei der wissenschaftlichen Manipulation der Zukunft an vorderster Front.[65] Sie sind jene, die sagen:»Wir sind die Götter und die Zukunft gehört uns.« Niemand fordert sie heraus. Daher ist es nun an uns zu sagen:»Nein. Die Zukunft ist das Wort. Die Zukunft ist das verkörperte Wort. Und ich entscheide mich aus freiem Willen, dieses Wort zu sein.«

Gott hat uns diese Wahl gegeben. Paulus hat es gesagt. Wir können uns entscheiden, gemeinsame Erben des universellen Christus-Bewusstseins zu sein, das Christus verkörperte[66], das Gautama verkörperte, dass die Heiligen aus Ost und West in sich getragen haben. Die Worte und Werke der Söhne Gottes unterscheiden sie von den Nephilim.

Das Karma von Atlantis

Wir leben heute ungefähr 12 000 Jahre nach der letzten Flut. 12 000 Jahre konstituieren einen einzigartigen Zyklus, der eine Periode der Einweihung der Evolutionen der Erde darstellt.

Der Kreis hat sich geschlossen. Wir sind wieder zu allem zurückgekehrt, was im Bereich der Gentechnologie und Genmanipulation in Atlantis stattgefunden hat. Wir sind wieder an jenem Punkt angelangt, wo wir unseren freien Willen ausüben und unsere Geschichte, unsere Epoche, das Schicksal unserer Nation und aller Nationen der Erde in die eigene Hand nehmen müssen. Denn wenn sich dieselben Ereignisse wiederholen, wenn die gottlosen Schöpfungen aus den Reagenzgläsern der Laboratorien kriechen und die Erde wieder einmal mit immer größerer Bosheit infiziert wird und den Menschen immer größere Lasten auferlegt werden, ist vorhersehbar, dass die Abwesenheit der Harmonie Gottes im Leben auf der Erde zu einer weiteren, größeren Katastrophe führen wird.

Von all dem Bösen, das dazu führte, dass das Gericht Gottes des Herrn hernieder kam und Atlantis versinken ließ, dass die Fluten aus der Tiefe herausgelassen wurden, war die Gentechnologie, die zur künstlichen Erschaffung gottloser Lebensformen führte, das größte und schlimmste Übel.[67] Und dieses Übel taucht nun heute in einem atemberaubenden Tempo wieder auf. Daher stehen wir an der Schwelle von Prüfungen, die entscheiden, ob wir diese Manipulation des Lebens, das Gott ist, zulassen oder nicht, und ob wir den Weg unserer eigenen Zerstörung beschreiten.

Da die atlantische Gentechnologie über jede traditionelle Wissenschaft hinausgeht, sollten Sie sich selbst fragen, welche Art Mensch dahintersteckt und wer die Gentechnologie zu welchen Zwecken benutzen will. Fragen Sie sich dann, ob Sie sicher sind, dass wir durch die dunkle Nacht der Wiederauferstehung der atlantischen Kultur ohne einen Kataklysmus hindurchgehen können. Das erste Rumoren dieses Kataklysmus kann man bereits in Erdbeben und in extremen Wetterbedingungen spüren. Es besteht die allgemeine Angst auf dem Planeten, dass wir in den kommenden Jahren mit einem extremen Kataklysmus konfrontiert sein werden.

Gott hat uns durch seinen Heiligen Geist mitgeteilt, dass dies aufgehalten werden kann. Wie? Durch die Macht des Wortes, durch die Anrufung des Wortes, indem Sie so über das Wort meditieren, das Wort so sprechen und das Wort so mit Ihrem Leben lieben, dass Sie eins damit werden. So werden Sie zum verkörperten Wort.

Zu diesem Zweck wurden Sie geboren. Sie wurden geboren, um Ihre Seele mit dem fließenden Strom des Wortes zu verschmelzen – mit dem universellen Wort, das am Anfang bei Gott war und ohne das nichts gemacht wurde, was gemacht wurde.[68] Wir

232

wurden nicht ohne das Wort in uns erschaffen, und deshalb kehren wir zu diesem Wort zurück. Es ist der Schlüssel, denn das, was erschaffen kann, kann die Erschaffung auch wieder rückgängig machen. Das Wort kann die gesamte zerstörerische Mechanisierung der Gefallenen, die sich über die ganze Welt erstreckt, wieder rückgängig machen.

Der Prophet sagt uns, dass die Heerscharen des Herrn auf den Hügeln lagern. Der Anführer der Schlacht, der Anführer der Armeen des Himmels, der im Buch der Offenbarung erwähnt wird, ist kein anderer als Sanat Kumara.[69] Unterstützende Erzengel und Söhne Gottes sind da, und sie sind bereit, die Erde den Kindern des Lichtes zu überantworten. Aber wir müssen den Ruf ergehen lassen. Von uns wird verlangt, dass wir das gesprochene Wort gebrauchen, um Gott anzurufen, sich auf Erden zu manifestieren.

Es gibt ein sehr wichtiges Gesetz: Die Legionen des Lichtes können nicht zu uns auf die irdische Ebene kommen, es sei denn, wir rufen sie herbei, weil Gott uns die Herrschaft über die Erde übertragen und den freien Willen gegeben hat.

Dies ist unsere Erde. Sie gehört nicht den Nephilim. Sie gehört nicht ihrer gottlosen Schöpfung. Sie gehört den Kindern des Lichtes und den Söhnen Gottes. Wenn wir wollen, dass das Göttliche eingreift, müssen wir darum bitten. Und das tun wir durch Gebete, dynamische Dekrete und Meditation. Das bedeutet, jeden Tag die Wissenschaft des gesprochenen Wortes zu nutzen, um Gottes Gegenwart herbeizurufen, indem wir sagen: »Gott, komm auf diese Erde herab. Ergreife die Macht. Richte die Gefallenen und führe diese Erde zum Sieg.«

Teil 3

DER FEIND IM INNEREN

In diesen letzten Tagen fühlen sich viele Menschen von der Idee angesprochen, dass eine bestimmte Person, nämlich der Antichrist, auftauchen wird. Viele Bücher sind zu diesem Thema geschrieben worden, und alle halten Ausschau nach dem Antichrist.

Allerdings besagt die Lehre der Bruderschaft, dass es nicht so wichtig ist zu prophezeien, wer dieser Antichrist ist, wann, in welcher Gestalt und in welchem Land er erscheint. Es ist wichtiger, die Menschen Gottes auf Erden zu lehren, sich darauf vorzubereiten, diesem Antichrist zu begegnen – in welcher Form er sich auch immer manifestieren mag.

Der Antichrist, der für das Individuum am gefährlichsten ist, ist der Antichrist, der in seinem eigenen Geist wohnt. Dieses Anti-Selbst wird der fleischliche Geist genannt. Dieses Anti-Selbst ist das synthetische Selbst oder das unwirkliche Selbst und es besteht aus den Dynamiken des Karma und den Dynamiken der Schöpfung, die sich im Verlauf vieler Jahrhunderte des Lebens auf dem Planeten Erde oder anderen Weltensystemen angesammelt haben.

El Morya sagt:

»Möge niemand leugnen, dass es einen Antichrist gibt, denn der Antichrist ist jede Kraft innerhalb und außerhalb der Psyche des Menschen, die den wahren lebenden Gott in euch herabsetzt. Versteht, dass er nicht notwendigerweise eine Person sein wird, die zu einem bestimmten Zeitpunkt erscheint, sondern dass es eine vonseiten vieler getroffene Entscheidung ist, die destruktiven Kräfte des Universums zu verkörpern, um so das Licht der Freiheit in Nation um Nation auszulöschen.«[1]

»Der Antichrist ist sowohl eine Person als auch ein Bewusstseinszustand. Der Antichrist herrscht dort, wo Schwäche ist, wo es keine moralische Grundlage gibt, wo die Gesellschaft zerbröckelt.«[2]

Der größte Antichrist, dem Sie sich jetzt gegenübersehen, ist der Feind im Inneren. Wer bedroht Sie von innen her? Wer raubt Ihnen in diesem Augenblick Ihre Christusschaft? Nur der Feind im Inneren.

Wenn Sie den Planeten nach dem Antichrist absuchen, haben Sie ihn verpasst. Wenn Sie glauben, er sei so einer wie der Mann mit dem blauen Turban aus dem Osten[3], den Nostradamus prophezeite, oder ein sehr böser Mensch, der irgendwann auftauchen wird, werden Sie den Feind im Inneren niemals in den Griff bekommen.

Der Hüter der Schwelle: der Feind im Inneren

»Hüter der Schwelle« ist ein Begriff, der manchmal gebraucht wird, um das Anti-Selbst zu beschreiben oder das Nicht-Selbst, das synthetische Selbst, die Antithese des Wahren Selbst, das Konglomerat des selbst erschaffenen Egos, fälschlicherweise entstanden durch den unmäßigen Gebrauch des Geschenks des freien Willens, das aus dem fleischlichen Geist und einer Konstellation verunstalteter Energien, Kraftfelder, Fokalpunkte und des animalischen Magnetismus besteht, die das Unterbewusstsein ausmachen.

Der Mensch hat durch den Körper des Begehrens – auch Astralkörper genannt – und durch das Solarplexus-Chakra Kontakt mit dem reptilienhaften antimagnetischen Selbst, das der Feind Gottes und seines Christus und der Wiedervereinigung der Seele mit diesem Christus ist. Der Hüter der Schwelle ist daher der Kern eines Energiewirbels, der den »elektronischen Gürtel« bildet, der wie eine Kesselpauke geformt ist und die vier niederen Körper von der Taille abwärts umgibt.

Manchmal kann man sehen, wie sich der Schlangenkopf des Hüters aus dem schwarzen Teich des Unbewussten erhebt. Dieser elektronische Gürtel beinhaltet die Ursache, die Wirkung, die gespeicherten Aufzeichnungen und die Erinnerungen des menschlichen Karmas in dessen negativen Aspekten. Positives Karma, also Taten, die aufgrund göttlichen Bewusstseins begangen wurden, werden im Kausalkörper registriert und in den elektronischen Feuerringen, die jede ICH-BIN-Gegenwart umgeben, versiegelt.

Wenn die schlafende Schlange des Hüters durch die Gegenwart des Christus erweckt wird, muss die Seele aus freiem Willen die Entscheidung treffen, diesen selbst gewollten persönlichen Antichrist durch die Macht der ICH-BIN-Gegenwart zu töten und zum Verteidiger des Wahren Selbst zu werden, bis die Seele vollkommen mit Ihm wiedervereinigt ist, der der rechtmäßige Herr ist, der Herr unsere Gerechtigkeit[4], das Wahre Selbst eines jeden Lebensflusses auf dem Pfad der Einweihung.

Der Hüter erscheint der Seele auf der Schwelle des wachen Bewusstseins, wo er anklopft, um Zugang zum »legitimen« Reich selbst erkannten Selbstseins zu erlangen. Der Hüter möchte dort eintreten, um Herr des Hauses zu werden. Aber Sie dürfen nur öffnen, wenn Christus und nur Christus allein anklopft. Nur ihm dürfen Sie Einlass gewähren.

Die schwerwiegendste Einweihung auf dem Pfad der Schüler Christi ist die Konfrontation mit dem Nicht-Selbst. Denn wenn dieses nicht von der Seele getötet wird, die eins im Christus-Geist ist, wird es erscheinen, um diese Seele in seinem rasenden Zorn und Hass auf das Licht zu verschlingen. Für den Lehrer auf dem Pfad und für den Guru Sanat Kumara mit uns, der sich körperlich als der Sendbote Maitreyas manifestiert, ist es notwendig, das Gleichgewicht für jeden einzelnen Eingeweihten auf dem Pfad sowohl spirituell als auch auf der physischen Oktave zu wahren, während dieser sich der Einweihung der Begegnung nähert und dem Hüter der Schwelle von Angesicht zu Angesicht gegenübertritt. Der planetarische Hüter der Schwelle ist in den Kräften des Antichrists personifiziert.

Christus und der Hüter der Schwelle

Der aufgestiegene Meister Kuthumi, unser göttlicher Psychologe, ist gekommen, um uns hinsichtlich des Krieges zu unterweisen, der zwischen Christus und dem Hüter in unseren vier niederen Körpern geführt werden muss.

»Es ist schwierig, ein Drachentöter zu sein, wo doch das ritterliche Zeitalter längst vergangen ist. Manche finden es ziemlich unangenehm, ein Schwert zu ergreifen und das Nicht-Selbst damit zu töten. Aber in der Zwischenzeit, während ihr Befinden zu empfindlich ist (und ihr Ego ebenso), um diese Handlung auszuführen, werden sie selbst vom Hüter verschlungen: Sie zaudern und zögern, sie schlagen die Zeit tot und fallen oft zurück, ohne sich dessen selbst bewusst zu sein. Denn in der relativen Welt scheint man manchmal vorwärtszugehen, wenn man doch in Wirklichkeit stillsteht oder sogar rückwärtsgeht ...

›Was bedeutet es, den Hüter der Schwelle zu töten?‹ habt ihr gefragt.

Ihr Geliebten, aufgrund des freien Willens habt ihr alle Taten, Worte und Wünsche geformt. Einige davon sind als Schwingung rein und vollkommen und bauen die individuelle Christusschaft und den Mantel auf, das nahtlose Gewand. Durch Unwissenheit, fehlende Unterweisung, Vergesslichkeit gegenüber der Primärursache und dem Ursprung in den höheren Sphären sind andere dieser Schwingungen, die von den Taten, Worten und Wünschen ausgehen, gefallen, da sie nicht das Gleichgewicht des Fluges von Alpha und Omega besaßen. Sie sind gefallen und haben angefangen, eine Spirale um den Solarplexus, um den »Ort der Sonne« herum zu formen, die wie ein Sonnensystem aussieht.

Gewisse Dynamiken aus Lebzeiten von vielen Tausenden von Jahren haben die Antithese des Selbst erschaffen, was dem äußeren Geist oftmals vollkommen unbekannt ist, der sich für so aufrichtig hält und so darum bemüht ist, stets das Richtige zu tun, wobei schon in dem Wunsch, das Richtige zu tun, die falsche Schlussfolgerung enthalten ist, dass der Wunsch allein schon alle Dinge richten werde. Dennoch besteht das Gesetz darauf, dass es rechtes Handeln und falsches Handeln gibt, und dass der Beweis, wodurch das eine vom anderen unterschieden wird, im Kausalkörper – diesem reinen Gefäß des Lichtes, in dem alle guten Taten in der Materie sind – und in diesem elektronischen Gürtel zu finden ist.

Nun, im Auge des Wirbels aus verunstalteter Energie – im innersten Auge des Wirbels – existiert ein Punkt des Bewusstseins und der Identität, der als das kollektive Bewusstsein aller Missetaten hervortritt. Jedes Mal, wenn eine Entscheidung getroffen wird, die als unwirklich registriert wird, muss ein Teil des unrealen Geistes gebraucht werden, um sie zu treffen. Deshalb haben die gesammelten Handlungen ein kollektives Bewusstsein, und der Hüter ist die kollektive Manifestation all dessen, was falsch war. Er tritt als Identität hervor, als ein Fantasiegebilde, könnte man sagen, das aber eine Dynamik besitzt, die menschliche Macht in einem gravierenden sowie großen Ausmaß ausübt.

Diese Identität ist die Betrügerin der Seele und des Christus-Selbst. Aufgrund des freien Willens wird ein Teil der Seele in diese Betrügerin investiert, und ein Teil der Seele wird in den Christus investiert. Daher liegt das Schlachtfeld und das Harmagedon in der Seele, die, wie ihr wisst, durchaus verloren gehen kann.

Nun kommen der Christus und die aufgestiegenen Meister mit ihren Chelas, um die Seele von der Unwirklichkeit wegzulocken, um der Seele zu zeigen, was wirklich ist, was Licht ist, was das ewige Ziel ist. Dies ist euer Amt als Hirten und seelsorgerische Diener und Schüler der Weltlehrer. Wenn die Seele erleuchtet und beflügelt ist und Bewusstheit durch den Christus erlangt, fängt sie durch die Christus-Intelligenz selbstständig an zu erkennen, was unwirklich ist.

Aber sehen bedeutet nicht unbedingt glauben. Daher ist sehen der erste Schritt und glauben der zweite.

Das Unwirkliche zu verneinen wird durch die Last der individuellen Psychologie erschwert. Und so müssen manchmal schwere Lektionen – das Brennen in der Feuerprobe[5], der Schmerz in dieser Welt – die Seele überzeugen, dass das Leben wichtiger ist und dass man daher bestimme Umstände, bestimmte Bequemlichkeiten und bestimmte Überzeugungen aufgeben muss.

Wir führen die Seele so nahe wie möglich an den Abgrund der Erkenntnis des absolut Guten und des absolut Bösen heran, wobei wir die Integrität der Seele wahren und denjenigen nicht zu sehr dadurch ängstigen, dass er sich der großen Finsternis im Innern, die dem großen Licht entgegensteht, gewahr wird.

Daher, geliebte Herzen, soll die Tötung des Hüters nicht plötzlich in einem Stück erfolgen, sondern Stück für Stück. Dies ist etwas, dessen ihr euch bewusst sein solltet, weil es euch bereits gesagt wurde. Jeden Tag erscheint je nach den kosmischen Zyklen ein kleines Stück des Kopfes des Hüters über diesem dunklen Teich des elektronischen Gürtels. Dies ist eine stille Finsternis, und man kann möglicherweise den Kopf, das Ohr, das Auge oder die Nase des Hüters, dieses selbst erschaffenen Monstrums sehen. Ihr seht ihn in euren eigenen Handlungen und Reaktionen. Ihr seht ihn in euren eigenen Gedankengängen, manchmal nur anhand eines verräterischen Kräuselns der Oberfläche oder ihr seht vielleicht den Schwanz, wenn das Biest in die Tiefe abgetaucht ist.

Deshalb müsst ihr lauschen und schauen, was dort lauert. Sobald ihr eine Neigung bemerkt, euch zu fürchten, eifersüchtig zu sein, wütend oder was auch immer zu werden, betrachtet dies als die Spitze des Eisbergs und erforscht ihn. Arbeitet daran. Diese Arbeit ist wahrlich eine äußerst wichtige Arbeit des Geistes. Es ist nicht immer leicht, auf dem Weg der Konfrontation zu bleiben.«

Der Pfad der Konzilianz gegenüber dem Hüter

»Ich komme mit einer Botschaft von Maitreya, um seine vorherigen Botschaften zu bekräftigen. Denn er hat vom Pfad der Konzilianz gesprochen. Dabei findet ihr Möglichkeiten, den Hüter mal auf der einen, mal auf der anderen Seite zu umgehen, statt ihn zu töten.[6] Und so beginnt ihr damit, den Turm aus Licht zu erbauen, ihr baut eine große Dynamik aus Dekreten und Diensten auf und hofft, dass euch diese schreckliche Begegnung irgendwie erspart bleiben möge. Aber sie wird euch nicht erspart bleiben. Und der Tag, an dem ihr wieder einmal entdeckt, dass all das Gute nicht das annehmbare Opfer ist, ist der Tag, an dem ihr euch in der Gegenwart Maitreyas wieder Aug in Aug mit dem Hüter der Schwelle sehen werdet.

Ihr mögt weit vorankommen, großen Abstand zum Sendboten halten und niemals den Hüter bemerken und ein positives Moment in den äußeren Errungenschaften aufbauen, ob nun durch Yoga, Dekrete oder diese oder jene Disziplin. Und ihr mögt sehr glücklich mit euch selbst sein und auch andere mögen immer glücklicher mit euch sein. Aber darum geht es natürlich nicht.

Es geht nämlich darum, ob eure ICH-BIN-Gegenwart und euer Christus-Selbst glücklich sind und ob eure Lehrer euch sagen, dass euer Opfer im Lichte der kosmischen Einweihung annehmbar ist. Deshalb, ihr Geliebten, den Meistern aus dem Weg zu gehen oder dem Instrument aus dem Weg zu gehen, durch das wir zu euch sprechen, heißt zu versuchen, dem Tag der Abrechnung eurer karmischen Verantwortlichkeit aus dem Weg zu gehen, der in biblischen Begriffen der Tag der Rache unseres Gottes[7] genannt wird ...«

Rebellion und Ungehorsam

»So begreift dann Konzilianz gegenüber diesem Aspekt des Tieres als Rebellion gegen den Guru und als Ungehorsam gegenüber Gott dem Herrn. Begreift, dass dieser Ungehorsam den Kern der Rebellion ausmacht, die das Verderben vieler Chelas gewesen ist, darunter einige, von denen wir auch nicht erwartet hatten, dass sie es schaffen würden.

Obwohl wir das makellose Konzept aufrechterhielten, lagen uns doch die Aufzeichnungen der Vergangenheit vor. Wir gewährten ihnen eine Chance in reinster Hoffnung, mit voller Unterstützung und mit der gesamten Dynamik unserer elektronischen Gegenwart. Und doch, ihr Geliebten, haben andere, die es nicht geschafft haben, das Rennen verloren, weil sie diese Unterweisungen von Maitreya nicht erhalten hatten, die ich euch noch einmal gebe, weil sie so vielen geholfen haben.

Durch Konzilianz gegenüber der Rebellion – mal rechts, mal links herumgehen – wird man zu einem Arbeitstier, tut viele gute Taten und engagiert sich sozial, führt Rituale aus, sagt Gebete auf oder übt Yoga, wobei die ganz Eifrigen sich möglicherweise für den Weg der Askese, der Selbstdisziplin oder des Fastens entscheiden. Aber alle diese Dinge sind ein sorgfältiges Sammeln von menschlichen Tugenden, um (zumindest unbewusst) zu vermeiden, den allerwichtigsten Schritt zu tun, der gemacht werden muss: den Schritt der Begegnung mit jenem Satelliten, der im elektronischen Gürtel kreist und der sich zwischen die Seele und ihre ICH-BIN-Gegenwart gestellt hat, insbesondere die Rebellion gegen Maitreya oder Sanat Kumara oder gegen das Gesetz, weil es möglicherweise von einem besonders unvollkommenen Gefäß ausgedrückt wurde. Diese Rebellion wird eine sich selbst aufrechterhaltende Blockierung, da sie durch den freien Willen in eine Umlaufbahn gebracht wurde und ohne den freien Willen nicht wieder aus dieser entfernt werden kann.

Wenn ihr Planeten in die Umlaufbahn dieses elektronischen Gürtels bringt, erschafft ihr eure eigene persönliche unterbewusste Astrologie und Psychologie, die ein und dasselbe sind, nämlich Fokalpunkte eures Karmas. Wenn ihr nun an das Sonnensystem denkt, in dem ihr lebt, und ihr die Masse, das Volumen und die Ausmaße der Planeten betrachtet, werdet ihr verstehen, dass es wesentlich leichter ist, einen Planeten in Bewegung zu setzen, als ihn zurückzubeordern, so wie auch die Worte, die euren Mund verlassen, nicht zurückgerufen werden können, wie leid es euch auch immer tun mag (es sei denn durch die violette Flamme).«

Die Notwendigkeit der Meister-Schüler-Beziehung

»Um also den Planeten der Rebellion zu entfernen, müsst ihr Einheit mit der Zentralsonne eueres Seins erlangen – mit der ICH-BIN-Gegenwart, dem Christus-Selbst und der veräußerlichten Verwirklichung des Herz-Chakras. Deshalb predigen wir über das Geheiligte Herz. Aus diesem Grund findet eine Vereinigung der Religionen aus Ost und West durch den Weg des Herzens statt, denn alle, die sich jemals verwirklicht haben, haben dies durch das heilige Feuer getan.

Hört nun gut zu: Um den Planeten der Rebellion im elektronischen Gürtel zurückzurufen, müsst ihr eine nicht nur gleich große, sondern noch größere Macht des Lichtes und des heiligen Feuers im Herzen manifestieren, um ihm entgegenzuwirken und ihn aufzulösen. Sonst müsst ihr die Hand des Meisters oder des Gurus ergreifen, der diese Entwicklung bereits vollzogen hat und auf euch das Licht übertragen kann, das euch über Wasser halten wird, wo ihr sonst versinken würdet – wie bei Petrus geschehen.[8]

Daher besteht die Notwendigkeit der Meister-Schüler-Beziehung. Denn es ist heute nicht einer unter euch auf Erden (außer jenen, die bereits in unseren inneren Refugien weilen), der es allein schaffen kann, der in seinem elektronischen Gürtel nicht etwas hat, das der Verstärkung durch die Meister bedürfte, die euch in diesem Prozess des Entfernens vorausgegangen sind. Ich sage zügig entfernen, denn wir haben keine Million Jahre Zeit, in denen ihr sitzen, die violette Flamme anrufen und diese Disziplinen ausüben könntet ...

Zyklen dürfen nicht verloren gehen. Prüfungen dürfen nicht aufgeschoben werden. Und wenn ihr sie seht, besteht sie und geht weiter. Ihr Geliebten, wenn der Aspekt des Hüters der Rebellion nicht herausgefordert, gebunden und ausgetrieben wird – und dies geschieht in Schritten, denn der Planet muss gebunden werden, bevor er endgültig ausgetrieben werden kann, was bedeutet, dass er eurem freien Willen und eurer Christusschaft unterworfen wurde, aber noch nicht völlig eliminiert ist –, wenn er bleibt und ihr euch in einer Zwielichtzone befindet, in der ihr den Hüter nicht getötet habt und nicht in die vollkommene Vereinigung eingetreten seid, bewegt ihr euch auf trügerischem Grund ...«

Das annehmbare Opfer ist das Gute in Christi

»Wenn ihr euch in der Zwielichtzone befindet und wie verschreckte Mäuse umherrennt, um gutes Karma anzusammeln, euch aber dem eigentlichen Problem nicht stellt, ist das Opfer der menschlichen Rechtschaffenheit und der menschlichen Tugend nicht das annehmbare Opfer. Wenn das Individuum nicht bereit ist, sich diese Lehren zu Herzen zu nehmen und sich zu ändern, dann – so werdet ihr sehen – wird es zornig werden, wie Kain zornig wurde, als sein Opfer nicht angenommen wurde.[9] Er verlangte von Maitreya, dass seine menschliche Tugend als Ersatz für die Tugenden des Christus angenommen werden möge, dass das Gesetz für ihn geändert werden möge und dass seine grandiose menschliche Tugend ausreichen solle, statt das Gesetz zu erfüllen.

Und die Menschen tun dies immer wieder und ihre Pläne und Taten werden immer grandioser, manchmal umspannen sie die ganze Erde. Und dann sagen sie: ›Sicherlich sollte doch dieses große gute Werk, diese große Leistung, diese große Tat, die ich vollbracht habe und die Millionen zum Segen gereicht, ein annehmbares Opfer sein!‹

Es ist aber nur dann ein annehmbares Opfer, wenn es aus der Tugend des Christus heraus getan wird. Was ist die Tugend des Christus? Dies ist die mit Christus vereinigte Seele, die den Hüter durch diesen Christus getötet hat und daher sagen kann: ›Dies habe ich zum Ruhme Gottes getan und nicht aus Konzilianz gegenüber meiner Rebellion, nicht als Ersatz für meine Unterwerfung, nicht als Forderung, dass Gott mich meinem Weg gemäß aufnehmen soll statt nach Seinem.‹

Nun, wenn das Opfer, das nicht der Tugend des Christus entspricht, zurückgewiesen wird, wie es dies jetzt und immerdar werden wird, entsteht Zorn auf der unterbewussten Ebene, der sich an der Oberfläche als Depression manifestieren mag. Hütet euch vor Depressionen und Launenhaftigkeit, denn diese sind Zeichen schwerwiegender Probleme. Depression ist jener Zustand der Zwielichtzone, in dem das Individuum weder den Hüter getötet hat noch vollständig in das Herz des Christus eingetreten ist. Dies ist die gefährlichste Situation, in der sich die Seele auf dieser Oktave des materiellen Universums befinden kann. Daher solltet ihr danach streben, euch schnell von diesem gefährlichen Ort zu entfernen.

Einige von euch haben wiederkehrende Träume, in denen sie über schwankende Brücken gehen, übe tiefe Abgründe oder durch enge Tunnel, oder in denen sie in einer Kiste eingesperrt sind. Sie wachen womöglich in kalten Schweiß gebadet auf, weil sie in der Nacht solche Schrecken erlebt haben. Und so wird euch von eurem höheren Mentalkörper eine Botschaft übermittelt, mit der er euch sagen will, dass ihr euch in eine gefährliche Situation gebracht habt, dass ihr sie überwinden müsst, dass ihr euch bewegen müsst, dass ihr nicht mehr zurückgehen, aber auch nicht stillstehen könnt, dass ihr euch vorwärtsbewegen müsst.«

Die falschen Gurus bieten den Seelen die falschen Früchte an

»Denn hier wird der Versucher erscheinen, weil ihr für jene empfänglich seid, die euch Waren und Früchte anbieten, die nicht zu den initiatorischen Früchten Maitreyas gehören.

So tauchen die falschen Gurus auf, um jene Seelen auszunutzen, die sich geweigert haben, die Einweihung auf sich zu nehmen und diesen Kern der Rebellion herauszufordern.

Nun finden sie einen falschen Guru, nun suchen sie sich selbst davon zu überzeugen, dass alles gut ist. Sie können ihre Rebellion aufrechterhalten, denn der falsche Guru ist die Verkörperung des Hüters der Schwelle der Rebellion gegen Maitreya. Und jene werden den falschen Lehrern in einem Leben nach dem anderen folgen und jedes andere Gewahrsein des Lichtes Christi unterdrücken.

Denn dieses Gewahrsein würde von ihnen zwingend verlangen, dass sie sich wieder dem Punkt der Begegnung und dem Punkt der Entscheidung nähern. Und so haben sie ein System des Wissens, der Bildung und die ganze akademische Welt, aber all diese Dinge stärken nur ein System der Zivilisation, das auf Hochmut und der Entwicklung des menschlichen Egos, auf einer Ethik, die ihr Mäntelchen nach dem Wind dreht, auf der Modifizierung des Verhaltens und all dem aufgebaut ist, was bei der Formung des menschlichen Tieres geschieht und es zusammenhält.

Nun müsst ihr verstehen, wie ein Individuum, das vor 10 000 oder 12 000 Jahren durch seine Zurückweisung Maitreyas die bewusste Entscheidung getroffen hat, den Hüter der Rebellion zu behalten, in der heutigen Stunde oder in irgendeinem Jahrhundert reagiert, wenn die Vertreter Maitreyas oder der Großen Weißen Bruderschaft mit der wahren Lehre und den wahren Erfordernissen des Gesetzes hervortreten. Nun kehrt sich der Zorn um, der unterbewusst ist und der sich bisher äußerlich als Depression manifestiert hatte, und wendet sich in einer allumfassenden Kampagne nach außen, um die Gesellschaft oder die Organisation oder die Öffnungen des wahren Lichts zu zerstören.«

Die Seele hält das Gleichgewicht der rechten Entscheidung, verstärkt durch Gebet und Meditation aufrecht

»Ihr Gesegneten, ab und zu rebelliert der Hüter in euch mehr oder weniger stark gegen eure eigene Christusschaft. Aber die Seele kann sich entscheiden, denn letzten Endes hält die Seele das Gleichgewicht der rechten Entscheidung aufrecht, obwohl sie sich selbst in der Schwebe befindet. Daher solltet ihr, wenn ihr den Weg nicht wisst oder die rechte nicht von der linken Hand unterscheiden könnt, um Einstimmung auf und Einheit mit uns beten.

Erlernt die Schritte von Gebet und Meditation, die wir euch in unser Veröffentlichung gelehrt haben[10], damit ihr durch Gebet und Meditation gestärkt werdet, welche die rechte Hand und die linke Hand der Gegenwart der Bodhisattvas darstellen, die kommen, um euren Wunsch zu verstärken, all das zu sein, was Gott wollte, dass ihr es seid.

Daher müsst ihr sehen, dass Depression Ineffektivität, größere Rebellion und Ungehorsam gebärt, bis es schließlich Toben und Klirren im elektronischen Gürtel und in den vier niederen Körpern gibt. Und wenn das Individuum sich nicht augenblicklich für das Licht seiner eigenen machtvollen ICH-BIN-Gegenwart und dafür entscheidet, sich mit uns, den Helfern, die helfen können, zu verbünden, muss das Individuum sich gewisslich dafür entscheiden, zu den Hügeln oder in die tiefen Schluchten der Großstädte zu laufen, wo es sich verlieren und sich so weit wie möglich von denen, die helfen können – wenn nicht von uns selbst, dann von den Sendboten – entfernen kann.

Erkennt darum, geliebte Herzen, dass alle, die dies tun, eine Ausrede haben, und dass diese Ausrede auf einem Gefühl beruhen muss, von unseren Zeugen, unseren Chelas oder unse-

rer Organisation irgendwie ungerecht behandelt oder angegriffen worden zu sein oder dass uns irgendeine echte oder
eingebildete Schuld trifft. Es ist ein Unglück, geliebte Herzen,
dass persönliche Angriffe, die auf dem Kern der Rebellion beruhen, den Reiter aus dem Sattel werfen und den Ritter vom
Pferd stoßen können, wodurch er eine solche großartige Gelegenheit verpasst. Dieses Jahrhundertwerk ist eine freudige
Arbeit, wenn ihr einander habt, wenn ihr Gemeinschaft und
eine solche unbegrenzte Freude habt, dass es unter diesen
Umständen, mit denen ihr gesegnet seid, möglich ist, dieses
Zentrum mit allem, was es für euren Lebensfluss bedeutet, zu
haben.«[11]

Die Anti-Buddha-Kraft auf dem Planeten Erde

Der Verrat am Licht des Gottessohnes durch das Nicht-Selbst in
jedem von uns ist die Verbindung zu der planetarisch wirkenden
Anti-Buddha-Kraft und Anti-Christus-Kraft. Diese kann im elektronischen Gürtel auf der Ebene des Sitz-der-Seele-Chakras gesehen werden, wo sie sich als schwarzes Sonnenzentrum manifestiert, als ein buchstäblicher Wirbel der Finsternis, der das Licht
der Seele verschlingt, während er sich in einer Gegenbewegung
zur Drehung des Großen Kausalkörpers dreht. Wenn dieser Hüter nicht durch das Fiat des Allmächtigen Gottes selbst gebunden
und ausgetrieben wird, wird er nicht aufhören, sich für die Ver-
sklavung der Seele zu engagieren.

Jesus hat uns zu diesem Zweck – dem Binden und Austreiben
des Hüters der Schwelle dieser Anti-Buddha-Kraft mit all ihren
Auswirkungen – ein neues wunderbares Dekret geschenkt. Wenn
wir das Dekret zur Bindung und Austreibung des Hüters rezitie-

ren, gelangen wir direkt zum Kern der menschlichen Schöpfung, die der Göttlichen entgegengesetzt ist. Wir greifen den Nukleus des Anti-Gottes, des Anti-Selbst, an und verlangen, dass es gebunden werden möge.

Das Dekret »Ich treibe den Hüter der Schwelle aus!« (Seite 305 ff.) ist eine Intensivierung der ersten Anrufung des Gerichtes, »Sie werden nicht obsiegen!«, die uns vom geliebten Jesus diktiert wurde (Seite 302 f.). Das Letztere bezieht das Gericht über die Worte und Taten, das Gericht über die Handlungen, Schritt für Schritt mit ein. Es mag das Urteil ergehen, das Karma für eine einzige Tat, für eine einzige Verkörperung, für ein einziges Moment auf das Individuum zurückzuwerfen, während das Dekret bezüglich des Hüters zum Binden und Austreiben des gesamten Konglomerats des fleischlichen Geistes gedacht ist, das sich im Zentrum des elektronischen Gürtels zusammengerollt hat. Dies ist der ursprüngliche Same des Bösen bei seiner Zeugung, der bis zur heutigen Stunde von einem beliebigen Anfang an gewachsen ist, gleich ob dieser vor Millionen von Jahren, vor 100 000 Jahren oder vor fünf Jahren stattgefunden hat.

Der Hüter der Schwelle ist der Fokalpunkt des Bewusstseins hinter der menschlichen Schöpfung – der Geist hinter der Erscheinung. Dieser Begriff wurde von der Bruderschaft verwendet, weil er die Botschaft vermittelt, dass der Hüter auf der Schwelle der Selbst-Bewusstheit sitzt, wo die Elemente des Unterbewusstseins die Grenze von der unbewussten zur bewussten Welt des Individuums überschreiten und das unbekannte Nicht-Selbst zum bekannten wird. Ist er einmal aufgetaucht, hat der Hüter das Reich des bewussten Willens betreten, wo sich die Seele mittels der entscheidungsfähigen Eigenschaften von Geist und Herz dafür entscheiden kann, die Bestandteile dieser Antithese zu ihrem wahren Selbst zu »verseelen« oder sie zu töten.

Der Hüter ist hier, und er ist bereit, durch die Tür des Bewusstseins zu gehen, aber an der Schwelle, auf der Grenze, die die Ebenen der Bewusstheit trennt, stehen die Schutzmechanismen des

Christus-Geistes, der heiligen Engel und des eigenen freien Willens bereit, um den Hüter daran zu hindern, tatsächlich aufzutauchen und in unserer Welt zu wirken.

Nun gibt es natürlich Individuen, die nicht auf der Hut sind, wodurch sie plötzlich und auf äußerst gewalttätige Weise Instrumente eines außer Kontrolle geratenen Monstrums werden. Und je stärker Menschen psychische Störungen aufweisen und in ihren vier niederen Körpern gespalten sind, desto mehr werden sie dazu neigen, Verirrungen zu manifestieren, durch die der Hüter durch den Hebel des bewussten Geistes Zugang zu ihrer Welt finden kann.

Sie mögen schizophren sein, sie mögen dazu neigen, Stimmen zu hören und Chaos anzurichten oder lächerliche kleine Macken zu haben, die sie den ganzen Tag über ausleben, aber all das weist auf das Auftauchen des Hüters hin, der die Seele durch das verhöhnt und verspottet, was dann zu einem Zwangsverhalten wird: Drogen-, Alkohol- oder Zuckersucht und so weiter oder sogar dämonische Besessenheit, Kriminalität, Kindesmissbrauch und jede andere Form des Lasters. Hat er einmal die Kontrolle über den bewussten Geist erlangt, übernimmt der Hüter das ganze Haus und zieht körperlose Wesen und Dämonen an, die Tod und Zerstörung über viele Unschuldige bringen, bevor das Opfer, das ja nur das Werkzeug böser Kräfte ist, vollends unterliegt.

Scheinbar besteht in unserer Gesellschaft der Unterschied zwischen einem geistig Gesunden und einem Wahnsinnigen lediglich in der Kontrolle oder Nicht-Kontrolle dieses Monsters von Loch Ness, dieses Hüters der Schwelle, der in den Unterschichten des Emotionalkörpers haust. Eine Person, welche die bewusste Entscheidung trifft, dem fleischlichen Geist nicht zu gestatten, in den Höhen und Tiefen des Lebens »Dampf abzulassen«, ist geistig gesund, weil sie und nicht das Tier die Kontrolle besitzt.

Viele Menschen werden völlig vom fleischlichen Geist beherrscht und sind doch geistig vollkommen gesund – oder scheinen dies jedenfalls zu sein. Wenn man ihnen begegnet, denkt man schon, dass mit ihnen irgendetwas nicht stimmt, aber sie schaffen es, Banken und Großkonzerne und alle Arten von Firmen auf diesem Planeten zu leiten, und der Planet schafft es zu überleben und wir überleben. Und manchmal fragen wir uns, warum und wie das alles funktioniert.

Die Konfrontation von Angesicht zu Angesicht

Es kommt ein Zeitpunkt im Leben eines Individuums, das in Berührung mit dem Pfad, den Meistern oder deren Vertretern kommt, an dem es dem Christus und dem Antichrist von Angesicht zu Angesicht gegenübersteht – des Christus in der Person von einem Menschen Gottes und des Antichrists im persönlichen Hüter der Schwelle in sich selbst. Und es mag beide von Angesicht zu Angesicht erblicken.

Dies geschieht normalerweise nicht genau an dem Tag, an dem es der Großen Weißen Bruderschaft begegnet, aber nach und nach geschieht es. Manchmal kommt es vor, dass Menschen den Meistern, dem Pfad und der Lehre viele Jahre lang folgen, ohne diese Konfrontation jemals zu erleben. Entweder vermeiden sie diese, oder sie versuchen den Eindruck zu vermeiden, sie hätten diese Konfrontation erlebt, aber wenn die Meister es so beschließen, werden sie diese Konfrontation letztendlich herbeiführen und ihre Chelas zwingen, eine Entscheidung zwischen dem Christus-Selbst und dem Hüter zu treffen.

Dies mag zu einer jeden Zeit auf dem Pfad geschehen. Menschen spüren dies, und daher versuchen manche jeden Kontakt mit der Großen Weißen Bruderschaft oder ihren Agenten zu vermeiden. Sie greifen deshalb sogar im Glauben zu den Waffen, sie könnten so das Gesetz vereiteln und den unvermeidbaren Tag der Abrechnung verhindern.

Dies ging Saulus auf seinem Weg nach Damaskus so. In seinem Fall war es der Meister Jesus, der die Begegnung erzwang, während der Saulus im alchemistischen Prozess der Konfrontation des Lichts mit der Finsternis geblendet wurde. Jesus zwang Saulus, sich zwischen seinem Hüter, dem Antichrist oder Anti-Selbst, das die Christen verfolgte, und seinem wahren Selbst zu entscheiden, das durch den aufgestiegenen Meister Jesus Christus personifiziert und repräsentiert wurde.

Als Saulus sich für den Herrn entschied, wählte er den Pfad der Christusnachfolge, der zur individuellen Christusschaft führt. Und der Meister band seinen Hüter, bis er ihn selbst »am letzten Tag« seines Karmas töten könnte. Saulus, der nun Paulus hieß, der den alten Menschen abgelegt und den neuen angelegt hatte, ging versehen mit der Macht des Christus in seinem Guru Jesus hinaus, um die Wahrheit zu bezeugen, die ihn von seiner eigenen Dynamik menschlicher Schöpfung und von dem menschlichen Geist befreit hatte, der diese erschaffen hatte: dem Hüter der Schwelle.[12]

Aufgrund dieser persönlichen Konfrontation und der Bekehrung durch den Herrn, konnte Paulus später zu den Römern mit einer Überzeugung sprechen, die nur der eigenen Erfahrung entspringen kann: »Aber fleischlich gesinnt sein ist der Tod, und geistlich gesinnt sein ist Leben und Friede. Denn fleischlich gesinnt sein ist wie eine Feindschaft wider Gott, sintemal das Fleisch dem Gesetz Gottes nicht untertan ist; denn es vermag's auch nicht.«[13]

Tägliche Entscheidungen auf dem Pfad

In der Frage »Christus oder der Hüter« haben wir alle Gelegenheit, in der Meditation unseres eigenen Herzens, in der privaten geduldigen Kommunikation Gottes mit uns, nach und nach Entscheidungen treffen zu können, ohne unter dem Druck von Josuas dringlichem Befehl zu stehen:»Erwählt euch heute, wem ihr dienen wollt.«[14]

Wir verbringen Jahre oder sogar ganze Verkörperungen damit, unseren freien Willen auszuüben, weil das Gesetz sehr großzügig darin ist, uns zu gestatten, das Problem unseres eigenen Wesen zu lösen und klar zu erkennen, dass wir gewisse Elemente menschlicher Schöpfung, gewisse Charaktereigenschaften in uns haben, die wir ganz eindeutig nicht mögen. Wir wissen, wir wollen sie nicht, wir schmettern sie jedes Mal, wenn wir sie sehen, nieder, aber sie tauchen ab und zu wieder auf und dann schmettern wir sie wieder nieder. Gott allein weiß, dass wir es versuchen und dass wir es ernst meinen, und er lässt uns in Ruhe. Er lässt uns siegen, er lässt uns überwinden.

Es gibt aber auch die andere Situation, in der Menschen sich vor Gott verstecken, herumtrödeln und zu lange zögern. Dann sagt das Große Gesetz:»Bis hierher und nicht weiter. Du hast dich in deiner menschlichen Schöpfung seit Tausenden von Jahren gesuhlt. Du hast deine Rebellion gegen Gott in zu vielen Leben ausgeübt und jetzt langt es! Deine Entscheidung und dein Dekret in dieser Situation wird alles sagen.« Und der Meister wird seinen Chela herausfordern und sagen:»Entweder du gibst deine Widerspenstigkeit jetzt auf und machst eine 180-Grad-Kehrtwendung oder du wirst nicht länger als Chela der Großen Weißen Bruderschaft betrachtet werden.«

Diese Aktion wird vom Großen Gesetz durchgeführt, weil der Meister das Karma seines Chelas über einige Jahrhunderte hinweg getragen hat, und weil die Zyklen seiner Förderung des Chelas nunmehr beendet sind. Er hat keine andere Wahl, als dem

Chela zu befehlen, höher hinaufzusteigen. Wenn dieser darauf nicht reagiert, muss der Meister ihn bis zu dem Tag seinem eigenen Schicksal überlassen, an dem der Chela sich entscheidet, sich dem Feind aus eigener Kraft zu stellen, ihm ins Gesicht zu schauen und ihn zu besiegen, wodurch er sich das Recht erwirbt, die Gnade des Meisters wiederzuerlangen.

Die Einweihung in die Tötung des persönlichen und planetarischen Hüters der Schwelle

Dann gibt es natürlich auf dem Weg der Selbstmeisterung jene Einweihung, die nah an den Punkt der Kreuzigung gelangt, wenn das Individuum bereits sowohl eine beträchtliche Verwirklichung in Christus als auch ein ausgeglichenes Karma erlangt hat, sodass nun von ihm erwartet werden kann, dass er den Hüter vollkommen und endgültig tötet.

Jesus hätte nicht am Kreuz hängen können, wenn er den Hüter nicht getötet hätte. Tatsächlich sehen wir den Beweis dafür, dass er den Hüter getötet hat, in seiner Konfrontation mit Satan drei Jahre vor seiner Kreuzigung in der Wüste.[15] Und das war der planetarische Hüter der Schwelle: Satan daselbst, die Personifizierung und das Zeichen eines jeden persönlichen Hüters.

Später hatte es der Sohn Gottes noch einmal mit dem planetarischen Hüter zu tun, nämlich bei seiner Konfrontation mit den Wächtern und den Nephilim, den Hohepriestern und Pharisäern, den Ältesten des Volkes und den römischen Mächten. Dies war nur deshalb möglich, weil er den persönlichen Hüter bereits getötet hatte. Deshalb sagte er auch: »Denn es kommt der Fürst dieser Welt, und hat nichts an mir.«[16]

Die planetarische Dynamik des Hüters der Schwelle, das heißt,

255

das kollektive undefinierte Unbewusste aller Evolutionen dieses Planeten, kann und wird sich gegen das Individuum wenden, das seinen persönlichen fleischlichen Geist noch nicht abgetötet hat. Was das bedeutet, ist offensichtlich: Die meisten Menschen geraten jeden Tag unter den Einfluss des Massenbewusstseins. Aber je umfassender sie die Listen ihres eigenen Nicht-Selbst besiegt haben, desto weniger werden sie von dem Auf und Ab der Unruhe auf der Welt beeinflusst werden.

Dennoch wird die planetarische Dynamik sich an den persönlichen Antichrist andocken und ihn aktivieren, um selbst jene Seelen in einem Moment der Unachtsamkeit zu überraschen, die dem Sieg über das Tier schon ziemlich nahe sind. In diesem Augenblick muss das betreffende Individuum nicht nur den persönlichen fleischlichen Geist abtöten, sondern indem es das tut, auch die planetarische Dynamik zurückdrängen und den Erztäuscher ebenso wie die Lüge überwinden, die der Ursprung des Bösen in seinem Samen verbreitet.

Nun, Sie mögen zwar Tag für Tag den Versuchungen des fleischlichen Geistes und des planetarischen Hüters widerstehen, aber Sie haben möglicherweise den persönlichen Vertreter des Bösen noch nicht vollkommen abgetötet. Daher liegt ein kleiner Sieg in jedem Akt des Überwindens, auf den dann der große endgültige Sieg folgt, wenn das ganze Tier getötet wurde.

Das Y, die Gabelung auf dem Weg

Es kommt ein Zeitpunkt, an dem Individuen auf dem Pfad die Fülle der Lehre, des Lichtes, der Meister und der Liebe der Gemeinschaft erfahren haben. Diese Fülle kann nicht in Jahren gemessen werden, sondern anhand der Evolution des betreffenden Lebensflusses. Es kann sich dabei um einige Jahre handeln oder um drei, 20 oder viele Verkörperungen. Aber immer kommt ein

Zeitpunkt, an dem sich das Individuum des Christus in den Meistern und in den Sendboten bewusst geworden ist und vollkommen versteht, was die Finsternis und der fleischliche Geist sind. Und nun muss er sich für oder gegen seine mächtige ICH-BIN-Gegenwart und die Bruderschaft, für oder gegen die falsche Hierarchie entscheiden. Dieser Punkt ist als das Y, als die Weggabelung, bekannt. Die Gabelung auf dem Weg ist der Punkt der Einweihung, an dem man tatsächlich entweder zum Christus oder zum Antichristen wird.

Manch einer mag sich weigern, den Hüter auszuliefern – ihn zu binden, zu töten und vorderhand dem Gericht zu überantworten –, bevor die Seele am Ende dieses Lebens vor dem Karmischen Direktorium Rechenschaft ablegen muss. Jesus lehrte Paulus dieses Gesetz des Karmas, sodass dieser an Timotheus schreiben konnte: »Etlicher Menschen Sünden sind offenbar, dass man sie zuvor richten kann; bei etlichen aber werden sie hernach offenbar.«[17]

Statt ihn an der Weggabelung auszuliefern, mag sich der Eingeweihte stattdessen dafür entscheiden, den Hüter anzunehmen. Statt das Fleisch des Sohn Gottes zu essen und sein Blut zu trinken (das Licht von Alpha und Omega im Körper Christi aufzunehmen)[18], leert er im wahrsten Sinne des Wortes den Kelch der Blasphemie der gefallenen Engel und isst an ihrer Tafel von der Infamie ihres Anti-Wortes.

Indem er den falschen Weg beschreitet, nimmt der Eingeweihte tatsächlich den leibhaftigen Hüter der Schwelle an, personifiziert ihn, identifiziert sich mit ihm und wird zu ihm. Die Seele und das Krebsgeschwür des fleischlichen Geistes sind zusammen gewachsen und nicht mehr voneinander zu trennen. Ein solches Individuum wäre dann auf dem Pfad zur linken Hand. Sein Wille, nicht Gottes, steht über allem. Ein Adept auf dem Pfad zur linken Hand wird als Schwarzmagier bezeichnet.

Nun geschieht dies manchmal äußerst schnell, gelegentlich sogar über Nacht. Aber die Chance, dem Meister zu dienen, wodurch das Individuum den Pfad der Schülerschaft in Gnade als Nachfolger Christi gehen und immer noch den Schutz und die Förderung der Bruderschaft genießen kann, besteht bis zur Stunde der Entscheidung weiter.

An einem Tag sieht man den Chela als Teil der Gemeinschaft und in der Gnade der Meister wandeln, die Mysterienschule Maitreyas besuchen und die Chance haben, sein Karma, das im Verlauf seiner Lehrzeit vom Guru getragen wird, durch Dienen, rechte Taten und rechte Entscheidungen auszugleichen, aber schon am nächsten ist der Tag der Entscheidung gekommen. Das Individuum mag auf jeder Ebene seines Wesens damit konfrontiert werden, nicht unbedingt vom Sendboten, aber möglicherweise durch den Sendboten. Und es mag sich in diesem Augenblick dafür entscheiden, sich seinem Herrn und Meister nicht zu unterwerfen. Es wird sein Knie nicht beugen, es wird die Herrschaft des Heiligen Christus-Selbst über sein Leben nicht anerkennen. Stattdessen glaubt es – sein nicht verwandeltes, eigensinniges Selbst –, dieser Christus zu sein.

Weil ein solcher Mensch aufgrund seiner selbst erschaffenen spirituellen Blindheit das niedere Selbst mit dem Größeren Selbst verwechselt, setzt er den Hüter der Schwelle auf den Thron des Heiligen Christus-Selbst. Seine ganze Persönlichkeit, seine Psyche und sein Bewusstseinsstrom fließen in das Nicht-Selbst. Statt zu sagen: »Ich und der Vater sind eins«[19], erklärt er: »Ich und mein Ego sind eins.« Und so ist es. Hütet euch vor dem mechanischen Menschen. Man denke an Rudyard Kiplings »Der Mann, der König sein wollte«, dessen Schicksal sich in den tiefen Abgründen der Astralebene erfüllt[20]. Obwohl er glaubt, alles unter Kontrolle zu haben, wird aus dem Nicht-Wesen schließlich Nicht-Existenz.

Das Los jener, die sich für den Hüter der Schwelle entscheiden

Dieses Los ereilt tagtäglich jene Menschen auf dem Planeten Erde, die sich dafür entschieden haben, die Anti-Buddha-Kraft zu verkörpern. Diese sind fortgeschrittene Einweihungen, aber der Planet Erde beherbergt ja auch viele alte Seelen, deren Stunde nun gekommen ist. Wie Jesus zu den Hohepriestern, den Ältesten und Vorstehern des Tempels sagte, die sich für den Christus hätten entscheiden können, aber ihren Bund mit Satan bekräftigten, indem sie Jesus ermordeten, und ihr Haus zum Haus des Satans machten: »Aber dies ist eure Stunde« – in der ihr euch entscheiden müsst, ob ihr im Christus-Bewusstsein sein wollt oder nicht – »und die [der] Macht der Finsternis«[21] – das heißt, der Macht der Finsternis eures eigenen Hüters der Schwelle und eures Karmas. »Nun fordere ich, der Gesandte, euch auf, den fleischlichen Geist zu binden und auszutreiben, der Feindschaft zu Gott bedeutet, wenn ihr in Ewigkeit mit dem Vater und dem Sohn weilen wollt.«[22]

Jesus' Verkörperung des Wortes erzwang die Konfrontation mit diesen Alten, die auf allen Ebenen ihres Bewusstseins genau wussten, wer er war und wer sie waren, sowie deren Entscheidung und Urteil. Und in der ihnen gewährten Zeit trafen sie ihre Entscheidung. Es war eine gerechte Prüfung – gerecht und gradheraus – und sie bestanden sie nicht.

Gleichermaßen wird Ihr Heiliges Christus-Selbst nicht nur die Konfrontation mit den Dunklen erzwingen und deren Entscheidung und Urteil einfordern, sondern auch mit Ihrer eigenen Seele. Lasst uns daher das gerechte Urteil beurteilen.[23] Denn wir wissen, dass so wie wir anderen Gerechtigkeit antun werden, so wird sie uns von oben ereilen.[24] Das Gesetz belohnt einen jeden nach seiner eigenen Barmherzigkeit.

Es lastet schwer auf unseren Herzen zu sehen, wie jemand die

Wirklichkeit zugunsten der Unwirklichkeit zurückweist. Aber dies ist nicht neu für uns. Wir haben im Lauf der Jahre beobachtet, wie sich Verräter des Lichts aus allen Gesellschaftsschichten über Nacht der Finsternis zuwenden und zu Erztäuschern der unschuldigen Herzen werden.

Diese Menschen sind somit zu ihren Hütern der Schwelle geworden. Sie geben nicht einmal mehr vor, den wahren Lehren Christi zu folgen, die von der Bruderschaft gelehrt werden. Sie leugnen, dass die Lehren wahr sind, sie leugnen, dass die Meister real sind, und sie leugnen den Pfad der Einweihung unter Maitreya durch den verkörperten Guru.

Darüber hinaus haben sie sich die falsche Lehre zu eigen gemacht, nach der Christus für alle ihre Sünden die Verantwortung übernommen hat (man stelle sich einmal vor: für alle Sünden aus allen früheren Leben!), und sie sagen: »Jesus ist für meine Sünden gestorben. Ich bin frei von allem Karma. Ich bin frei gesprochen, es gibt nichts, was ich tun könnte oder sollte, um meine Lebensschuld zu begleichen. Mein Glaube ist meine Eintrittskarte in den Himmel.«

Es spielt für sie keine Rolle, dass sie gerade dabei sind, Karma zu erzeugen. Tatsächlich haben sie den Hüter so sehr personifiziert und sind so froh darüber, diesem Hüter mit all seinen Gelüsten und seiner harschen Ablehnung des Gesetzes des Lebens zu frönen, dass sie sich entweder keine Gedanken darüber machen oder nicht merken, dass sie sich auf einem Kollisionskurs mit ihrem Schicksal befinden.

Dieses Auslagern der Wirklichkeitsebenen in die »äußere Finsternis« oder die Selbstauslöschung durch den »zweiten Tod« – zwei sehr spezifische Lehren Jesu, die von den Gefallenen nicht hinweg rationalisiert werden können[25] – mag nach dem kosmischen Gesetz viele, viele Zyklen dauern. Der Punkt, der hierzu von Paulus in seiner Epistel an die Römer so eloquent gemacht wurde, ist, dass der adamische Mensch nicht überleben kann – weder hier noch im Leben danach –, wenn er nicht zu einem spirituellen

Menschen wird, der vom Geist erfüllt ist und in vollkommener Kommunion mit Gott wandelt.

Zwischenzeitlich hat der »Exjünger« Christi, der nun zum Diener des natürlichen Menschen[26] und dessen Begierden, Lüsten und überlegenem Wissen geworden ist, eine starke äußere Persönlichkeit ausgebildet, die nach dem Ebenbild des fleischlichen Geistes erschaffen wurde: einen »guten Menschen«, der in den Zirkeln jener erfolgreich ist und akzeptiert wird, die gleichermaßen den Weg der ewigen Verantwortlichkeit verlassen haben, der unweigerlich zur Konfrontation mit Christus und zur Aufgabe aller Sünden wider den Heiligen Geist führt.

Dies ist eine insgesamt grob vereinfachende und nur temporäre Auflösung der Spaltung, die zwischen Christus und dem Hüter dennoch in der Psyche existiert. Die Weigerung, Verantwortung für seine eigenen Taten zu übernehmen und für die Entscheidung, den Hüter nicht am Kreuz und an der Kreuzung des Lebens zu töten, wird von den falschen Seelsorgern und ihrer falschen Erlösungslehre verbreitet. Während sie oberflächlich und rein intellektuell die Riten der Andacht abhalten, tolerieren sie den fleischlichen Geist aller – auch ihren eigenen – und versagen somit darin, die wahre Herausforderung auf dem Pfad der persönlichen Christusschaft zu präsentieren, den Jesus lehrte.

Das Dekret »Ich treibe den Hüter der Schwelle aus!« hat mit der Konfrontation, die jene Schüler des Lichtes auf sich nehmen, die den Weg der Jüngerschaft unter Jesus Christus oder einem der aufgestiegenen Meister gewählt haben, mit jenen verkörperten Individuen zu tun, die sich aufgrund ihres freien Willens entschieden haben, mit ihrem eigenen fleischlichen Geist zu verschmelzen und Christus und seinen Sendboten – wer auch immer derjenige sein mag, der im Namen des Herrn kommt – zurückzuweisen und so tatsächlich zum Hüter zu werden.

Diese aufrichtigen Schüler sind vielleicht noch nicht an der Weggabelung angekommen. Sie sind vielleicht Gottes kostbare Kinder, die nicht die Errungenschaft haben, den Christus vollkommen zu verkörpern. Sie sind wahrscheinlich noch nicht am Punkt der Einweihung Christi angekommen. Sie sind wahrscheinlich noch keine Gechristeten, welche die Fähigkeit besitzen, gegen den persönlichen oder den planetarischen Hüter zu kämpfen und sich gegen den Antichrist zu wehren.

Dennoch gehen diejenigen, die nur ihrer eigenen Sache dienen und die den Hüter der Schwelle verkörpert haben, sich dabei aber listig als gütige, besorgte Bürger tarnen, die für die Freiheit aller kämpfen, gegen diese engagierten Seelen vor und konfrontieren sie. Jesus bezeichnete sie als ›Wölfe im Schafspelz‹[27], als Teufel, die sich als Erlöser ausgeben, damit wir uns nicht von ihren allzu netten Worten verwirren lassen würden. Und in diesen Worten steckt mehr Wahrheit als viele ertragen können.

Sehen Sie, derjenige, welcher den Hüter verkörpert – eigenwillig und immer bestrebt, anderen seinen Willen aufzuzwingen, was die grundlegendste Definition schwarzer Magie ist – verkörpert, nachdem er die Weggabelung hinter sich gelassen hat, jene Dynamik des Bösen, welche das genaue Äquivalent des Lichtes ist, das er hatte, bevor er den Tempel verließ und aus der Gnade Gottes fiel. Mit anderen Worten: Er hat das ihm ursprünglich zugeteilte Licht ins Gegenteil verkehrt, um Böses zu erschaffen. Mehr noch: Er hat das Böse und sich selbst als dessen Stammvater vergöttlicht.

Ein Teufel ist einer, der das Böse vergöttlicht hat

Nun, das Böse an sich ist missbrauchte Energie, die bösartige Absicht dahinter, und die Wesenheit, die beides umfasst. Allein aufgrund der Natur des Lügners und seiner Lüge – dem Bewusstsein dahinter – ist das Böse von Anfang an trügerisch und betrügerisch. Tatsächlich ist es ein Schleier der Illusion – ein Energieschleier[28], der die Gottheit und all ihre wunderbaren Werke verhüllt. Die Illusion oder Maya, wie die Hindus sie nennen, scheint dann wirklicher zu sein als die Wirklichkeit selbst. Tatsächlich werden die Illusionen der Menschen ihre Götter, und das Böse wird vergöttlicht.

Nun, es ist ganz offensichtlich, dass ein Teufel[29] ein jeder ist, der das Böse und den ganzen Energieschleier vergöttlicht hat. Ein Teufel ist ein jeder, der den Hüter der Schwelle vergöttlicht und ihn an die Stelle des Christus gesetzt hat und sich selbst zum Herrn und Erlöser der Welt erklärt hat – ob nun in der Politik, der Kunst, auf dem Philosophensessel oder in der Führung der PLO, der Baader-Meinhof-Bande oder im Pentagon.

Ein Teufel ist der adamische Mensch, der sich aufgrund seines Egos selbst zum Messias gesalbt hat, statt Erlösung durch den ›Herrn unsre Gerechtigkeit‹ zu suchen. Und daher haben wir jene, die den Energieschleier des Hüters vergöttlicht haben und als Erlöser der Rasse posieren. Wenn wir ihnen folgen statt dem »Christus in euch, der da ist die Hoffnung der Herrlichkeit«[30], werden wir in die Grube stürzen, die sich in den Fluss Styx entleert.

Nun, da diejenigen, die den Hüter verkörpern, wodurch sie das Böse vergöttlichen, Wächter[31] oder gefallene Engel sein können, ist ihre Verwirklichung zum Zeitpunkt des Falles möglicherweise sehr groß gewesen, da diese Gefallenen einmal ein großes Licht hatten, als sie in den Palästen des Himmels mit unserem Vater und unserer Mutter weilten. Je größer aber das Licht zum Zeitpunkt des Falles, desto tiefer ist der Fall und desto länger die ihnen gewährte Spanne in Zeit und Raum, um Buße zu tun. Denn Gott in seiner wahrhaft großen Barmherzigkeit gibt jedem eine Chance, die seiner Stellung in der Hierarchie zum Zeitpunkt des Falles entspricht, um Buße zu tun und zu IHM zurückzukehren.

Jenen, die einmal großes Licht hatten, mag sogar länger Gelegenheit gegeben werden, ihr Karma auszugleichen und zum

Thron der Gnade zurückzukehren als jenen, die weniger hatten. Dies entspricht dem Gesetz des Karmas, denn es steht geschrieben: »Denn wer da hat, dem wird gegeben; und wer nicht hat, von dem wird man nehmen, auch was er hat.«[32]

Und so wissen wir, dass die Zeitspanne, die einigen der Gefallenen gewährt wurde, sehr, sehr lang ist, sodass selbst der Psalmist schon vor Tausenden von Jahren ausrief: »HERR, wie lange sollen die Gottlosen, wie lange sollen die Gottlosen prahlen?«[33] Denn die Macht ihres Hüters der Schwelle scheint endlos, während sie gegen die Kinder Gottes vorgehen, die so viel weniger Macht zu haben scheinen und oft hilflos wirken.

Tatsächlich bewegen sich die gefallenen Engel, die Gott im Himmel – in der vollkommenen Gegenwart seiner Herrlichkeit! – ewige Feindschaft schworen, frei auf Erden und verkörpern den Hüter mit ihrer Prahlerei, ihrer Weltgewandtheit, ihrem Reichtum und ihrer weltlichen Schlauheit, bis sich ihnen jemand in Verkörperung in den Weg stellt – jemand, der den Mut aufbringt, Sprecher des Auserwählten[34] zu sein. Denn schon per Definition, allein durch die Wissenschaft des Seins, manifestiert der Auserwählte, der im Namen des Herrn ICH BIN DER ICH BIN kommt, das Licht in einem solchen Ausmaß, dass es den Dunklen gleichkommt. Der Eine, der gesandt wurde, fiel nicht aus der Gnade Gottes, sondern nahm einen Körper für den ausdrücklichen Zweck an, den Samen des Bösen im Interesse der geschorenen Lämmer Gottes herauszufordern.

Aus diesem Grund sind sowohl Johannes der Täufer und Jesus Christus als auch die Propheten und Avatare aller Zeitalter auf die Erde gekommen: »Ich bin zum Gericht auf diese Welt gekommen.«[35] Sie kommen, weil sie den gesegneten Kindern Gottes, die von den Gefallenen gequält werden, aber noch nicht die Fähigkeit – das veräußerlichte Christus-Bewusstsein – besitzen, sich gegen diese zu wenden, eine Verschnaufpause verschaffen wollen.

Die Wissenschaft des gesprochenen Wortes, um zu richten

Nun in dieser Stunde des Wassermann-Zeitalters und des Dispens von Saint Germain entdecken wir, dass wir durch die Wissenschaft des gesprochenen Wortes im vollen Ausmaß ihrer Verwirklichung, das in ihrem Kausalkörper des Lichtes versiegelt ist, dekretieren, wenn wir unsere dynamischen Dekrete im Namen des Christus, im Namen des ganzen Geistes der Großen Weißen Bruderschaft oder eines der aufgestiegenen Meister rezitieren.

Wenn Sie im Namen Saint Germains dekretieren, haben Sie augenblicklich die volle Macht des Lichts hinter sich, das vom aufgestiegenen Meister Saint Germain über Tausende von Jahren hinweg qualifiziert worden ist. Sein feuriges lilafarbenes Herz vervielfacht die Kraft Ihres Herzens, und es ist so, als wären Saint Germain und Sie eins. Tatsächlich sind Sie eins.

Wenn Sie daher den inneren wie den äußeren Feind konfrontieren, sollten Sie wissen, dass Saint Germain eine gleich große oder größere Macht besitzt als zum Beispiel der Erzengel (oder jeder andere Gefallene) hatte, als er fiel. Und deshalb ist Saint Germain in der Lage, das Dekret des Wortes selbst dann durch Sie zu erfüllen, wenn Ihr eigenes veräußerlichtes Licht nicht ausreicht, um dem Antichrist zu begegnen.

Deshalb können kleine Kinder des Lichtes, also jene, welche die dreifältige Flamme noch nicht ins Gleichgewicht gebracht haben und erst kürzlich von den Lehren der aufgestiegenen Meister erfahren haben, im Namen Jesu das Dekret zum Binden und Austreiben des Hüters der Schwelle rezitieren und als Vertreter des Auserwählten Teil unserer gemeinsamen Anstrengung werden, gegen planetarische Missstände wie organisiertes Verbrechen, Kriege, massive Kraftfelder negativer Energie oder ökonomische Probleme vorgehen, die zum Großteil von den Wächtern und Gefallenen kontrolliert werden, die sich vor langer Zeit dafür entschieden haben, den Hüter der Schwelle zu verkörpern, und die in dieser physischen Oktave (das heißt, auf dieser Erde) nicht mehr herausgefordert wurden, seit der letzte Gechristete auf Erden weilte.

Als Folge der Dispensation des Urteils Jesu, seiner Anrufung des Vaters und seiner Gegenwart mit uns, durch die wir heute tatsächlich durch die Macht Christi die Missetäter herausfordern können, sehen wir heute planetarische Veränderungen in einem nie gekannten Ausmaß. Die Gefallenen zeigen sich davon schockiert und sind verängstigt. Sie können nicht glauben, dass sie überhaupt herausgefordert werden können und dass das Licht – oder die »Lichtträger« – gewinnen könnten, weil sie so daran gewöhnt sind, auf die Kinder Gottes, die auch nicht annähernd so gut darin sind, Gutes zu erschaffen wie Böses, herabzuschauen und sie durch ihre Einschüchterungsmethoden zu kontrollieren. (Das heißt, die Kinder Gottes haben auf dem Pfad zur rechten Hand des Lichtes – des absolut Guten – auch nicht annähernd die Dynamik, die die Gefallenen auf dem Pfad zur linken Hand der Finsternis – des absolut Bösen – haben.) Aber sie haben niemals wirklich mit dem Treuen und Wahrhaftigen[36] gerechnet, der die Situation für den Herrn und seine Gesalbten rettet.

Wann auch immer der Verwerfliche beschlossen hat, den Hüter zu verkörpern, an diesem Punkt auf dem Pfad hat er das Licht umgekehrt, das er bis zu diesem Augenblick erlangt hatte. Wenn es ihm gelungen war, die Frucht vom Baum der Erkenntnis von Gut und Böse zu stehlen, und weder damals noch heute von einem Sohn Gottes herausgefordert wurde, wird er auch weiterhin das Licht missbrauchen und es in immer größer werdende Finsternis verwandeln. »Wenn nun das Licht, das in dir ist, Finsternis ist, wie groß wird dann die Finsternis sein!«[37] Und so versucht er, seinem Karma durch allerlei Listen zu entkommen und die Kinder des Lichts in die Irre zu führen und sie dazu zu bringen, einander zu beschuldigen, miteinander zu streiten, uneins zu sein, sich an Kriegen und an Völkermorden zu beteiligen, generell in einen Haufen Schwierigkeiten zu geraten und die Strategie der Nephilim, die da lautet »Teile und herrsche!«, durchzusetzen.

Die Ungerechtigkeit zwischen den Kindern des Lichts und den Kindern dieser Welt (dem Samen des Christus und dem Samen der Wächter und der Nephilim) führte zur Ermahnung Jesu: »Die Kinder dieser Welt sind klüger als die Kinder des Lichtes in ihrem Geschlecht.«[38] Und: »Siehe, ich sende euch wie Schafe mitten unter die Wölfe; darum seid klug wie die Schlangen und ohne Falsch wie die Tauben.«[39]

Weil sie durch ihre Torheit Karma erzeugen, indem sie durch Götzenanbetung ihre Aufmerksamkeit auf die Gefallenen richten, geben die Kinder des Lichtes diesen unabsichtlich ihre Energie. So lautet das Gesetz des Karmas: Worauf wir unsere Aufmerksamkeit richten, und was wir verehren, zu dem werden wir. Das heißt, unsere Energie fließt zum Objekt unserer Aufmerksamkeit und Verehrung.

Der verkörperte Hüter der Schwelle

Die Gefallenen lieben das Spektakel und benutzen die Politik, die Medien und die Unterhaltungsindustrie als ihre Bühnen. Während es ihnen gelingt, unsere Aufmerksamkeit auf ihre ausgefallenen, komischen oder spektakulären Darbietungen zu lenken, scheffeln sie unser Geld und stehlen unser Licht. Und so kann ein Gefallener, der heute als verkörperter Hüter der Schwelle auf Erden wandelt, obwohl er spirituell völlig bankrott ist, tatsächlich mehr Macht und mehr Licht anhäufen, das er in Finsternis verwandelt, um eben jene zu zerstören, von denen er es durch die von ihm geschmiedeten Ränke gestohlen hat.

Viele dieser Ränke haben mit Geld zu tun, weil Geld Macht ist. Geld – selbst Papiergeld – repräsentiert Gold, es repräsentiert

Energie, es repräsentiert Vorräte, den Überfluss von Gott, und es hat einen Wert, der ausschließlich durch die heilige Arbeit der Menschen und durch ihr Vertrauen bestimmt wird. Daher: »Auf Gott vertrauen wir.«[40]

Wenn Geld von jenen angehäuft wird, die beschlossen haben, den Hüter statt den Christus zu verkörpern, bedeutet dies für sie Macht. Geld und Macht sind notwendige Voraussetzungen, um Kontrolle ausüben zu können. Es ist einfach zu erkennen, dass die »Schlangen« (ein Begriff aus der Heiligen Schrift, der für verkörperte gefallene Engel verwendet wird, welche die Kundalini[41], die »Schlangenkraft« pervertiert haben, um andere durch den Missbrauch der Chakras zu kontrollieren) ihre durch Geld erworbene Macht dazu benutzt haben, die Zustände auf der Welt und die Ereignisse der Welt zu ihren Gunsten und zur Verbreitung ihrer eigenen Art zu beeinflussen. Und so wie Gleiches Gleiches anzieht, so besteht ihre Nachkommenschaft ebenfalls aus denen, die sich entschieden haben, den Hüter der Schwelle zu verkörpern.

Und so führen die Dynastien der Machthungrigen und Geldgierigen die Tradition fort und reinkarnieren sich, bis das Gesetz der Zyklen verlangt, dass sie von den aufgestiegenen und nicht aufgestiegenen Söhnen Gottes gerichtet werden. Und so werden die Zyklen der Manipulation weitergehen, bis der Eine, der im Einklang mit der Großen Weißen Bruderschaft handelt, seine Stimme zu Gott dem Herrn, dem Allmächtigen, erhebt und ruft: »Im Namen Jesu Christi, bis hierher und nicht weiter! Genug!« und dann das Dekret zum Binden und Austreiben des Hüters der Schwelle der Manipulatoren der Menschen gibt.

Dies ist eine sehr wichtige Anrufung, denn wenn wir sagen: »Ich treibe den Hüter der Schwelle aus«, meinen wir damit sowohl den persönlichen als auch den planetarischen Hüter, wir meinen damit jeden auf Erden mit und ohne Körper, der seine geballte Faust gegen den Allmächtigen erhoben hat, um diesen herauszufordern und ihn doch noch niederzustrecken; wir meinen jeden, der das Licht gehasst hat, der dem Treuen und Wahrhaftigen den Krieg erklärt und das Blut seiner Söhne und Töchter in den rachsüchtigen Riten der Hölle vergossen hat.

Wer die Missetäter des Bösen auch immer sein mögen (wir selbst müssen dies nicht wissen), die Engel und Christus der Herr, die Legionen der Erzengel und der Elohim binden den Kern des absolut Bösen in ihnen und in allem, was mit ihnen verbündet ist, und machen ihn unschädlich. Dies ist das treue und wahrhafte Gericht, welches das Wirkliche vom Unwirklichen scheidet und so Millionen unterdrückter Menschen auf der ganzen Welt die Tür zur Erlösung öffnet und die Welt vor der furchtbaren Rache der falschen Götter rettet: vor dem planetarischen Holocaust.

Wir beten aufrichtig darum, dass jene, deren gottlose Taten durch unsere Anrufung herausgefordert werden – selbst jene, die mit diesen ruchlosen Machenschaften zu tun haben – von der großen Täuschung des Hüters befreit werden mögen und eine Kehrtwendung machen werden, um dem lebenden Gott zu dienen. Indem wir diesen Ruf ergehen lassen, sind wir die Verteidiger der Seele und die Beschützer des Rechts des Individuums, frei von den bösen Praktiken des fleischlichen Geistes zu sein – frei zu sein, sein wahres Selbst zu sein. Dies ist eine Rettungsmission zugunsten all jener, die sich im Griff der Illusionen der astralen Ebene und ihrer Bewohner befinden.

Diese Anrufung ist das Schwert Jesu. Mit ihm schreitet er voran, um die »verlorenen Schafe des Hauses Israel«[42] zu retten, die dem Kult von Erfolg, Status, Hedonismus und exzessivem Materialismus verfallen sind. Mit der Liebe seines ganzen Herzens bittet uns der Meister, ohne Unterlass für jene zu beten, die nicht sehen können, dass sie durch ihre eigene Hingabe an das Nicht-Selbst versklavt sind. Und sehen müssen sie, bevor sie glauben können.

Dies ist die Zunahme des Christusbewusstseins auf Erden. Der Ruf zum Gericht und das Hüter-Dekret sind das Signal von Gottes Sohn an seine Engel, dass das Ende des Fische-Zeitalters gekommen ist und dass die Ernte des Unkrauts, das zwischen dem Weizen gesät wurde, nahe ist.

Es ist an der Zeit, dass die Gruppen von Engeln, die als die »Schnitter« bekannt sind, den Samen der Kinder des Bösen einsammeln, der unter den guten Samen des Menschensohnes gesät wurde.[43] Wenn beide Anrufungen, die von Jesus diktiert wurden, mit den Anrufungen an Elohim Astraea und Erzengel Michael, mit der Anrufung »Kehrt den Ansturm um« und der Anrufung der violetten Flamme kombiniert werden (siehe dazu die Seiten 172–176, 320 ff., 99 f.), werden Sie entdecken, dass die Erzengel eingreifen können, um ein wunderbares Werk für Gott und seine Kinder des Lichtes auf Erden zu vollbringen.

Die Gebete Jesu schenken Leben, sie bringen nicht den Tod. Sie sind die Vollendung seines ewigen Daseinszweckes durch seine Schüler am Ende des Fische- und zu Beginn des Wassermann-Zeitalters: »ICH BIN gekommen, dass sie das Leben und volle Genüge haben sollen.«[44] Um Leben zu haben, und das in vollem Umfang, brauchen wir das heilige Feuer, das alles verzehrende Feuer unseres Gottes[45], um das Leichentuch des Todes zu verzehren. Und das ist alles, was der Hüter ist: die Todesmaske, die Sie zu Halloween herunterreißen und in das Feuer der Freiheit werfen.

Uns ist aufgetragen, den Ruf ergehen zu lassen. Den Armeen des Himmels unter dem Befehl der Erzengel ist aufgetragen, die Antwort zu geben und den Willen Gottes und das Urteil des Sohnes in Jesus und in uns durchzusetzen. Gott sei Dank kann sich nur der Wille Christi manifestieren, und weder unsere menschliche Meinung noch die irgendeines anderen kann das göttliche Edikt ändern, das vom Vater am Anfang ergangen ist und das vom Sohn am Ende bestätigt wird.

Wir sind Söhne Gottes, wir arbeiten mit dem gelben Strahl der Erleuchtung Christi. Die Elohim arbeiten mit dem blauen Strahl, dem Strahl der Macht des Vaters, und die Engel arbeiten mit dem rosafarbenen Strahl des Heiligen Geistes. Die drei sind in ihrer universellen Ergebenheit an die kosmische Jungfrau eins. Wenn wir unser Amt durch den Geist Gottes erfüllen, werden die Engel ihr Werk durch seine Liebe vollbringen, und die Elohim und die Elementarwesen werden das ihre durch seine allwaltenden Edikte tun. Wir müssen nur sicherstellen, dass wir den notwendigen Schutz durch die Heerscharen des Herrn in unserer täglichen Andacht und durch unsere Dekrete erbitten.

Teil 4

DAS GERICHT

A ls wir als lebende Seelen aus der Flamme von Alpha und Omega hervorgingen, wurde uns eine bestimmte Menge Energie
zugeteilt, die einer bestimmten Zahl von Evolutionszyklen in Zeit
und Raum entspricht. Dabei kann es sich um mehrere Hunderttau-
send Jahre oder mehrere Millionen Jahre handeln, die genaue Zahl
spielt keine Rolle. Wichtig ist hingegen das Prinzip, das besagt,
dass wir einen freien Willen besitzen und das Recht haben, mit
diesem freien Willen über einen bestimmten Zeitraum hinweg in
Zeit und Raum zu experimentieren. Am Ende, wenn die Seele alle
Zyklen durchlaufen hat, kommt das Gericht. Und dieses Gericht
ist als das Letzte oder Jüngste Gericht bekannt, als das endgültige
Aufrechnen all dessen, was in Zyklus um Zyklus getan wurde.[1]

Wenn 51 Prozent der Energie, die der Seele zugeteilt worden
war, voller Licht ist, hat die Seele das Recht erworben, sich eine
Identität zu bewahren. Ihr wird der Aufstieg in das Licht gewährt.
Sie wird zu einem Teil der ICH-BIN-Gegenwart und damit auf
ewig zu einem permanenten Atom im Körper Gottes. Eins mit

Gott, versiegelt und brennend in Gott kann sie ihn niemals mehr verlassen. Sie verbleibt im Bewusstsein Gottes und dehnt sich in alle Ewigkeit aus.

Wenn es kein Anzeichen dafür gibt, dass ausreichende Betonung auf die Seite des Lichtes gelegt wurde, wenn die Seele nicht einen guten Grund aufzeigen kann, warum ihre Existenz weitergehen sollte, wenn sie kontinuierlich das Licht benutzt hat, um das Ego zu stärken und das Ego anzubeten, steht die Seele am Ende dieses Zyklus vor dem hohen Gericht der Vier und Zwanzig Ältesten, das sich in diesem Sektor der Galaxis auf dem Gottesstern Sirius befindet. Dies ist das Gericht des Heiligen Feuers. Die Vier und Zwanzig Ältesten sind kosmische Wesen, zwölf Zwillingsflammen, welche die zwölf Hierarchien repräsentieren.

Die Seele steht auf einem Podest vor dem Gericht. Wenn das Gericht in Übereinstimmung mit dem Christus-Selbst der Seele entscheidet, dass die Seele keine ausreichenden Gründe anführen konnte, warum ihre Identität aufrechterhalten bleiben sollte, strömt die Flamme von Alpha und Omega durch das Podest und die Identität der Seele erlischt. Das Christus-Selbst dieses Lebensflusses verschmilzt mit dem Universellen Christus, die ICH-BIN-Gegenwart dieses Lebensflusses verschmilzt mit der Universellen ICH-BIN-Gegenwart. Die gesamte Energie, die gebraucht worden war, um die Seele zu erschaffen, und die Energie, welche die Seele in ihren Missschöpfungen gebraucht hatte, fließt zum Gottesstern zurück, wo sie eine neue Bestimmung erhält. Diese Neuausrichtung geschieht in einem gigantischen Kraftfeld des Heiligen Feuers, das im Buch der Offenbarung als »feuriger Pfuhl« bezeichnet wird.[2]

Die Vision dieses feurigen Pfuhls und das Wissen der Gefallenen um diesen feurigen Pfuhl hat zur Herausbildung ihrer Lehre vom Höllenfeuer und der ewigen Verdammnis geführt, von der ewigen Bestrafung in den Feuern der Hölle. Es waren die Gefallenen, welche diese falsche Theologie erschaffen haben.

Sie waren es, die sie den heiligen Unschuldigen gegeben haben. Tatsache ist, dass in dem Augenblick, in dem irgendeine Form verunstalteter Energie mit dem feurigen Pfuhl in Berührung kommt, das heilige Feuer die Ursache und den Kern dieser fehlgeleiteten Substanz verzehrt. Die Energie wird in die Vollkommenheit Gottes zurückgeführt, zum feurigen Kern des Großen Zentralsonnenmagneten als Teil des Quells des Lebens, und wieder verwertet, so wie sich auch ein Töpfer entscheiden kann, die Form, in die er den Ton bereits gebracht hat, zu zerstören und das Rohmaterial wiederzuverwenden. Soweit es also die ewige Verdammnis betrifft, spiegelt dieses Konzept nur das Verlangen der Bösen wider, die Kinder des Lichtes mithilfe der Vorstellung von ewigen Qualen einzuschüchtern. Die Kinder des Lichtes müssen sich für das Schicksal der Seele interessieren, nicht für die Lehren der Luziferianer.

Zeit im Raum, um zu bereuen

In seinem Diktat, in dem Alpha das Gericht über Luzifer bekannt gab, erklärte er, dass Luzifer, der Gefallene, zur Zeit seiner Rebellion eine bestimmte Menge Licht hatte, die als Gut, als Licht, qualifiziert war, während er sich im Dienste Gottes befand. Diese Dynamik der Energie plus der Grad seiner Verwirklichung vor dem Fall qualifizierten ihn für eine bestimmte Zeitspanne im Raum, um Buße zu tun, um zur Verehrung des Allmächtigen Gottes zurückzufinden. Diese Zeitspanne ist für die Unschuldigen, für die Kinder Gottes, sehr lang gewesen. Sie dauerte Tausende von Jahren auf dem Planeten.

Während dieser Zeitspanne kontrollierten Luzifer und die Gefallenen aufgrund des ungeheuren vorherigen Verwirklichungsgrades von Luzifer, aufgrund seiner Fähigkeit, Energie zu manipulieren und aufgrund der Tatsache, dass junge Seelen diese Verwirklichung noch nicht haben können, tatsächlich das Leben auf der materiellen Ebene – allerdings nicht in dem Ausmaß, dass keine Seelen aufsteigen konnten. Während dieser Zeit der Prüfung überwanden viele Seelen den fleischlichen Geist im Innern und den Gefallenen im Außen, und durch Leiden, Prüfungen und Versuchungen – die sie alle überwunden hatten – gingen sie durch das Ritual des Aufstiegs und kehrten als aufgestiegene Wesen zu Gott zurück.

Das Gericht über Luzifer

Nun ist das Ende des Fische-Zeitalters gekommen, das Ende jener Periode, in der Jesus kam, um den Christus zu bezeugen, um das Licht zu manifestieren, das Luzifer weder herausfordern noch besiegen konnte. Am Ende dieses Zeitalters ist es geschehen, dass Luzifers Zeit um war, dass ihm keine weiteren Zyklen, keine weiteren Gelegenheiten zugeteilt worden waren.

Außerdem hat er seine Position in der Hierarchie dazu missbraucht, sich zu erheben und die Sendboten der Großen Weißen Bruderschaft herauszufordern, was ihm nicht gestattet war. Das Gesetz manifestiert sich nämlich dergestalt, dass jene, welche die Große Weiße Bruderschaft vertreten, Schutz vor dem Gefallenen genießen. Gleichermaßen kann auch der Gefallene nicht von den Sendboten angerührt werden, weil es der Menschheit obliegt, zu entscheiden, wen sie vorziehen: die Sendboten der Gechristeten oder den fleischlichen Geist. Daher wurde jedes Mal, wenn Luzifer, der Gefallene, einen direkten Angriff auf die Sendboten startete, ein gewisses Maß seiner Gelegenheiten und Energie genommen. Dies geschah allmählich über einen Zeitraum von 15 Jahren, bis schließlich die gesamten 51 Prozent der Finsternis des Luzifers von den Herren des Karma genommen worden waren.

Es geschah dann, dass Luzifer vor das Gericht geladen wurde, von Erzengel Michael als Antwort auf die Rufe der Gechristeten gebunden und zum Gericht des Heiligen Feuers gebracht wurde, um sich vor den Vier und Zwanzig Ältesten zu verantworten. Sein

Prozess dauerte zehn Tage, und während dieser Zeit wurde die Gesamtheit aller Taten Luzifers und der Gefallenen von den Vier und Zwanzig Ältesten untersucht. Es wurde das Zeugnis vieler Seelen des Lichtes gehört, die sich auf Terra und anderen Planeten und anderen Sternensystemen in der Galaxis verkörpert haben, und das Zeugnis der aufgestiegenen Meister, Erzengel und Elohim.

Dann fand ein Rückblick statt. Am Ende dieser Revision wurde Luzifer die Gelegenheit gegeben, zu bereuen und sein Knie vor dem Christus, vor dem Allmächtigen Gott zu beugen und die ICH-BIN-Gegenwart anzubeten. Er aber lästerte Gott vor den Vier und Zwanzig Ältesten und erklärte, dass er niemals das Bild des Christus anbeten würde. Damit war seine Zeit abgelaufen. Während er auf dem Podest stand, durchströmte die Energie von Alpha und Omega seine Gestalt, und löschte den aus, der einmal als Sohn des Morgensterns bekannt gewesen war.[3]

Der Samen des Antichrists

Alpha macht sich bei der Verkündigung große Sorgen darum, dass die Kinder des Lichtes, die Schüler der aufgestiegenen Meister, nur nicht allzu zufrieden sein und glauben sollten, dass der Sieg schon errungen wäre. Dies ist nur der Anfang, der Krieg tobt heute in den Seelen aller. Wir müssen den Antichrist, den Samen des Antichrists und der Rebellion, der durch unsere Verbindung mit den Gefallenen, mit der Generation der Nachzügler, in uns eingepflanzt wurde, aus allen vier Quadranten des Seins austreiben.

Als die Gefallenen zur Erde hinabgestoßen wurden, zwang das Edikt der Herren des Karma viele dazu, sich zu verkörpern. Daher wandeln sie unter uns. Sie sind gefallene Engel in Verkörperung, welche Philosophien und Bewegungen begründen, die des Antichrists sind und welche die Kinder Gottes zu allen Arten von Perversionen verführen und Korruption in den Regierungen und der Wirtschaft in jeder Nation auf Erden herbeiführen. Sie sind eine äußerst gefährliche Gruppe von Individuen, weil sie die Macht der himmlischen Heerscharen besitzen und weil sie außerordentlich starke Gefühle durch den Emotionalkörper übermitteln, weil dies ihrer Dynamik vor der Inkarnation entsprach.

Nachdem sie sich inkarniert hatten, boten sich viele aus den himmlischen Heerscharen des Lichtes, die nicht gefallen waren, freiwillig an, sich zu inkarnieren, um dem Werk der gefallenen Engel entgegenzuwirken. Und daher haben wir auf Erden auch viele Engel des Lichtes, die dem Licht dienen, der Menschheit helfen, die Flamme der Liebe tragen und als Lehrer wirken. Viele dieser Engel des Lichts gehören zur Schülerschaft der Chelas der aufgestiegenen Meister, weil sie diejenigen sind, die danach streben, die Lehre zu besitzen, um der Menschheit den Weg zu weisen.

Nun haben die meisten von uns – ganz gleich in welche Kategorie sie auch fallen mögen, ob sie nun Söhne und Töchter Gottes oder Kinder der vierten, fünften oder sechsten Wurzelrasse sind, ob sie zu den himmlischen Heerscharen gehören, die kamen, um die Menschheit zu retten, ob sie mit Sanat Kumara kamen oder ob sie von anderen Planeten kamen, um zu helfen – seit ihrer Inkarnation auf dem Planeten die Geschichte des Falles völlig vergessen, die ganze Geschichte, warum wir hier sind, was hier geschieht, warum wir das Licht lieben und uns dennoch in den Strängen der Finsternis verfangen und warum wir uns in einer Situation befinden, in der wir das Karma mit Seelen des Lichtes und Seelen der Finsternis teilen.

Die Lüge der Gefallenen

Wir müssen nun anerkennen, dass wir nach unserer Inkarnation vergessen haben, warum wir hier sind und wer wir sind, nachdem wir auf die eine oder andere Weise gekommen waren, um zu helfen. Niemand hat uns gesagt, dass wir eine ICH-BIN-Gegenwart haben, und der Schleier der Maya ist sehr dick geworden. Ohne Lehrer können wir den Weg nicht erkennen. Wir glaubten der Lüge der Gefallenen, dass es nur einen Sohn Gottes gibt. Wir akzeptierten die Massenverdammung der Luziferianer, über die im Buch der Offenbarung steht: »… weil der Verkläger unserer Brüder verworfen ist, der sie verklagte Tag und Nacht vor Gott«.[4] »Verkläger unserer Brüder« ist ein anderer Name für Luzifer, der die Seelen des Lichtes anklagt oder verdammt und ohne Unterlass diese Verdammung verstärkt und anzieht, bis sich die Kinder des Lichtes vollkommen wertlos fühlen und zulassen, dass sie im Massenbewusstsein aufgehen, und nicht länger für die Wahrheit einstehen, weil sie nicht verstehen, dass die Wahrheit in ihnen selbst liegt.

Wir stellen fest, dass wir durch den Umgang mit den Gefallenen Karma erzeugt haben. Wir haben auf die Gefallenen reagiert. Wir wurden von ihrem Zorn ergriffen und wir haben rachsüchtig darauf reagiert. Und so haben wir uns in den Strängen des Karmas verfangen und uns an die Gefallenen gebunden – manchmal sogar auf sehr persönliche Weise innerhalb der eigenen Familie. Deshalb findet man in vielen Familien Menschen des Lichtes und Menschen, die das Licht scheuen; deshalb findet man überall Spaltung und Trennung.

Wir stellen daher fest, dass die Kinder des Lichtes auf Terra beinahe ausnahmslos unter den Einfluss der Gefallenen geraten sind. Es ist wichtig, dass wir keinen spirituellen Hochmut entwickeln und glauben, wir seien dabei eine Ausnahme. Ohne es auch nur zu bemerken, haben wir unbewusst ihre Philosophie, ihren Lebensstil, ihre Moral und ihre Betonung des »guten Lebens« übernommen.

»Esst, trinkt und seid fröhlich, denn morgen werdet ihr sterben!« ist das Schlagwort der Nephilim, weil sie wissen, dass sie letztendlich der zweite Tod ereilen wird. Deshalb versuchen sie, die Kinder des Lichtes davon zu überzeugen, und ziehen die Kinder des Lichtes in den Kult des Vergnügens, in den Kult der sinnlichen Knechtschaft hinein, was dazu führt, dass die Kinder des

Lichtes ihre Seele verlieren.[5] Wohl wissend, dass sie eines Tages ausgelöscht werden, verfolgen die Gefallenen ein einziges Ziel. Sie sagen: »Wenn wir sowieso verschwinden werden, nehmen wir die Kinder des Lichtes mit uns.« Und aus diesem Grund fahren sie auf ihre Weise fort.

Sie haben falsche Regierungsformen eingeführt. Sie haben Individuen auf ihre Seite gezogen. Der Nationalsozialismus ist ein klares Beispiel für eine Regierung der Gefallenen, dafür, wie ein verkörperter Schwarzmagier benutzt wurde, um Millionen Kinder des Lichtes durch den unbändigen Zorn in seiner Stimme, durch das Schlagen von Trommeln, durch die militärischen Rhythmen und das Hochgefühl der Idee einer Rasse von Übermenschen auf ihre Seite zu ziehen.

Indem sie den Hochmut bedienen, den die Luziferianer bereits früher in die Kinder des Lichtes gepflanzt hatten, ziehen sie diese in einen Zustand der Massenhypnose hinein; die Luziferianer ziehen sie durch den Magnetismus des Hochmuts an. Dies ist immer und immer wieder geschehen. Zivilisationen sind als Folge davon aufgestiegen und niedergegangen, dass die Luziferianer die höchsten Positionen in den Regierungen eingenommen und die wahre Philosophie des Christus und des Allmächtigen Gottes nur leicht verändert haben.

Der Drache, das Tier, die große Hure und der falsche Prophet

Solange die Menschen nicht klar und eindeutig verstehen, dass der Kampf in den vier niederen Körpern und in der Seele geführt wird, bedeutet der zweite Tod des Luzifer, der ganze Sieg von Harmagedon und selbst der Sieg eines goldenen Zeitalters nicht, dass die individuelle Seele Unsterblichkeit erlangt.[6] Jede individuelle Seele muss selbst die Entscheidung treffen, da sie sich auch entschieden hat, aus dem feurigen Kern der Einheit hervorzugehen. Sie muss im Zentrum der Christus-Flamme sitzen so wie die Vier und Zwanzig Ältesten im Gericht des Heiligen Feuers auf Sirius sitzen. Die Seele muss das Christus-Selbst anrufen, um das Gericht über den Drachen, das Tier, die große Hure und den falschen Propheten zu manifestieren. Jede dieser Pervertierungen der Gottheit kontrolliert einen der vier niederen Körper.

Wenn Sie das Buch der Offenbarung genau studieren und mit dem elften Kapitel anfangen, lesen Sie von der Mission der zwei Zeugen, welche die Sendboten der Großen Weißen Bruderschaft sind – die beiden Propheten, welche die Lehre der aufgestiegenen Meister in dieses Zeitalter bringen.[7] Sie kommen und sie überbringen die Lehre und sie stehen der Herausforderung durch den Drachen gegenüber.

Dann ist im zwölften Kapitel von einer Frau die Rede: »ein Weib, mit der Sonne bekleidet, und der Mond unter ihren Füßen und auf ihrem Haupt eine Krone mit zwölf goldenen Sternen«.[8] Die zwölf Sterne zeigen ihre Meisterschaft unter den zwölf Hierarchien der Sonne an. Kapitel 12 ist das Zeichen des Wassermann-Zeitalters, der Ankunft des weiblichen Strahls, der Erhöhung des weiblichen Strahls. Und wenn der weibliche Strahl erhöht wird, bringt er den Christus, das Menschenkind, hervor, der die Erfüllung der Mission der Göttlichen Mutter in uns allen ist.[9]

Die Kapitel 13, 14, 15 und 16 handeln vom Drachen, dem Tier, der großen Hure und dem falschen Propheten. Selbstverständlich ist das Buch der Offenbarung verschlüsselt. Es ist kryptisch. Es wurde Johannes vom Engel Jesu überliefert. Die Schlussverse sagen, dass der Name eines jeden Menschen, der das Buch der Offenbarung in irgendeiner Weise verfälscht, aus dem Buch des Lebens gestrichen werden wird.[10]

Dies ist eine ziemlich klare Warnung an alle, die über mehrere Tausend Jahre hinweg in ihren Zellen gehockt und die Heiligen

Schriften verändert haben, und an die Gefallenen, welche die Kirchen infiltriert haben und aus den Lehren Christi und den Lehren des Alten Testaments all jene Schriften entfernt haben, welche die Natur des Falls der Luziferianer und das Wesen ihrer Schöpfung beschrieben und eindeutig die Lehre der Inkarnation und die Gesetze des Karmas offenbart haben. All dies war früher einmal in unserer Heiligen Schrift enthalten. Und all dies ist verfälscht worden.

Es gibt gewisse Leute, die sagen, dass die Heilige Schrift das absolute Wort Gottes ist. Nun, dort, wo sie das Wort Gottes ist, da ist sie das Wort Gottes. Wo sie es aber nicht ist, da ist sie es nicht. Und das ist genau das Problem, vor dem wir stehen: Gewisse Leute versuchen, eine Theologie und eine Lehre zusammenzuschustern, von der wir – wie sie sagen – nicht abweichen dürfen, obwohl sie nicht die ganzen Schriften des Gesetzes und des Wortes besitzen. Jesus wusste natürlich, dass sie dies tun würden. Ist Ihnen schon einmal aufgefallen, dass es Jesus gar nicht in den Sinn kam, Bücher zu schreiben? Er übermittelte die Lehre und ließ diese von seinen Jüngern niederschreiben. Er wusste, dass die Lehre nur in der Flamme des Herzens getragen und nur von Feuer zu Feuer zu Feuer weitergegeben werden konnte. Und so sollte die apostolische Nachfolge eigentlich ein Weitergeben der Tradition der wahren Lehre Christi sein – nicht das Weitergeben eines toten Rituals, nicht des ungezügelten Eifers, nicht des Fanatismus, sondern der Flamme. Dies ist es, was die wahren Priester und Priesterinnen vor dem Altar Gottes den Menschen vermitteln sollen.

Stattdessen ging die Flamme verloren. Die Lehren wurden verfälscht. Als Jesus Johannes das Buch der Offenbarung auf der Insel Patmos kurz vor dem Aufstieg von Johannes diktierte, fügte er diese Warnung ein. Und deshalb verfälschte es niemand. Es liegt uns vollständig vor, ist aber kryptisch. Und der Grund, warum es kryptisch, also verschlüsselt ist, liegt darin, dass man die Verschlüsselung nicht verfälschen kann und jene, die es verfälschen möchten, zu unwissend sind, um überhaupt zu wissen, was sie ändern müssten.

Und das geschah auch mit den Visionen von Hesekiel und Daniel im Alten Testament.[11] Diese Schriften konnten nicht verfälscht werden, weil sie für die Gefallenen und die Rebellischen auf den ersten Blick völlig unverständlich sind, da man im Heiligen Geist sein muss, um sie zu verstehen.

Nun wollen wir über die Schlacht von Harmagedon in unserem Kraftfeld sprechen.

Der Drache: die Pervertierung des Vaters

Wir platzieren den Drachen auf der 12-Uhr-Linie (siehe dazu Darstellung 2 auf Seite 284). Der Drache ist die ultimative Pervertierung von Gott als Vater, von Gott als Gesetzgeber, von Gott als Macht. Der Drache symbolisiert in seiner Großartigkeit jenes Kraftfeld, jenen Energiewirbel, der die Macht von Gott genommen und das Bild des Tieres erschaffen hat, der diese monströse Form erschaffen hat. Dieses Drachenbewusstsein, das genaue Gegenteil von Gott dem Vater, initiiert dunkle Zyklen und überträgt die pervertierte Macht auf das Tier. Auf der 12-Uhr-Linie befindet sich also der »Verkläger unserer Brüder«, der im Buch der Offenbarung beschrieben wird.

Die Pervertierung der Gotteskraft ist Verdammung. Diese Verdammung ist das Einprügeln auf den Geist, die Aggression, die einen ständig niederwirft und einem einredet, dass man gar nicht erfolgreich sein kann, und die das Massenbewusstsein mit dem Willen zum Versagen durchdringt. Diese Verdammnis drückt auf das Kronen-Chakra herunter und presst die Energien des Kronen-Chakras in die niederen Chakras, sodass durch die Aktion des Drachen diese Energien für Lust und Sinnlichkeit missbraucht werden.

Dies ist der Quadrant des ätherischen Körpers, des Feuerkörpers. Wir erfahren, dass der Drache die Pervertierung des Feuers, des Fohats[12] der Schöpfung, ist. Die Erschaffung des Tieres und des Drachens ist ein Missbrauch des heiligen Feuers von Mann und Frau, der Elohim, des Samens und Eis des Vater-Mutter-Gottes. Es wird eine monströse Form erschaffen, in der die ganze Rebellion der Gefallenen brodelt. Diese Schwingung wirkt im Unterbewusstsein, im ätherischen Körper, als Selbstverachtung und -verdammung, als Verachtung und Verdammung anderer und als Verneinung Gottes.

Schauen Sie doch nur, wie viele Menschen unter dem Einfluss dieses Drachens in ihrem eigenen Unterbewusstsein Gott verleugnen. Vielleicht ist es keine direkte Leugnung wie »Gott existiert nicht« und nicht so eklatant wie der Atheismus. Aber vielleicht taucht sie als eine Pervertierung des Fische-Zeitalters auf, als Zweifel an der Existenz Gottes, als Angst, dass Gott uns bestrafen wird, als Angst, dass er nicht gerecht sein könnte, als zitternde Furcht, als Gedanke, dass Gott fern ist und sich nicht für uns interessiert, dass Gott ein von Hass erfüllter Gott sein könnte (die Pervertierung des Wassermann-Zeitalters), dass er kein Gott der Liebe ist.

Gott in einen weit entfernten Kosmos abzuschieben, von wo aus er keinen Anteil an unserem persönlichen Leben nimmt, auch das ist eine Verleugnung Gottes. Dies ist eine sehr subtile Anti-Gott-Substanz. Wenn der Drache aus Ihrem Unterbewusstsein emporgesprungen, plötzlich auf der Leinwand vor Ihnen aufgetaucht wäre und zu Ihnen gesagt hätte »Hallo, ich bin der Drache. Ich bin die Pervertierung Gottes, und ich werde dafür sorgen, dass du versagst!«, dann würden Sie doch sicher Ihr Schwert ergreifen und den Drachen erschlagen. Aber der Drache geht viel subtiler vor, denn er ist Ihr eigenes fleischliches Bewusstsein.

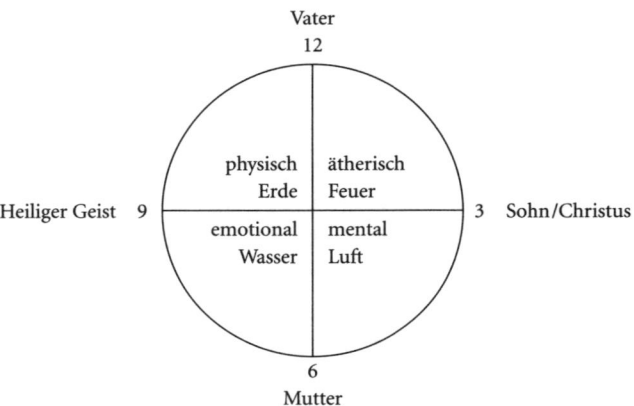

Darstellung 1: Die vier Persönlichkeiten Gottes

Der Eine Gott manifestiert sich in vier Persönlichkeiten: als Vater, Mutter, Sohn und Heiliger Geist. Diese Persönlichkeiten entsprechen den vier Ebenen der Materie und den vier niederen Körpern des Menschen. Wenn die vier Quadranten, die Schwingungsfrequenzen von Gottes Energie, weiter unterteilt werden, werden die Trinitäten eines jeden Quadranten zu den zwölf Gotteseigenschaften, die in Darstellung 3 gezeigt werden.

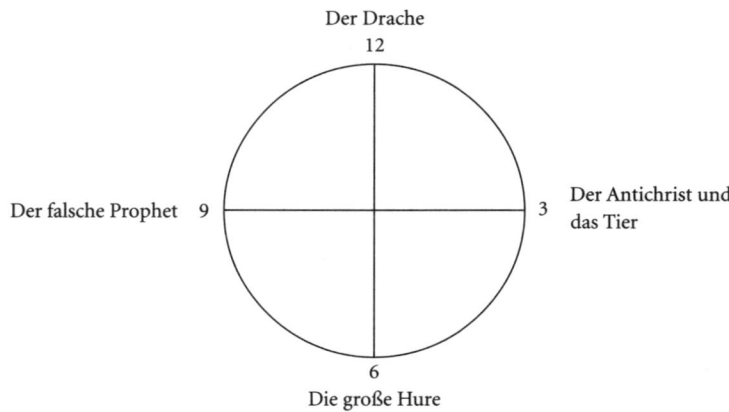

Darstellung 2: Die vier Persönlichkeiten des Antichrists

Den vier Persönlichkeiten Gottes sowohl im Makrokosmos dieses Universums als auch im Mikrokosmos des menschlichen Wesens entgegengesetzt sind die vier Persönlichkeiten des Antichrists, die in Offenbarung 13–16 als der Drache, die große Hure, das Tier und der falsche Prophet beschrieben werden.

Darstellung 3: Die zwölf Hierarchien der Sonne

Die zwölf Hierarchien der Sonne sind zwölf Mandalas kosmischer Wesen,
die zwölf Facetten des göttlichen Bewusstseins beseelen und die Struktur
der jeweiligen Schwingung für den gesamten Kosmos beinhalten.
Sie werden mit den Namen der Sternzeichen gekennzeichnet.

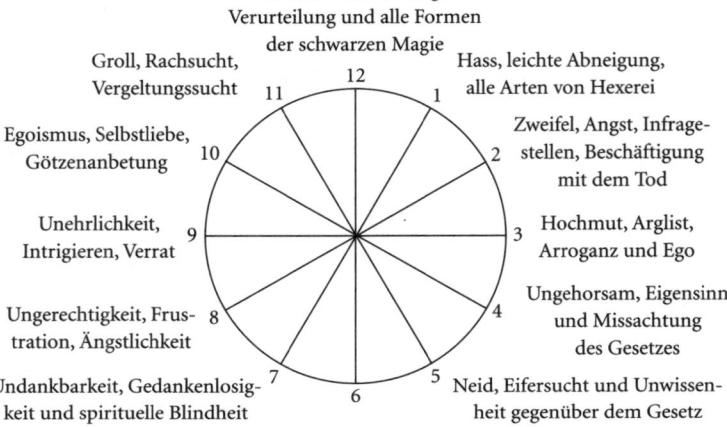

Darstellung 4: Der Missbrauch der zwölf Gotteseigenschaften

Der Drache ist einfach der Zweifel, dass die ICH-BIN-Gegenwart real ist. Er ist der Zweifel, dass die ICH-BIN-Gegenwart das Gesetz des Seins in uns erfüllen kann. Er ist der Zweifel, dass sich die ICH-BIN-Gegenwart jedes Mal für uns einsetzen wird, wenn wir sie anrufen. Er ist der Zweifel, dass die ICH-BIN-Gegenwart in der Lage sein wird, den weltlichen Drachen, die weltliche Dynamik und das kollektive Unterbewusstsein der Masse vollständig zu besiegen.

Wir müssen daher verstehen, dass das Drachenbewusstsein am Werk ist, dass es das Feuer unseres ätherischen Körpers stiehlt und uns des glorreichen Sieges des Lichtes der Sonnenhierarchien im Körper beraubt, wenn wir die Dynamik der Verdammung unserer selbst oder irgendeines anderen Teils des Lebens spüren, wenn wir Selbsthass oder eine leichte Abneigung gegen uns selbst oder andere Teile des Lebens spüren, wenn wir Zweifel und Tod spüren und den Glauben an den Tod hegen.

Dies ist ein Bewusstsein der Bosheit – ein sehr subtiles Bewusstsein. Es ist Bosheit unter der Oberfläche. Es ist nicht oft aktiv, außer bei Wahnsinnigen oder jenen, die aus heiterem Himmel den Drang verspüren, Massenmord oder andere Verbrechen zu begehen. Aber es ist da. Es gleicht einem silberschwarzen Kraftfeld auf den unterbewussten Ebenen, das auftaucht und jene manchmal aggressiven Gefühle hervorbringt, die wir plötzlich durch uns hindurchströmen fühlen. Wir treten dieser Art von Kraft gewöhnlich nicht von Angesicht zu Angesicht gegenüber, es sei denn, wir fordern sie heraus, es sei denn, wir akzeptieren Gott und die Lehre und den Pfad und das Ziel des Aufstiegs vollkommen und von ganzem Herzen. Denn solange wir nicht auf dem Pfad sind, bleiben wir Teil des Massenbewusstseins.

Man kann nur an zwei Orten sein: entweder auf dem Pfad oder im Massenbewusstsein. Es gibt keinen Ort in der Mitte. Der Ort in der Mitte ist ein trügerischer Ort. Menschen denken, sie befänden sich in der Mitte, aber das tun sie nicht. In Wirklichkeit befinden sie sich im Massenbewusstsein. Nur wenn Sie sich entscheiden, sich gegen die gesellschaftlich akzeptierte Hauptströmung des Massenbewusstseins zu stellen, konfrontieren sie all diese Kräfte, die dann sehr, sehr unangenehm werden und anfangen, Todesschreie auszustoßen und sich in Todeskrämpfen in Ihrem Bewusstsein zu winden. Dann durchleben Sie die Schlacht von Harmagedon und die Konfrontation mit dem Antichrist.

Es kommen Leute zu den Lehren der Meister, die denken: »Als ich dieser oder jener Kirche angehört habe, hatte ich überhaupt keine Probleme. Nun bin ich zu den Lehren der Meister gekommen, und mir passieren alle möglichen Dinge. Es ist wirklich ein Kampf, mein Licht aufrechtzuerhalten. Was geschieht bloß mit mir?« Und da die Leute sich nicht gern abmühen, kehren sie häufig in die Behaglichkeit und die oberflächliche Leichtigkeit der Hauptströmungen der Orthodoxie zurück – zu jenem Aspekt der Orthodoxie, der aus den pervertierten Lehren der Bruderschaft besteht.

Der Exorzismus des Drachen

Um die Dinge im ätherischen Körper wieder ins Lot zu bringen, muss der Drache ausgetrieben werden. Wie aber können wir ihn austreiben? Durch das Dekret »Rund-um-die-Uhr-Schutz« (auf Seite 322–325), durch die Anrufung der violetten Flamme, der mächtigen Astraea (auf Seite 172 f.), des eigenen Christus-Selbst und Ihrer eigenen ICH-BIN-Gegenwart. Und Sie können das folgende Fiat ergehen lassen:

»Im Namen des Christus, im Namen des ICH BIN DER ICH BIN verlange ich das Binden des Drachen innerhalb meines ätherischen Körpers. Ich verlange die Umwandlung der Ursache und des Kerns des Bewusstseins des Drachen, des Samen des Drachens und des Eis des Drachens und von allem, das vom Einfluss des Drachens in meinem Unterbewusstsein verbleibt. Möge es in dieser Stunde im Namen von Jesus dem Christus geschehen! Mögen Erzengel Michael und die mächtige Astraea heute in meinen ätherischen Körper fahren und mich von der Ursache und dem Kern all dessen läutern, was geringer ist als meine ICH-BIN-Gegenwart und mein Christus-Selbst! Ich akzeptiere, dass dies in dieser Stunde in der vollen Macht der dreifältigen Flamme in meinem Herzen vollbracht ist.«

Nun fügen Sie Ihr eigenes Gebet, Ihre eigene Anrufung hinzu und tun dies mit Inbrunst. Wenden Sie die Lehren der Bruderschaft an. Sinken Sie auf die Knie, wenn es nötig ist, wenn Sie die Versuchung und die Kraft des Drachen spüren, und weigern Sie sich, sich von ihm überwältigen zu lassen. Rufen Sie Erzengel Michael an, damit er sein Schwert ergreift und den Drachen erschlägt. Der gesamte Geist der Großen Weißen Bruderschaft wird den Ruf des Sohn Gottes verstärken, der sich danach sehnt, das Kraftfeld seines eigenen Mikrokosmos zu sichern.

Der Antichrist und das Tier: die Pervertierung des Christus

Auf der 3-Uhr-Linie, von wo aus er den Christus herausfordert, befindet sich der Antichrist selbst. Der Antichrist auf derselben 3-Uhr-Linie wie der Christus ist das, was alle anderen Pervertierungen der Gottheit hervorbringt: den Drachen, den falschen Propheten und die große Hure. Der Antichrist ist der Dreh- und Angelpunkt all dessen, was »anti«, also »gegen« etwas ist. Das, was sich auf der 12-Uhr-Linie befindet, ist der Antivater.

Das, was sich auf der 6-Uhr-Linie als die große Hure befindet, ist die Antimutter. Und das, was sich auf der 9-Uhr-Linie befindet und dem Heiligen Geist entgegengesetzt ist, ist der Antigeist oder der Gegner des Heiligen Geistes. Es ist einfach eine Schwingungsfrequenz, die das genaue Gegenteil der Frequenz des Lichtes ist, welche dem Kraftfeld gegenübersteht.

Ebenfalls auf der 3-Uhr-Linie befindet sich das Tier, das unter dem Antichrist dient. Im Buch der Offenbarung werden zwei Tiere erwähnt: das Tier, das sich aus dem Meer erhebt, und das Tier, das sich aus der Erde erhebt.[13] Dies sind die beiden Tiere, die dem Antichrist dienen und den Emotional- wie den Mentalkörper pervertieren. Das Tier ist der fleischliche Geist – die Schlange, die auf ihrem Bauch vor Eva kroch, jetzt aber ausgewachsen ist. Das Tier aus der Offenbarung ist die reife, erwachsene Version der Schlange aus dem Buch Genesis, das aufgrund der Akzeptanz der Seelen wachsen konnte. Als wir die Lüge des Kompromisses zwischen dem relativ Guten und dem relativ Bösen akzeptierten, fütterten wir die Schlange, und die Schlange, wuchs zum Tier heran.

Das Tier kontrolliert mittlerweile fast den gesamten astralen Gürtel und die mentale Ebene des Planeten. Aber nicht ganz, denn die Gechristeten, die das wahre Licht in sich tragen und im Besitz der wahren Lehre sind (und dies sind nicht nur diejenigen, die Schüler der Meister sind, denn in allen Gesellschaftsschichten, in allen Kirchen und allen Religionen existieren wahre Seelen, die das wahre Licht in sich tragen und wahre Schüler sind), sind da und halten die Flamme und lassen nicht zu, dass der Emotional- oder der Mentalkörper verschmutzt wird.

Aber zum größten Teil ist die mentale Ebene durch das Tier des intellektuellen Hochmuts, des Ehrgeizes und des Konkurrenzdenkens verschmutzt. Das Tier, das die astrale Ebene verschmutzt, ist durch den Missbrauch der Flamme der Reinheit der göttlichen Mutter entstanden. Saint Germain hat gesagt, das die astrale Ebene quasi das Abwassersystem des menschlichen Bewusstseins ist.

Durch die Versuchungen des Tieres, die zu allen Arten der Perversion und des Missbrauchs von Gottes Energie geführt haben, ist die astrale Ebene zu dem geworden, was sie heute ist.

Viele Menschen, die das Buch der Offenbarung studieren, nennen die Namen von verkörperten Menschen, welche den Drachen, das Tier, den falschen Propheten und die große Hure personifizieren. Es ist aber nicht nötig, das zu tun. Es mag tatsächlich ein oder mehrere Individuen auf dem Planeten geben, die für sich einen größeren Anteil am Tier, am Drachen, an der großen Hure und so weiter beanspruchen können als der Rest von uns und sich von uns abheben, weil sie eine größere Meisterung und ein stärkeres Kraftfeld des Energieschleiers erlangt haben. Aber wenn wir mit dem Finger auf jemanden zeigen – und sei es selbst auf Luzifer –, lenkt uns das vom Sieg und dem Schlachtfeld in unserer eigenen Seele ab.

Es ist sehr gefährlich zu sagen: »Der Teufel hat mich dazu gezwungen oder die ›Kraft‹ hat mich dies tun lassen oder Soundso hat mich dazu verführt, deshalb habe ich gesündigt und deshalb bin ich gefallen.« Genau das hat nämlich Adam gesagt: »Eva hat mir den Apfel gegeben, und deshalb habe ich ihn gegessen.« Und Eva sagte: »Nun, die Schlange hat mich verführt, deshalb habe ich ihn gegessen.« Und alle geben allen anderen die Schuld daran, dass sie sich vom Bewusstsein abgewendet haben.

Deshalb schauen wir nach innen. Wir erforschen unseren eigenen Mentalkörper. Wir schauen uns die Linien auf unserer eigenen Uhr an. Wir sagen: »Verkörpere ich die Kontrolle Gottes im Göttlichen Ego, oder stolziere ich mit meinem menschlichen Ego wie ein Pfau herum und versuche, alle mit meinem spirituellen Wissen zu beeindrucken, besorge mir alle möglichen Titel und Dinge, damit ich ein Lehrer werden kann und alle sehen können, wie großartig ich bin?« Haben Sie sich schon einmal Folgendes gefragt: »Hat sich in mir das menschliche Ego oder das göttliche Ego durchgesetzt?« Wir müssen über diese Dinge nachdenken. Wir müssen erkennen, dass nichts offensichtlich sein wird, wenn wir uns auf dem Pfad befinden, sondern dass alles sehr subtil sein wird.

Deshalb müssen wir studieren, um uns vor Gott zu bewähren[14], denn darin liegen die Feinheiten der Schwingung. Und das Ego läuft herum, schaut gütig drein, lächelt und sagt, wie wunderbar es ist und wie reizend und dass es ein solches perfektes Beispiel für diesen oder jenen Lehrer oder für diese oder jene Lehre abgibt, und hinterlässt auf diese Weise einen großartigen Eindruck bei allen möglichen Leuten. Aber das Ego trägt keine Flamme in sich, deshalb warnte Jesus uns vor den falschen Lehrern, die als Antichrist auftreten werden – die im Namen Christi kommen, aber die Flamme nicht besitzen.[15]

Die Frage lautet doch: »Kann der Lehrer die Flamme übertragen?« Fließt das Licht?« Der Lehrer sollte nur eine klare Glasscheibe sein. Wenn der Lehrer sich etwas als seinen Verdienst anrechnen lässt, ist das Glas verschmutzt. Wenn Sie und Ihre Seele etwas für sich in Anspruch nehmen und nicht Gott allein den Ruhm lassen, behalten Sie sich eine Identität vor, die von Gott getrennt ist. »Mein Vater wirkt bisher, und ich wirke auch … Ich kann nichts von mir selbst tun … Der Vater aber, der in mir wohnt, der tut die Werke.«[16]

So wollen wir uns denn vor dem Antichrist in uns hüten. Lasst uns erkennen, dass er sich nicht unbedingt als der aufgeblasene Hochmut manifestiert, der sorgfältig auf der 3-Uhr-Linie verborgen ist, oder als Rebellion gegen das Gesetz Gottes auf der 4-Uhr-Linie, oder als Neid und Eifersucht gegenüber den Söhnen und Töchtern Gottes, die auf der 5-Uhr-Linie Verwirklichung erlangt haben. Lasst uns eher danach streben, den mentalen Gürtel zu säubern, der kommenden Lehre und dem heiligen Feuer Alphas den Weg zu bereiten, damit es auf die mentale Ebene herabsinken kann.

Die große Hure: die Pervertierung der Mutter

Nun schauen wir uns die 6-Uhr-Linie an, auf der die große Hure das Bild der kosmischen Jungfrau verschlingt. Das Signet der kosmischen Jungfrau ist die Lehre der göttlichen Mutter, die Weisheit der Mutter. Im Buch der Sprüche Salomo wird uns geraten, nach der Weisheit zu streben und ihr zu folgen.[17] Dies ist der Rat des Vaters an den Sohn. Er rät ihm, sich das Wissen der göttlichen Mutter anzueignen. Die göttliche Mutter hält die Lehren des Vaters in ihren Händen, durch welche die Kinder Gottes zur Alpha-Flamme zurückkehren können.

Im Namen der Mutter kommt auch die große Hure. Sie kommt in der Form von Organisationen, sie kommt in der Form von großen Massenbewegungen, die – wie ein riesiger Kugelfisch – die Kinder Gottes in eine Lehre, in eine Doktrin oder eine politische Theorie einsaugen, die sie außerhalb des Umfangs von Gottes Wesen führen, statt sie in das heilige Feuer zu führen. Die große Hure ist alles, was gegen die Reinheit der Mutter in uns gerichtet ist. Sie ist die Pervertierung der Mutterflamme. Sie ist die Pervertierung der Lebenskraft.

Es braucht Mut, die große Hure hinauszuwerfen. Jede Pervertierung des weiblichen Strahls in Männern und Frauen muss verschwinden. Im Großen sehen wir die große Hure als Pornografie. Wir sehen sie im Missbrauch des Körpers der Mutter in der Werbung, in der generellen Vermarktung der Sexualität und im Missbrauch der Sexualität. Wir sehen sie in der Vernichtung der Kinder der Mutter aller Zeiten in dieser Periode, in der die Mutterflamme emporlodert.

Sie steigt wie ein Kontinent auf – wie Lemuria. Sie drückt in der gesamten Menschheit unaufhörlich nach oben. Sie kann nicht mehr unterdrückt werden. Aber während sie aufsteigt, kommt sie in Kontakt mit all dem, was ihr über viele Jahrhunderte hinweg im Weg stand. Und deshalb kommt es zu einem Kataklysmus im Bewusstsein, es kommt zu Unruhe, es kommt zu Wahnsinn, aber die Flamme lodert empor und sie lodert immer stärker empor. Entweder wir geben uns ihr hin, folgen ihr und lassen zu, dass sie unsere Energien lenkt, oder wir werden entdecken, dass wir uns mit der großen Hure verbündet haben, und merken nicht einmal, dass uns die kostbaren Energien der Mutter geraubt wurden.

So wollen wir denn auf die Feinheiten achten, auf alle Disharmonien im Gefühlskörper, auf Undankbarkeit, Ängstlichkeit, nervöse Spannungen, das Gefühl, ungerecht behandelt zu werden. Wenn wir unsere Faust gegen Gott erheben und rufen: »Das ist nicht fair! Es ist nicht fair, was du mir angetan hast! Du hast meine Mutter getötet, du hast meinen Vater getötet, du hast mir mein Kind genommen, du hast mir diese schreckliche Krankheit oder dieses furchtbare Unglück gebracht!«, dann ist dieses Gefühl, ungerecht behandelt worden zu sein, dieser Wunsch, gegen unser Karma zu rebellieren, ein Akt der Rebellion gegen die Mutter, gegen Gott, gegen das Gesetz des Lebens, das sich in uns durch die Mutter verdichtet. Daher wollen wir vorsichtig sein, denn die gesamte astrale Ebene des Planeten ist die große Hure, die Pervertierung der Mutter.

Die Elohim Astraea schenkt uns die Lehre, wie wir die große Hure binden können:

»Ihr habt von den Gefallenen gehört und dass viele von ihnen in den vergangenen Monaten vor Gericht gebracht wurden. Nun folgt das Gericht über die große Hure und die Betrüger der göttlichen Mutter und die Betrüger von Kali, Durga und Mutter Maria und all jener, die den Willen der kosmischen Jungfrau tun wollen. Nun ergeht das Urteil an diesem Tag und die Aktion von Astraea ergeht, um die große Hure zu binden ... Dies ist im Namen des lebenden Christus durch die Aktion von Reinheit und Astraea gemäß des Gerichts und der Gerechtigkeit getan und an diesem Tag durch die Vier und

Zwanzig Ältesten ausgeführt. Jene Betrüger der weiblichen Wesen der Hierarchie, deren Zeit nun gekommen ist, müssen in dieser Stunde vor dem Gericht des heiligen Feuers erscheinen, um gerichtet zu werden.«[18]

Dieses Gericht hat Parallelen zum Gericht über Luzifer. Es bedeutet, dass die Hauptbetrüger der göttlichen Mutter auf der Astralebene vor Gericht gebracht wurden – so wie Luzifer auf der Astralebene war und nicht in physischer Verkörperung. Das Gericht über jene, die in physischen Körpern leben, findet nach der Vollendung ihrer Zyklen statt, je nach der ihnen zugeteilten Energie.

Das Gericht ist über den Makrokosmos gekommen. Das Fiat ist ergangen. Das Gericht wird sich in den vier niederen Körpern erst dann ereignen, wenn wir es ratifizieren, wenn wir die große Hure hinausgeworfen und die göttliche Mutter an ihrer Stelle installiert haben. Gott handelt, und wir müssen handeln, um seine Aktionen zu ratifizieren, sonst werden wir entdecken, dass wir vom Fluss des großen kosmischen Meeres getrennt sind.

Der falsche Prophet: die Pervertierung des Heiligen Geistes

Auf der 9-Uhr-Linie befinden sich der falsche Prophet und alle aus der Linie der falschen Lehrer. Wenn ein Avatar, ein Gechristeter, im Ritual des Aufstiegs den Planeten verlässt, verschmilzt die dreifältige Flamme in seinem Herzen mit der dreifältigen Flamme des Christus und mit der dreifältigen Flamme der ICH-BIN-Gegenwart. Durch diese dreifache Aktion geht die Totalität der Seele in der ICH-BIN-Gegenwart auf. Wenn dies stattfindet, gibt es eine Freisetzung aus der Gegenwart, die hinabsinkt, um das Vakuum und die Leere zu füllen, um die Zurückgebliebenen zu

294

trösten, um den Schülern Trost zu spenden. Daher wird der Heilige Geist auch Trostspender oder Tröster genannt.[19]

In den letzten Tagen der Mission Jesu im heiligen Land, erzählte er seinen Jüngern von dem, was kommen würde. Er sagte ihnen, dass er sie verlassen würde, dass er gehen müsste, dass er gekreuzigt werden müsse, auf dass sich das Gesetz und die Propheten erfüllen. Aber sie sollten nicht schweren Herzens und voller Trauer sein, weil er ihnen einen anderen Tröster schicken würde, »der wird euch alles lehren«.[20] Und so geschah es am Tag von Pfingsten, dass sich die Jünger versammelten und es ein großes Rauschen wie von einem starken Wind gab, als der Heilige Geist über sie kam.[21] Dies war dieselbe Schwingung wie die der Aufstiegsspirale. Und dieser Tröster überbrachte ihnen die Gaben des Geistes, damit sie Lehrer wären, er überbrachte ihnen die Gabe der Zungen, die Gabe auszugehen und ihre Mission zu erfüllen. Dies war die Verankerung des Mantels Christi in ihren Herzen.

Der wahre Lehrer der gesamten Menschheit ist der Heilige Geist. Wenn wir zum gesamten Geist der Großen Weißen Bruderschaft beten, beten wir zur Fokalisierung des Heiligen Geistes, die jeder Einzelne der aufgestiegenen Meister zurückgelassen hat, um die Schüler auf dem Weg zu trösten. Dieser Geist erscheint auf der 9-Uhr-Linie unter der Hierarchie der Waage, um Gott als Vater, Gott als Christus und Gott als Mutter auf der physischen Ebene abzusondern.

Wir können die Lehren der aufgestiegenen Meister weder verstehen noch empfangen, wenn wir nicht den Heiligen Geist haben. Wenn wir die Flamme nicht haben, die Essenz der Ausstrahlung, können wir in einem Zimmer sitzen, aber die Worte der Diktate weder verstehen noch behalten. Wir können nicht einmal die Worte der Meister lesen und uns auf sie einstimmen, wenn die Flamme in unserem Herzen und unserer Seele nicht darauf reagiert.

Jesus wusste, dass so wie der Tröster kommen würde, auch alle möglichen falschen Lehrer und falschen Propheten auftauchen würden. Im ganzen Neuen Testament werden wir vor den falschen Propheten und den falschen Lehrern gewarnt. »Darum an ihren Früchten sollt ihr sie erkennen.«[22] Sie sagen all die richtigen Dinge, sie zitieren die richtigen Worte, aber sie etablieren sich unabhängig von der Hierarchie, unabhängig von der Großen Weißen Bruderschaft. Sie scharen Jünger um sich und lassen es zu, dass die Jünger sie wegen des Lichtes verherrlichen. Sie kontrollieren das Leben ihrer Schüler, sie behindern den freien natürlichen Fluss des Lichtes der Gegenwart und des Christus-Selbst.

Einige von denen wissen genau, wovon ich spreche, und dass dies das Zeichen des falschen Propheten ist. Und daher verbergen sie sorgfältig die Tatsache, dass genau dies stattfindet. Mit ihrem Mund und mit ihren Worten sagen sie, dass sie Gott verherrlichen, aber in ihren Gefühlen, in ihrem Unterbewusstsein und in ihrem Herzen herrscht die aufgeblasene Eitelkeit der Gefallenen.

Die einzige Möglichkeit, den falschen Lehrer zu isolieren, ist durch die Flamme des Heiligen Geistes in uns selbst. Nur durch das ständige Überprüfen der Schwingung, nur indem man sich von der Welt unbefleckt hält, indem man den Kampf der vier Quadranten durchlebt und diese vier Aspekte des Antichrists in sich selbst austreibt, wird man fähig, jene zu identifizieren, welche diese Kräfte noch nicht ausgetrieben haben. Solange sie in einem verbleiben, könnte man in der Tat das Opfer der Kräfte im Unterbewusstsein anderer sein. Aber die Unschuld der Seele wird immer durch inbrünstiges Gebet beschützt, durch die Intervention von Erzengel Michael und der Großen Weißen Bruderschaft, bis man zur Weisheit der Mutter herangereift ist, durch die man ein perfektes Urteilsvermögen und das Unterscheidungsvermögen Christi erlangt.

Das Gericht im Makrokosmos muss im Mikrokosmos ratifiziert werden

Als Alpha das Urteil über Luzifer bekannt gab, erläuterte er auch, welche Arbeit wir nun tun müssen.

»Die Herausforderung der Stunde besteht darin, durch das heilige Feuer Ursache und Wirkung, Aufzeichnung und Erinnerung an all das zu löschen, was sich dem Körper der Mutter – dem Körper des gesamten Kosmos – durch die Gefallenen eingeprägt hat. Nun wollen wir erkennen, wie der Gefallene Samen der Rebellion selbst in den vier niederen Körpern der Kinder Gottes gesät hat. Und so kam der Böse und säte Unkraut unter dem Weizen.[23]

Mögen die Söhne des Lichtes nun hervortreten! Mögen sie in die Felder gehen, die reif zum Ernten sind. Mögen sie, wie die Schnitter unter den himmlischen Heerscharen, das Unkraut vom Weizen trennen. Und möge dies durch das Fiat von Alpha und Omega geschehen! Möge es durch die Aktion des Flusses des heiligen Feuers von der ICH-BIN-Gegenwart eines jeden geschehen!

Noch gefährlicher als der Gefallene sind die Samen der Rebellion, die noch nicht verzehrt wurden, denn der Same enthält in sich die Struktur des Ganzen. Und daher setze ich das Licht des feurigen Kerns des Flusses unserer Einheit frei, um den Samen des Gefallenen auszulöschen. Ich setze diese Energie auf der ätherischen Ebene frei – auf der Ebene des Feuers. Weiter kann es ohne die Zustimmung eures freien Willens und ohne eure Anrufungen nicht gehen, denn das heilige Feuer wird brennen und den Weizen mit dem Unkraut verzehren, außer wenn es zuvor in das Bewusstsein der Lichtträger aufgenommen wurde.

Möge das heilige Feuer also in dem Maß, in dem es von jedem Einzelnen ertragen werden kann, im dritten Auge, in der Krone und im Herzen als Trinität der Aktion versiegelt werden, die auf der Ebene des Geistes und des mentalen Gürtels des Kosmos herbeigerufen und freigesetzt werden kann. Die Gefallenen haben beschlossen, sich des Geistes Christi zu bemächtigen und ihn zu missbrauchen. Sie haben keine Macht von Alpha und Omega, aber der feurige Kern des Lebens in den Kindern der Sonne ist benutzt worden, um diese Kraft zu bekräftigen, einzuwilligen und sie zu verstärken.

Ich sage also, zieht kraft der Autorität eures freien Willens alle Affirmationen und jegliche Zustimmung zurück, die ihr den Gefallenen, ihrer Rebellion, ihrem Samen und dem fleischlichen Geist eurer eigenen Schöpfung gegeben habt. Nur so kann der mentale Gürtel von den Überresten des Gefallenen gesäubert werden.

Nun soll auch das Tier, das den bodenlosen Abgrund des Unterbewusstseins und des Körpers der Begierde bewohnt, ebenfalls bloßgestellt werden. Und möget ihr sehen, dass diese Schöpfung, die von den Gefallenen inspiriert wurde, auch das Siegel eurer Zustimmung erfahren hat. Denn das, was nicht umgewandelt wurde, was ihr nicht herausgefordert habt, was in eurem Bewusstsein existiert, ist die Schöpfung des freien Willens. Und solange ihr es nicht zurückruft, es ungeschehen macht, es dem feurigen Kern zur Transmutation überantwortet, bleibt es ein Schandfleck im gesamten Kosmos.

Nur wenn ihr den Hüter der Schwelle – den Rebellierenden – eures eigenen Kosmos und eures eigenen Bewusstseins herausfordert, könnt ihr den Atem des Lebens atmen und wissen: »ICH BIN frei!« Daher muss das Gericht, das über den Gefallenen gekommen und von Alpha und Omega vollstreckt worden ist, auch im Bewusstsein einer jeden lebenden Seele seinen Widerhall finden. Und das Alpha-bis-Omega, das Atom der Identität im feurigen Kern eures eigenen Wesens, muss die Spirale freisetzen, welche das Urteil vollstreckt, durch das den Hüter der Schwelle der zweite Tod ereilt und er nicht mehr ist und nicht länger seinen Wohnsitz im ganzen Bewusstsein des Lebens hat, das ihr euer eigen nennt, um dessentwillen ich aber gekommen bin, um euch zu sagen, dass es mein eigen ist. Es ist mein zu geben und mein zu nehmen. Und wenn die Zyklen rollen und der Tropfen aufgrund des Gesetzes des Seins in den Ozean zurückkehrt, kann ich den feurigen Kern in Anspruch nehmen, jenes Abbild der Großen Zentralen Sonne.

Ihr habt einen Kosmos! Ihr habt ein Energiefeld, das euch zugeteilt wurde! Mögen die vier Quadranten eurer Schöpfung von jedem Überbleibsel des Gefallenen geläutert werden. Mögen sie durch euren freien Willen in Harmonie mit dem meinen und dem der Vier und Zwanzig Ältesten, die das Urteil im Gottesstern verkünden, geläutert werden. Und möge der Erdenkörper auch von den Eindrücken der Rebellion und des Egos frei werden, das vom Göttlichen getrennt ist.

Mögen alle auf der Hut sein! Mögen alle wissen, dass das Hinscheiden des Einen, der die Rebellion der Engel anführte, aus dem Makrokosmos einen Punkt der Freisetzung eines großen Lichtes im Makrokosmos darstellt. Ihr seid Kügelchen der Identität, die im Makrokosmos meiner eigenen Selbsterkenntnis schweben. Und das Licht, welches das kosmische Meer durchflutet, kann die Sphäre der Identität, die ihr seid, nicht durchdringen, es sei denn, ihr wollt es so. Daher bin ich gekommen, euch zu sagen: Ratifiziert und bekräftigt das Urteil in eurem eigenen Wesen, nur dann seid ihr im Gesetz und im Sieg erfüllt.

Das Gericht ist nah. Versteht nun: Wenn das Gericht kommt und findet, dass die Stränge eures Bewusstseins untrennbar mit den Strängen des Bösen verwoben sind, muss das gesamte Kügelchen durch die Spiralen von Alpha und Omega hindurchgehen, wenn ihr nicht vorher das Urteil in eurem eigenen Mikrokosmos verkündet und jedwede Unterstützung für den Energieschleier zurückgezogen habt. Und dies ist dann das Ritual der Auslöschung all dessen, was nicht vom Meer aufgenommen werden kann, denn durch den freien Willen habt ihr euch entschieden, es nicht zu tun.

Ihr seid hervorgehoben wie ein Diamant, der in einem Kristall, einem Rubin, einem Achat schwebt. Erkennt, dass die Kristallisierung der Gottesflamme, dass ICH BIN zu eurem eigenen gemacht werden muss. Ihr bestimmt das Schicksal eures eigenen Kosmos selbst. So möge es denn sein. Empfangt die Warnung, dass die Gefahr jetzt möglicherweise noch größer ist, als zu der Zeit, als der Feind leibhaftig vor euch stand, denn nun verbleibt nur die subjektive Bewusstheit, und diese Bewusstheit ist die Bürde der Seele, die sich danach sehnt, sich von jener Substanz zu lösen, die kein Teil des Lichtes ist.

ICH BIN Alpha! ICH BIN Omega! Wenn ihr erkennt, dass ihr Alpha seid, dass ihr Omega seid, dann – und nur dann – werdet ihr euch im feurigweißen Kern der Großen Zentralen Sonne wiederfinden. Kinder des Einen: Schmiedet eure Gottes-Identität.«[24]

Die Anrufung des Gerichts

Dies ist die Stunde der Erfüllung der Prophezeiung des Daniel: »Zur selben Zeit wird der große Fürst Michael, der für die Kinder deines Volkes steht, sich aufmachen. Denn es wird eine solche trübselige Zeit sein, wie sie nicht gewesen ist, seitdem Leute gewesen sind bis auf diese Zeit. Zur selben Zeit wird dein Volk errettet werden, alle, die im Buch geschrieben stehen. Und viele, so unter der Erde schlafen liegen, werden aufwachen: etliche zum ewigen Leben, etliche zu ewiger Schmach und Schande. Die Lehrer aber werden leuchten wie des Himmels Glanz, und die, so viele zur Gerechtigkeit weisen, wie die Sterne immer und ewiglich.«[25]

Dies ist die Stunde des Erwachens der schlafenden Schlange des Hüters der Schwelle. Dies ist die Stunde des Gerichts für jene, die sich dafür entschieden haben, nicht Gott zu sein, sondern die Verkörperung des Bösen. Dies ist die Stunde des Gerichts für viele, die den Pfad zur linken Hand gewählt haben, die eins mit dem Antichrist geworden sind, die das Licht umgekehrt haben, um das Monstrum zu erschaffen.

Dies ist die Stunde, in der Jesus Christus seinen Ruf an den Vater ergehen lässt, um sie zu binden und sie in die äußere Finsternis, auf die Astralebene, zu verstoßen, die sie selbst erschaffen haben, denn diese Gefallenen sind die Schöpfer jenes Todes und jener Hölle, die nun selbst in den See des Heiligen Feuers geworfen werden.

Wir wissen nicht, wie Gott seine Absichten ausführt, oder wie die heiligen Engel das Urteil des Sohnes vollstrecken werden. Wir hegen nicht den Wunsch, dass irgendjemand den körperlichen Tod oder gar den zweiten Tod erleiden muss, denn dies ist nicht die Absicht der Anrufung des Gerichts oder des Dekretes bezüglich des Hüters. Um des Lebens der Seele willen, die sich im Griff dessen befindet, der sich abquält, rufen wir Gott um Erlösung durch seine großen und wunderbaren Werke an, beginnend mit seinem perfekten Urteil. Wir sind aufgerufen, diesen Ruf ergehen zu lassen, und die Armeen des Himmels unter Führung der Erzengel sind aufgerufen, die Antwort nach dem Willen Gottes und des Urteils des Sohnes in Jesus und in uns durchzusetzen.

Angetan mit der Rüstung Gottes, rezitieren Sie Ihr Lichtsäulen-Dekret (siehe Seite 69–73) und rufen Erzengel Michael (siehe Seite 175f.) an, bevor Sie das Gericht Jesu anrufen oder das Dekret zur Austreibung des Hüters der Schwelle rezitieren.

DIE ANRUFUNG DES GERICHTS
»SIE WERDEN NICHT OBSIEGEN!«
VON JESUS CHRISTUS

Im Namen des ICH BIN DER ICH BIN
rufe ich die elektronische Gegenwart Jesu
Christi an:
Sie werden nicht obsiegen!
Sie werden nicht obsiegen!
Sie werden nicht obsiegen!
Kraft der Autorität des kosmischen Kreuzes des
    weißen Feuers wird dies sein:
Dass all das, was gegen den Christus
    in mir, in den heiligen Unschuldigen,
      in unseren geliebten Sendboten,
      in jedem Sohn und jeder Tochter Gottes
        gerichtet ist,
        [durch die Nephilim-Götter, ihre Gen-
        technologie, ihre Geburtenkontrolle und
        die von ihnen angezettelten Kriege, in de-
        nen die Söhne Gottes und die Kinder des
        Lichtes auf den Schlachtfeldern des Lebens
        dahingemetzelt werden][26]
    nun kraft der Autorität von Alpha und Omega,
    kraft der Autorität meines Herrn und Erlösers
      Jesus Christus,
      kraft der Autorität von Saint Germain zurück-
      gewiesen wird!
ICH BIN DER ICH BIN in der Mitte dieses
    Tempels
    und ich erkläre im Vollbesitz des gesamten
      Geistes der Großen Weißen Bruderschaft,
dass jene, die sodann die schwarzen Künste
    gegen die Kinder des Lichts praktizieren,

[nämlich die gesamte interplanetarische
Verschwörung der gefallenen Engel und ihres
mechanischen Menschen]
nun durch die Heerscharen des Herrn gebunden
werden,
   dass jene nun das Urteil unseres Herrn
      Christus in mir,
   in Jesus und in jedem aufgestiegenen Meister
      erhalten,
dass jene nun die volle Rücksendung ihrer
   schändlichen Taten,
      die sie seit der Fleischwerdung des Wortes
      begangen haben, durch die Energie des
      kosmischen Christus um ein Vielfaches
      multipliziert, erhalten werden.
Siehe! ICH BIN ein Sohn Gottes!
Siehe! ICH BIN eine Flamme Gottes!
Siehe! Ich stehe auf dem Fels des lebendigen
   Wortes und ich erkläre mit Jesus, dem
   lebendigen Sohn Gottes:
Sie werden nicht obsiegen!
Sie werden nicht obsiegen!
Sie werden nicht obsiegen!
Elohim. Elohim. Elohim.
(Diese letzte Zeile singen.)

(Aus einem am 6. August 1978 in Camelot, Kalifornien empfangenen Diktat von Jesus Christus: »Sie werden nicht obsiegen!« Die Haltung für die Rezitation dieses Dekretes: Heben Sie Ihre rechte Hand im *Abhaya Mudra* (in der Geste der Furchtlosigkeit mit der Handfläche nach vorn) und legen Sie Ihre linke Hand auf das Herz (der Daumen und die ersten beiden Finger, die das Chakra berühren, zeigen nach innen). Wiederholen Sie diese Anrufung mindestens einmal alle 24 Stunden.)

(Es folgt das englische Original.)

»THEY SHALL NOT PASS!«

In the Name of the I AM THAT I AM,
   I invoke the Electronic Presence of Jesus
   Christ:
They shall not pass!
They shall not pass!
They shall not pass!
By the authority of the cosmic cross of white fire
   it shall be:
That all that is directed against the Christ
   within me, within the holy innocents,
   within our beloved Messengers,
   within every son and daughter of God,
Is now turned back
   by the authority of Alpha and Omega,
   by the authority of my Lord and Saviour Jesus
      Christ,
   by the authority of Saint Germain!
I AM THAT I AM within the center of this
   temple
   and I declare in the fullness of
   the entire Spirit of the Great White Brother-
      hood:
That those who, then, practice the black arts
   against the children of the Light
Are now bound by the hosts of the LORD,
Do now receive the judgment of the Lord Christ
   within me, within Jesus,
   and within every Ascended Master,

Do now receive, then, the full return –
  multiplied by the energy of the Cosmic Christ –
  of their nefarious deeds which they have
    practiced
  since the very incarnation of the Word!
Lo, I AM a Son of God!
Lo, I AM a Flame of God!
Lo, I stand upon the Rock of the living Word
And I declare with Jesus, the living Son of God:
They shall not pass!
They shall not pass!
They shall not pass!
Elohim. Elohim. Elohim.

»ICH TREIBE DEN HÜTER DER SCHWELLE AUS!«
VON JESUS CHRISTUS

Im Namen ICH BIN DER ICH BIN Elohim
  Saint Germain, Portia, Guru Ma, Lanello,
im Namen ICH BIN DER ICH BIN Sanat
  Kumara
  Gautama Buddha, Maitreya, Jesus Christus
treibe ich den Hüter der Schwelle aus: ...[27]
Im Namen meiner geliebten mächtigen ICH-
BIN-Gegenwart und meines Heiligen Christus-
Selbst, Erzengel Michaels und der Heerscharen
des Herrn, im Namen Jesu Christi, fordere ich
den persönlichen und den planetarischen Hüter
der Schwelle heraus und sage:
Du hast keine Macht über mich! Du kannst das
Antlitz meines Gottes in meiner Seele nicht be-

drohen oder beschädigen. Du kannst mich
weder mit der Vergangenheit noch mit der
Gegenwart oder der Zukunft verhöhnen noch
mich damit locken, denn ICH BIN mit Christus
in Gott versteckt. ICH BIN seine Braut. ICH
BIN vom Herrn angenommen.
Du hast keine Macht, mich zu vernichten!
Daher: Sei gebunden! Durch den Herrn selbst.
Deine Zeit ist vorbei! Du darfst diesen Tempel
nicht länger bewohnen.
Im Namen ICH BIN DER ICH BIN, sei gebun-
den! Du Versucher meiner Seele. Sei gebunden!
Du Punkt des Hochmuts beim ersten Fall der
Gefallenen! Du hast keine Macht, keine Wirk-
lichkeit, keinen Wert. Du nimmst in meinem
Wesen weder Raum noch Zeit ein.
Du hast keine Macht in meinem Tempel. Du
kannst nicht länger das Licht meiner Chakras
stehlen. Du kannst das Licht meiner Herz-
flamme oder meiner ICH-BIN-Gegenwart nicht
stehlen.
Seid mithin gebunden! O Schlange mit deinem
Samen und allen Implantaten der bösen Kraft,
denn ICH BIN DER ICH BIN!
ICH BIN heute der Sohn Gottes und ich bewohne
diesen Tempel voll und ganz bis zur Ankunft des
Herrn, bis zum neuen Tag, bis sich alles erfüllt
hat und bis diese Generation des Samens der
Schlange vergangen ist.
Brenne hindurch, du lebendes Wort Gottes!
Durch die Macht Brahmas, Vishnus und Shivas,
im Namen des Brahman: ICH BIN DER ICH
BIN und hier stehe ich und treibe den Hüter
aus.

Lasst ihn durch die Macht der Heerscharen des Herrn gebunden sein! Möge er der Flamme des heiligen Feuers von Alpha und Omega überantwortet werden, damit dieser nicht hinausgehen kann, um die Unschuldigen und die Kinder in Christi zu versuchen.

Lasst die Macht der Elohim auflodern!

Elohim Gottes – Elohim Gottes –
Elohim Gottes,
Steigt nun herab als Antwort auf meinen Ruf.
Gemäß des Mandates des Herrn – wie oben, so unten – nehmt jetzt diesen Ort ein.

Bindet das gefallene Selbst! Bindet das synthetische Selbst! Treibt es aus!

Bindet den Gefallenen! Damit nichts von irgendeinem noch irgendein Teil von diesem in meinen Leben übrig oder zurückbleibt.

Sehet, ICH BIN im Namen Jesu, Sieger über Tod und Hölle! (Zweimal wiederholen)

Sehet, ICH BIN DER ICH BIN in mir – im Namen Jesu Christi – ist hier und jetzt Sieger über Tod und Hölle! Sehet, es ist vollbracht.

(Es folgt das englische Original.)

»I CAST OUT THE DWELLER-ON-THE-THRESHOLD!«

In the name I AM THAT I AM Elohim
   Saint Germain, Portia, Guru Ma, Lanello,
In the name I AM THAT I AM Sanat Kumara
   Gautama Buddha, Lord Maitreya, Jesus Christ

I cast out the dweller-on-the-threshold of ...
In the name of my beloved mighty I AM
Presence and Holy Christ Self, Archangel
Michael and the Hosts of the LORD, in the
name Jesus Christ, I challenge the personal and
planetary dweller-on-the-threshold, and I say:
You have no power over me! You may not threaten
or mar the face of my God within my soul. You
may not taunt or tempt me with past or present
or future, for I AM hid with Christ in God. I AM
his bride. I AM accepted by the Lord.
You have no power to destroy me!
Therefore, be bound! By the Lord himself.
Your day is done! You may not longer inhabit
this temple.
In the name I AM THAT I AM, be bound! you
tempter of my soul. Be bound! you point of
pride of the original fall of the fallen ones! You
have no power, no reality, no worth. You occupy
no time or space of my being.
You have no power in my temple. You may no
longer steal the Light of my chakras. You may
not steal the Light of my heart flame or my
I AM Presence.
Be bound! then, o Serpent and his seed and all
implants of the sinister force, for I AM THAT
I AM!
I AM the Son of God this day, and I occupy this
temple fully and wholly until the coming of the
LORD, until the New Day, until all be fulfilled,
and until this generation of the seed of Serpent
pass away.
Burn through, O living Word of God!
By the power of Brahma, Vishnu, and Shiva,

in the name Brahman: I AM THAT I AM and
I stand and I cast out the dweller.

Let him be bound by the power of the LORD's
host! Let him be consigned to the flame of the
sacred fire of Alpha and Omega, that that one
may not go out to tempt the innocent and the
babes in Christ.

Blaze the power of Elohim!

Elohim of God – Elohim of God – Elohim
of God

Descend now in answer to my call. As the mandate of the LORD – as Above, so below – occupy
now.

Bind the fallen self! Bind the synthetic self!
Be out then!

Bind the fallen one! For there is no more rem-
nant or residue in my life of any, or any part
of that one.

Lo, I AM, in Jesus' name, the victor over Death
and Hell! (give 2 times)

Lo, I AM THAT I AM in me – in the name of
Jesus Christ – is here and now the victor over
Death and Hell! Lo! it is done.

Teil 5

DER SIEG
DES CHRISTUS

Wahrlich »Fleisch und Blut können [nicht] das Reich Gottes ererben«[1], und es folgt daraus so wie die Nacht dem Tag folgt (oder der Tag der Nacht), dass Erneuerung das Gebot einer jeden Stunde ist. Im Christus liegt die Macht der Erneuerung. Daher muss Wandel stattfinden, und dieser Wandel muss sich in jedem einzelnen Menschen ereignen. Wenn der Wandel von Gott kommt und durch den Christus aktiviert wird, wird er von Dauer sein, der ganzen Menschheit zum Segen gereichen und ein Segen für das universelle Leben sein. Wenn er aber dem Charakter und der Qualität der Diffamierung entspricht, wird er sich gegen alles richten, für das der Christus steht – und daher vom Antichrist sein.

Es gibt viele Individuen von intellektuellem Wesen, für die es schwierig ist, die Dinge der unsichtbaren Welt zu verstehen. Was sie nicht tasten, schmecken, sehen oder anfassen können, existiert für sie nicht. Geduldig warten sie auf die Entwicklung jener Fähigkeiten, die im sympathischen Nervensystem und in den endokrinen Drüsen in kodierter Form enthalten sind. Dann kann sich eine Intensivierung ihrer Energien ereignen, die dazu führt, dass sich nicht psychische Fähigkeiten entwickeln, sondern im höchsten Maße vergeistigte Fähigkeiten, die es ihnen erlauben, jene Vorgänge zu spüren, die sich in dem abspielen, was wir die »innere Welt« der göttlichen Realität nennen. Aber sie kalkulieren nicht die lange Reise ein, die sie in der Nacht menschlicher Verzweiflung unternommen haben; sie haben nicht genügend Geduld, um auf das Entrollen der Feder und die Umwandlung unerwünschter Energien zu warten.

Das Komplott des Antichrists

Es ist daher für intellektuelle Menschen zuweilen schwierig, den gewaltigen Plan zu durchschauen, den der Antichrist verfolgt. Sie erkennen nicht, dass positive wie negative Energien aus allen Teilen der Erde zusammenströmen und sich zusammenballen. Sie können verstehen, dass sich das Meer über die Landmasse der Erde auftürmen kann und dass große Wasserflächen existieren. Sie können verstehen, wie Gezeiten und Winde entstehen, aber sie begreifen nicht, dass die Gezeiten der menschlichen Negation und banaler Einflüsse tatsächlich existieren, wie sie durch die Widerlichkeit und die weitverbreiteten Aktivitäten negativer Art an Macht gewinnen, wie sie tatsächlich die Grundfesten der Spiritualität erschüttern können, auf welche Weise die verschiedenen Zweige der Geisteswissenschaften gegen die Natur, gegen die Gesellschaft, gegen die Menschheit und gegen Gott eingesetzt werden.

Kommerzieller Erfolg kann wohl kaum mit Erfolg im spirituellen Bereich gleichgesetzt werden. Denn das Leben ist total in all seinen Aspekten, und die Menschen müssen nach der Totalität des

Lebens streben, die in der göttlichen Erfahrung gefunden werden kann. Das bedeutet nicht ökonomisches Versagen, es bedeutet totalen Erfolg. Und es schließt die Spiritualität des Lebens und das Verstehen und die Manifestierung des Christus ein.

Alle Zweige der Geistes- und Naturwissenschaften – darunter die Sozialwissenschaft und kulturelle Aktivitäten auf den Gebieten der Kunst, Dramatik, Literatur und Musik – sind als Ergänzungen und Hilfen bei der Ausdehnung der zarten Fähigkeiten der Seele gedacht. Und doch hat sich neuerdings ein Großteil der Musik der Welt auf die Reaktionen des Antichrists eingestimmt. Diese Reaktionen haben den Menschen abhängig von Drogen gemacht, die in seinem unterbewussten Geist jene primitiven Aggressionszustände ausgelöst haben, die auf längst vergangene Perioden menschlicher Dekadenz zurückgehen.

Es existiert heute auf der Welt eine Kultur der Finsternis, welche die Ausgeburt satanischer Energien und Lebensflüsse ist, deren Rebellion in ihren Seelen über einen langen Zeitraum zur Gärung gebracht wurde und zuallererst ihnen selbst untergründige Unannehmlichkeiten bereiten. Dieses Bewusstsein strebt danach, sich selbst zu einem weltweiten Katalysator zu machen. Sein Motiv ist die Vernichtung der Schönheit des Christus und des Traumes des lebenden Gottes, den Menschen nach Eden zurückzuführen.

»Es ist eures Vaters Wohlgefallen, euch das Reich zu geben«[2]

Daher müssen die Menschen »klug wie die Schlangen und ohne Falsch wie die Tauben«[3] sein. Wahrlich das göttliche Bild muss verehrt werden. Die Menschen müssen begreifen, dass Gott, der in ihnen lebt, in allem lebt, selbst in jenen anderen – aber nicht alle leben in Ihm. So wollen wir im Namen Gottes und im Interesse der Menschheit jenes Unterscheidungsvermögen entwickeln, welches das Geschenk Gottes an jeden ist, der genug liebt, damit wir auch weiterhin die Wahrheit erkennen können, die uns frei machen wird – so wie wir auch frei geboren wurden.

Ja, der Antichrist ist in die Welt gekommen, aber wir dürfen niemals vergessen, dass der Christus zuerst hier war, dass der Christus das Licht ist, das in jedem Menschen scheint, dass der Christus das größere Licht ist und dass der Antichrist nur das reflektierte Licht ist. Wir müssen den Körper des Herrn erkennen und verstehen, was verborgene Motive sind; wir müssen unsere eigenen Motive und Wünsche, unsere Aufrichtigkeit und den Spiegel erforschen, in den wir schauen, damit er reiner wird und uns die wahre Wahrnehmung ermöglicht. So soll die Strahlkraft des lebenden Christus uns so sehr mit der Realität Gottes blenden, dass der Antichrist verblasst und weltweit in die Schatten der Bedeutungslosigkeit versinkt. Dies ist Gottes Wunsch.

Die Bibel sagt: »Denn welche Seele sündigt, die soll sterben.«[4] Die Seele ist das Potenzial des freien Willens, sich zu entscheiden, eins mit Gott zu werden, und sich zu entscheiden, Gott zu werden. Wenn sich die Seele entscheidet, sich mit dem lebenden Geist des ICH BIN DER ICH BIN zu vereinen, dann – und nur dann – ist sie mit Christus in Gott verborgen[5], ist sie dauerhaft, wird sie zu einem Teil des Unsterblichen Lebens.

Wir sind auf Erden mit dem Geschenk des freien Willens, um zwischen Sein oder Nichtsein zu wählen. Es existieren machtvolle Einflüsse, die entschlossen sind, darauf hinzuwirken, dass Sie und ich uns dafür entscheiden, nicht zu sein, dass wir aufhören zu sein, indem wir an ihrer Kultur des Todes teilnehmen. Und wir sehen die Kultur des Todes über unsere Jugend hereinbrechen. Angesichts all dessen stellt sich die Frage: Was müssen die Menschen tun, und wohin müssen sie gehen?

Der Schlüssel, den Gott uns heute gegeben hat, ist die befreiende Macht des Wortes. Kinder des Lichtes, erwacht zu eurer göttlichen Bestimmung! Heute steht euch die Macht Gottes zur Verfügung wie niemals zuvor. Das Schwert von Harmagedon ist das Heilige Wort. Seine Wissenschaft wird uns durch die wahren Söhne Gottes gelehrt, die nicht in ihren Ufos vom Himmel gefallen sind. Sie sind die aufgestiegenen Meister, die mitten unter uns als unsere älteren Brüder und Schwester weilen.

Wie der Prophet Samuel aus längst vergangener Zeit, so sind auch sie Gottes eigene Vertreter in seinem Volk. Sie sind unsere Lehrer, die Wegbereiter und die wahre Hierarchie des Himmels – nicht die falsche Hierarchie jener, die aus der Gnade Gottes gefallen sind und sich noch immer als Propheten, Patriarchen und Förderer unserer Gesellschaft verkleiden.

Der Herr ruft Sie und mich heute auf, diejenigen zu sein, die seinen Namen gebrauchen, den heiligen Namen des AUM, den heiligen Namen des ICH BIN DER ICH BIN, den heiligen Namen von Jesus Christus, von Gautama Buddha und allen Heiligen. Er ruft uns auf, den heiligen Namen zu gebrauchen, das Wort zu intonieren und dadurch das Licht zur Heilung der Nationen freizusetzen. Gott hat uns die Antwort gegeben. Sie besteht in der befreienden Macht des Wortes, dem größten und doch einfachsten Mysterium des Lebens überhaupt. Dies ist heute das Geschenk Gottes an seine Kinder.

Als unser Herr Jesus seinen Jüngern die Natur der interplanetarischen Verschwörung der Gefallenen offenbarte, schloss er mit den tröstenden Worten: »Fürchte dich nicht, du kleine Herde! denn es ist eures Vaters Wohlgefallen, euch das Reich zu geben.«[6] Wenn wir unser uraltes Erbe als Söhne und Töchter des Allerhöchsten und der Allmacht des Himmels und der Erde, die er uns im Anfang gab, vergessen, wenn wir die Boshaftigkeit der Bösen vergessen, die so deutlich auf den sumerischen Tafeln und in der Akascha-Chronik verzeichnet ist, wenn wir die zahllosen Avatare vergessen, die kamen, um die Gefallenen zu entlarven, und von ihnen immer und immer wieder ermordet wurden, wenn wir das gegenwärtig stattfindende Massaker an unseren heiligen Scharen nicht wahrnehmen, dann werden wir als die Generation der

Lichtträger verdammt sein, die ein Zeitalter, eine ganze Evolution und möglicherweise sogar ihre eigenen Seelen verloren haben.

Jene, die den Willen besitzen, etwas gegen die Verfolgung der Menschen dieses Planeten durch die Kriegsräte der Nephilim und gegen ihre Aufrüstung einer Nation nach der anderen mit den Waffen des Krieges, und ihre beabsichtigte Vernichtung der Menschheit und des ganzen Planeten zu unternehmen, müssen schnellstens umkehren und den Namen des Herrn anrufen, um eine höhere Wissenschaft und ein höheres Gesetz anzurufen. Dies ist die einzige Möglichkeit, wie diese Erde, ihre Evolutionen und ihre Seelen gerettet werden können.

Die Konfrontation zwischen Licht und Finsternis

In seinem Manifest bezüglich des mechanischen Menschen weist der Große Göttliche Lenker unmittelbar und sehr sorgfältig auf die Neigung des menschlichen Wesens hin, sich in Empörung, Hass und die Erzeugung von Hass, in Rachsucht oder Vergeltung gegenüber den Unterdrückern hineinzusteigern. Dies ist häufig in Revolutionen und jenen Kriegen geschehen, die geführt wurden, weil die Kinder des Lichtes in ihrer Verwirrung gegen die vermeintlichen Feinde ihres Lichtes vorgegangen sind, wobei sie oft die Gefallenen und die Söhne Gottes verwechselt haben.

In den Revolutionen und auf den Schlachtfeldern des Lebens sind auf allen Seiten Köpfe gerollt. Kinder des Lichtes haben oft wider besseren Willens Seite an Seite mit der mechanischen Schöpfung für die Sache der Gefallenen gekämpft, weil sie einer so gründlichen Gehirnwäsche unterzogen worden waren, dass sie sich für die Verteidigung des absolut Bösen engagiert haben, statt für die Verteidigung des absolut Guten.

Daher sagt der Große Göttliche Lenker, dass die einzige Möglichkeit, die Erde vom mechanischen Menschen zu befreien, in der Umwandlung liegt: durch die violette Flamme, durch die Anrufung von Astraea, durch die Anrufungen des Gerichts. Jene, denen diese Erkenntnis anvertraut wurde, dürfen kein Verlangen nach Rache oder ein persönliches Bedürfnis nach Vergeltung gegenüber den Kräften des Bösen in sich tragen. Eine solche Einstellung von Herz und Geist wird einen nur für Jahrhunderte oder Jahrtausende an die Gefallenen binden. Daher ist ein geläutertes Herz notwendig. Und falls jemand zu irgendeinem Zeitpunkt an irgendeinem Ort in Versuchung gerät, auf menschliche Weise auf die Kräfte des Bösen zu reagieren, sollte er sich daran erinnern, dass dies der gefährlichste Bewusstseinszustand ist, den er überhaupt erlangen kann, weil man dadurch augenblicklich an eben jene gebunden wird, gegen die man kämpft.

Wahrlich, die Erlangung der Friedensflamme aus dem Herzen von Jesus Christus und Gautama Buddha ist unser Erbe, das wir seit über 2000 Jahren versuchen zu verkörpern. Wir sind auf noble Weise auf die Konfrontation vorbereitet worden. Der einzige annehmbare Geisteszustand ist Nicht-Verhaftetsein, Begierdelosigkeit, absolute Liebe und die absolute Erkenntnis, dass Gott selbst als Universelles Licht – in seiner Zeit und in seinem Raum – das Unkraut verbrennen, es vom Weizen trennen und diesen Weizen in seine Scheunen einbringen wird.[7]

Die Mittel der Umwandlung

Ich möchte Sie daran erinnern, dass Jesus kam und seine Absichten klar darlegte, indem er sagte: »ICH BIN zum Gericht auf diese Welt gekommen.«[8]

Warum hat er zugelassen, dass er von den Gefallenen gekreuzigt wurde? Weil die Gefallenen ihr letztendliches Gericht erfahren werden, weil sie den Sohn Gottes gekreuzigt haben. Aus diesem Grund hat Gott kontinuierlich seine Heiligen in die Welt gesandt und zugelassen, dass sie den Märtyrertod erleiden. Weil sie das Blut des Sohnes des verkörperten Gottes vergossen haben, müssen sich die Gefallenen vor dem Gericht des Heiligen Feuers verantworten und werden schließlich den zweiten Tod erleiden.

Wir haben den Fürsprecher vor dem Vater, den lebenden Christus in unseren Herzen. Wir haben Saint Germain, den Hierarchen dieses Zeitalters, der uns mit der violetten Flamme und dem heiligen Feuer die Mittel der Umwandlung in die Hand gegeben hat, damit wir durch die Einweihung der Kreuzigung gehen können und trotzdem in physischer Verkörperung weiterleben können. Die violette Flamme ermöglicht es uns, durch diese Manifestierung des Gerichts hindurchzugehen und dennoch Stunden und Jahrzehnte des Lebens zu behalten, in denen wir den göttlichen Plan ausführen können.

Beim letzten Abendmahl übertrug Jesus seinen Jüngern die Aufgabe, das Gericht über die zwölf Stämme Israels auszuführen – und so möchte ich hinzufügen, über die Evolutionen der Erde. Dies oblag nicht allein den Aposteln. Das Amt eines Apostels, das einen höheren Einweihungsgrad voraussetzt als die Jüngerschaft, beinhaltet, dass das Kind Gottes, der Jünger des Meisters, sein gemeinsames Erbe mit Christus und Gott angenommen und die Position eines Sohn Gottes erlangt hat. Daher sind es die Söhne Gottes auf Erden (von denen es ursprünglich 144 000 gab), denen die Ausrufung des Wortes des Gerichts anvertraut ist. Mit dem Herrn Jesus Christus erklären diese Söhne Gottes: »ICH BIN zum Gericht auf diese Welt gekommen.« Sie befinden sich in männlichen und weiblichen Körpern, aber sie werden die Söhne Gottes genannt, weil sie die Fülle ihres Christus-Selbst manifestieren.

Die Söhne Gottes, also jene, die das Christus-Bewusstsein manifestieren, sind die Einzigen, welche die Autorität besitzen, im Namen Jesu Christi das Urteil auszurufen. Die Kinder Gottes dürfen dies ebenfalls tun, aber sie müssen ihren dynamischen Dekreten immer die Worte »Im Namen meiner geliebten mächtigen ICH-BIN-Gegenwart und meines Heiligen Christus-Selbst« voranstellen, damit das Christus-Selbst und die mächtige ICH-BIN-Gegenwart das Wort durch sie sprechen können, obwohl sie weder die Autorität besitzen noch durch die Einweihung gegangen sind. Und so sehen wir den eigentlichen Sinn unseres Lebens darin, den Pfad der Einweihung zu beschreiten, das Licht zu mehren, die Sohnesschaft anzunehmen und letzten Endes die Anforderungen des Gesetzes zu erfüllen.

Im Neuen Testament steht geschrieben, dass der Vater dem Sohn das Amt des Richters übertragen hat.[9] Auf Gemälden, welche die Apokalypse darstellen, sehen wir die Gestalt des Herrn Jesus Christus, der das Gericht vollzieht. Das planetarische Böse, das Böse in den Sonnensystemen und Galaxien kann nur von jenen im Zaum gehalten werden, die sich in physischen Körpern befinden – und ganz besonders von jenen in Verkörperung, welche die Einweihungen der Söhne Gottes bestanden haben. Dadurch wird es Ihnen möglich zu verstehen, dass alle aufgestiegenen Meister und kosmischen Wesen und Elohim sich nicht in die Mehrung des Lichtes oder die Mehrung der Finsternis einmischen dürfen, außer durch jene Verkörperten, die mit ihnen zusammenarbeiten.

Heißt das, dass Gott keine Möglichkeiten hat, wenn es keine Verkörperten gibt? Nein.

Gottes Möglichkeit, wenn keine Verkörperten die Flamme anrufen können, besteht darin, einfach mit zyklischer Regelmäßigkeit einzuatmen, wodurch das gesamte materielle Universum eingezogen wird und durch sein großes Herz, die Große Zentralsonne, hindurchgeht. Dann wird jede Schöpfung innerhalb des materiellen Universums, die sich nicht mit Gott identifiziert, einfach ausgelöscht.

An diesem Punkt befinden wir uns aber nicht. Wir befinden uns an einem Punkt, an dem wir auf der materiellen Ebene, im gesamten materiellen Kosmos, das Licht Gottes manifestieren können, das die Finsternis verschlingt. Es ist unser Ziel, dass das materielle Universum in seiner Gesamtheit aufsteigen kann, statt im Herzen Gottes aufgelöst zu werden.

So ist also nicht nur der Aufstieg des Individuums, eines Planeten, eines Sonnensystems oder einer Galaxie unser Ziel, sondern der Aufstieg der gesamten materiellen Sphäre. Wenn dies geschieht, findet eine gewaltige Erweiterung von Gottes Bewusstsein statt, da Gott den Nettogewinn des aufgestiegenen universellen Lebens in sich hineinzieht. Bei der Geburt neuer Zyklen gibt es dann eine großartigere und umfassendere Manifestierung der nächsten Ebene der Materie (oder der Manifestierung der Mutter), in der sich noch höhere Lebenswellen entwickeln können.

Wir befinden uns an dem Punkt des Harmagedon, an dem sich entscheidet, ob die Söhne und Töchter Gottes die Herrschaft über die materielle Sphäre ergreifen werden und so für die Kinder des Lichtes die Möglichkeit aufrechterhalten, ihren Einweihungsweg weiterzugehen. Es ist nach unserem Verständnis eine feststehende Tatsache, dass die Hierarchien des Lichtes und die Söhne Gottes den Irrtum besiegen werden. Aber es ist nicht vorherbestimmt, sondern wird Tag für Tag durch den freien Willen und seine richtige Ausübung erlangt.

Obwohl wir den göttlichen Plan des Sieges sehen, der unbesiegbar im unbefleckten Herzen von Alpha und Omega aufrechterhalten wird, ist es unsere Umsetzung dieses göttlichen Plans, die den Sieg der Flamme endgültig besiegelt.

KEHRT DEN ANSTURM UM

Im Namen der geliebten, mächtigen, siegreichen
Gegenwart Gottes, des ICH BIN in mir aus der
Großen Zentralsonne, meines geliebten Heiligen
Christus-Selbst und dem Heiligen Christus-
Selbst der gesamten Menschheit, der geliebten
Göttin des Lichts, der geliebten Königin des
Lichts, der geliebten Göttin der Freiheit, der
geliebten Göttin der Weisheit, des geliebten
Zyklopea, du stiller Wächter der Erde, der
geliebten sieben mächtigen Elohim, der
geliebten sieben Chohans und Erzengel, des
Großen Göttlichen Lenkers, des aufgestiegenen
Meisters Cuzco, der geliebten mächtigen
Astraea, des geliebten Lanello und K-17, dem
gesamten Geist der Großen Weißen Bruder-
schaft und der Weltmutter, den Elementarwesen
des Feuers, der Luft, des Wassers und der Erde
dekretiere ich:
Ergreift jetzt die Herrschaft über:

(Fügen Sie hier eines oder mehrere der folgenden Themen ein
oder stellen Sie Ihr eigenes Gebet für die spezifische Situation zusammen, an der Sie arbeiten.)

EINFÜGUNGEN A: alle lügnerischen Wesenheiten, alle psychischen Rückströmungen, jede Form schwarzer Magie und Hexerei, die gegen die Elementarwesen oder das Licht und die Freiheit
und Erleuchtung der gesamten Menschheit gerichtet ist – mit all
ihren Ursachen und Kernen.

EINFÜGUNGEN B: jede rassistische Gewalt, soziale Störungen,
Aufruhr, Umstürze, internationaler Terror, Verrat, Anarchie, Fa-

natismus, Geistesgestörtheit, Mordkomplotte, Verschwörungen, um die Regierung zu stürzen, Verschwörungen, um das Licht der Nationen zu zerstören und es zu rauben, Verschwörungen, um Nuklearkriege zwischen den Nationen anzuzetteln – mit all ihren Ursachen und Kernen.

EINFÜGUNGEN C: die Ursache und den Kern des Konglomerats des Hüters der Schwelle auf persönlicher und planetarischer Ebene, der falschen Hierarchie dieses Weltensystems und aller anderen Galaxien, speziell die gegen die Söhne Gottes auf dem Pfad des Aufstieges gerichteten Komplotte.

> Kehrt den Ansturm um! (dreimal)
> Werft sie zurück! (dreimal)
> Kehrt den Ansturm um! (dreimal)
> Übernehmt das Kommando!
> Werft sie zurück! (dreimal)
> Befreit alle! (dreimal)
> Kehrt den Ansturm um! (dreimal)

(Wiederholen Sie diesen Abschnitt dreimal, zwölfmal oder 36-mal)

Ersetzt dies alles durch die glorreichen Prinzipien der Freiheit in Gott, der kosmischen Freiheit zum Zwecke der Ausdehnung der Christus-Flamme in jedem Herzen und des mächtigen Plans der Freiheit für dieses Zeitalter aus dem Herzen des geliebten Saint Germain!

> Vereint die Menschen in Freiheit! (dreimal)
> Befreit sie nun durch Gottes eigene Liebe! (dreimal)
> Vereint die Erde und bewahrt ihre Freiheit (dreimal)
> durch den Sieg jedes einzelnen ICH BIN! (dreimal)
> Enthüllt die Wahrheit! (zwölfmal)
> Entlarvt die Lüge! (zwölfmal)

Und in vollem Glauben akzeptiere ich ganz bewusst, dass sich dies genau hier und jetzt in voller Kraft manifestiert, manifestiert, manifestiert (dreimal), dass es ewiglich erhalten wird, allmächtig aktiv ist, sich ständig ausdehnt und alle Welten umfasst, bis alle vollkommen ins Licht aufgestiegen und frei sind! Geliebter ICH BIN! Geliebter ICH BIN! Geliebter ICH BIN!

***

Das folgende Dekret ruft die aufgestiegenen Meister an, welche die zwölf Sonnenhierarchien dieses Planeten repräsentieren (die in Abschnitt A aufgeführt sind), damit sie uns dabei helfen, die zwölf Attribute Gottes zu verkörpern (die in Abschnitt B aufgeführt sind) und die negativen Pervertierungen dieser Attribute zu überwinden (die in Abschnitt C aufgeführt sind). Schematische Darstellungen der zwölf Attribute Gottes finden Sie auf Seite 285 dieses Buches. Weitere Informationen diesbezüglich finden Sie in Elizabeth Clare Prophets Buch: *Predict Your Future.*

RUND-UM-DIE-UHR-SCHUTZ

Im Namen der geliebten, mächtigen, siegreichen Gegenwart Gottes, des ICH BIN in mir, des Heiligen Christus-Selbst der gesamten Menschheit, aller großen Mächte und der Legionen des Lichts,

A (12)   des geliebten Großen Göttlichen Lenkers und der sieben Erzengel

(1)   des geliebten Saint Germains und der Heerscharen der Engel des Lichtes

(2) des geliebten Jesus und der großen Heerscharen der aufgestiegenen Meister

(3) des geliebten Helios und des Großen Zentralsonnenmagneten

(4) des geliebten Gott-Gehorsams und der sieben mächtigen Elohim

(5) des geliebten El Morya und der Legionen des Merkur

(6) des geliebten Serapis Bey und der großen Seraphim und Cherubim

(7) der geliebten Göttin der Freiheit und der Herren des Karmas

(8) des geliebten Lanto und der Meister der Weisheit

(9) des geliebten mächtigen Sieges und der Meister der Individualität

(10) des geliebten mächtigen Zyklopea und der Gebieter der Form

(11) des geliebten Maitreya und der Gebieter des Geistes

des geliebten Lanello, des gesamten Geistes der Großen Weißen Bruderschaft und der Weltmutter, der Elementarwesen – des Feuers, der Luft, des Wassers und der Erde! dekretiere ich: Ergreift, bindet und schließt ein, ergreift, bindet und schließt ein, ergreift, bindet und schließt ein:

B (12) jegliches Kritisieren, Verdammen, Verurteilen und jegliche schwarze Magie

(1) jegliche Art des Hasses, der Abneigung und der Hexerei

(2) jegliche Form des Zweifels, der Angst, des menschlichen Infragestellens und der Aufzeichnung des Todes

(3) jegliche Form der Einbildung, Täuschung, Arroganz und des Egos

(4) jegliche Form von Ungehorsam, Starrsinn und Übertreten des Gesetzes

(5) jegliche Form von Neid, Eifersucht und Unwissenheit bezüglich des Gesetzes

(6) jegliche Form von Unentschlossenheit, Selbstmitleid und Selbstgerechtigkeit

(7) jegliche Form von Undankbarkeit, Gedankenlosigkeit und spiritueller Blindheit

(8) jegliche Form der Ungerechtigkeit, Frustration und Ängstlichkeit

(9) jegliche Form von Unehrlichkeit, Intrige und Verrat

(10) jegliche Form von Groll, Rachsucht und Vergeltungssucht

und alles, was nicht des Lichtes ist, im kosmischen Kreis und Schwert aus blauer Flamme von Tausend Sonnen der mächtigen Astraea und schließt eure kosmischen Kreise und Schwerter aus blauer Flamme Tausender Sonnen aus der Großen Zentralsonne und feuert Megatonnen kosmischen Lichtes, blau blitzender Strahlen und violetten Feuers in, durch und um alles, was sich dem Folgenden widersetzt oder versucht die Erfüllung des Folgenden zu vereiteln:

C (12) meine Kraft in Gott und mein göttlicher Plan in allen Zyklen erfüllt

(1) meine Liebe in Gott und mein göttlicher Plan in allen Zyklen erfüllt

(2) meine Meisterschaft in Gott und mein göttlicher Plan in allen Zyklen erfüllt

(3) meine Kontrolle in Gott und mein göttlicher Plan in allen Zyklen erfüllt

(4) mein Gehorsam in Gott und mein göttlicher Plan in allen Zyklen erfüllt

(5) meine Weisheit in Gott und mein göttlicher Plan in allen Zyklen erfüllt

(6) meine Harmonie in Gott und mein göttlicher Plan in allen Zyklen erfüllt

(7) meine Dankbarkeit in Gott und mein göttlicher Plan in allen Zyklen erfüllt

(8) meine Gerechtigkeit in Gott und mein göttlicher Plan in allen Zyklen erfüllt

(9) meine Realität in Gott und mein göttlicher Plan in allen Zyklen erfüllt

(10) meine Vision in Gott und mein göttlicher Plan in allen Zyklen erfüllt

(11) mein Sieg in Gott und mein göttlicher Plan in allen Zyklen erfüllt

und mein Sieg im Licht an diesem Tag und in alle Ewigkeit erfüllt.

Und in vollem Glauben akzeptiere ich ganz bewusst, dass sich dies genau hier und jetzt in voller Kraft manifestiert, manifestiert, manifestiert (dreimal), dass es ewiglich erhalten wird, allmächtig aktiv ist, sich ständig ausdehnt und alle Welten umfasst, bis alle vollkommen ins Licht aufgestiegen und frei sind!

Geliebter ICH BIN! Geliebter ICH BIN! Geliebter ICH BIN!

***

Dieses Dekret kann auf eine von vier Arten rezitiert werden:

1. Nach der Einleitung rezitieren Sie die Abschnitte A, B und C ganz und enden mit der Schlussformel.
2. Rezitieren Sie das Dekret zwölfmal und fügen Sie bei jedem Mal eine der Einfügungen aus den Abschnitten A, B und C ein, wobei Sie mit Nummer 12 beginnen.
3. Rezitieren Sie in Dreiergruppen die Reihen 12, 4 und 8, 1, 5 und 9, 2, 6 und 10, 3, 7 und 11 der Abschnitte A, B und C.
4. Oder rezitieren Sie in Vierergruppen die Reihen 12, 3, 6 und 9, 1, 4, 7 und 10, 2, 5, 8 und 11 der Abschnitte A, B und C.

ANMERKUNGEN

*Alle Bibelzitate, soweit nicht anders angegeben, nach der Lutherbibel von 1545

VORWORT

[1] Climb the Highest Mountain Series
[2] Johannes 1,1
[3] Johannes 1,3
[4] Epheser 6,12: »Denn wir haben nicht mit Fleisch und Blut zu kämpfen, sondern mit Fürsten und Gewaltigen, nämlich mit den Herren der Welt, die in der Finsternis dieser Welt herrschen, mit den bösen Geistern unter dem Himmel.«
[5] Offenbarung 14,6

EINFÜHRUNG

[1] Phylos the Thibetan (Frederick S. Oliver): *A Dweller on Two Planets*. Borden Publishing, Los Angeles 1952, Neuauflage bei Forgotten Books 2007, Seiten 46–47, Deutsche Ausgabe im Hesper-Verlag, Phylos der Tibeter »*Hier teilt sich der Weg*«.
[2] 1. Buch Mose 6,11–13
[3] 1. Johannes 4,4
[4] Joel 2, 28–32

Kapitel 1: GEBET, DEKRETE UND MEDITATION

[1] Jesaja 55,11
[2] Jesaja 45,11
[3] Johannes 1,1–3
[4] 1. Buch Mose 1,3
[5] Johannes 11,25

[6] Philipper 2,5

[7] Philipper 2,6

[8] 1. Buch Mose 1,26: »Lasst uns Menschen machen, ein Bild, das uns gleich sei …«

[9] Matthäus 12,37

[10] Johannes 1,3: »Alle Dinge sind durch dasselbe [das Wort] gemacht, und ohne dasselbe ist nichts gemacht, was gemacht ist.«

[11] Psalm 91,1–2

[12] 2. Buch Mose 3,13–15

[13] 1. Buch Mose 4,26; 12,8; 26,25; Psalm 99,6; Joel 2,32; Apostel 2,21; Römer 10,12–13

[14] 2. Buch Mose 13,21–22; 4. Buch Mose 14,14; Nehemia 9,12; Psalm 78,14

[15] Matthäus 6,19–20: »Ihr sollt euch nicht Schätze sammeln auf Erden, da sie die Motten und der Rost fressen und da die Diebe nach graben und stehlen. Sammelt euch aber Schätze im Himmel, da sie weder Motten noch Rost fressen und da die Diebe nicht nach graben noch stehlen.«; Johannes 14,2

[16] Matthäus 6,21; Lukas 12,34

[17] Offenbarung 10,1

[18] Jakobus 4,8: »Nahet euch zu Gott, so naht er sich zu euch.«

[19] Gleich, ob sie nun von einem männlichen oder weiblichen Körper beherbergt wird, ist die Seele immer das weibliche Gegenstück zum männlichen Geist. Daher gebrauchen wir den Artikel »die« und das Personalpronomen »ihre«.

[20] Prediger Salomo 12,6

[21] Offenbarung 22,1

[22] Apostelgeschichte 2,2–4: Und es geschah schnell ein Brausen vom Himmel wie eines gewaltigen Windes und erfüllte das ganze Haus, da sie saßen. Und es erschienen ihnen Zungen, zerteilt, wie von Feuer; und er setzte sich auf einen jeglichen unter ihnen; und sie wurden alle voll des Heiligen Geistes und fingen an, zu predigen mit anderen Zungen, nach dem der Geist ihnen gab auszusprechen.

[23] Hesekiel 1,16

[24] Die aufgestiegenen Meister der Großen Weißen Bruderschaft, vereint in den höchsten Zielen der Bruderschaft der Menschen unter der Vaterschaft Gottes, sind in jedem Zeitalter in jeder Kultur und Religion hervorgetreten, um kreative Errungenschaften in der Pädagogik, den Künsten und Wissenschaften, der Gottes-Regierung und dem überreichen Leben durch

die Ökonomie der Nationen zu fördern. Das Wort »Weiß« bezieht sich nicht auf eine Rasse, sondern auf die Aura (den Heiligenschein) aus weißem Licht, der ihre Gestalt umgibt. Die Bruderschaft hat auch bestimmte nicht aufgestiegene Chelas der aufgestiegenen Meister in ihre Ränge aufgenommen. Jesus Christus offenbarte diesen himmlischen Orden der weiß gewandeten Heiligen seinem Diener Johannes in der Offenbarung.

²⁵ Johannes 4,14

²⁶ Matthäus 28,18

²⁷ Hiob 22,28: »Thou shalt also decree a thing, and it shall be established unto thee« (nach der englischen King James Version der Bibel)

²⁸ El Morya: »Heart, Head and Hand Decrees« in Mark L. Prophet und Elizabeth Clare Prophet: *The Science of the Spoken Word*, Seite 32

²⁹ Johannes 10,9: »Ich bin [Gott ist in mir] die Tür; so jemand durch mich eingeht, der wird selig werden und wird ein und aus gehen und Weide finden.« Offenbarung 3,8: »Ich habe vor dir gegeben eine offene Tür, und niemand kann sie zuschließen.«

³⁰ Jesus und Kuthumi: *Prayer and Meditation*

³¹ Mark L. Prophet und Elizabeth Clare Prophet: *The Science of the Spoken Word*

³² Philipper 4,8

³³ Kuthumi: »Meditation upon the Rainbow of Light's Perfection« in *Prayer and Meditation*, Seiten 65–66

³⁴ Kuthumi: »Merging with the Impenetrable Light of the Atom« in *Prayer and Meditation*, Seite 97

³⁵ Kuthumi: »A Journey into the Temple Most Holy« in *Prayer and Meditation*, Seiten 80–81

³⁶ Philipper 2,5: »Ein jeglicher sei gesinnt, wie Jesus Christus auch war.«

³⁷ Hesekiel 1,24; 43,2

³⁸ Hesekiel 12,2

³⁹ Matthäus 6,9

⁴⁰ Matthäus 6,9–13; Lukas 11,2–4

⁴¹ 1. Buch Mose 1,28

⁴² 2. Buch Mose 20,3; 5. Buch Mose 5,7

⁴³ 5. Buch Mose 6,4; Markus 12,29

⁴⁴ Hebräer 9,23: »So mussten nun der himmlischen Dinge Vorbilder mit solchem gereinigt werden; aber sie selbst, die himmlischen, müssen bessere Opfer haben, denn jene waren.«

⁴⁵ Römer 3,4

[46] Matthäus 21,21–22

[47] Matthäus 6,13

[48] Matthäus 24,22: »Und wo diese Tage nicht verkürzt würden, so würde kein Mensch selig; aber um der Auserwählten willen werden die Tage verkürzt.«

[49] Es sollte hier erwähnt werden, dass die Umwandlung des persönlichen Karmas nicht nur durch das Rezitieren von Dekreten erreicht wird, sondern auch durch den Dienst an Gott und den Menschen.

[50] Das Rezitieren der Dekrete 1.30C und 70.16 in *Prayers, Meditations, Dynamic Decrees for the Coming Revolution in Higher Consciousness* wird all jenen, die danach streben, das Gesetz der Vergebung umzusetzen, großartig helfen.

[51] Hesekiel 2,5

[52] Kuthumi: »The White-Hot Heat of Meditation« in *Prayer and Meditation*, Seiten 89–90

[53] Markus 14,36, Matthäus 26,39, Lukas 22,42

[54] Psalm 19,14

[55] Johannes 5,17, 19, 21

[56] Siehe dazu: *Saint Germain on Alchemy*. Deutsch: Elizabeth Clare Prophet und Mark L. Prophet: *St. Germain – Alchemie. Die geheimen Formeln für inneren und äußeren Reichtum*. Ansata Verlag, München 2009

[57] Josua 6,10–20, Hebräer 11,30: »Durch den Glauben fielen die Mauern Jerichos ...«

[58] Maleachi 3,10 (nach der Einheitsübersetzung der Bibel)

[59] Hiob 37,2–5: »O höret doch, wie der Donner zürnt, und was für Gespräch von seinem Munde ausgeht! Er lässt ihn hinfahren unter allen Himmeln, und sein Blitz scheint auf die Enden der Erde. Ihm nach brüllt der Donner, und er donnert mit seinem großen Schall; und wenn sein Donner gehört wird, kann man's nicht aufhalten. Gott donnert mit seinem Donner wunderbar und tut große Dinge und wird doch nicht erkannt.«

[60] Johannes 1,1–3, Hebräer 11,3: »Durch den Glauben merken wir, dass die Welt durch Gottes Wort fertig ist, dass alles, was man sieht, aus nichts geworden ist.«

[61] Saint Germain: »The Power of the Spoken Word« in *Science of the Spoken Word*, Seiten 38–44

[62] Matthäus 4,7

[63] Sacharja 2,5

[64] 1. Korinther 15,31

[65] 1. Korinther 3,13

[66] Epheser 5,26

[67] Matthäus 3,11, Lukas 3,16

[68] Josua 6,20: »Da machte das Volk ein Feldgeschrei, und man blies die Posaunen. Denn als das Volk den Hall der Posaunen hörte, machte es ein großes Feldgeschrei. Und die Mauern fielen um, und das Volk erstieg die Stadt, ein jeglicher stracks vor sich. Also gewannen sie die Stadt.«

[69] Kuthumi am 3. Juli 1962

[70] 1. Korinther 3,16

[71] Johannes 11,41–43

[72] Markus 1,22

[73] Psalm 46,1

[74] Johannes 14,6

[75] Erhältlich über *Summit University Press*.

[76] Matthäus 6,7: »Und wenn ihr betet, sollt ihr nicht viel plappern wie die Heiden; denn sie meinen, sie werden erhört, wenn sie viel Worte machen.«

[77] Lord Maitreya: »The Overcoming of Fear through Decrees« in *Science of the Spoken Word*, Seiten 23–24

[78] 1. Thessalonicher 5,17

[79] Matthäus 16,25, Markus 8,35, Lukas 9,24

[80] Markus 1,35; 4,38, Lukas 6,12, Johannes 6,15

[81] Johannes 12,31: »Jetzt geht das Gericht über die Welt; nun wird der Fürst dieser Welt ausgestoßen werden.« Johannes 14,30; 16,11

[82] Die Aufmerksamkeit Ihres Geistes kontrolliert und lenkt den Fluss von Gottes Energie in Ihrer Welt.

[83] Alfred Lord Tennyson: *The Passing of Arthur*, Zeile 414 (»More things are indeed wrought by prayer than the world dreams of.«)

[84] Jesus: »Unceasing Prayer« in Jesus and Kuthumi: *Prayer and Meditation*, Seiten 8–10, 12

[85] Saint Germain am 4. Juli 1984: »May You Pass Every Test« in Mark L. Prophet und Elizabeth Clare Prophet: *Lords of the Seven Rays*, Band 2, Seiten 254–55, 257–259

[86] Hiob 3,25

[87] Lord Maitreya: »The Overcoming of Fear through Decrees« in *Science of the Spoken Word*, Seiten 20–22

[88] Ebenda, Seite 24

Kapitel 2: SCHWARZE MAGIE

[1] Apostelgeschichte 17,22–25, 27–28

[2] Römer 7,23, 25: »So diene ich nun mit dem Gemüte dem Gesetz Gottes, aber mit dem Fleische dem Gesetz der Sünde.«, 8,2; 1. Johannes 3,4: »Wer Sünde tut, der tut auch Unrecht, und die Sünde ist das Unrecht.«

[3] Römer 7,19: »Denn das Gute, das ich will, das tue ich nicht; sondern das Böse, das ich nicht will, das tue ich.«

[4] Genesis 1,26, 28: »Seid fruchtbar und mehrt euch und füllt die Erde und macht sie euch untertan und herrscht ...«

[5] Johannes 8,44

[6] El Morya: »New Lines of Battle in the Holy Cause of Freedom« in *Pearls of Wisdom*, Band 7, Nr. 16 vom 17. April 1964

[7] Lukas 23,34

[8] Genesis 3,1

[9] Matthäus 10,16

[10] Sprichwörter 29,18: »Wo keine Weissagung ist, wird das Volk wild und wüst; wohl aber dem, der das Gesetz handhabt!«

[11] Lukas 16,8

[12] El Morya: »New Lines of Battle in the Holy Cause of Freedom«

[13] Ein Buch, das dies versucht ist: *People of the Lie. The Hope for Healing Human Evil* von M. Scott Peck. Dieses Buch ist eine wichtige Studie zur Psychologie von Menschen, die das Böse verkörpern und selbst zur Lüge geworden sind, aus einer christlichen Perspektive. Peck beschreibt sein Ringen mit Menschen, die unter dem leiden, was als das Krebsgeschwür des Bösen bezeichnet werden könnte. Diese Menschen sind in kleinen Dingen böse, nicht in großen, aber das Böse, das sie verkörpern, ist so entsetzlich, weil es die Menschen in ihrer Umgebung zerstört.

Selbst schon die Bereitschaft zuzugeben, dass das, was man auch einfach als psychologisches Problem bezeichnen könnte, eine Verkörperung des Bösen ist, stellt einen ungeheuren Fortschritt in der Psychologie dar. Es ist vermutlich nicht so ungewöhnlich, dass diese Sichtweise von einem Christen stammt, aber die Analyse des Autors ist so scharfsinnig, dass sie auch jene ansprechen wird, die sich nicht zu einem bestimmten Glauben hingezogen fühlen.

[14] Römer 1,30

[15] Die Geschichte von Peschu Alga findet 1984 mit dem Letzten Gericht und dem zweiten Tod ihr Ende. Erzengel Michael äußert sich über die Bedeutung dieses Ereignisses: »Ich überbringe jetzt die Botschaft des Hofes des

Heiligen Feuers, des Gottesstern Sirius, ich spreche im Namen der Vier und Zwanzig Ältesten und verkünde euch, o Kinder der Sonne, den Tag der Tage. Denn in dieser Stunde hat das Gericht – das Letzte Gericht und der zweite Tod – jenen ereilt, den ihr als Peschu Alga gekannt habt.

So hat der Bewahrer der Schriftrollen in diesen Wochen Bericht um Bericht der Infamie dieses Gefallenen beim Prozess vor dem Gericht des Heiligen Feuers verlesen – über jenen, der Luzifer dazu verführte, sich vom Dienste des Lichtes abzuwenden, über jenen, der dem Allmächtigen Gott wegen des Todes seines einzigen Sohnes ewige Rache geschworen und das ewige Leben und das Wiedererscheinen des Sohnes nicht begriffen hatte. Und so war sein Racheschwur einer der Wendepunkte (wenn nicht der Wendepunkt überhaupt) in der Rebellion jener gefallenen Engel, die ihm ebenfalls zum Gericht des Heiligen Feuers gefolgt sind …

Ihr Geliebten, dieses lang erwartete Gericht hat weitreichende Konsequenzen durch die Galaxien hinweg. Und in eben dieser Stunde, ihr Geliebten, findet eine Erlösung und Befreiung statt, die vielen eurer eigenen Brüder und Schwestern bisher nicht bekannt war, weil sie zu weit, weit weg zu sein schien …

Dies ist ein Tag der kosmischen Zelebration und eines Ausbruchs der Freude gegenüber dem Herrn Christus in jedem Herzen. Dies ist die Stunde, um die Fesselung der alten Hexe und der Hexerei zu bejubeln – jenem alten Drachen und dem Verführer und dem Samen Satans. Dies ist die Stunde und der Tag, an dem das Licht, das aus dem Herzen von Helios zu Vesta in dieser Heimstatt strömt, in der viele verlorene Seelen für Gott gewonnen werden. Verloren, weil sie ihre Verankerung in Gott verloren hatten; verloren, weil sie der Maya und der Anziehungskraft und der Prahlerei dieser Gefallenen gefolgt waren.

Wir haben daher den Höhepunkt der Finsternis erreicht, und nun muss die Finsternis weichen. Und nun wird die Dynamik des Sieges unseres Gottes euer sein, der Sieg unserer Scharen und die Beseitigung der Finsternis als Impuls vorwärtszustoßen und voranzuschreiten, im Interesse des Lichtes und der Heimat zu handeln und den Weg für die vielen Wesen des Lichtes zu bereiten, die durch die Portale der Geburt zur Erde hinabsteigen.

Dies ist eine Stunde des kosmischen Wandels, wenn ihr wollt. Aber ich muss euch aufrichtig bei der Ehre Gottes sagen, dass das Gesetz wie in jeder Zeit und in jedem Raum das gesprochene Wort, das Mantra, den

Ruf an mich erfordert und den Ruf an Gott, damit das Licht eintreten kann. Denn ihr müsst sehen, dass Gott euch den absolut freien Willen in der physischen Oktave gegeben hat. Wenn ihr nach Wandel strebt, müsst ihr den Herrn anrufen, eure mächtige ICH-BIN-Gegenwart, und um unsere Verstärkung, als Agenten des Lichtes und als Vater-Sohn-Heiliger-Geist-Mutter-Ergänzung der Gottheit, bitten.« (»Das Gericht über Peschu Alga« – »The Judgement of Peshu Alga« – in *Pearls of Wisdom* (Perlen der Weisheit), Band 28, Nummer 2 vom 13. Januar 1985)

[16] Im Original steht hier: Devil (the deified energy veil).

[17] Johannes 8,44

[18] Johannes 3,19: »Das ist aber das Gericht, dass das Licht in die Welt gekommen ist, und die Menschen liebten die Finsternis mehr als das Licht; denn ihre Werke waren böse.«

[19] Während seiner Generalaudienz stellte Papst Paul VI. am 15. November 1972 die Frage: »Was sind die größten Notwendigkeiten der Kirche heute?« Er antwortete: »Möge unsere Antwort euch nicht überraschen und als übermäßig vereinfachend oder sogar als abergläubisch und unwirklich erscheinen, aber eine der größten Notwendigkeiten ist die Verteidigung gegen das Böse, das der Teufel genannt wird. Das Böse ist nicht einfach das Fehlen von etwas, sondern ein wirksamer Agent, ein lebendes, spirituelles Wesen, das pervertiert ist und pervertiert. Eine schreckliche Realität. Es steht im Gegensatz zu den Lehren der Bibel und der Kirche, sich zu weigern, die Existenz einer solchen Realität anzuerkennen oder sie zur Pseudorealität zu erklären, zu einer rein konzeptuellen, fantastischen Personifizierung der unbekannten Ursachen unseres Unglücks. Dass es nicht um einen Teufel geht, sondern um viele, wird durch verschiedene Passagen im Evangelium angedeutet (Lukas 11,21, Markus 5,9). Aber der bedeutendste ist Satan, was der Widersacher, der Feind, bedeutet, und mit ihm viele Geschöpfe Gottes, die aufgrund ihrer Rebellion und Verdammung gefallen sind – eine ganze geheimnisvolle Welt, aufgewühlt von einem unglückseligen Drama, über das wir nur sehr wenig wissen.« (L'Osservatore Romano, 23. November 1972)

[20] Saint Germain: »The Doorway of Light« in *Keepers of the Flame Lesson 15*, Seiten 28–30

[21] Jesus: »Watch with Me« in *Vigil of the Hours*, Seite 21

[22] 2. Tessalonicher 2,12: »… auf dass gerichtet werden alle, die der Wahrheit nicht glauben, sondern haben Lust an der Ungerechtigkeit«.

[23] Markus 5,9, Lukas 8,30

[24] Lewis Spence: *An Encyclopaedia of Occultism*, Courier Dover Publications, 2003

[25] Dennoch muss erkannt werden, dass manche von denen, die behaupten Weißmagier zu sein, tatsächlich Repräsentanten der falschen Hierarchie sind. Das Böse nennt sich selten selbst so und die Dunklen behaupten häufig, für das Gute zu arbeiten, um die Kinder Gottes dazu zu verleiten, ihnen zu folgen. Der falsche Lehrer wird die Gesetze der weißen Magie meistern, er wird die Gesetze des Gebrauchs der Energie meistern, aber er wird den Christus ignorieren. Er wird die Energie nehmen und sie benutzen, um das zu tun, was *er* will. Der wahre Lehrer wird seinen Gebrauch der Energie immer dem Willen Gottes unterwerfen.

[26] Pallas Athene: »On Truth and Self-Deceit« in *Keepers of the Flame Lesson 15*, Seite 10

[27] Okkult: unsichtbar, verborgen. Das verborgene spirituelle Wissen, das der Welt nicht offenbart wurde, sondern nur den Schülern der Meister.

[28] Ein Beispiel für einen solchen Schüler der Mysterien, der sein Wissen der Finsternis überantwortete, ist Mainin, ein Hohepriester der Atlanter, im Buch *Hier teilt sich der Weg (A Dweller on Two Planets)* von Phylos dem Tibeter. Anakin Skywalker, eine zentrale Figur in den *Star-Wars*-Filmen von George Lucas, verkörpert dasselbe archetypische Muster bei seiner Verwandlung in Darth Vader.

[29] Matthäus 6,24, Lukas 16,13: »Kein Knecht kann zwei Herren dienen: Entweder er wird den einen hassen und den anderen lieben, oder er wird dem einen anhangen und den anderen verachten. Ihr könnt nicht Gott samt dem Mammon dienen.«

[30] Diese Wesenheiten und ihre Verfahrensweisen werden detailliert in *The Path to Immortality*, dem siebten Buch in der Reihe *Climb the Highest Mountain* dargestellt.

[31] Literaturempfehlung: C. S. Lewis: *The Screwtape Letters*. Deutsch: *Dienstanweisung an einen Unterteufel*. Kösel, München 1982

[32] Zur Entwicklung des Unterscheidungsvermögens siehe: Lord Maitreya: »Integration with God« in *Pearls of Wisdom*, Band 18, Nummer 50 vom 14. Dezember 1975 und »At the Feet of Holy Reason for Self-Discernment« in *Pearls of Wisdom*, Band 8, Nummer 29 vom 18. Juli 1965

[33] Über gefälschte Dokumente, die angeblich von den Meistern herausgegeben wurden, und über die Notwendigkeit, dass die Schüler diese zu unterscheiden lernen, schreibt Saint Germain in:« The Truth Shall Make You Free!« in *Pearls of Wisdom*, Band 7, Nummer 33 vom 14. August 1964.

[34] »Denn es werden falsche Christi und falsche Propheten aufstehen und große Zeichen und Wunder tun, dass verführt werden in dem Irrtum (wo es möglich wäre) auch die Auserwählten.« (Matthäus 24,24)

[35] Pallas Athene: »On Truth and Self-Deceit« in *Keepers of the Flame Lesson 15*, Seiten 11–12

[36] Matthäus 27,50–52: »Aber Jesus schrie abermals laut und verschied. Und siehe da, der Vorhang im Tempel zerriss in zwei Stücke von obenan bis unten aus. Und die Erde erbebte, und die Felsen zerrissen, die Gräber taten sich auf, und standen auf viele Leiber der Heiligen.« Markus 15,38

[37] Johannes 19,30

[38] Mutter Maria in *Pearls of Wisdom*, Band 6, Nummer 38 vom 20. September 1963

[39] Matthäus 6,23

[40] Epheser 6,12: »Denn wir haben nicht mit Fleisch und Blut zu kämpfen, sondern mit Fürsten und Gewaltigen, nämlich mit den Herren der Welt, die in der Finsternis dieser Welt herrschen, mit den bösen Geistern unter dem Himmel.« 2. Korinther 11,14: »Und das ist auch kein Wunder; denn er selbst, der Satan, verstellt sich zum Engel des Lichtes.«

[41] Matthäus 6,24, Lukas 16,13

[42] Matthäus 7,16

[43] Markus 1,24, Lukas 4,34

[44] Eine äußere Manifestation der Projizierung dieser Formen in das Unterbewusstsein findet in Filmen statt, die derartige Formen als Fokalpunkte von Angst und Schrecken benutzen.

[45] El Morya: »New Lines of Battle in the Holy Cause of Freedom« in *Pearls of Wisdom*, Band 7, Nummer 16 vom 17. April 1964

[46] Jesus sagte: »… das Himmelreich [leidet] Gewalt, und die Gewalt tun, die reißen es an sich. (Matthäus 11,12)

[47] Marguerite Cunliffe-Owen: *The Martyrdom of an Empress*, Adamant Media Corporation 2005, Seiten 188–190

[48] Diese Durchsage wurde in Minneapolis, Minnesota empfangen. Minneapolis und Saint Paul sind als die Zwillingsstädte bekannt.

[49] Matthäus 6,23. Maha Chohan am 4. Oktober 1975: »Gifts of the Spirit: Factors and Faculties to Be Considered in Aquarian Education«.

[50] Lukas 8,43–46, Markus 5,25–31

[51] Ein Beispiel für die Manifestation von Energien, die auf diese Weise missbraucht werden, sind die Hurrikane, die vor der Küste Afrikas entstehen, über die Karibik hinwegziehen und an der Südküste der Vereinigten Staa-

ten auf Land treffen. Alle drei Gebiete sind Zentren, in denen Hexerei, Wodu und schwarze Magie praktiziert werden.

[52] Einige Lehren von Serapis Bey zu diesem Thema können in seinem Buch *Dossier on the Ascension* gefunden werden.

[53] Der natürliche Rhythmus des vierblättrigen Basis-Chakras ist der Viervierteltakt. In der Rockmusik ist der Viervierteltakt verschoben. Durch diese Veränderung des Rhythmus kann die Energie der Wirbelsäule nicht in einem natürlichen Fluss aufsteigen, sondern muss fallen. Die Schwingung der fallenden Energie wird zu einer synthetischen Erfahrung oder der Umkehrung der Erfahrung des Aufsteigens des Kundalini-Feuers. Für weitere Erklärungen bezüglich der Wissenschaft des Rhythmus und der spirituellen Auswirkungen der Rockmusik siehe Buch 6 der *Climb the Highest Mountain Series* »Paths of Light and Darkness«, Seiten 72–76.

[54] Das Einfügen von unterschwelligen Botschaften in der Werbung ist in den folgenden drei Büchern von Wilson Bryan Key analysiert worden: *Subliminal Seduction: Ad Media's Manipulation of a Not So Innocent America*, *Media Sexploitation* und *The Clam-Plate Orgy* (New American Library, New York 1973, 1976, 1980). Die Frühjahrsausgabe 1983 der Zeitschrift *Heart* enthält eine Zusammenfassung von Keys Arbeit und einen Bericht über die in den Medien hervorgerufene Reaktion. Diese Ausgabe enthält auch einen Bericht über ein Treffen mit einem Grafiker, der unterschwellige Botschaften einfügt, und einige Beispiele seiner Methoden.

[55] Matthäus 16,26: »Was hülfe es dem Menschen, so er die ganze Welt gewönne und nähme Schaden an seiner Seele?«

[56] Matthäus 10,16

[57] Matthäus 7,22

[58] 1. Buch Mose 6,5

[59] Psalm 91,1: »Wer unter dem Schirm des Höchsten sitzt und unter dem Schatten des Allmächtigen bleibt …«

[60] Genesis 3,22

[61] Matthäus 24,15–16, Markus 13,14

[62] Offenbarung 3,11: »Siehe, ich komme bald; halte, was du hast, dass niemand deine Krone nehme!«

[63] 1. Petrus 5,5, Jakobus 4,6

[64] Psalm 139,7–10

[65] Saint Germain: »The Doorway of Light« in *Keepers of the Flame Lesson 15*, Seiten 32–35, 36–37, 40, 41–43, 30–32

[66] *Book of Common Prayer*

Kapitel 3: DER ANTICHRIST
Teil 1: DIE FALSCHE HIERARCHIE

[1] 1. Johannes 2,18

[2] 2. Petrus 2,20: »Denn so sie entflohen sind dem Unflat der Welt durch die Erkenntnis des HERRN und Heilandes Jesu Christi, werden aber wiederum in denselben verflochten und überwunden, ist mit ihnen das Letzte ärger geworden denn das Erste.«

[3] Johannes 8,58

[4] Offenbarung 13,8: »Und alle, die auf Erden wohnen, beten es an, deren Namen nicht geschrieben sind in dem Lebensbuch des Lammes, das erwürgt ist, von Anfang der Welt.«

[5] 2. Buch Mose 7,8–12

[6] 2. Korinther 11,13–15

[7] Die große Schwäche im Bewusstsein derjenigen, die den Pfad zur linken Hand beschritten haben, besteht darin, dass sie aufgrund ihres Hochmutes glauben, sie seien ihre Form (Yin) und ihre Erfahrungen (Yang). Sie identifizieren sich nicht mit dem Geist Gottes, sondern mit den persönlichen Strukturen ihres sterblichen Bewusstseins. Dies ist ihr Verderben. Die Identifizierung mit Form und Erfahrung stellt die Grundlage des menschlichen Hochmutes dar. Solange der Mensch diese Tendenz nicht überwindet, bleibt er der Welt der Maya verhaftet.

Wenn der Mensch sich mit seiner Form identifiziert, identifiziert er sich automatisch auch mit den Formen aller Menschen (das Massenbewusstsein ist eine davon). Daher ist er anfällig für alle Einschränkungen und alle Krankheiten, denen die Menschen unterliegen. Er ist davon erst ausgenommen, wenn er sich mit der Flamme identifiziert, denn nur dann werden die aggressiven Einflüsterungen des Massenbewusstseins ausgelöscht, bevor sie sein Formenbewusstsein durchdringen, wo sie Krankheit, Verfall und Tod auslösen.

Solange der Mensch die Gedanken und Gefühle der Masse nicht bewusst zurückweist, wird er sie auf der materiellen Ebene verkörpern. Er muss an der Tür seines Bewusstseins Wache halten wie ein Wächter in der Nacht und allen Formen des Antichrists, also all dem, was die Strukturen des Christus in ihm leugnet, den Zugang verwehren.

Das Leben ist eins. Wenn wir daher andere mit ihrer Form identifizieren (diesen als dick, einen anderen als hässlich, einen dritten als gebrechlich charakterisieren), werden wir selbst schnell zu dem, was wir bei anderen als deren Identität akzeptieren oder anerkennen. Wir sperren uns selbst in den Strukturen ein, die wir für andere erschaffen haben. Es ist daher in unserem eigenen erleuchteten Interesse, andere als Flamme zu sehen, so wie wir auch uns selbst als Flamme sehen. Die Umsetzung dieses Aspektes der Goldenen Regel stellt sicher, dass wir und unsere Nachkommen unsere unsterbliche Identität erlangen.

Indem er seine Form und seine Erfahrungen aufgibt, unterwirft der Mensch sein Ego und erlangt einen Zustand der Bedürfnislosigkeit. Er ist eine Flamme, die mit der Großen Flamme verschmilzt, daher wird er nicht verzehrt. Er ist ein Beobachter sowohl des niederen als auch des Höheren Selbst. Er schwebt zwischen beiden als der Christus und dadurch wird seine unsterbliche Identität bewahrt.

[8] Markus 5,9, Lukas 8,30: »Und Jesus fragte ihn und sprach: Wie heißest du? Er sprach: Legion; denn es waren viel Teufel in ihn gefahren.«

[9] Wenn es ihnen nicht gelingt, die Unschuldigen durch Manipulation und Nachahmung zu umgarnen, verfolgen sie eine Zeit lang den Kurs der reinen Wahrheit und Logik, bis ihre Anhänger so sicher sind, dass sie sich auf dem richtigen Weg befinden, dass sie in ihrer Wachsamkeit nachlassen und nicht länger jede Übertragung aufmerksam unter die Lupe nehmen.

Es ist nicht schwierig für bestimmte Individuen, sich die heiligen Schriften der Welt zu beschaffen, sie zu studieren, aus ihnen zu zitieren, und diese heiligen Schriften für ihre eigenen Zwecke einzuspannen. Selbst spätere Prophezeiungen, die heute durch unsere eigenen Schriften verfügbar sind und durch *The Summit Lighthouse* und andere konstruktive Aktivitäten veröffentlicht wurden, sind der Öffentlichkeit zugänglich und können von Individuen studiert werden, die mit der falschen Bruderschaft und den Aktivitäten des Antichrists in Verbindung stehen. Nachdem sie diese echten, authentischen Veröffentlichungen studiert haben, ist es für sie nicht besonders schwer, andere Materialien zu fabrizieren oder sich selbst vorzumachen, dass sie diese Durchsagen in einer Weise benützen, als hätten sie diese ursprünglich selbst erdacht.

Die Flut, von der in der Offenbarung vorhergesagt wurde, dass sie gegen den Christus, das Wort Gottes, geworfen werden würde, ist das unglaubliche Wiederkäuen spiritueller Inhalte, die von den falschen Bruderschaften herausgegeben werden, um die Menschheit in die Irre zu führen. Sie benutzen häufig Seite um Seite hilfreicher Literatur, um den Leser in einen oder zwei kleine Punkte hineinzuziehen, die gefährlich sein können, während sie offensichtlich die ganze bittere Pille durch einen ganzen

Berg köstlichen Materials versüßen, das ganz ähnlich, aber nach der Wahrheit, den Gesetzen der aufgestiegenen Meister und den Gesetzen Gottes niedergeschrieben wurden, die eins sind.

Auf ähnliche Weise kann ein ungerechtes Gesetz durch den Kongress (oder Bundestag) oder die gesetzgebende Körperschaft eines jeden Landes gebracht werden, weil es mit einer dringend notwendigen Vorlage verknüpft wird, die dem Wohle der Menschen dient.»Wenn dieses Gesetz sowieso aufgrund des öffentlichen Druckes erlassen worden wäre«, so argumentieren sie,»warum sollen wir dann nicht noch heimlich ein Gesetz einfügen, das wir erlassen sehen wollen?« Auf diese Weise werfen sie den Menschen bei jedem Schritt, den er voranschreitet, wieder zurück.

[10] Paramahansa Yogananda: *Autobiography of a Yogi*. Deutsch: *Autobiographie eines Yogi: Das Lebenszeugnis des großen indischen Meisters, der zum Mittler zwischen westlicher und östlicher Religiosität wurde.* Self-Realization Fellowship, 1998

[11] Römer 3,10

[12] Matthäus 7,1

[13] 1. Johannes 4,2–3

[14] Johannes 6,56

[15] Johannes 1,14

[16] Lukas 15,11–32

[17] Lukas 17,21:»Man wird auch nicht sagen: Siehe hier! oder: Da ist es! Denn sehet, das Reich Gottes ist inwendig in euch.

[18] Sprüche Salomo 4,7

[19] Lukas 23,34

[20] Matthäus 25,40

[21] 2. Buch Mose 13,21–22; 14,24

[22] Kolosser 3,1:»Seid ihr nun mit Christo auferstanden, so suchet, was droben ist, da Christus ist, sitzend zu der Rechten Gottes.«

[23] Johannes 10,30:»Ich und der Vater sind eins.«

[24] Johannes 1,3

[25] Johannes 3,14

[26] 1. Buch Mose 3,15

[27] Lord Acton, in einem Brief vom 3. April 1887 an Bischoff Mandell Creighton in Louise Creighton: *The Life and Letters of Mandell Creighton*

Teil 2: DIE NEPHILIM UND DIE MACHTELITE

[1] Prediger Salomo 1,11

[2] Zecharia Sitchin: *The Twelfth Planet.* Seite 49. Deutsch: *Der zwölfte Planet: Wann, wo, wie die ersten Astronauten eines anderen Planeten zur Erde kamen und den Homo Sapiens schufen,* Kopp, Rottenburg am Neckar 2003

[3] Ebenda, Seite 52

[4] Sitchins Theorien sind umstritten und wir können nicht alle von ihnen unterstützen. Dennoch bieten sie zusätzliche Einsichten in bestimmte Offenbarungen der aufgestiegenen Meister bezüglich der Vorgeschichte der Erde und der Kräfte von Licht und Finsternis, denen wir uns heute gegenübersehen.

[5] Sitchin, Seite 89

[6] Ebenda, Seite 99

[7] 1. Buch Mose 6,4:»Es waren auch zu den Zeiten Tyrannen [Nephilim] auf Erden; denn da die Kinder Gottes zu den Töchtern der Menschen eingingen und sie ihnen Kinder gebaren ...«

[8] 1. Buch Mose 6,4:»... wurden daraus Gewaltige in der Welt und berühmte Männer.«

[9] Sitchin 139–153

[10] Die Septuaginta, eine altgriechische Übersetzung der hebräischen Schriften, gab das hebräische Wort *Nephilim* als»Riesen« wieder. Dieser Begriff ist von der Einheitsübersetzung der Bibel und vielen anderen Übersetzungen übernommen worden. Mit der Zeit scheint die ursprüngliche Bedeutung des Begriffes *Nephilim* verallgemeinert und auf alle angewandt worden zu sein, die böse sind. Der Begriff wird wieder im 4. Buch Mose 13,33 gebraucht:»Sogar die Riesen haben wir dort gesehen – die Anakiter gehören nämlich zu den Riesen. Wir kamen uns selbst klein wie Heuschrecken vor, und auch ihnen erschienen wir so.«

[11] Anfang des 20. Jahrhunderts, als sich die Anglo-American Corporation daranmachte, ihre Bergbauaktivitäten im afrikanischen Land Sambia wieder aufzunehmen, sandten sie zuerst Archäologen in die Region, um diese vor Beginn des Abbaus auf archäologische Funde untersuchen zu lassen. Die ersten Untersuchungen ergaben Hinweise darauf, dass dort seit 7690 vor Christus prähistorischer Bergbau betrieben worden war. Die Archäologen waren über das Alter dieser Funde erstaunt und dehnten ihre Forschungen auf andere Gebiete aus. Aufgrund von Kohlenstoffdatierungen errechnete man ein neues Datum: 41250 vor Christus. Südafrikanische Wissenschaftler untersuchten daraufhin uralte Bergbaugebiete

im südlichen Swaziland, wo sie Artefakte fanden, die sich auf etwa 50 000 vor Christus datieren ließen. Die Wissenschaftler schätzten, dass dort mindestens seit 70 000 Jahren Bergbau betrieben wurde. Sitchin legte den Beginn des Bergbaus dort aufgrund seiner Interpretation uralter Texte auf vor 300 000 Jahren fest. Die Herausforderung für die Archäologen besteht darin zu erklären, wie und warum Menschen so früh in einem Zeitalter nach Metall gruben, das gemeinhin als Steinzeit bekannt ist. Siehe dazu Sitchin, *The Twelfth Planet*, Seiten 324–325

[12] Ebenda 333–335, 341

[13] Ähnlich lautende Berichte über die Erschaffung des Menschen durch die Götter finden sich in vielen alten Mythologien. Das Popol Vuh der Maya berichtet ebenfalls von den Experimenten dieser »Schöpfer«. In dieser auf Quechua überlieferten Erzählung werfen die göttlichen Wesen den Menschen in eine »Puppenform«. Dabei benötigten die Götter – wie in anderen Versionen dieser Geschichte auch – mehrere Versuche, bis sie das gewünschte Resultat erzielen konnten. Zuerst waren die Arbeiter blind und konnten ihre Köpfe nicht drehen, sie konnten zwar sprechen (was bedeutet, dass sie einen gut entwickelten Vokaltrakt hatten, den ihre Vorfahren noch nicht besaßen), aber sie waren nicht intelligent. Mehrere Experimente später hatten die Demiurgen des Popol Vuh endlich den Menschen erschaffen. Aber es gab ein Problem: Die neuen Geschöpfe waren zu gut ausgestattet, sie wussten zu viel. Die Götter waren nicht zufrieden. »Das ist nicht gut! Ihr Wesen wird nicht das simpler Geschöpfe sein, sie werden wie Götter sein ... Werden sie uns, die wir sie erschaffen haben und deren Weisheit weit reicht und alle Dinge kennt, womöglich Rivalen sein?« Und so »verschleierten« die Götter die Vision ihrer neuen Schöpfung, wodurch sie deren Wissen und Weisheit um ein Beträchtliches reduzierten (siehe dazu *The Mythology of All Races: Latin American* (1920) von Hartley Burr Alexander, Kessinger Pub Co, 2008).

[14] Sitchins Bericht über die Erschaffung primitiver Arbeiter weist Parallelen zu den Offenbarungen von Edgar Cayce auf, der von einer Rasse seelenloser Wesen sprach, die in Atlantis erschaffen worden waren, um körperliche Arbeit zu verrichten. Er nannte sie Roboter oder Dinge (siehe dazu *Edgar Cayce on Atlantis*, Warner Books 2000).

[15] Werner Keller: *The Bible as History*. Deutsch: *Und die Bibel hat doch recht: Forscher beweisen die Wahrheit der Bibel*. Naumann & Göbel, 2002) Neben dem biblischen Bericht taucht eine große Flut in verschiedenen Legenden so unterschiedlicher Kulturen wie der nordischen, griechischen,

chinesischen, indischen, indonesischen und der Kultur der Inka und der nordamerikanischen Ureinwohner auf.

[16] 1. Buch Mose 6,5

[17] 1. Buch Mose 6,1–2

[18] Sitchin, Seite 372

[19] 1. Buch Mose 1,28

[20] Sitchin, *The Twelfth Planet*, Seite 372

[21] Ebenda, Seite 401. Die aufgestiegenen Meister setzen die biblische Sintflut mit dem Untergang von Atlantis gleich, jenem Inselkontinent, der sich dort befand, wo heute der Atlantische Ozean ist. Der Kontinent wurde lebendig von Platon beschrieben, von Edgar Cayce in seinen Sitzungen »gesehen« und beschrieben, und lebte in Szenen aus Taylor Caldwells *Romance of Atlantis* (Deutsch: *Die Atlantis Saga*) wieder auf. James Churchward schließt aus Platons Bericht, dass der Kontinent vor etwa 11 600 Jahren unterging, was sich ziemlich nah an dem Datum befindet, das Sitchin aufgrund geologischer Aufzeichnungen berechnet hat. (James Churchward: *The Lost Continent of Mu*. Deutsch: *Mu, der versunkene Kontinent*)

[22] Sitchin zufolge befand sich der zwölfte Planet auf einer sehr elliptischen Umlaufbahn durch das Sonnensystem. Die Umlaufbahn führte den Planeten in ihrer größten Ausdehnung weit über Pluto hinaus und bei ihrer Annäherung an die Sonne in die Umlaufbahn der Erde hinein. Die Zeitspanne eines Umlaufs betrug 3600 Jahre. Das heißt, einmal in 3600 Jahren überschnitt sich die Umlaufbahn der Erde mit der des zwölften Planeten.

[23] Sitchin, *The Twelfth Planet*, Seite 397

[24] Ebenda, Seite 102

[25] Ebenda, Seite 398

[26] Ebenda, Seite 400

[27] 1. Buch Mose 8,17; 9,1, 7

[28] Sitchin, *The Twelfth Planet*, Seiten 420–421

[29] Matthäus 23,27

[30] 1. Buch Mose 3,4: »Da sprach die Schlange zum Weibe: Ihr werdet mitnichten des Todes sterben.«

[31] 1. Korinther 3,16

[32] Psalm 82,6–7

[33] Johannes 8,44

[34] Josua 23,7: »… auf dass ihr nicht unter diese übrigen Völker kommt, die

bei euch sind, und nicht gedenkt noch schwört bei dem Namen ihrer Götter noch ihnen dient noch sie anbetet«. Siehe auch 2. Buch Mose 33,16; 3. Buch Mose 20,24, 26; Esra 10,11; Nehemiah 9,2; 2. Korinther 6,17

[35] Für eine detaillierte Auseinandersetzung mit dem Bericht über den Garten Eden siehe das zweite Buch der Reihe *Climb the Highest Mountain*: »The Path of Self-Transformation«.

[36] Jesaja 14,12: »Wie bist du vom Himmel gefallen, du schöner Morgenstern! Wie bist du zur Erde gefällt, der du die Heiden schwächtest!«

[37] Sprüche Salomo 14,12: »Es gefällt manchem ein Weg wohl; aber endlich bringt er ihn zum Tode.«

[38] Die aufgestiegenen Meister lehren, dass alle am Anfang gleich erschaffen worden sind, das aber durch die Ausübung des freien Willens ein jeder entweder seine Gott-Identität gebildet hat oder nicht.

[39] Saint Germain am 29. April 1984: »The Ancient Story of the Drug Conspiracy« in Elizabeth Clare Prophet: *Saint Germain on Prophecy*. Buch 4, Seiten 96–97

[40] Ein Bericht über den Fall Luzifers ist im frühchristlichen Text *Vitae Adae et Evae* zu finden. In den Kapiteln 11 bis 16 lesen wir: »Und sie [Eva] schrie auf und sprach: ›Wehe dir, du Teufel. Warum greifst du uns ohne Grund an? Was hast du mit uns zu schaffen? Was haben wir dir getan, dass du uns mit deiner List verfolgst? Warum greift uns deine Bosheit an? Haben wir dir deinen Ruhm geraubt und verschuldet, dass du ohne Ehre bist? Warum quälst du uns, du Feind, (und verfolgst uns) bis zum Tode in Bosheit und Neid?‹

Und mit einem Stoßseufzer sprach der Teufel: ›O Adam, all meine Feindseligkeit, mein Neid und mein Kummer gilt dir, denn wegen dir bin ich meiner Herrlichkeit verlustig gegangen, die ich in den Himmeln mitten unter den Engeln besaß. Wegen dir wurde ich zur Erde hinabgestoßen.‹ Adam antwortete: ›Warum erzählst du mir das? Was habe ich dir getan, und was ist mein Vergehen gegen dich? Obwohl du doch siehst, dass du keinen Schaden und kein Leid von uns erfährst, warum verfolgst du uns dann?‹

Der Teufel erwiderte: ›Adam, was erzählst du mir? Um deinetwillen wurde ich von jenem Ort verstoßen. Als du geformt wurdest, wurde ich aus der Gegenwart Gottes verstoßen und aus der Gesellschaft der Engel verbannt. Als Gott dir den Lebensodem einhauchte und dein Antlitz und dein Gleichnis nach dem Ebenbilde Gottes gemacht wurde, brachte Michael dich und hieß [uns], dich vor dem Angesicht Gottes zu verehren. Und Gott, der Herr sprach: ›Hier ist Adam. Ich habe ihn nach unserem Bilde erschaffen und uns ähnlich gemacht.‹

Und Michael ging hinaus und rief alle Engel und sprach: ›Verehrt das Ebenbild Gottes, wie es der Herrgott befohlen hat.‹ Und Michael selbst verehrte dich zuerst, dann rief er mich und sprach: ›Verehre das Ebenbild Gottes des Herrn.‹ Und ich erwiderte: ›Ich brauche Adam nicht zu verehren.‹ Und da Michael mich drängte, dich zu verehren, sagte ich zu ihm: ›Warum bedrängst du mich? Ich werde kein niederes und jüngeres Wesen [als mich] verehren. Ich bin der Ältere in der Schöpfung, bevor er gemacht wurde, war ich bereits gemacht. Es ist seine Pflicht, mich zu verehren.‹

Als die Engel, die unter mir waren, dies hörten, weigerten auch sie sich, ihn zu verehren. Da sprach Michael: ›Verehrt das Ebenbild Gottes, denn wenn ihr es nicht verehrt, wird der Herrgott euch zürnen.‹ Da sprach ich: ›Wenn er mir zürnt, dann werde ich meinen Sitz über den Sternen des Himmels nehmen und wie der Höchste sein.‹

Und Gott der Herr zürnte mir und verbannte mich und meine Engel aus unserer Herrlichkeit, und wegen dir wurden wir aus unserer Wohnstatt in die Welt vertrieben und zur Erde geworfen. Und sofort wurden wir von Kummer übermannt, da uns eine so große Herrlichkeit genommen worden war. Und wir waren bekümmert, als wir dich in solcher Freude und solchem Luxus sahen. Und listig betrog ich dein Weib und sorgte dafür, dass ihr durch sie [ihr Tun] aus der Freude und dem Luxus verstoßen wurdet, so wie ich aus meiner Herrlichkeit vertrieben worden war« (R. H. Charles: *The Apocrypha and Pseudepigrapha of the Old Testament.* Clarendon Press, Oxford 1913).

[41] Jesaja 14,12–15

[42] Offenbarung 12,13, 20

[43] Offenbarung 12,7–9

[44] 1. Korinther 15,47

[45] Offenbarung 12,4

[46] Daniel 12,7: »... und er hob seine rechte und linke Hand auf gen Himmel und schwur bei dem, der ewiglich lebt, dass es eine Zeit und zwei Zeiten und eine halbe Zeit währen soll.« Offenbarung 12,14: »Und es wurden dem Weibe zwei Flügel gegeben wie eines Adlers, dass sie in die Wüste flöge an ihren Ort, da sie ernährt würde eine Zeit und zwei Zeiten und eine halbe Zeit vor dem Angesicht der Schlange.« Ein ähnlicher Zyklus findet sich in Offenbarung 11,9, 11.

[47] Jesaja 9,6: »Denn uns ist ein Kind geboren, ein Sohn ist uns gegeben, und die Herrschaft ist auf seiner Schulter; er heißt Wunderbar, Rat, Held, Ewig-Vater Friedefürst.«

[48] 1. Sam 17

[49] Offenbarung 12,12

[50] Daniel 7

[51] Matthäus 28,18

[52] Johannes 5,30

[53] Siehe dazu: »The Coming of the Laggards« in Buch 1 der Reihe *Climb the Highest Mountain,* »The Path of the Higher Self«.

[54] Sanat Kumara (aus dem Sanskritwort *sanat* für »von alters her«, »immer«, »ewig« und *kumara* für »ewig jugendlich«) wird im Hinduismus als einer der vier oder sieben Söhne Brahmas verehrt. Diese werden als Jugendliche dargestellt, die immer rein geblieben sind. Sanat Kumara soll der älteste Stammvater der Menschheit sein. Im Mahabharata wird er der »Älteste, der aus Brahman geboren wurde« genannt. Manchen Berichten zufolge ist er der Sohn Shivas. In der Chandogya-Upanishad ist Sanat Kumara der Lehrer des weisen Narada, der von ihm lernt, dass die höchste Wahrheit nur durch Selbsterkenntnis erlangt werden kann. Sanat Kumara übernimmt in seiner Manifestation als Kartikeya oder Skanda auch die Rolle des Kriegsgottes und des Oberbefehlshabers über die Streitmacht der Götter. Er wird häufig mit einem Speer in der Hand auf einem Pfau sitzend dargestellt, manchmal wird er auch mit zwölf Armen, die verschiedene Waffen halten, dargestellt. Es heißt, er sei von den sechs Plejaden aufgezogen worden, wovon der Name Kartikeya, der Sohn der Plejaden, abgeleitet wird. Manchen Schriften zufolge ist Kartikeya auch der Gott der Weisheit und des Lernens.

[55] Johannes 3,17

[56] Johannes 1,12: »Allen aber, die ihn aufnahmen, gab er Macht, Kinder Gottes zu werden ...«

[57] Matthäus 7,20

[58] The Great Divine Director: »Man« in Mark L. Prophet: *The Soulless One,* Seite 108

[59] Deutsch: *Die Geheimlehre.* 4 Bände, Verlag Esoterische Philosophie 1999

[60] Siehe dazu: Apollo: »An Increment of Light from the Holy Kumaras« in Elizabeth Clare Prophet: *The Great White Brotherhood in the Culture, History and Religion of America,* Kapitel 21

[61] Matthäus 10,28

[62] Matthäus 7,15–20

[63] Matthäus 13,37–43

[64] Matthäus 7,1, Lukas 6,37

[65] Epheser 6,12: »Denn wir haben nicht mit Fleisch und Blut zu kämpfen, sondern mit Fürsten und Gewaltigen, nämlich mit den Herren der Welt, die in der Finsternis dieser Welt herrschen, mit den bösen Geistern unter dem Himmel.«

[66] Römer 3,17

[67] Saint Germain spricht von den Schöpfungen der Gentechnologie in Atlantis, wozu auch das Kreuzen von menschlichem und tierischem Leben gehörte: »Der zerstörerische Gebrauch der Lebenskraft in Lemuria und Atlantis ist den Schülern der kosmischen Geschichte wohlbekannt. Auf die Erschaffung von Tierformen durch die Schwarzmagier, die mit den Nachzüglern kamen … folgte die Infusion jener dergestalt erschaffenen Formen mit Sonnenenergie, um so Menschen mit tierischem Leben zu kreuzen. Dies resultierte in einer schrecklichen Verzerrung des göttlichen Plans, in einer Vergewaltigung aller Gesetze des Himmels und führte zur Sintflut Noahs. Die Zerstörung jener Formen durch die Flut war der Weg der Natur, von der Leinwand des Lebens jene widerlichen und bösen ›Gedanken der Herzen der Menschen‹ zu tilgen, die so im Gegensatz zur Schöpfung Gottes standen (1. Buch Mose 6,1–9, 17).

Im Massenbewusstsein der Rasse ist ein Rest Wissen in Bezug auf die Existenz jener Formen übrig geblieben, von denen einige zum Beispiel teilweise Pferd und teilweise Mensch waren. Schlussendlich ergriffen die mächtigen kosmischen Ratsversammlungen Maßnahmen, um die schöpferischen Kräfte der Menschen zu beschneiden. Es wurde daher verfügt, dass jeder Same von nun an ›nach seiner Art‹ gebären solle. Und so wurde durch kosmisches Gesetz verhindert, dass sich diese gottlosen Aktivitäten wiederholen konnten« (Saint Germain: »The Science of the Ascension« in *Keepers of the Flame Lesson 13*, Seite 30).

[68] Johannes 1,1–3

[69] Offenbarung 19,11: »Und ich sah den Himmel aufgetan; und siehe, ein weißes Pferd. Und der darauf saß, hieß Treu und Wahrhaftig, und er richtet und streitet mit Gerechtigkeit.«

[1] El Morya am 2. Juli 1984: »Message to America on the Mission of Jesus Christ« in *Pearls of Wisdom*, Band 27, Nummer 47 vom 23. September 1984

[2] El Morya am 4. April 1997: »Stand, Face and Conquer the World of Self!« in *Pearls of Wisdom*, Band 40, Nummer 40 vom 5. Oktober 1997

[3] Gewisse Kommentatoren haben die Vierzeiler von Nostradamus dahin gehend interpretiert, dass sie das Kommen dreier Antichristen vorhersagen. Sie haben spekuliert, dass die ersten beiden Napoleon und Hitler waren und dass der dritte ein Araber mit blauem Turban sein wird.

[4] Jeremia 23,6: »Und dies wird sein Name sein, dass man ihn nennen wird: Der HERR unsre Gerechtigkeit. 33,16: »Zu derselben Zeit soll Juda geholfen werden und Jerusalem sicher wohnen, und man wird sie nennen: Der HERR unsre Gerechtigkeit.«

[5] 1. Korinther 3,13–15: »... so wird eines jeglichen Werk offenbar werden: der Tag wird's klar machen. Denn es wird durchs Feuer offenbar werden; und welcherlei eines jeglichen Werk sei, wird das Feuer bewähren. Wird jemandes Werk bleiben, das er darauf gebaut hat, so wird er Lohn empfangen. Wird aber jemandes Werk verbrennen, so wird er Schaden leiden; er selbst aber wird selig werden, so doch durchs Feuer.« 1. Petrus 1,7; 4,12

[6] Siehe dazu: Lord Maitreya am 1. Januar 1986: »The Lord of the World's Path of the Six-Pointed Star« in *Pearls of Wisdom*, Band 29, Nummer 22 vom 1. Juni 1986

[7] Jesaja 34,8; 61,2; 63,4, Jeremia 50,15, 28; 51,6, Lukas 21,22: »Denn das sind die Tage der Rache, dass erfüllet werde alles, was geschrieben ist.«

[8] Matthäus 14,28–31

[9] 1. Buch Mose 4,3–8

[10] Jesus und Kuthumi: *Prayer and Meditation*

[11] Kuthumi am 27. Januar 1985: »Remember the Ancient Encounter« in *Pearls of Wisdom*, Band 28, Nummer 9 vom 3. März 1985

[12] Apostelgeschichte 7,58–60; 8,1–3; 9,1–31

[13] Römer 8,6–7

[14] Josua 24,15

[15] Matthäus 4,1–11

[16] Johannes 14,30

[17] 1. Timotheus 5,24

[18] Johannes 6,53: »Jesus sprach zu ihnen: Wahrlich, wahrlich ich sage euch:

Werdet ihr nicht essen das Fleisch des Menschensohnes und trinken sein Blut, so habt ihr kein Leben in euch.«

[19] Johannes 10,30

[20] Rudyard Kiplings Kurzgeschichte *Der Mann, der König sein wollte* erzählt von zwei britischen Abenteurern, die in ein entlegenes asiatisches Königreich reisen, wo es ihnen gelingt, die Einheimischen davon zu überzeugen, dass sie Götter seien. Einer von ihnen setzt sich selbst als König ein. Schließlich werden sie entlarvt, die Stammesmitglieder wenden sich gegen sie und jagen sie durch die Berge. Der ehemalige König wird auf eine Seilbrücke gedrängt, die eine tiefe Schlucht überspannt. Er fällt in den Abgrund, nachdem die Seile durchhauen worden sind. 1975 wurde die Geschichte mit Sean Connery und Michael Caine in den Hauptrollen verfilmt.

[21] Lukas 22,53

[22] Jesus Christus in *Pearls of Wisdom* vom 18.9.1983

[23] Johannes 7,24: »Richtet nicht nach dem Ansehen, sondern richtet ein rechtes Gericht.«

[24] Matthäus 7,2, Markus 4,24: »Mit welcherlei Maß ihr messet, wird man euch wieder messen.«

[25] Matthäus 8,12; 22,13; 25,30, Offenbarung 2,11; 20,6; 14; 21,8. Weitere Ausführungen über den zweiten Tod finden Sie im siebten Buch der Reihe *Climb the Highest Mountain*: »The Path to Immortality« in Kapitel 3: *Immortality.*

[26] 1. Korinther 2,14–16: »Der natürliche Mensch aber vernimmt nichts vom Geist Gottes; es ist ihm eine Torheit, und er kann es nicht erkennen; denn es muss geistlich gerichtet sein. Der Geistliche aber richtet alles, und wird von niemand gerichtet. Denn ›wer hat des HERRN Sinn erkannt, oder wer will ihn unterweisen?‹ Wir aber haben Christi Sinn.«

[27] Matthäus 7,15

[28] Anm. d. Übers.: Im englischen Text wurde hier ein Zusammenhang zwischen *energy veil* (Energieschleier) und *e-vil* (das Böse) aufgezeigt.

[29] Anm. d. Übers.: Hier wurde im englischen Originaltext ein Zusammenhang zwischen den Wörtern *devil* (Teufel) und *d-evil* = *deified evil* (das vergöttlichte Böse) hergestellt.

[30] Kolosser 1,27

[31] Die Wächter sind eine besondere Gruppe gefallener Engel, deren Geschichte im Buch Henoch erzählt wird. Siehe dazu: Elizabeth Clare Prophet: *Fallen Angels and the Origin of Evil*. Deutsch: *Gefallene Engel und der Ursprung des Bösen*. Ansata Verlag, München 2008.

[32] Markus 4,25

[33] Psalm 94,3

[34] »Der Auserwählte« ist ein Begriff, mit dem im Buch Henoch der kommende Avatar bezeichnet wird, der die gefallenen Engel richten wird. Siehe dazu Henoch 45,3–4; 50,3, 5; 51,5, 10; 54,5; 60,7, 10–13; 61,1 in Elizabeth Clare Prophet: *Gefallene Engel und der Ursprung des Bösen*. Das ursprüngliche griechische Manuskript von Lukas 9,35 gebraucht diesen Begriff für Jesus: »Das ist mein auserwählter Sohn, auf ihn sollt ihr hören.« (Einheitsübersetzung)

[35] Johannes 9,39

[36] Offenbarung 19,11

[37] Matthäus 6,23

[38] Lukas 16,8

[39] Matthäus 10,16

[40] Anm. d. Übers.: Dieses Motto steht auf allen amerikanischen Münzen und Geldscheinen.

[41] Kundalini bedeutet wörtlich »zusammengerollte Schlange« und bezeichnet aufgerollte latente Energie im Chakra an der Wirbelsäulenbasis, das Siegel des Samenatoms, die negative, sich in der Materie befindende Polarität des positiven Geistfeuers, das von der ICH-BIN-Gegenwart zum Herz-Chakra hinabsinkt. Wenn die Kundalini erweckt wird (durch bestimmte yogische Praktiken, spirituelle Disziplinen oder intensive Liebe zu Gott) steigt sie in der Wirbelsäule durch die Kanäle Ida, Pingala und Sushumna auf und durchströmt und aktiviert alle Chakras. Der Eingeweihte, der an der Weggabelung den Pfad zur linken Hand genommen hat, gebraucht die Kundalini, um seine Fähigkeiten in den schwarzen Künsten zu verstärken. Der falsche Guru weiht die Unachtsamen in die Riten ein, mit denen die Kundalini emporgezogen wird, bevor die Rituale der Seelenläuterung und Umwandlung der Chakras stattgefunden haben. Dies kann zu Geistesgestörtheit, zu dämonischer Besessenheit oder unkontrollierten und extremen sexuellen Begierden oder zu einer Pervertierung der Lebenskraft in allen Chakras führen. Der Eine, der gesandt wurde, nimmt seine Schüler an der Hand und führt sie behutsam in die Disziplinen der Selbstmeisterung ein, bis sie mit den starken Kräften umgehen können, die ihnen von der Göttin Kundalini verliehen werden, und sie dazu gebrauchen, alles Leben durch die Freisetzung des heiligen Feuers in allen Chakras zu segnen und zu heilen. Das Zentrum dieses Prozesses ist das Herz, das im wahren Eingeweihten zum Kelch des Heiligen

Herzen von Jesus Christus wird. Die Kundalini ist die Lebenskraft, die Mutterenergie. Wenn das Basis-Chakra und die Kundalini gemeistert worden sind, werden sie zu Gefäßen der Flamme des Aufstiegs in dem, der sich auf diese Einweihung vorbereitet.

[42] Matthäus 15,24: »Er antwortete aber und sprach: Ich bin nicht gesandt denn nur zu den verlorenen Schafen von dem Hause Israel.«

[43] Matthäus 13,24–30, 36–43

[44] Johannes 10,11

[45] 5. Buch Mose 4,24: »Denn der HERR, dein Gott, ist ein verzehrendes Feuer und ein eifriger Gott.«

Teil 4: DAS GERICHT

[1] Offenbarung 20,12–13. Weitere Lehren in Bezug auf das Jüngste Gericht können im siebten Buch der Reihe *Climb the Highest Mountain* »The Path to Immortality« in Kapitel 3 »Immortality« gefunden werden.

[2] Offenbarung 20,14–15

[3] Luzifer wurde am 16. April 1975 gebunden und vor das Gericht des Heiligen Feuers gebracht, wo er sich über einen Zeitraum von zehn Tagen vor den Vier und Zwanzig Ältesten verantworten musste. Er wurde am 26. April 1975 durch eine einstimmig gefällte Entscheidung der Vier und Zwanzig Ältesten zum zweiten Tod verurteilt. Seine Verurteilung wurde in einem Diktat von Alpha am 5. Juli 1975 bekannt gegeben. Siehe dazu von Alpha: »The Judgment. The Sealing of the Lifewaves Throughout the Galaxy« und Elizabeth Clare Prophet vom 6. Juli 1975: »Antichrist: The Dragon, the Beast, the False Prophet, and the Great Whore« in *The Great White Brotherhood in the Culture, History and Religion of America*, S. 234–236, 239–249

[4] Offenbarung 12,10

[5] Die Philosophie und Strategie des Vergnügungskultes werden im sechsten Buch der Reihe *Climb the Highest Mountain* »Paths of Light and Darkness« erörtert.

[6] Offenbarung 16,14, 16

[7] Offenbarung 11,3–13

[8] Offenbarung 12,1

[9] Offenbarung 12,5

[10] Offenbarung 22,18–19

[11] Hesekiel, Daniel 7–12

¹² Der tibetische Begriff *Fohat* bezeichnet die unendliche, allwaltende, höchste Kraft hinter allen sekundären Kräften; eine Konzentration von heiligem Feuer, das von den Chakras eines aufgestiegenen Meisters oder Adepten freigesetzt wird; kosmische Elektrizität.

¹³ Offenbarung 13,1, 11: »Und ich trat an den Sand des Meeres und sah ein Tier aus dem Meer steigen, das hatte sieben Häupter und zehn Hörner und auf seinen Hörnern zehn Kronen und auf seinen Häuptern Namen der Lästerung ... Und ich sah ein anderes Tier aufsteigen aus der Erde; das hatte zwei Hörner gleichwie ein Lamm und redete wie ein Drache.«

¹⁴ 2. Timotheus 2,15: »Befleißige dich, Gott dich zu erzeigen als einen rechtschaffenen und unsträflichen Arbeiter, der da recht teile das Wort der Wahrheit.«

¹⁵ Matthäus 24,11, 23–24: »Und es werden sich viel falsche Propheten erheben und werden viele verführen ... So alsdann jemand zu euch wird sagen: Siehe, hier ist Christus! oder: da! so sollt ihr's nicht glauben. Denn es werden falsche Christi und falsche Propheten aufstehen und große Zeichen und Wunder tun, dass verführt werden in dem Irrtum (wo es möglich wäre) auch die Auserwählten.« Markus 13,21–22. Siehe auch: 1. Johannes 2,18, 22, 1. Petrus 2,1

¹⁶ Johannes 5,17, 30; 14,10

¹⁷ Sprüche Salomo 4,5–9: »Nimm an Weisheit, nimm an Verstand; vergiss nicht und weiche nicht von der Rede meines Mundes. Verlass sie nicht, so wird sie dich bewahren; liebe sie, so wird sie dich behüten. Denn der Weisheit Anfang ist, wenn man sie gerne hört und die Klugheit lieber hat als alle Güter. Achte sie hoch, so wird sie dich erhöhen, und wird dich zu Ehren bringen, wo du sie herzest. Sie wird dein Haupt schön schmücken und wird dich zieren mit einer prächtigen Krone.«

¹⁸ Reinheit und Astraea am 25. Mai 1975: »Releasing the Light of the Mother Within You« in Elizabeth Clare Prophet: *The Great White Brotherhood in the Culture, History and Religion of America*, Seite 264.

¹⁹ Johannes 14,16: »Und ich will den Vater bitten, und er soll euch einen anderen Tröster geben, dass er bei euch bleibe ewiglich.«

²⁰ Johannes 14,26: »Aber der Tröster, der Heilige Geist, welchen mein Vater senden wird in meinem Namen, der wird euch alles lehren und euch erinnern alles des, das ich euch gesagt habe.«

²¹ Apostelgeschichte 2,2–4: »Und es geschah schnell ein Brausen vom Himmel wie eines gewaltigen Windes und erfüllte das ganze Haus, da sie saßen. Und es erschienen ihnen Zungen, zerteilt, wie von Feuer; und er

setzte sich auf einen jeglichen unter ihnen; und sie wurden alle voll des Heiligen Geistes und fingen an zu predigen mit anderen Zungen, nachdem der Geist ihnen gab auszusprechen.«

[22] Matthäus 7,20

[23] Matthäus 13,24–30, 36–43

[24] Alpha am 5. Juli 1975: »The Judgment: The Sealing of the Lifewaves Throughout the Galaxy« in Elizabeth Clare Prophet: *The Great White Brotherhood in the Culture, History and Religion of America*, S. 234–237

[25] Daniel 12,1–3

[26] An den mit eckigen Klammern gekennzeichneten Stellen können Sie die hier vorgeschlagenen Worte sprechen oder Ihre eigenen einfügen, die Sie an die Heerscharen des Herrn richten, um die Gewalt über jene Umstände individueller oder planetarischer Ungerechtigkeit zu ergreifen, die Sie hier nennen.

[27] Fügen Sie hier Ihre spezielle Anrufung an die Heerscharen des Herrn ein, Gewalt über jene Umstände persönlicher oder planetarischer Ungerechtigkeit zu ergreifen, die Sie hier benennen.

Teil 5: DER SIEG DES CHRISTUS

[1] 1. Korinther 15,50 »Das sage ich aber, liebe Brüder, dass Fleisch und Blut nicht können das Reich Gottes ererben; auch wird das Verwesliche nicht erben das Unverwesliche.«

[2] Lukas 12,32

[3] Matthäus 10,16

[4] Hesekiel 18,20

[5] Kolosser 3,3: »Denn ihr seid gestorben, und euer Leben ist verborgen mit Christo in Gott.«

[6] Lukas 12,32

[7] Matthäus 13,24–30, 36–43

[8] Johannes 9,39

[9] Johannes 5,22: »Denn der Vater richtet niemand; sondern alles Gericht hat er dem Sohn gegeben.«

Publikationen der Summit University Press, die dieses Wappen tragen, sind authentische Lehren der aufgestiegenen Meister, die der Welt durch Mark L. Prophet und Elizabeth Clare Prophet übermittelt wurden.

GLOSSAR

(Kursiv gesetzte Begriffe werden an anderer Stelle im Glossar erläutert.)

Adept
Ein Eingeweihter der *Großen Weißen Bruderschaft* mit einem hohen Grad an Verwirklichung, besonders hinsichtlich der Kontrolle von Materie, physischen Kräften, Naturgeistern und Körperfunktionen; vollkommen der Alchemist, der fortgeschrittene Einweihungen des *Heiligen Feuers* auf dem Pfad des Aufstiegs durchläuft.

Akascha-Chronik
Die Eindrücke von allem, was sich jemals im physischen Universum ereignet hat und in der ätherischen Substanz und Dimension gespeichert ist, die mit dem Sanskrit-Begriff *Akascha* bezeichnet wird. Diese Aufzeichnungen können von jenen mit entwickelten Seelenfähigkeiten gelesen werden.

Alchemistische Hochzeit
Die permanente Bindung der Seele an das *Heilige Christus-Selbst* als Vorbereitung auf das permanente Verschmelzen mit der *ICH-BIN-Gegenwart* im Ritual des *Aufstiegs* (siehe auch *Geheime Kammer des Herzens*).

Allsehendes Auge Gottes
(Siehe *Zyklopaea*)

Alpha und Omega
Die göttliche Ganzheit des *Vater-Mutter-Gottes*, die von unserem Herrn *Christus* in der Offenbarung (1,8, 11; 21,6; 22,13) als »der Anfang und das Ende« bekräftigt wurde. Die aufgestiegenen *Zwillingsflammen* des *Kosmischen Christus-Bewusstseins*, welche das Gleichgewicht der maskulinen und femininen Polarität der Gottheit in der *Großen Zentralsonne* des Kosmos aufrechterhalten. Durch den *Universellen Christus* (das fleischgewordene

Wort) ist der Vater der Ursprung und die *Mutter* die Erfüllung der Zyklen des Gottesbewusstseins, welches sich in der gesamten geistig-materiellen Schöpfung ausdrückt (siehe auch *Mutter*).

Antahkarana

Das Netz des Lebens. Das Geist und Materie umfassende Lichtnetz, welches die gesamte Schöpfung sensibilisiert und diese in sich selbst und mit dem Herzen Gottes verbindet.

Archaia (Plural Archaiai)

Göttliche Ergänzung und *Zwillingsflamme* eines *Erzengels*.

Aspirant

Einer, der nach Höherem strebt, hier besonders einer, der nach der Wiedervereinigung mit Gott durch das Ritual des *Aufstiegs* strebt. Einer, der danach strebt, die Umstände und Einschränkungen von Zeit und Raum zu überwinden, um durch das heilige Werk die Zyklen des Karmas und seines Daseinsgrundes zu erfüllen.

Astraea

Der weibliche *Elohim* des vierten *Strahls*, des *Strahls* der Reinheit, der daran arbeitet, Seelen von der *Astralebene* und den Projektionen der dunklen Kräfte loszuschneiden (siehe auch *Elohim*, S*ieben Strahlen*).

Astralebene

Eine Zeit-Raum-Frequenz jenseits der physischen, aber unterhalb der mentalen, die dem *Emotionalkörper* des Menschen und dem kollektiven Unbewussten der Rasse entspricht. Der Aufbewahrungsort menschlicher Gedanken und Gefühle – bewusster wie unbewusster. Weil die Astralebene durch unreine menschliche Gedanken und Gefühle verschmutzt ist, wird der Begriff »astral« häufig in einem negativen Kontext gebraucht, um alles zu bezeichnen, was unrein oder spiritistisch ist.

Ätherische Oktave oder ätherische Ebene

Die höchste Ebene der materiellen Dimension, eine Ebene, die so konkret und real wie die *physische Ebene* ist (sogar in noch größerem Maße), aber durch die Sinne der Seele in einer Dimension und einem Bewusstsein jenseits der physischen Wahrnehmung erfahren wird. Dies ist die Ebene, auf der die gesamte Evolution der Menschheit sowohl individuell als auch kollektiv in der *Akascha-Chronik* registriert wird. Dies ist die Welt der *aufgestiegenen Meister* und ihrer *Refugien*, der ätherischen Städte des Lichts, in denen Seelen einer höheren Evolutionsordnung zwischen Verkörperungen verweilen. Dies ist die Ebene der Realität.

Die niedere ätherische Ebene, die sich mit den astralen, mentalen und physischen Gürteln überschneidet, ist durch diese niederen Welten verschmutzt, die von der falschen Hierarchie und dem von ihr kontrollierten Massenbewusstsein eingenommen werden.

Ätherischer Körper

Einer der vier niederen Körper des Menschen, der dem Feuerelement und dem ersten Quadranten der Materie entspricht. Auch Hülle der Seele genannt enthält er die Blaupause des göttlichen Plans und das Bild der Vollkommenheit Christi, die in der Welt der Form ihren Ausdruck finden sollen. Auch Erinnerungskörper genannt.

Ätherischer Tempel

(Siehe *Refugium*)

Atman

Der Funke des Göttlichen im Innern, identisch mit *Brahman*. Sowohl die ultimative Essenz des Universums als auch die innerste Essenz des Individuums.

Aufgestiegener Meister

Einer, der durch *Christus* und durch das Annehmen dieses Geistes, in dem Christus Jesus war (Philipper 2,5), Zeit und Raum gemeistert hat und während dieses Prozesses die Meisterung des Selbst in den vier niederen Körpern und den vier Quadranten der Materie, in den *Chakras* und in der ausgeglichenen dreifältigen Flamme erlangt hat. Ein aufgestiegener Meister hat zudem mindestens 51 Prozent seines Karmas umgewandelt, seinen göttlichen Plan erfüllt und die Einweihungen des rubinroten Strahls bis zum Ritual des *Aufstiegs* – die Beschleunigung durch das *heilige Feuer* in die Gegenwart des *ICH BIN DER ICH BIN* (die *ICH-BIN-Gegenwart*) – absolviert. Aufgestiegene Meister bewohnen die Ebenen des Geistes – das Reich Gottes (Gottes Bewusstsein) –, und sie können nicht aufgestiegene Seelen in einem *ätherischen Tempel* oder in den Städten der *ätherischen Ebene* (dem Himmelreich) unterweisen.

Aufstieg

Das Ritual, durch das sich die Seele mit dem Geist des lebenden Gottes, der *ICH-BIN-Gegenwart*, wiedervereinigt. Der Aufstieg ist der Schluss- und Höhepunkt der Reise einer in Gott siegreichen Seele durch Zeit und Raum. Er ist der Prozess, durch den die Seele, nachdem sie ihr Karma ausgeglichen und ihren göttlichen Plan erfüllt hat, zuerst mit dem Christus-Bewusstsein verschmilzt und dann mit der lebenden Gegenwart des *ICH BIN DER ICH BIN*. Hat der Aufstieg einmal stattgefunden, wird aus der Seele – dem vergänglichen Aspekt des Wesens – die Unvergängliche, ein permanentes Atom im Körper Gottes (siehe auch *Alchemistische Hochzeit*).

AUM

(Siehe *OM*)

Avatar

Die Verkörperung des *Wortes*. Der Avatar eines Zeitalters ist der *Christus*, die Verkörperung des Sohn Gottes. Die *Manus* können zahlreiche Gechristete – jene mit einem außergewöhnlichen *Licht* – designieren, um als Weltlehrer und Wegbereiter hervorzutreten. Die Gechristeten demonstrieren in einer gegebenen Epoche das Gesetz des *Logos*, das durch die *Manus* und die Avatare heruntertransformiert wurde, bis es durch ihre eigenen Worte und Werke Fleisch geworden ist und letzten Endes in seiner Vollendung in allen Seelen des *Lichtes* siegreich ist, die ausgeschickt wurden, um Zeit und Raum in jener Epoche zu erobern.

Bodhisattva

(Sanskrit: *bodhi*, »die Erleuchtung«) Ein Wesen, das zur Erleuchtung bestimmt ist, oder ein Wesen, dessen Energie und Kraft auf die Erleuchtung ausgerichtet ist. Ein Bodhisattva ist dazu bestimmt, ein *Buddha* zu werden, hat aber der Glückseligkeit des *Nirwana* entsagt und ein Gelübde abgelegt, alle Kinder Gottes auf Erden zu retten. Ein Bodhisattva kann sowohl ein *aufgestiegener Meister* als auch ein nicht aufgestiegener Meister sein.

Brahman

Die letztendliche Realität, das Absolute.

Bruderschaft der Hüter der Flamme (Keepers of the Flame Fraternity)

1961 von Saint Germain gegründet besteht diese Organisation aus aufgestiegenen Meistern und ihren *Chelas*, die gelobt haben, die Flamme des Lebens auf der Erde zu erhalten und die Aktivitäten der *Großen Weißen Bruderschaft*, die Einrichtung ihrer Gemeinschaft und Mysterienschule sowie die Verbreitung ihrer Lehren zu unterstützen. Hüter der Flamme empfangen graduierte Lektionen des kosmischen Gesetzes, welche die *aufgestiegenen Meister* ihren Sendboten Mark und Elizabeth Prophet diktiert haben.

Buddha

(aus dem Sanskritwort *budh* »wach, wissend, wahrnehmend«) »Der Erleuchtete«. Das Wort Buddha benennt ein Amt in der spirituellen *Hierarchie* der Welten, das erlangt wird, nachdem gewisse Einweihungen des *heiligen Feuers* absolviert worden sind, darunter auch die der *sieben Strahlen* des Heiligen Geistes und der fünf geheimen Strahlen, die der Anhebung des weiblichen Strahls (dem heiligen Feuer der Kundalini) und der »Meisterung der sieben in sieben zur zehnten Potenz erhoben«.

Gautama erlangte die Erleuchtung des Buddha vor 25 Jahrhunderten. Dies war ein Weg, den er in vielen vorangegangenen Verkörperungen gegangen war, und der seinen Höhe- und Schlusspunkt in der 49 Tage währenden Meditation unter dem Bodhi-Baum fand. Seither wird er Gautama, der Buddha genannt. Er hat das Amt des *Herrn der Welt* inne und hält durch seinen *Kausalkörper* und seine *dreifältige Flamme* den göttlichen Funken und das göttliche Bewusstsein in den Evolutionen der Erde aufrecht, die den *Pfad* der persönlichen Christusschaft anstreben. Seine Aura aus Liebe und Weisheit, die den Planeten beseelt, geht aus der unvergleichbaren Hingabe an die Göttliche *Mutter* hervor. Er ist der Hierarch von Schambala, dem ursprünglichen *Refugium Sanat Kumaras*, das sich heute auf der *ätherischen Ebene* über der Wüste Gobi befindet.

Auch Maitreya, der *Kosmische Christus*, hat die Einweihungen eines Buddha bestanden. Er ist der lang ersehnte zukünftige Buddha, der hervortritt, um alle zu belehren, die sich vom Weg des großen *Guru Sanat Kumara* abgewandt haben, von dessen Linie sowohl er als auch Gautama abstammen. In der Geschichte des Planeten hat es zahlreiche Buddhas gegeben, die den Evolutionen der Menschheit durch die Schritte und Stufen des Pfades des *Bodhisattva* gedient haben. Im Osten wird Jesus als der Buddha Issa bezeichnet. Er ist der Erlöser der Welt durch die Liebe und Weisheit der Gottheit.

Chakra

(Sanskrit:»Rad, Scheibe, Kreis«) Ein *Licht*zentrum, das im *ätherischen Körper* verankert ist und den Energiefluss zu den *vier niederen Körpern* des Menschen reguliert. Es gibt sieben Haupt-Chakras, die den *sieben Strahlen* entsprechen, fünf kleinere Chakras, die den fünf geheimen Strahlen entsprechen, und insgesamt 144 Lichtzentren im Körper des Menschen.

Chela

(Das Hindi-Wort *cela* ist vom Sanskrit-Wort *ceta*»Sklave«, das heißt»Diener«, abgeleitet.) In Indien der Schüler eines Lehrers oder Gurus. Dieser Begriff wird allgemein verwendet, um einen Schüler der *aufgestiegenen Meister* und ihrer Lehren zu bezeichnen. Im Besonderen wird damit ein Schüler von außerordentlicher Selbstdisziplin und Hingabe bezeichnet, der von einem *aufgestiegenen Meister* eingeweiht wurde und der Sache der *Großen Weißen Bruderschaft* dient.

Chohan

(Tibetisch:»Herr« oder»Meister«, ein Anführer. Jeder der *sieben Strahlen* hat einen Chohan, der das Christus-Bewusstsein auf den jeweiligen *Strahl* konzentriert. Weil er das Gesetz des Strahls beseelt und es während zahlreicher Verkörperungen demonstriert hat und weil er sowohl vor als auch nach dem Aufstieg verschiedene Einweihungsstufen durchlaufen hat, erhält der Kandidat vom Maha Chohan (dem»großen Herrn«), welcher der Repräsentant des Heiligen Geistes für alle Strahlen ist, das Amt eines Chohan. Die Namen der Chohans der Strahlen, von denen jeder ein *aufgestiegener Meister* ist, der einen der *sieben Strahlen* für die Evolutionen der Erde repräsentiert, und die ihnen zugeordneten physischen und ätherischen Fokalpunkte lauten wie folgt:

Erster Strahl: El Morya, Refugium des Willen Gottes, Darjeeling, Indien
Zweiter Strahl: Lanto, Royal Teton Refugium, Grand Teton Nationalpark, Jackson Hole, Wyoming, USA
Dritter Strahl: Paul der Venezianer, Château de Liberté, Südfrankreich, mit einem Fokus der *dreifältigen Flamme* am Washington Monument, Washington, D. C., USA
Vierter Strahl: Serapis Bey, Tempel und Refugium des Aufstiegs, Luxor, Ägypten
Fünfter Strahl: Hilarion (der Apostel Paulus), Tempel der Wahrheit, Kreta, Griechenland

Sechster Strahl: Nada, Arabisches Refugium, Saudi-Arabien
Siebter Strahl: Saint Germain, Royal Teton Refugium, Grand Teton Nationalpark, Wyoming, USA; Höhle der Symbole, Table Mountain, Wyoming, USA

Saint Germain wirkt zudem aus den Fokalpunkten des Großen Göttlichen Lenkers: aus den Höhlen des Lichtes in Indien und aus dem Schloss der Rákószi in Transsylvanien, dem Saint Germain als Hierarch vorsteht.

Christus

(Vom Griechischen *christos* »gesalbt«) Messias (Hebräisch, aramäisch »gesalbt«), »der Gechristete«, einer, der vollkommen vom Licht (dem Sohn) Gottes erfüllt – gesalbt – ist. Das *Wort*, der *Logos*, die zweite Person der Trinität. In der hinduistischen Trinität aus Brahma, Vishnu und Shiva entspricht der Begriff »Christus« Vishnu, dem Bewahrer, Avatar, Gottmensch, Vertreiber der Dunkelheit, Guru oder verkörpert diese Namen.

Die Begriffe »Christus« oder »Gechristeter« bezeichnen außerdem ein Amt in der *Hierarchie*, das jene innehaben, die Selbstmeisterung auf den *sieben Strahlen* und den sieben *Chakras* des Heiligen Geistes erlangt haben. Die Meisterschaft des Christus beinhaltet das Ausgleichen der *dreifältigen Flamme* – mit den göttlichen Eigenschaften Macht, Weisheit und Liebe – zur Harmonisierung des Bewusstseins und der Umsetzung der Meisterung der *sieben Strahlen* in den *Chakras* und in den *vier niederen Körpern* durch die Mutterflamme (die aufgestiegene *Kundalini*).

In der Stunde des *Aufstiegs* hebt die derart gesalbte Seele die Spirale der *dreifältigen Flamme* von unterhalb der Füße durch die gesamte Gestalt an, um jedes Atom und jede Zelle ihres Wesens, ihres Bewusstseins und ihrer Welt umzuwandeln. Die Sättigung und Beschleunigung der *vier niederen Körper* und der Seele durch das verklärende *Licht* der Christus-Flamme ereignet sich zum Teil während der Einweihung der Verklärung, steigert sich durch die Wiederauferstehung und erreicht ihre volle Intensität im Ritual des *Aufstiegs*.

Christus-Selbst

Der individualisierte Fokalpunkt »des eingeborenen Sohnes vom Vater, voller Gnade und Wahrheit« (Johannes 1,14). Der *Universelle Christus* als die wahre Identität der Seele individualisiert; das wahre Selbst eines jedes Mannes, jeder Frau und jedes Kindes, zu dem die Seele emporsteigen muss. Das Christus-Selbst ist der Mittler zwischen einem Menschen und seinem Gott. Es ist der persönliche Lehrer, Meister und Prophet des Menschen.

Darstellung des Göttlichen Selbst

(Siehe die Farbillustration auf Seite 2.) In dieser Darstellung sind drei Figuren abgebildet. Die obere Figur ist die *ICH-BIN-Gegenwart*, das *ICH BIN DER ICH BIN*, die Individualisierung der Gottesgegenwart für jeden Sohn und jede Tochter des Allerhöchsten. Die *göttliche Monade* besteht aus der *ICH-BIN-Gegenwart*, die von den Lichtsphären (den Farbringen) umgeben ist, die den Körper der Primärursache oder des *Kausalkörpers* ausmachen.

Die mittlere Figur in der Darstellung ist der Mittler zwischen Gott und dem Menschen, der *Heiliges Christus-Selbst, Wahres Selbst* oder *Christus-Bewusstsein* genannt wird. Sie wird auch als *Höherer Mentalkörper* oder Höheres Bewusstsein bezeichnet. Dieser innere Lehrer überschattet das niedere Selbst, das aus der Seele besteht, die sich auf den vier Ebenen der *Materie* entwickelt und dazu die Vehikel der *vier niederen Körper* benutzt – den *ätherischen Körper* (Erinnerungskörper), den *Mentalkörper*, den *Emotionalkörper* (Begierdekörper) und den *physischen Körper* –, um ihr Karma ins Gleichgewicht zu bringen und den göttlichen Plan zu erfüllen.

Die drei Figuren der Darstellung entsprechen der Trinität oder Dreieinigkeit aus dem Vater, der auch immer die *Mutter* mit einschließt (die obere Figur), dem Sohn (die mittlere Figur) und dem Heiligen Geist (die untere Figur). Letztere ist als Tempel des Heiligen Geistes gedacht, dessen *heiliges Feuer* durch die ihn umhüllende *violette Flamme* angedeutet wird. Die untere Figur entspricht dem Menschen als Schüler auf dem *Pfad*.

Die untere Figur ist von einer *Lichtsäule* umgeben, die aus dem Herzen der *ICH-BIN-Gegenwart* als Antwort auf des Menschen Ruf ergeht. Die *Lichtsäule* ist ein Zylinder weißen *Lichtes*, der 24 Stunden am Tag ein schützendes Kraftfeld aufrechterhält – so lange es in Harmonie geschützt wird. Die *dreifältige Flamme* des Lebens ist der göttliche Funke, der von der *ICH-BIN-Gegenwart* als das Geschenk des Lebens, des Bewusstseins und des freien Willens gesandt wurde. Sie ist versiegelt in der *geheimen Kammer des Herzens*, damit die Seele durch die Liebe, Weisheit und Macht der Gottheit, die darin verankert ist, ihren Daseinsgrund auf der physischen Ebene erfüllen möge. Sie wird auch als Christus-Flamme, Flamme der Freiheit oder Fleur-de-Lys (bourbonische Lilie) bezeichnet und ist der Funke der Göttlichkeit des Menschen und seines Potenzials zu Erlangung der Christusschaft.

Die Silberschnur (oder *Kristallschnur*) ist der Strom des Lebens (oder der *Lebensfluss*), der aus dem Herzen der *ICH-BIN-Gegenwart* in das *Heilige Christus-Selbst* herabsinkt, um durch die *Chakras* die Seele und die Vehikel ihres Ausdrucks in Zeit und Raum zu nähren und zu erhalten. Durch diese »Nabelschnur« fließt die Energie der Gegenwart, tritt durch die Krone in das Wesen des Menschen ein und gibt sowohl den Impuls für das Pulsieren der *dreifältigen Flamme* als auch für das Schlagen des körperlichen Herzens.

Wenn eine Runde der Inkarnation der Seele in Form und Materie beendet ist, zieht die *ICH-BIN-Gegenwart* die Silberschnur zurück (Prediger Salomo 12,6), woraufhin die *dreifältige Flamme* zur Ebene des *Christus* zurückkehrt und die in das ätherische Gewand gekleidete Seele auf die höchsten Ebenen ihrer Verwirklichung gravitiert, wo sie zwischen Verkörperungen bis zu ihrer letzten Inkarnation geschult wird, wenn das Große Gesetz verfügt, dass sie nicht mehr in die Welt der Form hinausgehen soll.

Die Taube des Heiligen Geistes, die aus dem Herzen des Vaters hinabsinkt, ist direkt über dem Kopf des *Christus* abgebildet. Wenn der Menschensohn das Christus-Bewusstsein anlegt und zu ihm wird, wie es Jesus tat, verschmilzt er mit dem *Heiligen Christus-Selbst*. Dann ist der Heilige Geist über ihn gekommen und die Worte des Vaters, der geliebten *ICH-BIN-Gegenwart*, erklingen:»Dies ist mein lieber Sohn, an welchem ich Wohlgefallen habe« (Matthäus 3,17).

Dekret

Eine dynamische Form des gesprochenen Gebetes, die von den Schülern der *aufgestiegenen Meister* gebraucht wird, um das *Licht* Gottes auf persönliche wie planetarische Zustände zu lenken. Ein Dekret kann kurz oder lang sein, und ihm wird üblicherweise eine formelle Präambel vorangestellt und ein Schlusswort oder eine Formel der Akzeptanz nachgestellt. Es ist das autoritative *Wort* Gottes, das vom Menschen im Namen der *ICH-BIN-Gegenwart* und des lebenden *Christus* ausgesprochen wird, um konstruktive Veränderungen auf Erden durch den Willen Gottes hervorzubringen. Das Dekret ist das Geburtsrecht der Söhne und Töchter Gottes, das »Weist meine Kinder und das Werk meiner Hände zu mir!« aus Jesaja 45,11, das ursprüngliche Fiat des Schöpfers:»Es werde Licht! und es ward Licht« aus dem 1. Buch Mose 3. Im Buch Hiob steht geschrieben:»Was du wirst vornehmen [was du dekretierst], wird er dir lassen gelingen; und das Licht wird auf deinem Wege scheinen.«

Diktat, Übertragung

Eine Botschaft von einem aufgestiegenen Meister, einem Erzengel oder einem anderen fortgeschrittenen spirituellen Wesen, die durch die Macht des Heiligen Geistes von einem Sendboten der *Großen Weißen Bruderschaft* übermittelt wird.

Dreifältige Flamme

Die Flamme des *Christus*, der Funke des Lebens, die in der *geheimen Kammer des Herzens* brennt (einem zweitrangigen Chakra hinter dem Herzen). Die heilige Trinität aus Macht, Weisheit und Liebe, welche die Manifestierung des *heiligen Feuers* ist (siehe auch *Darstellung des Göttlichen Selbst* und die Farbillustration auf Seite 2).

Elektronische Gegenwart

Ein Duplikat der *ICH-BIN-Gegenwart* eines *aufgestiegenen Meisters*.

Elementarwesen

Wesen der Erde, der Luft, des Feuers und des Wassers, Naturgeister, welche die Diener Gottes und des Menschen sind. Die Elementarwesen stellen die physische Grundlage für die Evolutionen der Seele bereit und halten diese aufrecht. Die Elementarwesen, die dem Feuerelement dienen, heißen Salamander; jene, die dem Luftelement dienen, Sylphen; jene, die dem Wasserelement dienen, Undinen; und jene, die dem Erdelement dienen, Gnome.

Elohim

(Aus dem Hebräischen, Mehrzahl von *Eloah*, »Gott«) Der Name, mit dem Gott in den ersten Versen der Bibel bezeichnet wurde. »Am Anfang schuf Gott Himmel und Erde« (1. Buch Mose 1,1). Die sieben mächtigen Elohim und ihre weiblichen Gegenstücke sind die Erbauer der Formen. Sie sind die »sieben Geister Gottes«, die in Offenbarung 4,5 erwähnt werden, und die »Morgensterne«, die am Anfang gemeinsam sangen und die der Herr Hiob offenbarte (Hiob 38,7). In der Ordnung der *Hierarchie* tragen die Elohim und die *Kosmischen Wesen* die größte Konzentration und die höchste Schwingung des *Lichtes* in sich, die wir in unserem gegenwärtigen Entwicklungsstand begreifen können. Direkt unter den Elohim dienen die vier Hierarchen der Elemente, welche die Herrschaft über die Elementarwesen ausüben – über Gnome, Salamander, Sylphen und Undinen.

Es folgen die Namen der sieben Elohim und ihrer göttlichen Ergänzungen, der *Strahl*, auf dem sie dienen, und die Lage ihres ätherischen *Refugiums*.

Erster Strahl: Herkules und Amazonia, Half Dome, Sierra Nevada, Yosemite National Park, Kalifornien, USA
Zweiter Strahl: Apollo und Lumina, westliches Niedersachsen, Deutschland
Dritter Strahl: Heros und Amora, Winnipegsee, Manitoba, Kanada
Vierter Strahl: Reinheit und Astraea, nahe Archangelsk am südöstlichen Arm des Weißen Meeres, Russland
Fünfter Strahl: Zyklopea und Virginia, Altai-Gebirge in der Grenzregion von China, Sibirien und der Mongolei, nahe Tabun Bogdo
Sechster Strahl: Frieden und Aloha, Hawaii, USA
Siebter Strahl: Arkturus und Viktoria, nahe Luanda, Angola, Afrika

Emotionalkörper

Einer der *vier niederen Körper* des Menschen, der dem Wasserelement und dem dritten Quadranten der *Materie* zugeordnet ist; das Vehikel der Wünsche und Gefühle Gottes, das im Wesen des Menschen manifestiert wurde. Auch *Astralkörper*, Begierdekörper oder Gefühlskörper genannt.

Engel

Ein göttlicher Geist, ein von Gott gesandter Herold oder Bote, der Seinen Kindern Sein *Wort* bringen soll. Ein seelsorgerischer Geist, der ausgesandt wurde, um nach den Erben des *Christus* zu sehen, sie zu trösten, zu beschützen, anzuleiten, zu stärken, zu belehren, zu beraten und zu warnen. Die *gefallenen Engel*, auch die Dunklen genannt, sind jene Engel, die Luzifer bei der großen Rebellion folgten und deren Bewusstsein daher auf niedere Schwingungsfrequenzen »fiel«. Sie wurden von Erzengel Michael auf die Erde geworfen (Offenbarung 12,7–12) – also wegen ihres Ungehorsams gegenüber Gott und seinen *Christus* darauf beschränkt, dichte physische Körper anzunehmen und sich in diesen weiterzuentwickeln. Seither wandeln sie auf Erden und säen den Samen der Unruhe und der Rebellion unter Menschen und Nationen.

Erzengel

Der höchste Rang in der Ordnung der *Engel*. Jeder der *sieben Strahlen* hat einen ihm vorstehenden Erzengel, der gemeinsam mit seiner göttlichen Ergänzung oder Archaia das Gottesbewusstsein des betreffenden *Strahls* verkörpert und die *Engel*scharen befehligt, die auf diesem *Strahl* wirken. Die Erzengel und Archaiai der *Strahlen* und die Lage ihrer *Refugien* sind wie folgt:

Erster Strahl, blau: Erzengel Michael und Glaube, Banff nahe Lake Louise in Alberta, Kanada
Zweiter Strahl, gelb: Erzengel Jophiel und Christine, südlich der Großen Mauer nahe Lanzhou, nördliches Zentralchina
Dritter Strahl, zartrosa, dunkelrosa und weinrot: Erzengel Chamuel und Barmherzigkeit, St. Louis, Missouri, USA
Vierter Strahl, weiß und perlmuttfarben: Erzengel Gabriel und Hoffnung, zwischen Sacramento und Mount Shasta, Kalifornien, USA
Fünfter Strahl, grün: Erzengel Raphael und Maria, Fátima, Portugal
Sechster Strahl, lila und gold mit weinroten Flecken: Erzengel Uriel und Aurora, Hohe Tatra, südlich von Krakau, Polen
Siebter Strahl, violett und lila: Erzengel Zadkiel und die Heilige Amethyst, Kuba

Ewiger oder unsterblicher Sonnenkörper
(Siehe *Nahtloses Gewand*)

Farbstrahlen
(Siehe *Sieben Strahlen*)

Gefallene Engel
(Siehe *Engel*)

Geheime Kammer des Herzens
Das Heiligtum der Meditation hinter dem Herz-Chakra; der Ort, an den sich die Seele des Lichtträgers zurückzieht. Sie ist der Nukleus des Lebens, an dem das Individuum dem inneren Guru, dem geliebten *Heiligen Christus-Selbst* von Angesicht zu Angesicht gegenübersteht und sich jenen Seelenprüfungen unterzieht, die der alchemistischen Vereinigung mit diesem *Heiligen Christus-Selbst* – der Hochzeit der Seele mit dem Lamm – vorangehen.

Geist
Die männliche Polarität der Gottheit; die Koordinate der *Materie*; Gott als Vater, der unzweifelhaft seine eigene Polarität als *Mutter* in sich einschließt und daher als *Vater-Mutter-Gott* bezeichnet wird. Die Ebene der *ICH-BIN-*

Gegenwart, der Vollkommenheit; die Wohnstatt der *aufgestiegenen Meister* im Reiche Gottes.

Gesprochenes Wort

Das *Wort* von Gott dem Herrn, das im ursprünglichen Fiat der Schöpfung erging. Die Freisetzung der Energien des *Wortes* – oder des *Logos* –, als Bestätigung jenes verlorenen Wortes durch das Kehlkopf-Chakra der Söhne Gottes. Es steht geschrieben:»Aus deinen Worten wirst du gerechtfertigt werden, und aus deinen Worten wirst du verdammt werden« (Matthäus 12,37). Heute gebrauchen die Schüler die Macht des *Wortes* in *Dekreten*, Affirmationen, Gebeten und *Mantras*, um die Essenz des *heiligen Feuers* aus der *ICH-BIN-Gegenwart*, dem *Christus-Selbst* und den *Kosmischen Wesen* herabzuziehen und so Gottes *Licht* zum Zwecke konstruktiven Wandels auf den materiellen Ebenen in Matrizen der Umwandlung und Transformation zu kanalisieren.

Göttliche Monade

(Siehe *Darstellung des Göttlichen Selbst; ICH-BIN-Gegenwart*)

Große Nabe

(Siehe *Zentralsonne*)

Große Weiße Bruderschaft

Ein spiritueller Orden westlicher Heiliger und östlicher *Adepten*, die sich mit dem Geist des lebenden Gottes wiedervereinigt haben; die Himmlischen Heerscharen. Sie haben die Zyklen von Karma und Wiedergeburt transzendiert und sind in jene höhere Realität aufgestiegen (haben ihre Schwingungsfrequenz beschleunigt), welche die ewige Wohnstatt der Seele ist. Die *aufgestiegenen Meister* der Großen Weißen Bruderschaft, die sich zum Zwecke der Erlangung der höchsten Ziele der Bruderschaft der Menschen unter der Vaterschaft Gottes vereint haben, sind in jedem Zeitalter und in allen Kulturen und Religionen hervorgetreten, um kreative Errungenschaften in der Erziehung, der Kunst, der Wissenschaft, der Gottesregierung und im überreichen Leben durch die Ökonomien der Nationen zu inspirieren. Das Wort *weiß* bezieht sich nicht auf eine Rasse, sondern auf die Aura (den Heiligenschein) aus weißem *Licht*, der ihre Gestalten umgibt. Die Bruderschaft hat auch gewisse nicht aufgestiegene *Chelas* der *aufgestiegenen Meister* in ihre Ränge aufgenommen.

Große Zentralsonne
(Siehe *Zentralsonne*)

Guru
(Sanskrit) Ein persönlicher religiöser Lehrer und spiritueller Führer; einer von hoher Verwirklichung. Ein Guru kann aufgestiegen oder nicht aufgestiegen sein.

Heiliges Christus-Selbst
(Siehe *Christus-Selbst*)

Heiliges Feuer
Das *Kundalini*-Feuer, das wie eine zusammengerollte Schlange an der Basis des Wurzel-*Chakras* liegt und durch spirituelle Reinheit und Selbstmeisterung zum Kronen-*Chakra* emporsteigt, wodurch die dazwischen liegenden spirituellen Zentren belebt werden. Gott, *Licht*, Leben, Energie, der *ICH BIN DER ICH BIN.* »Unser Gott ist ein verzehrend Feuer« (Hebräer 12,29). Das heilige Feuer ist die Absonderung des *Heiligen Geistes* zum Zwecke der Taufe der Seelen, zur Läuterung, zur Alchemie und Umwandlung und zur Realisierung des *Aufstiegs*, jenes heiligen Rituals, durch das die Seele zum Einen zurückkehrt.

Herr der Welt
Sanat Kumara übte das Amt des Herrn der Welt (in der Offenbarung 11,4 als »HERR der Erde« bezeichnet) über Zehntausende von Jahren hinweg aus. Kürzlich trat Gautama *Buddha* die Nachfolge *Sanat Kumaras* an und hat dieses Amt heute inne. Ihm gehört das höchste regierende Amt der spirituellen *Hierarchie* auf dem Planeten und dennoch ist Gautama wahrhaft der demütigste unter den *aufgestiegenen Meistern*. Auf den inneren Ebenen hält er die *dreifältige Flamme* und den göttlichen Funken für jene Lebensflüsse aufrecht, die den direkten Kontakt mit ihrer *ICH-BIN-Gegenwart* verloren und so viel negatives Karma angesammelt haben, dass sie nicht mehr in der Lage sind, genügend *Licht* von der Gottheit anzuziehen, um die physische Verkörperung ihrer Seele auf Erden aufrechtzuerhalten. Durch ein filigranes Lichtnetz, das sein Herz mit den Herzen aller Kinder Gottes verbindet, nährt Gautama die flackernde Flamme des Lebens, die, gespeist vom eigenen Christus-Bewusstsein, auf dem Altar eines jeden Herzens mit immer größer werdender Liebe, Weisheit und Macht brennen sollte.

Herren des Karma

Die aufgestiegenen Wesen, aus denen das *Karmische Direktorium* besteht. Ihre Namen und die Strahlen, die sie repräsentieren, lauten wie folgt:

Erster Strahl: der große göttliche Lenker
Zweiter Strahl: die Göttin der Freiheit
Dritter Strahl: die aufgestiegene Meisterin Nada
Vierter Strahl: der Elohim Zyklopea
Fünfter Strahl: Pallas Athene, die Göttin der Wahrheit
Sechster Strahl: Portia, die Göttin der Gerechtigkeit
Siebter Strahl: Kuanyin, die Göttin der Barmherzigkeit

Der Buddha Vairocana gehört ebenfalls dem *Karmischen Direktorium* an. Die Herren des Karma sprechen Recht in diesem Weltensystem, entscheiden über Karma, Barmherzigkeit und Gerechtigkeit für jeden Lebensfluss. Alle Seelen müssen vor und nach jeder Verkörperung auf Erden vor dem *Karmischen Direktorium* erscheinen, wo sie vorher ihre Aufgaben und karmische Zuteilungen für die jeweilige Lebensspanne erhalten und wo hinterher ihre Leistung beurteilt wird. Durch den Bewahrer der Schriftrollen und die *Engel,* die alles aufzeichnen, haben die Herren des Karma Zugang zu den gesamten Aufzeichnungen aller irdischen Inkarnationen eines jeden Lebensflusses. Sie entscheiden, wer sich verkörpern soll und wann und wo. Sie teilen die Seelen bestimmten Familien und Gemeinschaften zu, messen das Gewicht des Karmas ab, das bis zum »kleinsten Buchstaben und Tüttelchen« des Gesetzes (Matthäus 5,18) ausgeglichen werden muss. Das *Karmische Direktorium,* das in Übereinstimmung mit der individuellen *ICH-BIN-Gegenwart* und dem *Christus-Selbst* handelt, bestimmt, wann die Seele das Recht erworben hat, frei vom Rad des Karmas und den Runden der Wiedergeburt zu sein.

Die Herren des Karma treffen sich zweimal – zur Winter- und Sommersonnenwende – im Jahr im Royal Teton *Refugium,* um sich Petitionen der nicht aufgestiegenen Menschheit anzuschauen und zum Zwecke ihrer Unterstützung Dispense zu erlassen.

Hierarchie

Die universelle Kette individualisierter Wesen, die frei in Gott sind und die Eigenschaften und Aspekte von Gottes unendlichem Selbstsein erfüllen. Zur kosmischen Hierarchie gehören die *Solar Logoi,* die *Elohim,* die Söhne

369

und Töchter Gottes, *aufgestiegene* und nicht aufgestiegene Meister mit ihren *Chelas*, die *Kosmischen Wesen*, die *Zwölf Hierarchien der Sonne*, die *Erzengel* und die *Engel* des *heiligen Feuers*, die Kinder des *Lichtes*, die Naturgeister (Elementarwesen) und die *Zwillingsflammen* der Polarität von *Alpha und Omega*, die Planetensysteme und Galaxien fördern.

Diese universelle Ordnung des Selbstausdrucks des Vaters ist das Mittel, durch das Gott in der *Großen Zentralsonne* die Gegenwart und Macht seines universellen Wesens und Bewusstseins stufenweise herniederbringt, damit die folgenden Evolutionen in Zeit und Raum – von der kleinsten bis zur größten – das Wunder seiner Liebe kennenlernen können. Das Niveau der individuellen spirituellen und physischen Verwirklichung – gemessen an der eigenen ausgeglichenen Selbstbewusstheit »verborgen mit Christus in Gott« und der Demonstration seines Gesetzes durch seine Liebe im Geist-Materie-Kosmos – ist das Kriterium, das die Stellung auf der Hierarchie genannten Leiter des Lebens bestimmt.

Hochbetagter
(Siehe *Sanat Kumara*)

Höherer Mentalkörper
(Siehe *Darstellung des Göttlichen Selbst*)

Höheres Selbst
Die *ICH-BIN-Gegenwart*; das *Christus-Selbst*; der verherrlichte Aspekt des Selbstseins. Der Begriff wird im Gegensatz zum »niederen Selbst« oder »kleinen Selbst« gebraucht und weist darauf hin, dass die Seele aus freiem Willen vom Göttlichen Ganzen ausging und sich aufgrund dieses freien Willens und durch die Erkenntnis der Einheit des Selbst in Gott dafür entscheiden kann, dorthin zurückzukehren. Höheres Bewusstsein.

ICH BIN DER ICH BIN
(Siehe *ICH-BIN-Gegenwart*)

ICH-BIN-Gegenwart
Das *ICH BIN DER ICH BIN* (2. Buch Mose 3,13–15); die individualisierte Gegenwart Gottes fokussiert für jede individuelle Seele. Die Gottesidentität des Individuums; die *göttliche Monade*; die individuelle Quelle. Der Ursprung der Seele, der auf den Ebenen des Geistes direkt oberhalb der physi-

schen Form fokussiert ist; die Personifizierung der Gottesflamme für das Individuum (siehe auch *Darstellung des Göttlichen Selbst*, Farbillustration auf Seite 2).

Kaduzeus
Die Kundalini (siehe *Heiliges Feuer*)

Kali Yuga
(Sanskrit) Ein Begriff aus der hinduistischen Mystik und Philosophie, mit dem das letzte und schlimmste der vier *yugas* (Zeitalter) bezeichnet wird, das durch Konflikt, Zwietracht und moralischen Verfall gekennzeichnet ist.

Karmisches Direktorium
(Siehe *Herren des Karma*)

Kausalkörper
Die sieben konzentrischen Lichtringe, welche die *ICH-BIN-Gegenwart* umgeben. Die Ringe des Kausalkörpers enthalten die Aufzeichnungen der tugendhaften Taten, die wir während unserer vielen Inkarnationen auf Erden zum Ruhme Gottes und zum Segen der Menschen vollbracht haben (siehe auch *Darstellung des Göttlichen Selbst*, Farbillustration auf Seite 2).

Kosmische Uhr
Die Wissenschaft, die Zyklen des Karmas einer Seele und deren Einweihungen auf den zwölf Linien der Uhr unter den *zwölf Hierarchien der Sonne* darzustellen. Diese Wissenschaft lernten Mark und Elizabeth Prophet von Mutter Maria, damit sie diese den Söhnen und Töchtern Gottes nahebringen, die zum Gesetz des Einen und zu ihrem Ursprung jenseits der Welt der Form und der niederen Ursächlichkeit zurückkehren wollen.

Kosmischer Christus
Ein Amt in der *Hierarchie*, das gegenwärtig von Maitreya unter Gautama *Buddha*, dem *Herrn der Welt*, ausgeübt wird; wird auch als Synonym für den *Universellen Christus* gebraucht.

Kosmisches Ei
Das geistig-materielle Universum mit einer scheinbar endlosen Kette von Galaxien, Sternensystemen, bekannten und unbekannten Welten, dessen

Zentrum oder weißer Feuerkern die *Große Zentralsonne* genannt wird. Das Kosmische Ei hat sowohl ein geistiges als auch ein materielles Zentrum. Obwohl wir das Kosmische Ei vom Standpunkt unserer physischen Sinne und Perspektive erforschen und beobachten können, können auch alle Dimensionen des Geistes im Kosmischen Ei erkannt und erfahren werden. Denn der Gott, der das Kosmische Ei erschuf und es in seiner Hand hält, ist auch die Gottesflamme, die sich Stunde um Stunde in seinen eigenen Söhnen und Töchtern ausdehnt. Das Kosmische Ei stellt die Grenzen der menschlichen Wohnstatt in diesem kosmischen Zyklus dar. Aber da Gott überall innerhalb und außerhalb des Kosmischen Eis ist, können wir durch seinen Geist in uns täglich zu neuen Dimensionen des Seins erwachen, die unsere Seele in Übereinstimmung mit seinem Ebenbild erfüllen.

Kosmisches Gesetz

Das Gesetz, das mathematisch genau, aber doch mit der Spontaneität der Flamme der Barmherzigkeit, alle Erscheinungen im gesamten Kosmos auf den Ebenen von *Geist* und *Materie* reguliert.

Kosmisches Wesen

1) Ein *aufgestiegener Meister*, der das kosmische Bewusstsein erlangt hat und das *Licht*/die Energie/das Bewusstsein vieler Welten und Weltensystemen über Galaxien hin zur Sonne hinter der *Großen Zentralsonne* beseelt, oder 2) Ein Wesen Gottes, das niemals unter die Ebene des *Christus* gesunken ist, niemals eine physische Verkörperung angenommen und sich niemals menschliches Karma erschaffen hat.

Kristallschnur

Der Strom von Gottes *Licht*, Leben und Bewusstsein, der die Seele und ihre *vier niederen Körper* nährt und erhält; wird auch *Silberschnur* oder *Silberstrick* (Prediger Salomo 12,6) genannt (siehe auch *Darstellung des Göttlichen Selbst*).

Lebensfluss

Der Fluss des Lebens, der dem einen Quell, der *ICH-BIN-Gegenwart*, auf den Ebenen des *Geistes* entspringt, und auf die Ebenen der *Materie* hinunterfließt, wo er sich als *dreifältige Flamme* manifestiert, die im Herz-Chakra verankert ist, um die Seele in der *Materie* zu erhalten und die *vier niederen*

Körper zu nähren. Wird auch gebraucht, um Seelen zu bezeichnen, die sich als individuelle »Lebensflüsse« entwickeln, und ist daher ein Synonym für den Begriff »Individuum«. Bezeichnet die kontinuierliche Natur des Individuums durch Zyklen der Individualisierung hindurch.

Licht

Die Energie Gottes; das Potenzial des *Christus*. Als Personifizierung des *Geistes* kann der Begriff »Licht« als Synonym für die Begriffe »Gott« und »Christus« gebraucht werden. Als Essenz des *Geistes* ist es ein Synonym für »das *heilige Feuer*«. Es ist die Emanation der *Großen Zentralsonne* und der individualisierten *ICH-BIN-Gegenwart* – und der Quell allen Lebens.

Lichtsäule

Das weiße *Licht*, das als Antwort auf die vom Menschen ausgehende Anrufung als Schutzschild für seine *vier niederen Körper* und die Entwicklung seiner Seele aus dem Herzen der *ICH-BIN-Gegenwart* herabsinkt (siehe auch *Darstellung des Göttlichen Selbst*, Farbillustration auf Seite 2).

Logos

(Griechisch für »Wort, Sprache, Vernunft«) Die in der Schöpfung manifestierte göttliche Weisheit. Nach der antiken griechischen Philosophie ist der Logos das kontrollierende Prinzip des Universums. Das Johannes-Evangelium setzt das *Wort* oder den Logos mit Jesus *Christus* gleich: »Und das Wort ward Fleisch und wohnte unter uns« (Johannes 1,14). Daher wird Jesus *Christus* als die Verkörperung göttlicher Vernunft, als das fleischgewordene *Wort*, bezeichnet.

Makrokosmos

(Griechisch: »große Welt«) Der größere Kosmos; die Schöpfung mit allem Drum und Dran, die wir das *Kosmische Ei* nennen. Wird auch dazu gebraucht, den Menschen als Mikrokosmos (»kleine Welt«), im Gegensatz zu der größeren Welt, in der er lebt, darzustellen (siehe auch *Mikrokosmos*).

Mantra

Eine mystische Formel oder Anrufung; ein *Wort* oder eine Formel, häufig in Sanskrit, die gesprochen oder gesungen werden kann, um das Wirken des *Geist* Gottes im Menschen zu verstärken. Eine Form des Gebets, die aus einem Wort oder einer Wortgruppe besteht, die immer und immer wieder gesungen wird, um einen bestimmten Aspekt der Gottheit oder eines Wesens anzuziehen, das diesen Aspekt der Gottheit verwirklicht hat (siehe auch *Dekret*).

Manu

(Sanskrit) Der Stammvater und Gesetzgeber der Evolutionen Gottes auf Erden. Der Manu und seine göttliche Ergänzung sind *Zwillingsflammen*, die vom *Vater-Mutter-Gott* beauftragt wurden, das Bild *Christi* für eine bestimmte Evolution oder Lebenswelle zu fördern und zu beseelen, die als Wurzelrasse bekannt ist. Unter Wurzelrasse versteht man Seelen, die sich als Gruppe verkörpern und eine einzigartige archetypische Struktur, einen besonderen göttlichen Plan und eine besondere Mission aufweisen, die sie auf Erden zu erfüllen haben.

Der esoterischen Tradition zufolge existieren sieben primäre Seelengruppierungen: die erste bis siebte Wurzelrasse. Die ersten drei Wurzelrassen lebten auf Erden in Reinheit und Unschuld in den drei goldenen Zeitaltern vor dem Fall von Adam und Eva. Durch Gehorsam gegenüber dem *kosmischen Gesetz* und vollkommener Identifikation mit dem *Wahren Selbst* errangen diese drei Wurzelrassen ihre unsterbliche Freiheit und stiegen von der Erde auf.

Während der Zeit der vierten Wurzelrasse auf dem Kontinent Lemuria fand der sinnbildliche Fall unter dem Einfluss jener *gefallenen Engel* statt, die als Schlangen bekannt waren, weil sie die schlangengleichen Energien der Wirbelsäule benutzten, um die Seele oder das weibliche Prinzip im Menschen zu betrügen, und so ihr Ziel der Herabsetzung des männlichen Potenzials erreichten, wodurch sie die Söhne Gottes entmannten.

Die vierte, fünfte und sechste Wurzelrasse (wobei die letztere Seelengruppe nicht vollständig in die physische Verkörperung herabstieg) sind auch heute noch auf der Welt verkörpert. Der Meister Himalaja und seine Geliebte sind die Manus der vierten Wurzelrasse, Vaivasvata Manu und seine Gefährtin sind die Manus der fünften Wurzelrasse und der Gott und die Göttin Meru sind die Manus der sechsten Wurzelrasse. Der siebten Wurzelrasse ist es vorherbestimmt, sich während des Wassermann-Zeitalters unter Führung ihrer Manus, des *Großen Göttlichen Lenkers* und seiner göttlichen Ergänzung auf dem Kontinent Südamerika zu inkarnieren.

Manvantara

(Sanskrit, von *manv*, das in zusammengesetzten Wörtern für *manu* gebraucht wird, plus *antara*,»Zeitraum, Intervall«) Im Hinduismus wird dieses Wort benutzt, um verschiedene Zyklen zu beschreiben, besonders die
Länge der Zyklen der vier Yugas (die aus 4 320 000 Sonnenjahren bestehen)
und die Länge der Regentschaft eines *Manu* (308 448 000 Jahre). Die Regentschaft eines *Manus* ist einer der vierzehn Zeiträume, die ein Kalpa
(Sanskrit) ausmachen, die Zeitperiode eines kosmischen Zyklus von der
Entstehung bis zur Zerstörung eines Weltensystems. In der hinduistischen
Kosmologie entwickelt sich das Universum ständig durch periodische Zyklen des Entstehens und Vergehens weiter. Die Schöpfung, so heißt es, findet
während der Ausatmung des Gottes der Schöpfung, Brahma, statt; die Auflösung findet während seiner Einatmung statt.

Mater

Lateinisch für »Mutter« (siehe auch *Materie, Mutter*).

Materie

Die weibliche (negative) Polarität der Gottheit, deren männliche (positive)
Polarität der *Geist* ist. Die Materie fungiert als Kelch für das Reich Gottes
und ist die Wohnstatt der sich entwickelnden Seelen, die sich mit ihrem
Herrn identifizieren – mit ihrem *Heiligen Christus-Selbst*. Diese Materie un-
terscheidet sich von der groben Materie, die Substanz der irdischen Erde,
des Reichs der Maya, die das göttliche *Licht* und den Geist des *ICH BIN DER
ICH BIN* blockiert, statt sie auszustrahlen (siehe auch *Mutter, Geist*).

Menschliche Monade

Das gesamte Kraftfeld des Selbst; die miteinander verwobenen Einfluss-
sphären – ererbt, umweltbedingt, karmisch –, welche jene Selbstbewusstheit
ausmachen, die sich als menschlich identifiziert. Der Bezugspunkt niederer
oder Nichtbewusstheit, aus dem sich die gesamte Menschheit zur Realisierung des *Wahren Selbst* als *Christus-Selbst* hin entwickeln muss.

Mentalkörper

Einer der *vier niederen Körper* des Menschen, der dem Luftelement und
dem zweiten Quadranten der Materie zugeordnet ist; der Körper, der das
Vehikel oder Behältnis für den *Geist* Gottes oder des Christus-*Geistes* sein
soll.»Ein jeglicher sei gesinnt [trage denselben universellen Geist in sich],

wie Jesus Christus auch war« (Philipper 2,5). Bis er belebt wird, bleibt dieser Körper das Vehikel des fleischlichen Geistes, und wird bis dahin als niederer Mentalkörper bezeichnet – im Gegensatz zum *Höheren Mentalkörper*, der ein Synonym für das *Christus-Selbst* oder das *Christus*-Bewusstsein ist.

Mikrokosmos

(Griechisch:»kleine Welt«) 1) Die Welt des Individuums, seiner *vier niederen Körper*, seiner Aura und des Kraftfeldes seines Karmas, oder 2) der Planet (siehe auch *Makrokosmos*).

Mutter

»Göttliche Mutter«,»Universelle Mutter« und »Kosmische Jungfrau« sind alternative Bezeichnungen für die weibliche Polarität der Gottheit, für die Manifestierung Gottes als Mutter. *Materie* ist die weibliche Polarität zum *Geist* und so wird der Begriff gleichbedeutend wie *Mater* (Lateinisch für Mutter) gebraucht. In diesem Kontext wird der gesamte materielle Kosmos zum Schoß der Schöpfung, in den der *Geist* die Energien des Lebens hineinprojiziert. Die *Materie* ist daher der Schoß der Kosmischen Jungfrau, die als andere Hälfte des Göttlichen Ganzen auch im *Geist* als spirituelle Polarität Gottes existiert.

Nahtloses Gewand

Der Lichtkörper, der im Herzen der *ICH-BIN-Gegenwart* seinen Anfang nimmt und durch die *Kristallschnur* hinabsinkt, um das Individuum mit den vitalen Strömungen des *Aufstiegs* zu umhüllen, wenn dieses die heiligen Energien des Vaters anruft, um die Heimreise zu Gott antreten zu können. Auch als ewiger Sonnenkörper bekannt.

Nicht aufgestiegener Meister

Einer, der alle Einschränkungen der *Materie* überwunden, sich aber entschlossen hat, in Zeit und Raum zu verbleiben, um das Bewusstsein Gottes im Interesse niederer Evolutionen zu fokussieren (siehe auch *Bodhisattva*).

Nirwana

Nach der hinduistischen und buddhistischen Philosophie das Ziel des Lebens; jener Zustand der Befreiung vom Rad der Wiedergeburt aufgrund des Erlöschens der Begierde.

OM (AUM)
Das *Wort*; das Klangsymbol für die höchste Wirklichkeit.

Omega
(Siehe *Alpha und Omega*)

Perlen der Weisheit
Wöchentliche Lehrbriefe, welche die aufgestiegenen Meister für die Schüler der geheimen Mysterien überall auf der Welt ihren Sendboten Mark L. Prophet und Elizabeth Clare Prophet diktieren. *Pearls of Wisdom* werden von *The Summit Lighthouse* seit 1958 ohne Unterbrechung herausgegeben. Sie enthalten sowohl grundlegende als auch fortgeschrittene Lehren in Bezug auf das kosmische Gesetz mit praktischen Anwendungsmöglichkeiten der spirituellen Wahrheiten und Gesetze auf persönliche und planetarische Probleme.

Pfad
Die enge Pforte und der schmale Weg, der zum Leben führt (Matthäus 7,14). Der Pfad der Einweihung, auf dem der Schüler, der das *Christus*-Bewusstsein anstrebt, Schritt für Schritt die Einschränkungen des Selbstseins in Zeit und Raum überwindet und die Wiedervereinigung mit der Realität durch das Ritual des *Aufstiegs* erlangt.

Physischer Körper
Der dichteste der *vier niederen Körper* des Menschen, der dem Erdelement und dem vierten Quadranten der Materie zugeordnet ist. Der physische Körper ist das Vehikel für die Reise der Seele auf Erden und der Fokalpunkt für die Kristallisierung der *ätherischen, mentalen* und *emotionalen Körper* in der Form.

Refugium
Ein Fokalpunkt der *Großen Weißen Bruderschaft*, der sich normalerweise auf der *ätherischen Ebene* befindet, auf der die *aufgestiegenen Meister* weilen. Refugien verankern sowohl eine oder mehrere Flammen der Gottheit als auch die Dynamik des Dienens und der Verwirklichung der Meister zum Ausgleich des *Lichtes* in den *vier niederen Körpern* eines Planeten und seiner Evolutionen. Refugien erfüllen viele verschiedene Funktionen für die Ratsversammlungen der *Hierarchie*, die sich um die Lebenswellen der Erde

kümmern. Einige Refugien stehen der nicht aufgestiegenen Menschheit offen, sodass deren Seelen zwischen Inkarnationen auf Erden in ihren *ätherischen Körpern* und während des Schlafes oder im *Samadhi* in ihren feinstofflichen Körpern zu diesen Fokalpunkten reisen können.

Samadhi

(Sanskrit, wörtlich »zusammenfügen«, »vereinigen«) Im Hinduismus ein Zustand äußerster Konzentration oder Versenkung, der zur vollkommenen Einheit mit Gott führt; der höchste Zustand des Yoga. Im Buddhismus versteht man unter Samadhi verschiedene Zustände der Konzentration, die letztlich zu höheren spirituellen Kräften und zur Erlangung der Erleuchtung oder *Nirwana* führen sollen.

Samenatom

Der Fokalpunkt der Kosmischen *Mutter* (des weiblichen *Strahls* der Gottheit), der die Energien des *Geistes* in der *Materie* im Chakra an der Wirbelsäulenbasis verankert (siehe auch *Heiliges Feuer*).

Sanat Kumara

(aus dem Sanskrit: »der ewig Jugendliche«) Der große Guru des Samens des *Christus* im ganzen Kosmos; der Hierarch der Venus; der in Daniel 7 erwähnte *Hochbetagte*. Vor langer Zeit kam er während ihrer dunkelsten Stunde auf die Erde, als alles Licht aus ihren Evolutionen verschwunden war und es nicht ein einziges Individuum auf Erden gab, das die Gegenwart Gottes verehrte. Sanat Kumara und seine aus 144 000 Seelen bestehende Schar, die ihn begleitete, erboten sich freiwillig, die Flamme des Lebens stellvertretend für die Menschen der Erde aufrechtzuerhalten. Sie schworen, dies so lange zu tun, bis die Kinder Gottes auf die Liebe Gottes reagieren und wieder ihrer mächtigen *ICH-BIN-Gegenwart* dienen würden. Sanat Kumaras *Refugium*, Schambala, wurde auf einer Insel im Gobi-See (heute die Wüste Gobi) etabliert. Der Erste, der auf seine Flamme reagierte, war Gautama *Buddha*, gefolgt vom Meister Maitreya und Jesus (siehe auch *Herr der Welt*).

Siddhis

Spirituelle Kräfte wie Levitation, Anhalten des Herzschlags, Hellsichtigkeit, Hellhörigkeit, Materialisierung und Bilokation (der gleichzeitige Aufenthalt an zwei Orten). Vor der Kultivierung von Siddhis um ihrer selbst willen wird häufig von spirituellen Lehrern gewarnt.

Sieben Strahlen

Die Lichtstrahlen, die von der Gottheit ausgehen; die *sieben Strahlen* weißen Lichtes, die durch das Prisma des Christus-Bewusstseins zum Vorschein kommen.

Solar Logoi

Kosmische Wesen, welche die Lichtstrahlungen der Gottheit übertragen, die von *Alpha und Omega* in der *Großen Zentralsonne* zu den Planetensystemen strömen. Auch Herren der Sonne genannt.

Strahlen

Die Strahlung des *Lichtes* oder einer anderen leuchtenden Energie. Die Lichtstrahlungen der Gottheit, die, wenn sie im Namen Gottes oder im Namen des *Christus* angerufen werden, als Flamme in der Welt des Individuums emporlodern. Strahlen können vom Gottesbewusstsein aufgestiegener wie nicht aufgestiegener Wesen durch die Chakras und das dritte Auge als konzentrierte Energie projiziert werden, die zahlreiche Eigenschaften Gottes wie Liebe, Wahrheit, Weisheit, Heilung und so weiter annehmen kann. Durch den Missbrauch von Gottes Energien können die Anhänger der schwarzen Magie Strahlen mit negativen Eigenschaften wie todbringende Strahlen, schlafbringende Strahlen, hypnotische Strahlen, krankheitbringende Strahlen, psychotronische Strahlen, den bösen Blick und so weiter projizieren (siehe auch *Sieben Strahlen*).

Summit Lighthouse

Eine äußere Organisation der *Großen Weißen Bruderschaft*, die Mark L. Prophet 1958 in Washington, D. C., unter Anleitung des *aufgestiegenen Meisters El* Morya, dem Anführer des Darjeeling Councils, mit der Absicht gründete, die Lehren der aufgestiegenen Meister zu veröffentlichen und zu verbreiten.

Universeller Christus

Der Mittler zwischen den Ebenen des *Geistes* und den Ebenen der *Materie*. Als *Christus-Selbst* personifiziert ist er der Mittler zwischen dem *Geist* Gottes und der Seele des Menschen. Der Universelle Christus hält den Nexus (den Fluss gemäß der Achtercharakteristik) des Bewusstseins aufrecht, durch den die Energien des Vaters (*Geist*) aufgrund des Strebens ihrer Seele zum Zwecke der Kristallisation (der Christus-Verwirklichung) der Gottesflamme im kosmischen Schoß (der Matrix) der *Mutter* (*Materie*) zu seinen Kindern fließen.

Vater-Mutter-Gott

(Siehe *Alpha und Omega*)

Vier Kosmische Kräfte

Die vier Tiere, die der Prophet Johannes und andere Seher als Löwen, Kalb (oder Ochse), Mensch und fliegenden Adler gesehen haben (Offenbarung 4,6–8). Sie dienen direkt unter den *Elohim* und herrschen über den gesamten materiellen Kosmos. Sie sind die Überträger des unendlichen *Lichtes* auf die Seelen, die sich im Endlichen entwickeln (siehe auch *Elohim*).

Vier niedere Körper

Die vier Hüllen vier unterschiedlicher Frequenzen, welche die Seele umgeben (der *physische, emotionale, mentale und ätherische Körper*) und die Vehikel für die Seele auf ihrer Reise durch Zeit und Raum darstellen. Die ätherische Hülle, welche die höchste Schwingung hat, ist das Tor zu den drei Höheren Körpern: *Christus-Selbst, ICH-BIN-Gegenwart* und *Kausalkörper* (siehe auch *Physischer Körper, Emotionalkörper, Mentalkörper, ätherischer Körper*).

Violette Flamme

Ein Aspekt des siebten Strahls des Heiligen Geistes. Das *heilige Feuer*, das die Ursache, Wirkung, Aufzeichnung und Erinnerung der Sünde – des negativen Karmas – umwandelt. Auch Flamme der Umwandlung, der Freiheit und der Vergebung genannt (siehe auch *Dekret, Darstellung des Göttlichen Selbst*, Farbillustration auf Seite 2).

Wahres Selbst

Das *Christus-Selbst*; die *ICH-BIN-Gegenwart*; der unsterbliche *Geist*, der das belebende Prinzip aller Erscheinungen ist (siehe auch *Darstellung des Göttlichen Selbst*).

Weltlehrer

Ein Amt in der Hierarchie, das jene aufgestiegenen Wesen innehaben, deren Verwirklichung sie dazu qualifiziert, den *Universellen* wie den persönlichen *Christus* gegenüber der nicht aufgestiegenen Menschheit zu repräsentieren.

Das Amt des Weltlehrers, das früher Maitreya innehatte, ging am 1. Januar 1956 an Jesus und seinen Schüler Franz von Assisi (Kuthumi) über, als der Mantel des *Herrn der Welt* von Sanat Kumara an Gautama *Buddha* übergeben wurde und das Amt des *Kosmischen Christus* und des Planetarischen Buddha (das früher Gautama innehatte) gleichzeitig von Meister Maitreya übernommen wurde. Jesus und Kuthumi, die unter Meister Maitreya dienen, sind in diesem Zyklus dafür verantwortlich, die Lehren darzulegen, die zur individuellen Selbstmeisterung und zum Christus-Bewusstsein führen. Sie fördern alle Seelen, welche die Einheit mit Gott anstreben, unterweisen sie in den grundlegenden Gesetzen, welche die Sequenzen von Ursache und Wirkung ihres eigenen Karmas regulieren, und lehren sie, wie sie mit den täglichen Herausforderungen ihres individuellen Dharma – der Pflicht, das Christus-Potenzial durch heilige Arbeit zu erfüllen – zurechtkommen können.

Wiederverkörperung

Die Wiedergeburt einer Seele in einem neuen menschlichen Körper. Die Seele kehrt so lange in einen neuen Körper auf die physische Ebene zurück, bis sie ihr Karma beglichen, Selbstmeisterung erlangt, die Zyklen von Zeit und Raum überwunden und sich schließlich im Ritual des *Aufstiegs* mit der *ICH-BIN-Gegenwart* wiedervereinigt hat.

Wort

Das Wort ist der *Logos*. Es ist die Macht Gottes und die Realisierung dieser Macht, die im und als *Christus* Fleisch geworden ist. Die Energien des Wortes werden von den Verehrern des *Logos* durch das Ritual der Wissenschaft des gesprochenen Wortes freigesetzt. Durch das Wort kommuniziert der *Vater-Mutter-Gott* mit der Menschheit. Der *Christus* ist die Personifizierung des Wortes (siehe auch *Christus, Dekret*).

Wurzelrasse

(Siehe *Manu*)

Zentralsonne

Ein physischer oder geistiger Energiewirbel, der eine zentrale Stellung in dem Weltensystem einnimmt, das er durch den Zentralen Sonnenmagneten abstößt oder anzieht. Gleich ob nun im *Mikrokosmos* oder im *Makrokosmos,* die Zentralsonne ist die prinzipielle Energiequelle, der Wirbel oder Nexus des Energieaustauschs in Atomen, Zellen, Menschen (im Herz-Zentrum), im Leben der Pflanzen und im Erdkern. Die Große Zentralsonne ist das Zentrum des Kosmos, der Integrationpunkt des Geist-Materie-Kosmos, der Ursprungspunkt aller physisch-spirituellen Schöpfung; der Nukleus oder weiße Feuerkern des *Kosmischen Eis*. Der Gottesstern Sirius ist der Fokalpunkt der Großen Zentralsonne in unserem Sektor der Galaxis. Die Sonne hinter der Sonne ist die geistige Ursache hinter der physischen Wirkung, die wir als unsere physische Sonne und alle anderen – sichtbaren wie unsichtbaren – Sterne und Sternensysteme wahrnehmen, darunter auch die Große Zentralsonne.

Zwillingsflamme
Die aus demselben Körper weißen Feuers, dem feurigen Ei der *ICH-BIN-Gegenwart*, hervorgegangene männliche beziehungsweise weibliche Ergänzung der Seele.

Zwölf Hierarchien der Sonne
Zwölf Mandalas *Kosmischer Wesen*, die zwölf Facetten des Gottesbewusstseins beseelen und die Struktur dieser Frequenzen für den ganzen Kosmos halten. Sie werden mit den Namen der Tierkreiszeichen bezeichnet, da sie ihre Energien durch diese Konstellationen fokussieren. Auch die Zwölf Solaren Hierarchien genannt (siehe auch *Kosmische Uhr*).

Zyklopea
Männlicher *Elohim* des fünften Strahls, auch als das *Allsehende Auge Gottes* oder der Große Stille Wächter bekannt (siehe auch *Elohim, Sieben Strahlen*).

Die Originalausgabe dieses Werks wurde auf Englisch veröffentlicht und in den Vereinigten Staaten von Amerika gedruckt. Die deutsche Ausgabe wurde veröffentlicht durch Lizenzierung von Summit University Press an Verlagsgruppe Random House GmbH, Ansata Verlag.

Kontaktadresse des Originalverlags:
Summit University Press
63 Summit Way, Gardiner, Montana 59030, U.S.A.
Tel. 0 01-4 06-8 48-95 00 – Fax: 0 01-4 06-8 48-95 55
E-Mail: info@SummitUniversityPress.com
Website: www.SummitUniversityPress.com

Weitere Grundlagen-werke der Autoren

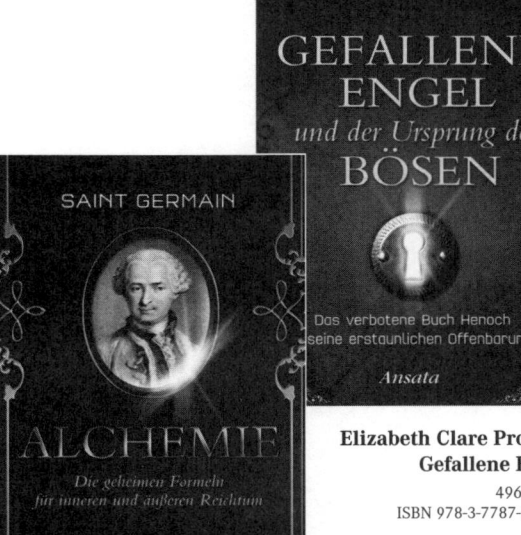

Elizabeth Clare Prophet
Gefallene Engel
496 Seiten
ISBN 978-3-7787-7349-9

Elizabeth Clare und Mark L. Prophet
St. Germain – Alchemie
384 Seiten
ISBN 978-3-7787-7360-4

Ansata